333 教育综合综合题库

333 教育综合蓝皮书编写组　主编

北京理工大学出版社
BEIJING INSTITUTE OF TECHNOLOGY PRESS

版权专有　侵权必究

图书在版编目（CIP）数据

333教育综合综合题库 / 333教育综合蓝皮书编写组主编. -- 北京：北京理工大学出版社，2022.7

ISBN 978-7-5763-1467-0

Ⅰ. ①3… Ⅱ. ①3… Ⅲ. ①教育学 - 研究生 - 入学考试 - 习题集 Ⅳ. ①G40-44

中国版本图书馆CIP数据核字(2022)第120013号

出版发行 / 北京理工大学出版社有限责任公司
社　　址 / 北京市海淀区中关村南大街5号
邮　　编 / 100081
电　　话 / (010)68914775（总编室）
　　　　　(010)82562903（教材售后服务热线）
　　　　　(010)68944723（其他图书服务热线）
网　　址 / http://www.bitpress.com.cn
经　　销 / 全国各地新华书店
印　　刷 / 三河市恒彩印务有限公司
开　　本 / 880毫米 × 1230毫米　1/16
印　　张 / 20.75　　　　　　　　　　　　　　　责任编辑 / 孟祥雪
字　　数 / 584千字　　　　　　　　　　　　　　文案编辑 / 孟祥雪
版　　次 / 2022年7月第1版　2022年7月第1次印刷　责任校对 / 周瑞红
定　　价 / 59.80元　　　　　　　　　　　　　　责任印制 / 李志强

图书出现印装质量问题，请拨打售后服务热线，本社负责调换

前言

"实践出真知"说明了真正的知识从实践中获得，因此我们复习333（教育硕士业务课一代码）教育综合不能仅仅局限于对知识的理解，实战练习也尤为重要。《333教育综合综合题库》（以下简称"题库"）切合333教育综合复习的实际需要，把抽象的知识点一一化为具体的练习题，丰富详尽，实战性强。目的在于帮助广大考生在复习的过程中对知识点进行查漏补缺，并且增强考生对于复习方向的把握以及帮助其知识的拓展。

按照《全国教育硕士专业学位研究生入学考试大纲及指南》（以下简称"大纲"）的规定，题库主要分为四个部分，分别为：教育学基础、中国教育史、外国教育史和教育心理学。

目前，333教育综合的考试对考生的要求逐步提高，考查的知识点广且深，不局限于某本教材，会有超出主要参考教材的情况，甚至会出现超出大纲的情况，因此题库每个部分的习题都综合了《333教育综合大纲解析》和主要参考教材的重难点知识，并结合了教育热点的相关材料，尽可能全面地呈现重要考点。关于题库的内容，我们在以下几个方面做了努力：

1. 题型的选取有依据。本题库主要题型为名词解释、简答题、论述题和材料分析题。对于题库题型的选取我们不仅参考了大纲的要求，还结合了众多所院校近十几年的真题。为了让大家在练习的时候更贴近真题，因此在每一章节我们都添加了材料分析题。

2. 题目的难度有层次。考虑到不同基础、不同水平的考生需求不同，题目设置有难有易，既能适合基础一般的考生进行自我检测，又能适合基础较好的考生进行自我提升。

3. 答案的编写有条理。题库中的每一个题目我们都配有答案要点，每一个答案要点都是经过反复斟酌修改出来的有条理、有逻辑的参考答案。建议考生在回答主观题时不需要逐字逐句的将答案完全默写出来，答案要点主要是为同学们提供了一个答题的思路。

4. 与时俱进。333教育综合的考试往往会具有一定的灵活性、时代性，因此在题库中我们结合了一些较为新颖的教育热点，目的在于让考生不仅仅学习书本上的知识，也了解当下国家的教育发展方向。

总之，题库与时俱进，在最新大纲的指导下，基于对历年真题的充分研究，并结合当前的教育学发展现状，参考了大量的教材进行编写，适用于绝大多数考333教育综合的考生。当然，即使我们做出了很大的努力，本书也难免会存在一些不足，如果在使用时遇到一些疑惑和问题，可以在QQ群（325244018）进行交流，也可以在我们的教育学蓝皮书系列反馈问卷中进行反馈。另外，在线文档也会为大家及时更新反馈情况。

最后，祝各位考生顺利复习，成功上岸！

333教育综合蓝皮书编写组

2022 年 5 月

反馈问卷　　在线文档

第一部分 教育学基础

第一章 教育学概述 2

第二章 教育的概念 8

第三章 教育与人的发展 16

第四章 教育与社会发展 22

第五章 教育目的 28

第六章 教育制度 33

第七章 课程 38

第八章 教学（上） 47

第九章 教学（下） 55

第十章 德育 64

第十一章 班主任 72

第十二章 教师 77

第十三章 学校管理 85

第二部分 中国教育史

第一章 夏、商、西周的教育 96

第二章 私人讲学的兴起与传统教育思想的奠基 101

第三章 儒学独尊与读经入仕教育模式的形成 111

第四章 封建国家教育体制的完备 117

第五章 理学教育思想和学校的改革与发展 124

第六章 早期启蒙教育思想 133

第七章	中国教育的近代转折	137
第八章	近代教育体系的建立	145
第九章	近代教育体制的变革	151
第十章	南京国民政府时期的教育	160
第十一章	中国共产党领导下的革命根据地教育	165
第十二章	现代教育家的教育探索	170

第三部分　外国教育史

第一章	古希腊教育	182
第二章	古罗马教育	188
第三章	西欧中世纪教育	192
第四章	文艺复兴时期的教育	198
第五章	宗教改革时期的教育	203
第六章	欧美主要国家和日本的教育发展	207
第七章	欧美教育思想的发展	220

第四部分　教育心理学

第一章	教育心理学概述	250
第二章	心理发展与教育	255
第三章	学习及其理论	266
第四章	学习动机	278
第五章	知识的学习	286
第六章	技能的形成	294
第七章	学习策略及其教学	299
第八章	问题解决能力与创造性的培养	306
第九章	社会规范学习与品德发展	313
第十章	心理健康及其教育	323

第一部分 教育学基础

第一章 教育学概述

一、名词解释
1. 教育学
2. 教育规律
3. 实验教育学
4. 教育政策
5. 教育艺术

二、简答题
1. 简述教育学的研究对象和研究任务
2. 简述文化教育学的主要观点
3. 简述实用主义教育学
4. 简述实证主义教育学的主要观点
5. 简述经验教育学
6. 简述马克思主义教育学
7. 简述制度教育学的主要观点
8. 简述教师学习教育学的价值

三、论述题
1. 论述教育学的理论深化阶段及我国教育学的发展

四、材料分析题
1. 材料：当代资本主义学校并不像实用主义教育学所宣称的是一种民主的建制和解放的力量，指望通过教育变革建立平等而民主的教育制度，进而促进和实现社会的平等化，只是一种幻想。真正平等而民主的教育制度的建立只能以经济生活的根本改造为前提。

请论述材料中所说的教育学派的主要观点并进行评价

参考答案

一、名词解释

1. 教育学

【答案要点】

教育学是以教育活动为研究对象的学科，是通过研究教育现象和教育问题、探索教育规律、探讨教育价值、探寻教育艺术、指导教育实践的一门科学。它的核心是引导、培育和规范人的发展，解决培养什么人和怎样有效培养人的问题。

2. 教育规律

【答案要点】

教育规律是指不以人们意志为转移的教育内部诸因素之间、教育与其他事物之间具有本质性的联系，以及教育发展变化过程的规律性。

3. 实验教育学

【答案要点】

实验教育学是19世纪末20世纪初兴起的用自然科学的实验法研究儿童发展及其与教育的关系的理论。代表人物是德国教育家梅伊曼和拉伊，代表作有梅伊曼的《实验教育学纲要》和拉伊的《实验教育学》。

4. 教育政策

【答案要点】

教育政策是国家或政党为实现一定时期的教育任务而制定的行动准则。国家或政党为了实现对教育事业的有效的管理和控制，达到一定的政治目标，就必须将自己的理想、信念、意图合法化为教育政策，并通过相应的国家机器贯彻落实。因此，教育政策体现了国家或政党的意志，是国家或政党对教育领域实施政治权利和影响的工具和手段。

5. 教育艺术

【答案要点】

教育是教育者与受教育者主体之间的互动。培养人的教育活动应是倡导循循善诱、沟通协调、自由创造的活动。在这一意义上，可以说教育是一种艺术，是最讲究教育方法与睿智，最注重关爱和调动学生内在向上的动力，最具创造性和个性的艺术。

二、简答题

1. 简述教育学的研究对象和研究任务

【答案要点】

（1）教育学的研究对象。教育学是以教育活动为研究对象的学科，是通过研究教育现象和教育问题、探索教育规律、探讨教育价值、探寻教育艺术、指导教育实践的一门科学。它的核心是引导、培育和规范人的发展，解决培养什么人和怎样有效培养人的问题。

（2）教育学的研究任务。

①探索教育规律。教育学的任务就是要在研究教育的现象与问题、总结教育经验的基础上去揭示教育的各种可验证的客观性规律，并阐明教育工作的原理、原则、方法与组织形式等的有效性问题，为教育工作者提供理论上和方法上的依据。

②探讨教育价值。教育学是一门探讨教育价值理念或教育应然状态的学科。人们在进行教育活动时，易将自己对人生意义与社会理想的选择和诉求作为出发点，形成教育价值观念，以引领和规范教育与人的发展。因而在从事教育工作、开展教育活动时，首先要认真探讨教育的价值问题，以选择正确的价值取向，制定合理的教育目的或要求。

③探寻教育艺术。教育是教育者与受教育者主体之间的互动。培养人的教育活动应是倡导循循善诱、沟通协调、自由创造的活动。在这一意义上，可以说教育是一种艺术，是最讲究教育方法与睿智，最注重关爱和调动学生内在向上的动力，最具创造性和个性的艺术。

④指导教育实践。教育学既要研究教育问题，揭示教育规律，也要能够回到教育实践中去，指导具体的教育实践，它应当在个体的身心和谐、全面发展方面产生具体的"发展效应"，也应当在经济、科技、文化发展方面产生直接的社会效益。此外，教育学还必须研究如何使教育理论迅速而有效地转化为实践运用的问题。

2. 简述文化教育学的主要观点

【答案要点】

文化教育学又称精神科学教育学，是19世纪末出现在德国的一种教育学说。

（1）代表人物及著作：狄尔泰《关于普遍妥当的教育学的可能》、斯普朗格《教育与文化》、利特《职业陶冶、专业教育、人的陶冶》。

（2）主要观点：①人是一种文化的存在，因此人类历史是一种文化的历史；②教育对象是人，教育是在一定社会历史背景下进行，因此教育的过程是一种历史文化过程；③教育研究既不能采用纯粹思辨，也不能依靠数量统计来进行，而是要采用精神科学或文化科学的方法，即理解与解释的方法进行；④教育的目的是培养完整的人格，通过"陶冶"与"唤醒"的途径，发挥教师和学生个体两方面的积极作用，建构和谐的对话的师生关系。

（3）评价：文化教育学作为实验教育学和赫尔巴特式教育学的对立面而存在与发展，在教育的本质、目的、师生关系以及教育学性质等方面都能给人以许多启发；但其思辨气息较浓，有很强的哲学色彩，在解决现实的教育问题上很难提出有针对性和可操作性的建议，许多理论缺乏彻底性。

3. 简述实用主义教育学

【答案要点】

（1）代表人物及著作：杜威《民主主义与教育》、克伯屈《设计教学法》。

（2）主要观点：①教育即生活，教育的过程与生活的过程是合一的，而不是为将来某种生活做准备的；②教育即学生个体经验持续不断的增长；③学校是一个雏形的社会，学生在其中要学习现实社会中所要求的基本态度、技能和知识；④课堂组织以学生经验为中心，而不是以学科知识体系为中心；⑤师生关系以儿童为中心，教师只是学生成长的帮助者，而非领导者；⑥教学过程应重视学生自己的独立发现、表现和体验，尊重学生发展的差异性。

（3）评价：实用主义教育学以实用主义文化为基础，对以赫尔巴特为代表的理性主义教育理念进行了深刻的批判，推动了教育学的发展；但其在一定程度上忽视了系统知识的学习、弱化了教师在教育教学过程中的主导作用，模糊了学校的特质，并因此受到批判。

4. 简述实证主义教育学的主要观点

【答案要点】

（1）代表人物及著作：斯宾塞《教育论》。

（2）主要观点：①反对思辨，主张科学是对经验事实的描写和记录；②提出教育任务是为完满生活做准备；③主张启发学生学习的自觉性，反对形式教育，重视实科教育。

（3）评价：斯宾塞重视实证教育的思想，反映了19世纪资本主义大工业生产对教育的要求，有明显的功利主义色彩。

5. 简述经验教育学

【答案要点】

20世纪20年代以后，人们不满足于教育实验研究，主张以教育事实为研究对象，开展教育事实的经验实证研究，这就是经验教育学。

（1）代表人物及著作：法国社会学家涂尔干的《教育学的本质与方法》。

（2）主要内容：①主张用社会学方法建立教育科学；②教育科学以作为社会事实的教育现象的客观性、实证性研究为内容，描述和说明教育"是什么"或"曾经是什么"；③教育科学只描述教育事实，对教育不做任何的规定。

6. 简述马克思主义教育学

【答案要点】

马克思主义教育学包括两部分内容：一是马克思、恩格斯以及其他马克思主义者的教育思想；二是教育学家们根据马克思主义的基本原理对现代教育问题的研究结果。

（1）代表人物及著作：克鲁普斯卡娅《国民教育和民主主义》、凯洛夫《教育学》、杨贤江《新教育大纲》等。

（2）主要观点：①教育是一种社会历史现象，在阶级社会中具有鲜明的阶级性，不存在脱离社会影响的教育；②教育起源于生产劳动，劳动方式和性质的变化必然引起教育形式和内容的改变；③现代教育的根本目的是促进学生个体的全面发展；④现代教育与现代大生产劳动的结合不仅是发展社会生产力的重要方法，也是培养全面发展的人的唯一方法；⑤在教育与社会的政治、经济、文化的关系上，教育既受它们的制约，又具有相对独立性，促进其发展；⑥马克思主义唯物辩证法和历史唯物主义是教育科学研究的方法论基础。

（3）评价：马克思主义的产生为教育学的发展奠定了科学的方法论基础。但在实际研究过程中，人们没能很好地理解和运用马克思主义理论，出现了简单化、机械化的问题。

7. 简述制度教育学的主要观点

【答案要点】

（1）代表人物及著作：乌里和瓦斯凯《走向制度教育学》《从合作班级到制度教育学》，洛布罗《制度教育学》等。

（2）主要观点：①制度本身具有教育意义，教育学研究应该以教育制度为优先目标，阐明教育制度对于教育情境中的个体行为的影响；②"不说话的教育制度"并不是客观中立、不成问题的，它们都隐藏在学校的建筑、仪式、人际关系、教育观念、管理机构、课程与知识、教学方法和技术、组织形式、传统与习俗之中；③制度教育学首要任务在于进行制度分析、干预或批判。其方式主要有：制度干预或制度批判。

（3）评价：制度教育学侧重对学校中各种教育制度的分析，引起人们对教育制度的高度关注，促进了教育社会学的发展；但其过分依赖精神分析理论来分析教育制度与个体行为之间的关系，显得不够科学。

8. 简述教师学习教育学的价值

【答案要点】

（1）教育学的理论价值。

反思日常教育经验。教育世俗性认识以及由此产生的日常教育经验本身具有局限性，随着教育实践活动范围的扩大和内容的丰富，日常教育经验逐渐失去了解释、规范与指导的作用。因此，现代社会就必然要求以科学的教育理论来代替日常的教育经验。

科学解释教育问题。教育学研究的主要任务就是对教育问题提供超越日常习俗和传统理论认识的新解释；教育学作为对于教育问题的科学解释，就必须使用专门的语言、概念或符号；教育学对于教育问题的科学解释不是直接建立在感性经验与判断基础上的，是一种理性的解释。

（2）教育学的实践价值。

教育学对教育问题进行科学研究的最终目的是为了更好地开展教育实践，实践价值有：启发教育实践工作者的教育自觉，使他们不断地领悟教育的真谛；获得大量的教育理论知识，拓展教育工作的理论视野；养成正确的教育态度，培植坚定的教育信念；提高教育实践工作者的自我反思和发展能力；为成为研究型的教师打下基础。

三、论述题

1. 论述教育学的理论深化阶段及我国教育学的发展

【答案要点】

（1）理论深化阶段。20世纪60年代以来，由于科学技术的迅猛发展，人力资源的开发和运用成了提高生产效率和发展经济的主要因素，引起了世界性的新的教育改革，促进了教育学的发展。主要表现在以下几个方面：

①1956年，美国心理学家布卢姆制定出了教育目标的分类系统。他把教育目标分为认知目标、情感目标、动作技能目标三大类。认知领域包括知识、领会、运用、分析、综合、评价六个层次；情感领域包括接受、反应、评价、组织和个性化；动作技能包括知觉、模仿、操作、准确、连贯、习惯化。

布卢姆的教育目标分类学，可以帮助教师更加细致地确定教学的目的和任务，为人们观察、分析教育活动过程和进行教育评价提供了方法、框架，但对情感目标、动作技能目标的阐述还有待深入。

②1960年，美国心理学家布鲁纳出版了《教育过程》，提出知识结构说和发现教学法。

③1958年，苏联心理学家、教育家赞科夫在《论教育和发展的问题》中强调，教育学要重视教育和儿童心理发展关系的研究，并明确肯定儿童发展的内因、内在矛盾在发展中的重要地位；1975年，他编写的《教学与发展》中，强调教学应走在学生发展的前面，促进学生的一般发展。

④1972年，苏联教育科学院副院长巴班斯基提出了"教育过程最优化"的思想，他认为，应该把教学看作一个系统，从系统的整体与部分、部分与部分以及系统与环境之间的相互联系、相互作用之中考察教学，以便最优处理教学问题。

（2）我国的教育学发展。最近几十年，我国的教育工作者坚持以马克思主义为指导，研究我国教育事业发展与改革过程中的重大实践问题和理论问题，取得了多方面的丰硕成果。

①促进了教育观念和方法论的转变与更新，推动了教育理论和实践的发展。

②教育学科蓬勃发展，逐步形成了许多分支学科及交叉学科。

③开展了多种教育实验，促进了教育理论与教育实践的结合，推动了教育实验的发展。

④涌现了一批学者型的教师，他们的宝贵研究成果，增添了教育实践领域的活力。

⑤广泛开展了专题研究，出版了大量有学术价值的专著，推动了现代教育理念在我国的流传、运用与创新。

四、材料分析题

1. 请论述材料中所说的教育学派的主要观点并进行评价

【答案要点】

材料中的所说的是批判教育学派，其主要观点如下：

批判教育学是 20 世纪 70 年代之后兴起的一种教育思潮，也是当前在西方教育理论界占主导地位的教育思潮，对于教育诸多问题的研究都有比较广泛和深刻的影响。

（1）代表人物及著作：弗莱雷《被压迫者教育学》、鲍尔斯与金蒂斯《资本主义美国的学校教育》、布迪厄《教育、社会和文化的再生产》、阿普尔《教育与权力》、吉鲁《批判教育学、国家与文化斗争》等。

（2）主要观点：

①当代资本主义的学校教育是维护现实社会的不公平和不公正，是造成社会差别、歧视和对立的根源。

②学校教育的功能就是再生产出占主导地位的社会政治意识形态、文化关系和经济结构。

③人们对事实上的不公平和不公正丧失了"意识"。

④批判教育学的目的是要揭示看似自然事实背后的利益关系，对教师和学生进行"启蒙"，以达到意识"解放"。

⑤批判教育学认为，教育现象是充满利益纷争的，教育理论研究要采用实践批判的态度和方法，通过真实教育行动揭示具体教育生活中的利益关系，使之从无意识的层面上升到意识的层面。

（3）评价：批判教育学仍在发展中，将继续对西方教育理论乃至我国教育理论产生广泛的影响，值得学者们积极关注。

第二章 教育的概念

一、名词解释

1. 教育
2. 受教育者
3. 教育内容
4. 正规教育
5. 非正规教育
6. 社会教育
7. 学校教育
8. 非正式教育
9. 教育的个体功能
10. 教育者
11. 教育中介系统
12. 广义教育
13. 学习化社会
14. 全民教育
15. 全纳教育
16. 未来教育

二、简答题

1. 简述教育质的特点
2. 简述现代教育的特点
3. 简述教育起源的几种观点
4. 简述教育现代化
5. 简述教育的个体功能和社会功能的关系
6. 简述信息社会教育的特征

三、论述题

1. 你认为教育是什么？请选一种观点论述
2. 论述教育在演变进程中的几种形态及其特点

四、材料分析题

1. 材料：当今世界，社会的飞速发展和新科学技术的不断发展深化，人类也面临种种困境和挑战。如生态环境的严重恶化、能源危机、饥饿、贫困、失业、城市的扩张和衰退等等。另一方面，与社会现代化进程相伴随，个人的地位和作用空前提高，强调个人的能力和价值，要求尊重个人的人格和尊严，重新确定人在文化上的和谐，使技术时代的人摆脱日益增长的异化状况，使每个人都成为个性丰富和完整的人。多种问题相互纠缠，相互作用，社会和个体不断向教育提出越来越高的要求，现代教育酝酿着一场巨变，已有的现代教育思想和理论日益从理想变为现实。

请根据上述材料论述现代教育的发展趋势

参考答案

一、名词解释

1. 教育

【答案要点】

教育是人的发展与社会发展的中介活动，其主旨在于以人为本、育人成人，培养人成为他所生存的那个时代的社会实践主体，引导人和社会的持续发展。其概念有广义和狭义之分。

2. 受教育者

【答案要点】

受教育者是指参与教育活动、与教育者在教学与教导上互动，以期自身获得发展的人，主要是学生。受教育者是既是教育的对象，也是学习的主体。

3. 教育内容

【答案要点】

教育内容是指教育者引导受教育者在教育活动中学习的前人积累的经验，包括书本知识和实际经验。教育内容在教育活动过程中具有重要意义，它是师生教学互动共同操作的对象，是引导青少年学习与发展成人的精神资源。

4. 正规教育

【答案要点】

正规教育是指由国家教育部门认可的教育机构或学校所提供的有目的、有组织、有计划、由专职人员承担的，以培养入学者的身心发展为直接目标的全面系统的训练和培养活动，正规教育有一定的入学条件和规定的毕业标准，其特点是统一性、连续性、标准化和制度化。

5. 非正规教育

【答案要点】

非正规教育是在正规教育系统外进行的有组织的、有计划的教育活动，即国家教育行政部门统一学制要求范围以外的各类教育活动，如扫盲、文化技术培训等。

6. 社会教育

【答案要点】

社会教育从广义上是指一切社会生活影响于个人身心发展的教育，从狭义上讲则是指学校教育以外的一切文化教育设施对青少年、儿童和成人进行的各种教育活动。

7. 学校教育

【答案要点】

学校教育是一种狭义教育,指一种专门组织的不断趋向规范化、制度化、体系化的教育。它是根据一定的社会现实和未来需要,遵循受教育者身心发展的规律,有目的、有计划、有组织地对受教育者身心施加影响,把他们培养成为一定社会或阶级所需要的人的活动。

8. 非正式教育

【答案要点】

非正式教育是在日常生活、工作中进行的不具有结构性或组织性的自主、偶发性学习活动,如与家人或邻里自主交谈、在图书馆等进行的读书或参观等活动,具有自主、灵活、范围广、时间长等特点。

9. 教育的个体功能

【答案要点】

教育的个体功能是教育对个体的生存和发展所产生的作用和影响,由于促进个体发展的功能是教育固有的功能,因此也被称为教育的本体功能,表现为个体社会化功能和个体个性化功能。

10. 教育者

【答案要点】

教育者是指参与教育活动、与受教育者在教学或教导上互动,对受教育者体、智、德、美、行等方面产生影响的人,主要指教师。他们在教育活动中处于领导者、设计者、引导者的地位。

11. 教育中介系统

【答案要点】

教育中介系统是教育者与受教育者联系与互动的纽带,包括开展教育活动的内容和方式。此外,教育活动的中介系统还应当有以培养人为目的而组织的包括生产劳动在内的社会实践活动。

12. 广义教育

【答案要点】

广义教育是指凡是有目的地增进人的知识技能、影响人的思想品德、增强人的体质的活动都是教育,包括人们在家庭中、学校里、亲友间、社会上所受到的各种有目的的影响。

13. 学习化社会

【答案要点】

学习化社会是在终身教育概念的基础上形成和发展起来的,学习化社会不光是对所有成人男女随时提供定时制的成人教育,而且是以学习和完善人为目的,以所有的制度指向于该目的的实现而成功地完成了其价值的转换的社会。

14. 全民教育

【答案要点】

全民教育是指对社会全体民众所提供的教育,是联合国教科文组织倡导的一项行动,其目的在于实现全球范围内的儿童、青年和成年人的教育需求。

15. 全纳教育

【答案要点】

全纳教育是1994年6月10日在西班牙萨拉曼卡召开的"世界特殊需要教育大会"上通过的一

项宣言中提出的一种新的教育思想。其中心思想是：每个儿童都有其特殊的个性、兴趣、能力和学习需求，学校应全面接纳所有有各种需求的学生，而不排斥任何人。

16. 未来教育

【答案要点】

未来教育是一种新的理想教育。这种教育理想强调以人为本，为人的发展服务，要促进人的全面而自由的发展。这种新的教育理想已经成为世界教育改革和发展的重要趋势。

二、简答题

1. 简述教育质的特点

【答案要点】

教育是一种有目的地培养人的社会活动，是人类社会生活不可或缺的重要组成部分。教育有其相对稳定的质的特点，表现在以下三个方面：

（1）有目的地培养人的活动。

教育是有目的地选择目标、组织内容及活动方式来培养人，促进人的发展。其首要任务是促进年轻一代体、智、德、美、行的全面发展，使他们从生物人逐步成长为社会人，进而成为适应与促进社会生活各个方面发展需要的人。

（2）教育者引导受教育者传承人类经验的互动活动。

年轻一代按自己的意愿和经验来获得自我的身心发展，其效果是极其低下的，难以符合社会的期望与要求，因而需要由有经验的父母、年长一代，或学有专长的教师有目的地引导年轻一代以及其他的受教育者来学习、传承、践行人类经验，并在生活、交往与实践中领悟经验的社会意义，才能有效地发展他们的智能和品行，把他们培养成为既能适应并能促进社会发展需要的人和各种专门人才。

（3）激励与教导受教育者自觉学习和自我教育的活动。

教育者与受教育者的教学互动是以激励学生学习为基础和动力的，旨在使青少年学生积极主动地成为自觉学习、自我教育的人。可以说，一切教育本质上都是自我教育。

总之，教育是有目的地引导受教育者能动地学习与自我教育以促进其身心发展的活动。

2. 简述现代教育的特点

【答案要点】

（1）学校教育逐步普及。由于资本主义生产尤其是机器大工业生产在欧洲兴起，因而西欧的资本主义国家最先提出普及教育的要求。1619年，德意志魏玛邦在宗教改革的影响下颁布了学校法令，规定父母送6—12岁男女儿童入学，这是普及教育的开端。

（2）教育的公共性日益突出。随着大工业生产发展的需要，随着工人阶级和其他劳动人民对教育权的争取，对受教育权的阶级垄断越来越不合时宜，受到来自被统治阶级和统治阶级两方面的批判。在此情形下，大力发展学校教育逐渐成为社会的公共事业和共同话题。

（3）教育的生产性不断增强。在现代社会，随着工业生产的发展和科学技术的进步，科技与教育在生产中的作用增强。现代教育与生产劳动的逐步结合，对提高社会生产效率和增加社会财富起着重要作用，日益成为经济发展的有力保证。

（4）教育制度逐步完善。随着学校数量的增加，学校教育的层次、种类及其运行和管理的复杂化，需要一定的教育宗旨、制度、要求等，以推动学校教育系统有条不紊地运行。教育制度化的实现，使得教育系统中的各级各类学校、各种教育机构和教育行政部门的工作均有制度可循，能排除来自内外部的干扰，使教育活动有序有效地开展，取得了良好效果。

3. 简述教育起源的几种观点

【答案要点】

（1）神话起源说。主要观点是教育与其他事物一样，都是由上帝或天所创造的，教育的目的就是体现神或天的意志，使人皈依于神或顺从于天。

（2）生物起源说。代表人物是法国哲学家利托尔诺、英国教育学家沛西·能。主要观点是教育活动不仅存在于人类社会中，也存在于人类社会之外，甚至存在于动物界。教育的产生完全来自于动物的本能，是种族发展的需要。

（3）心理起源说。代表人物是美国教育家孟禄。主要观点是原始教育的形式和方法主要是日常生活中儿童对成人的无意识模仿。

（4）劳动起源说。代表人物主要集中在苏联和我国的教育学家。主要观点：①生产劳动是人类最基本的实践活动；②教育起源于生产劳动过程中经验的传递；③生产劳动过程中的口耳相传和简单模仿是最原始和最基本的教育形式；④生产劳动的变革是推动人类教育变革最深厚的动力。

4. 简述教育现代化

【答案要点】

（1）表现为教育观念的现代化。各种先进的社会思想都直接反映到教育领域，并成为教育研究的一个重要背景在支撑、左右着教育研究取向。

（2）表现为教育功能的现代化。教育的社会功能日渐增强，社会地位日益提升，教育越来越被看成是社会大系统中的一个重要的子系统，教育日益注重其培养出来的人才的质量，注重学生情感世界的塑造，注重培养出富有高度社会责任感、高尚审美情趣和非凡创造力的新人，注重教育在国家创新体系中所起到的重要作用。

（3）表现为教育内容的现代化。为适应科学知识的日趋综合化和分化的趋势，教育内容表现为日益大学科化和专业化，不仅打破旧的学科界限，而且教材编写速度加快，内容更替频繁，充满着时代气息。

（4）表现为教育手段的现代化。现代传播技术的飞速发展使得传统意义上的空间与时间概念发生了根本变化，传播技术广泛应用于教育，使得教育、教学的形式，甚至教育体制都发生了相应的变化，教育现代化不仅是一种状态，更是一个过程。

5. 简述教育的个体功能和社会功能的关系

【答案要点】

教育功能就是教育对人的发展和社会发展所能够起到的影响和作用，尤指积极的促进作用，具有客观性、社会性、多样性、整体性和条件性。从对象上将教育功能分为个体功能与社会功能。

（1）教育的个体功能。教育的个体功能是教育对个体的生存和发展所产生的作用和影响，由于促进个体发展的功能是教育固有的功能，因此也被称为教育的本体功能。教育的个体功能表现为个体社会化功能和个体个性化功能。

（2）教育的社会功能。社会功能是教育对社会的稳定、运行和发展所产生的影响，它的发挥必须通过培养人来实现，因此也被称为教育的派生功能。

（3）教育的个体功能和社会功能的关系。教育的个体功能和社会功能是教育功能相互联系的两个方面，它们共同构成了完整的教育功能，教育的个人本位论和社会本位论，把教育的个体功能与社会功能对立起来，形成"本体论"和"工具论"的功能观，都是对教育功能完整性的割裂。教育功能是个完整的系统，必须确保教育个体功能和社会功能的统一。

6. 简述信息社会教育的特征

【答案要点】

（1）学校将发生一系列变革。学校的目的不仅是满足人们职业预备的需要，而且也要满足人们人文关怀的需要；学校的类型进一步多样化，以现代信息技术为基础，一个四通八达的学校教育网络将会最终建立起来，学校的教育教学时空也得到根本改变，学校与市场的联系日益紧密，传统的班级授课制将会得到改造、丰富和发展，学校教育观念、管理、课程、教学等学校事务都将成为公共辩论的焦点，教育的服务性、可选择性、公平性和公正性将成为学校改革的基本价值方向。

（2）教育的功能将进一步得到全面理解。教育的政治性、文化性将继续教育的生产性之后成为备受人们关注的教育性质，教育在政治改革和文化建设中的功用将进一步得到系统和深刻的认识。

（3）教育的国际化和教育的本土化趋势都非常明显。与农业社会和工业社会相比，信息社会无论是在物质、信息方面还是在资金、知识、人员等方面的交流都日益频繁。与此同时，教育本土化的浪潮将在教育国际化的背景下出现，成为人们重建本土文化和教育传统的主要论题。

（4）教育的终身化、全民化和全纳教育的理念成为指导教育改革的基本理念，从一定意义上说，受教育权成为与人的生存权和发展权紧密相关的一项公民权利，全民教育和全纳教育的理念不断从理论走向实践。

三、论述题

1. 你认为教育是什么？请选一种观点论述

【答案要点】

教育是一种有目的地培养人的社会活动，是人类社会生活不可或缺的重要组成部分。主要表现在以下三个方面：

（1）有目的地培养人的活动。

教育是有目的地选择目标、组织内容及活动方式来培养人，促进人的发展。其首要任务是促进年轻一代体、智、德、美、行的全面发展，使他们从生物人逐步成长为社会人，进而成为适应与促进社会生活各个方面发展需要的人。

（2）教育者引导受教育者传承人类经验的互动活动。

年轻一代按自己的意愿和经验来获得自我的身心发展，其效果是极其低下的，难以符合社会的期望与要求，因而需要由有经验的父母、年长一代，或学有专长的教师有目的地引导年轻一代以及其他的受教育者来学习、传承、践行人类经验，并在生活、交往与实践中领悟经验的社会意义，才能有效地发展他们的智能和品行，把他们培养成为既能适应并能促进社会发展需要的人和各种专门人才。

（3）激励与教导受教育者自觉学习和自我教育的活动。

教育者与受教育者的教学互动是以激励学生学习为基础和动力的，旨在使青少年学生积极主动地成为自觉学习、自我教育的人。可以说，一切教育本质上都是自我教育。

总之，教育是有目的地引导受教育者能动地学习与自我教育以促进其身心发展的活动。

（此题属于开放性题目，其他可行观点也可以）

2. 论述教育在演变进程中的几种形态及其特点

【答案要点】

教育在演变进程中经历了古代教育、现代教育和未来教育几个阶段。

（1）古代教育。古代教育的主要特点是：生产技术低下，积累的经验不够丰富，社会逐步分化演变为阶级社会，阶级之间和国家之间尖锐对立，总的来说社会发展比较缓慢、分散、封闭、保守。

具体表现如下：

①在原始社会里，生产力水平很低，人们积累的生活、生产和战斗经验不够丰富，不需要也不可能组织专门的教育活动。

②到了奴隶社会，随着生产力的发展，社会分工的逐步进行，剩余产品的出现，使社会上出现了脑力劳动与体力劳动的分工。逐渐出现了专门从事教育工作的教师，产生了学校，使学校教育从生活与生产中分化出来，成为独立的形态。

③教育阶级性的出现并不断强化。在奴隶社会，由于奴隶主占有生产资料和生产者，掌管了国家，因而学校教育也被奴隶主阶级所独占。教育的阶级性不仅体现在教育权和受教育权上，而且体现在教育目的、教育内容、教育方法、教师选择与任用等方面。

④学校教育与生产劳动相脱离。奴隶社会、封建社会中体力劳动与脑力劳动分离与对立状况，反映在教育上就表现为学校教育与生产劳动的脱离。

（2）现代教育。现代社会包括资本主义社会和社会主义社会。其主要特点是：生产力发展加速，科技日益发达，促进了各国工业化、信息化、国际化的发展，引发了对专门人才的大量需求，从而提高了教育在社会发展中的地位与作用，推动了学校教育事业的发展。具体表现如下：

①学校教育逐步普及。由于资本主义生产尤其是机器大工业生产在欧洲兴起，因而西欧的资本主义国家最先提出普及教育的要求。1619年，德意志魏玛邦在宗教改革的影响下颁布了学校法令，规定父母送6—12岁男女儿童入学，这是普及教育的开端。

②教育的公共性日益突出。随着大工业生产发展的需要，随着工人阶级和其他劳动人民对教育权的争取，对受教育权的阶级垄断越来越不合时宜，受到来自被统治阶级和统治阶级两方面的批判。在此情形下，大力发展学校教育逐渐成为社会的公共事业和共同话题。

③教育的生产性不断增强。在现代社会，随着工业生产的发展和科学技术的进步，科技与教育在生产中的作用增强。现代教育与生产劳动的逐步结合，对提高社会生产效率和增加社会财富起着重要作用，日益成为经济发展的有力保证。

④教育制度逐步完善。随着学校数量的增加，学校教育的层次、种类及其运行和管理的复杂化，需要一定的教育宗旨、制度、要求等，以推动学校教育系统有条不紊地运行。教育制度化的实现，使得教育系统中的各级各类学校、各种教育机构和教育行政部门的工作均有制度可循，能排除来自内外部的干扰，使教育活动有序有效地开展，取得了良好效果。

（3）未来教育。当代，经济发展迅速，全球化日益凸显。人们对人的现实生存境况和未来前景有不同的认识、评价、态度和选择，对未来教育也有不同的期望。不少国家都把教育改革视为国策，期待能提高人的素质，培养出高质量的人才。

未来教育将是一种新的理想教育。这种教育理想强调以人为本，为人的发展服务，要促进人的全面而自由的发展。这种新的教育理想已经成为世界教育改革和发展的重要趋势。

四、材料分析题

1. 请根据上述材料论述现代教育的发展趋势

【答案要点】

（1）教育终身化。教育的概念由狭义向广义发展，教育概念的外延不断扩大，大教育观的形成是具体的标志。终身教育理论、创新学习理论逐渐成为教育的指导思想，在未来的学习化社会中有更多的受教育机会。教育为尚未存在的社会培养人，将会更加关注整个社会对每个人的教育影响力。教育终身化也是对现代教育进行全面而深刻的总体性改革的设想，是一种全方位的教育建构，即建构一种教育机构。

（2）教育社会化。这不仅表现为"教育社会""学习化社会"的设想，同时也表现为教育与社会的联系普遍化、直接化，教育问题和社会问题交叉呈现。教育不仅仅是学校等专职机构的事，而且是全社会的事业。学校与社会各部门建立了密切的联系，并以各种方式影响社会事务与文化。

（3）教育生产化。首先表现为教育与生产劳动相结合更为密切，教育不仅生产人才，也生产知识。在知识经济条件下，教育与生产紧密结合的形式主要有两种，一是产学合作，二是教育、生产、科学一体化。在发展过程中，将会加快学校科研成果的物化速度，会利用社会力量培养更多的高质量的满足生产要求的人才；其次表现为教育本身生产化，教育在一定程度上可以运用市场的法则，如民办教育、私立学校的兴起就是教育生产化的表现。

（4）教育民主化。教育民主化已成为许多国家主要的教育政策，现已成了几乎所有教育革新和教育改革的一项固有目标，是目前全球教育系统演变的一个基本趋势。教育民主化是指全体社会成员享有越来越多的教育机会，受到越来越充分的民主教育。首先表现为教育的普及化，即实施全民教育政策；其次教育民主化追求教育的相对自由，包括教育自主权的扩大；再次，教育民主化表现为教育内部的民主化，最后通过学校加强升迁性的社会流动。另一个表现是教育成为社会民主化的一个重要阵地。

（5）教育国际化。首先表现为教育领域的国际比较研究加强，其次表现为教育合作密切化，在信息化社会中，全球的竞争与合作同时存在于一个世界，各国注重国际教育的竞争，把教育重点摆在提高教育质量上，以培养"国际人"为目标。教育国际化也表现为国际间的教育援助有所加强。

（6）教育现代化。主要表现为教育观念的现代化、教育功能的现代化、教育内容的现代化和教育手段的现代化。

（7）教育多元化。教育多元化是世界物质生活和精神生活多元化在教育上的反映。首先表现为教育研究多元化，不仅指研究的问题、取向多元化，也指研究的方法多元化；其次表现为办学形式多元化；再次表现为教育的文化背景多元性。教育不仅尊重个体的主体意识，而且尊重独特文化的生命力与魅力，注重各种文化的保持与更新。

第三章 教育与人的发展

一、名词解释
1. 个体发展
2. 遗传
3. 内发论
4. 外铄论
5. 个体个性化
6. 个体社会化
7. 成熟

二、简答题
1. 简述人的发展的特点
2. 简述文化知识对人的多方面的价值
3. 简述个体活动在人的发展中的作用
4. 简述教育发挥主导作用的条件
5. 简述遗传素质在人的发展中的作用
6. 简述环境在人的发展中的作用

三、论述题
1. 试述学校教育对人的身心发展的重大作用
2. 论述人的身心发展的规律性及教育要求

四、材料分析题
1. 材料：日本体操家池田夫妇，在东京奥运会体操比赛中曾大显身手，大儿子出生以后，他们花费大量心血，教他练习"幼儿体操"，不久，他就能在地上翻筋斗了。到了小学二年级，他从椅子上跳下来时能翻一个筋斗，显示出在体操方面的超常才能。池田夫妇异常高兴，自信儿子是继承了他们的天赋，他们因此断言能力在于遗传。于是，他们对第二个儿子便没有进行任何形式的训练，结果第二个儿子什么体操也不会做，更谈不上翻筋斗了。

为什么体操家的第一个儿子有体操的超常才能而第二个儿子却没有？请结合材料论述影响人身心发展的因素有哪些？

参考答案

一、名词解释

1. 个体发展

【答案要点】

个体发展有广义和狭义之分，广义的个体发展指个人从胚胎到死亡的变化过程，其发展持续于人的一生；狭义的个体发展指个人从出生到成人的变化过程，主要指儿童的发展。

2. 遗传

【答案要点】

遗传是指人从上代继承下来的生命机体及其解剖上的特点，这些遗传的生理特点，也叫遗传素质，是人的发展的自然的或生理的前提条件，为人的发展提供可能。

3. 内发论

【答案要点】

内发论认为人类个体的心理发展完全是由个体内部所固有的自然因素预先决定的，心理发展的实质是这种自然因素按其内在的目的或方向而展现的，外部条件只能影响其内在的固有发展节律而不能改变节律，又称自然成熟论、生物预先论等。

4. 外铄论

【答案要点】外铄论认为个体心理发展的实质是环境影响的结果，环境影响决定个体心理发展的水平与形式。这种观点又称环境决定论或经验论。

5. 个体个性化

【答案要点】

个体个性化就是在人的共同社会性的基础上，发挥人的自主性和能动性，充分把人的差异性和独特性彰显出来，实现个体我与社会我的统一，生命的个体价值与社会价值的统一。

6. 个体社会化

【答案要点】

个体社会化是指个体在特定的社会情境中，通过自身与社会的双相互动，逐步形成社会心理定向和社会心理模式，学会履行其社会角色，由自然人转变为社会人并不断完善的长期发展过程。

7. 成熟

【答案要点】

成熟是指儿童个体生长发育的一种状况，指个体的生理和心理机能都达到比较完备的阶段，即已由儿童成长发育为成人，其主要标志是：生理方面具有生殖能力，心理方面具有独立自主的自我意识。

二、简答题

1. 简述人的发展的特点

【答案要点】

（1）未完成性。人是未完成的动物，人的未完成性与人的非特定化密切相关。对儿童来说，他们不仅处于未完成状态，而且处于未成熟状态。儿童发展的未成熟性、未完成性，蕴含着人的发展的不确定性、可选择性、开放性和可塑性，潜藏着巨大的生命活力和发展的可能性，都充分说明了人的可教育性和需教育性。

（2）能动性。人的发展是一个具有社会性的能动发展过程，这是人的发展区别于动物发展的一个质的特性；人在其发展的过程中是自决的，人在发展过程中表现出的主动、自主、自觉、自决和自我塑造等能动性，是人的生长发展与动物生长发展最重要的不同，它为教育活动提供了科学依据，指明了努力方向。

2. 简述文化知识对人的多方面的价值

【答案要点】

（1）促进人的认识的发展。知识是人类长期认识与实践的成果，是前人遗留下来的精神财富。学生掌握和运用前人的知识，就等于继承和掌握了前人认识的资源和工具，以此来认识世界。如今，借助于网络与数字化信息，能更快捷有效地获取知识，使人类的认识实现了又一次新的飞跃。

（2）促进人的精神的发展。知识蕴含着科学精神和人文精神。科学精神引导人实事求是、独立思考、追求真理；人文精神则引导人追求人生的意义与尊严，坚持自由、平等与公正，争取人的合理存在，向往人的解放。二者不单是一个知识问题、认识问题，而是引导学生从知识、认识层面上升到人格层面，让学生在这个过程中接受科学精神和人文精神的陶冶。

（3）促进人的能力的发展。知识及其运用能力是前人在认识事物、解决具体问题的过程中提炼形成的结晶。因此，要有效地发展学生的认识问题和处理问题的能力，不仅要引导他们学习、理解知识，还要引导他们运用知识去解决各种实际存在的问题。

（4）促进人的实践的发展。主要指促进人运用知识去指导、推进社会实践的发展。当学生通过学习获取了知识，认识了某种事物特性，就能获得改造某种事物的可能性，推动了这一领域的社会实践的发展。

3. 简述个体活动在人的发展中的作用

【答案要点】

（1）个体活动是人的发展的决定因素。

个体的活动、个体的社会实践是个体与环境互动的中介，是个体发展的基础，是个体发展的决定性因素。学生的主体活动既是学生存在和发展的方式，又是教育的重要基础。教育必须通过引领和组织学生的主体活动来促进学生的身心与个性的发展。

（2）个体活动制约着环境影响的内化与主体的自我建构。

人在同环境的相互作用的过程中，既改造着环境，也在改造环境的活动中发展和提升了个人的素质，从人的发展的视域看，实质上是一个自我建构的过程。学生的能动性主要表现为：在教育者的影响下，在积极参与社会生活和交往活动的基础上能动地进行自我认识、自我发展和自我建构。

（3）个体通过能动的活动选择、构建着自我的发展。

个人通过能动的活动不仅能把握自己与外部世界的关系，而且能把自身的发展当做自己认识的对象和自觉实践的对象，选择与建构自己的发展。人的发展的过程就是通过能动的活动不断自我超越的过程。

4. 简述教育发挥主导作用的条件

【答案要点】

（1）科学的学校教育。教育目的影响着教育的效果；教育物质条件影响着教育的速度和规模；教育活动影响着教育影响的深度；教师素质影响着教育的水平；教育管理水平影响着教育的功能。

（2）优化的家庭教育。学校教育在人的身心发展中的主导作用的发挥，还受学生家庭的经济状况、家长的文化水平、家庭的人际关系等家庭条件的影响。

（3）良好的社会状况。教育活动是在一定社会的条件和背景下进行的，并受到社会条件的制约。这些社会条件包括：社会生产力发展水平、社会政治经济制度、文化传统等。

（4）受教育者自身的主观能动性。人的主观能动性是人的一种内在需要和动力。当受教育者具备了积极的求教动机时，环境和教育的外因才能发挥相应的作用。学习者的积极性越高，教育的作用就越大。

总之，教育的主导作用不是无条件产生的，它受到多方面因素的制约。教育如果能得到社会各方面条件的积极配合，就能充分发挥出教育的主导作用。

5. 简述遗传素质在人的发展中的作用

【答案要点】

（1）遗传素质是人的发展的生理前提。

遗传是指人从上代继承下来的生命机体及其解剖上的特点，这些遗传的生理特点，也叫遗传素质，是人的发展的自然的或生理的前提条件，为人的发展提供可能。

（2）遗传素质的成熟程度制约着人的发展过程及年龄特征。

遗传素质的成熟过程，表现为人身体的各种器官的形态、结构和机能的发展变化与完善，为一定年龄阶段的身心特点的出现提供了可能，制约着人的发展的年龄阶段。

（3）遗传素质的差异性对人的发展有一定的影响。

遗传素质的差异不仅表现在体态和感觉器官的功能上，也表现在神经活动的类型上。人们对外界事物反应的快慢、情感表现的强弱和是否容易转移等方面，也存在着差异。

（4）遗传素质具有可塑性。

随着环境、教育和实践活动的作用，人的遗传素质会逐渐地发生变化，这就说明了遗传素质具有可塑性。但是人成长为什么样的人，并不决定于人的遗传素质。

6. 简述环境在人的发展中的作用

【答案要点】

（1）环境是人的发展的外部条件。

环境是人的发展的外部实现根基与资源，泛指个体生存于其中并影响个体发展的外部世界。人的生存与发展环境十分复杂，根据其性质可以分为自然环境和社会环境。社会环境是儿童得以发展的现实条件和现实源泉，对人的发展起着不可替代的作用。

（2）环境的给定性与主体的选择性。

环境的给定性：指的是由自然与社会、历史遗产与他人为儿童个体所创设的环境，它对于儿童来说是客观的、先在的、给定的。儿童无法抗拒或摆脱环境的影响与限制，只有适应环境，以获得自身的生存与发展。

主体的选择性：人是具有能动性的主体，他对环境变化的刺激做出的回应是可以由主体内在的意愿来选择和决定的。环境对人的发展的制约作用离不开人对环境的能动活动，环境的给定性不会限制人的选择性，反而能激发人的能动性、创造性。

三、论述题

1. 试述学校教育对人的身心发展的重大作用

【答案要点】

（1）学校教育主要通过传承文化科学知识来培养人。

学校教育是教育者有意识地为儿童的身心发展精心设置的一种环境，它把经过选择的、重新组编的、人类长期积累起来的文化知识作为精神客体与儿童互动，以促进儿童的发展，使他们成人成才。文化知识蕴含着有利于人的发展的多方面价值，包括促进人的认识的发展、促进人的精神的发展、促进人的能力的发展和促进人的实践的发展。

（3）学校教育对提高人的现代性有显著的作用。

教育在人的现代化过程中起着重要作用，是因为学生在学校里不仅学会了读、写、算等各个方面的基础知识与技巧，而且学到了与他们个人的发展和国家的未来有关的态度、价值和行为方式。人的现代化是社会现代化的重要基础和前提条件，我们应该自觉地优先发展教育，高度重视并充分发挥教育对人的现代化的促进作用。学校教育具有较强的目的性、系统性、选择性、专门性和基础性。从终身教育的角度看，各级各类学校教育都是在不同层面上为人一生的发展打基础，包括为一生的"做人"打基础。

2. 论述人的身心发展的规律性及教育要求

【答案要点】

（1）顺序性。

①基本含义：在正常情况下，人的发展具有一定的方向性和顺序性，既不能逾越，也不能逆向发展。如个体动作的发展就遵循自上而下、由躯体中心向外围、从粗动作向细动作的发展规律性。就心理而言，儿童的发展总是从无意注意到有意注意，从机械记忆到意义记忆，从具体形象思维到抽象逻辑思维，从喜怒哀乐等一般情绪发展到道德感、理智感、美感等高级情感。

②教学指导：个体身心发展的顺序性，决定了教育教学工作的顺序性，在不同的发展阶段展开不同的教育活动，同时更应该按照发展的序列来施教，做到循序渐进。

（2）不平衡性。

①基本含义：人的发展不总是匀速直线前进的，不同的系统的发展速度、起始时间、达到的成熟水平是不同的；同一机能系统在发展的不同时期也有不同的发展速率。从总体发展来看，幼儿期出现第一个加速发展期；青春发育期出现第二个加速发展期。

②教学指导：人的发展的不平衡性要求教育要掌握和利用人的发展的成熟机制，抓住发展的关键期，促进学生健康地发展。

（3）阶段性。

①基本含义：人的发展变化既体现出量的积累，又表现出质的飞跃。当某些代表新质要素的量积累到一定程度时，就会导致质的飞跃，从而表现出发展的阶段性。个体的身心发展的阶段性表现为不同年龄阶段的个体具有不同的年龄特征及主要矛盾，面临着不同的发展任务。

②教学指导：人的发展的阶段性要求教育要从学生的实际出发，尊重不同年龄阶段学生的特点，并根据这些特点提出不同的发展任务，采用不同的教育内容和方法，进行有针对性的教育，以便有效地促进他们的个性发展。

（4）个别差异性。

①基本含义：人的发展的个体差异表现在身心发展的速度、水平表现方式等方面。如在发展速度上，有的儿童早慧，有的儿童大器晚成。

②教学指导：人的发展的个别差异性要求教育要深入了解学生，针对学生不同的发展水平及不同的兴趣等因材施教，引导学生扬长避短、发展个性，促进学生自由发展。

（5）整体性。

①基本含义：人的生理、心理和社会性等方面的发展是密切联系在一起的，并在发展过程中相互作用，使人的发展表现出明显的整体性。

②教学指导：人的发展的整体性要求教育要把学生看作复杂的整体，促进学生在体、智、德、美、

行等方面全面和谐地发展，把学生培养成完整和完善的人。

四、材料分析题

1. 为什么体操家的第一个儿子有体操的超常才能而第二个儿子却没有？请结合材料论述影响人身心发展的因素有哪些？

【答案要点】

体操家的第一个儿子有超常的体操才能是因为他既遗传了体操家的体操才能，又接受了后天的体操教育和训练，而第二个儿子没有是因为他没有接受后天的相关教育和训练。

影响人身心发展的因素主要有遗传、环境、个体活动和教育几个方面。

（1）遗传在人发展中的作用。遗传素质是人的发展的生理前提，遗传素质的成熟程度制约着人的发展过程及年龄特征，遗传素质的差异性对人的发展有一定的影响，遗传素质具有可塑性。

（2）环境在人的发展中的作用。环境是人的发展的外部条件。环境是人的发展的外部实现根基与资源，泛指个体生存于其中并影响个体发展的外部世界。社会环境是儿童得以发展的现实条件和现实源泉，对人的发展起着不可替代的作用。环境的给定性与主体的选择性。儿童无法抗拒或摆脱环境的影响与限制，只有适应环境，以获得自身的生存与发展，但是人是具有能动性的主体，他对环境变化的刺激做出的回应是可以由主体内在的意愿来选择和决定的。环境对人的发展的制约作用离不开人对环境的能动活动，环境的给定性不会限制人的选择性，反而能激发人的能动性、创造性。

（3）个体活动在人的发展中的作用。个体活动是人的发展的决定因素，个体活动制约着环境影响的内化与主体的自我建构，个体通过能动的活动选择、构建着自我的发展。

（4）教育对人的发展的作用。

①教育在人的发展中起引领作用。教育在年轻一代的发展中起着引领作用主要体现在：有意识地为年轻一代的成长选择、建构、调控良好的环境，对他们的生活、交往、学习与实践等活动进行正确的教导、示范和辅助，并注重尊重他们的主体地位和激发、引导他们内在的学习动力与自我发展的能动性和自主性，从各方面引领、关怀、维护他们的发展。

②学校教育主要通过传承文化科学知识来培养人。学校教育是教育者有意识地为儿童的身心发展精心设置的一种环境，它把经过选择的、重新组编的、人类长期积累起来的文化知识作为精神客体与儿童互动，以促进儿童的发展，使他们成人成才。文化知识蕴含着有利于人的发展的多方面价值，包括促进人的认识的发展、促进人的精神的发展、促进人的能力的发展和促进人的实践的发展。

③学校教育对提高人的现代性有显著的作用。教育在人的现代化过程中起着重要作用，是因为学生在学校里不仅学会了读、写、算等各个方面的基础知识与技巧，而且学到了与他们个人的发展和国家的未来有关的态度、价值和行为方式。人的现代化是社会现代化的重要基础和前提条件，我们应该自觉地优先发展教育，高度重视并充分发挥教育对人的现代化的促进作用。学校教育具有较强的目的性、系统性、选择性、专门性和基础性。从终身教育的角度看，各级各类学校教育都是在不同层面上为人一生的发展打基础，包括为一生的"做人"打基础。

第四章 教育与社会发展

一、名词解释
1. 教育的社会变迁功能
2. 教育先行
3. 教育的相对独立性
4. 科教兴国
5. 教育的社会流动功能

二、简答题
1. 简述教育的社会制约性
2. 简述教育的经济功能
3. 简述教育的政治功能
4. 简述教育的文化功能
5. 树立以人为本的教育观有哪些意义
6. 简述教育先行的原因

三、论述题
1. 有人认为受教育的水平决定一个人乃至一个家庭的命运；有人则反对择校、升学，批判"读书做官论"、读书成家论；有人认为教育是社会和谐发展的协调器；有人则认为教育是社会阶层再产生的加工机。你对这个问题怎么看？
2. 论述教育的社会变迁功能与社会流动功能的关系
3. 论述我国教育事业面临的问题和解决的对策

四、材料分析题
1. 材料：按照联合国的估计，五亿公顷可耕地因遭受侵蚀和盐碱化，已不能再耕种；世界上三分之二的森林为了生产而被砍伐；约一百五十种鸟类和兽类因为人的破坏而绝种了；近千种的野兽现在已经很稀少了或处于被灭绝的危险之中。侵蚀、土质恶化、森林毁坏、暴雨成灾、动植物生命受害等情况仍在继续而且有的地方还正在加剧。

我们现在已经面临这种紊乱扩展的后果——空气、土壤、湖泊和海洋的污染；生理上和心理上的失调；宁静已经消失，暴力成了经常性的威胁。噪音干扰着工作中、街道上、家庭里的居民，使他们不能专心一致，引起一种新型的疲劳。

请根据上述材料，论述教育的生态功能

参考答案

一、名词解释

1. 教育的社会变迁功能

【答案要点】

教育的社会变迁功能是指教育通过开发人的潜能，提高人的素质，引导人的社会化，影响人的社会实践，推动社会的发展和变革。教育的社会变迁功能表现在社会生活的各个领域。

2. 教育先行

【答案要点】

教育先行是一种发展战略，就是要求教育要面向未来，使教育在适应现存生产力和政治经济发展水平的基础上，适当超前于社会生产力和政治经济的发展。具体表现在：一是教育投资增长速度应当超过经济增长速度；二是在人才培养上要兼顾社会主义现代化建设近期与远期的需要，目标、内容等方面适当超前。

3. 教育的相对独立性

【答案要点】

教育的相对独立性是指作为社会一个子系统的教育，它对社会的能动作用具有自身的特点和规律性，它的历史发展也有其独特连续性和继承性。主要表现为：教育是培养人的活动，通过所培养的人作用于社会；教育具有自身的活动特点、规律及原理；教育具有自身发展的传统与连续性。

4. 科教兴国

【答案要点】

"科教兴国"指全面落实科学技术是第一生产力的思想，坚持教育为本，把科技和教育摆在经济、社会发展的重要位置，增强国家的科技实力及向现实生产力转化的能力，提高全民族的科技文化素质，加速实现国家的繁荣强盛。实现科教兴国，前提是国兴科技，关键在国兴教育，教育为本。

5. 教育的社会流动功能

【答案要点】

教育的社会流动功能是指社会成员通过教育的培养、筛选和提高，能够在不同的社会区域、社会层次、职业岗位、科层组织之间转换、调整和变动，以充分发挥其个人的智慧才能，实现其人生价值。它包括横向流动功能和纵向流动功能。前者指改变其环境而不提升其社会层级地位；后者指改变其社会层级地位及作用。

二、简答题

1. 简述教育的社会制约性

【答案要点】

教育的社会制约性表现为以下方面：

（1）生产力对教育的制约。生产力的发展制约教育事业发展的规模和速度；生产力的发展水平制约人才的培养规格和教育结构；生产力的发展制约教学内容、教学方法和教学组织形式的发展和改革。

（2）社会经济政治制度对教育的制约。社会经济政治制度制约教育的性质；社会经济政治制度制约教育的宗旨和目的；社会经济政治制度制约教育的领导权；社会经济政治制度制约受教育权；

社会经济政治制度制约教育内容、教育结构和教育管理体制。

（3）文化对教育的制约。文化知识制约教育的内容与水平；文化模式制约教育的背景与模式；文化传统制约教育传统的特性。

2. 简述教育的经济功能

【答案要点】

（1）教育是使可能的劳动力转变为现实的劳动力的基本途径。劳动力是生产力中能动的要素。个体的生命的成长只构成了可能的劳动力，一个人只有经过教育和训练，掌握一定生产部门的劳动知识和技能，并能生产某种使用价值，他才能成为现实的生产力。

（2）现代教育是使知识形态的生产力转化为直接的生产力的重要途径。科学技术是一种知识形态的生产力，要使其转化为现实的生产力，除了要通过科学研究、发明创造或革新实践外，其技术成果的推广、经验的总结与提升都需要教育与教学的紧密配合。

（3）现代教育是提高劳动生产率的重要因素。现代生产有其显著特点，它的生产率提高依靠科学技术在生产中的应用、推广和不断革新，依靠提高劳动者受教育的程度与质量，依靠劳动者的素质、扩大脑力劳动者的比重、发挥劳动者在生产和改革中的创造性。

3. 简述教育的政治功能

【答案要点】

（1）教育通过传播一定的社会的政治意识，完成年轻一代的政治社会化。人的社会化是人的发展的重要方面，而政治社会化又是人的社会化的重要方面。教育作为传递知识、训练思维与培养情感的活动，能向年轻一代传播一定的社会政治意识，促进他们的政治社会化，从而为一定社会政治秩序的稳定创造重要条件。

（2）教育通过造就政治管理人才，促进政治体制的变革与完善。现代社会强调法治，使得教育更重视培养政治管理人才。由于科技向管理部门的全面渗透，社会越发展，国家对政治管理人才的素质要求越高，通过教育选拔、培养政治管理人才显得越重要。

（3）教育通过提高全民文化素质，推动国家的民主政治建设。一个国家的政治是否民主，取决于政体和国民素质。普及教育的程度越高，国民的文化素质越高，其国民就越能认识民主的价值，在政治生活和社会生活中就越能履行民主的权利。

（4）教育是形成社会舆论、影响政治时局的重要力量。学校是知识分子和青少年集中的地方，他们有见解，勇于发表意见，通过教育者和受教育者的言论、演讲和社会活动等，来宣传思想，造就舆论，借以影响群众，为一定的政治、经济服务。

4. 简述教育的文化功能

【答案要点】

（1）传递文化。文化教化的前提是人类对文化的创造与传递。教育起着传递文化的作用。尤其是学校教育因其具有明确的目的性、计划性等特点，一直承担着传承文化的重任。

（2）选择文化。为了有效地传承文化，必须发挥教育对文化的选择功能。教育的选择功能十分重要，体现了教育对文化发展的积极引导和自觉规范。

（3）发展文化。文化的生命不仅在于它的保存和积累，更在于它的更新与创造。随着社会的日益开放化，学校在加强国际文化交流中的作用也日益明显。教育通过广泛的文化交流，不断地吸收其他民族的文化精华，补充、更新和发展本民族的文化，也是文化发展的一种重要方式。

5. 树立以人为本的教育观有哪些意义

【答案要点】

（1）树立以人为本的教育观，意味着肯定教育的根本主旨在于促进人的全面发展，在生产力发展的基础上尽可能地满足大多数人的文化需要，尽可能地让每个人有公平的受教育机会，尽可能地开发每个人的发展潜能，启发每个人的能动性、创造性，引导每个人成为社会的主人、国家的公民，自觉地为人民服务，为社会主义现代化建功立业，在实现民族复兴梦中实现自我。

（2）树立以人为本的教育观，还意味着肯定人是自我教育、自我发展的主体。教育对人的个性素质的发展只是人的发展的外因，必须经过人的发展的内因，经过人的自我教育，才能转化为人的个性素质。教育必须尊重人在自我教育、自我发展中的主体地位。教育的艺术和教育的实效，取决于培养和发挥人的自我教育、自我发展的能动性。

6. 简述教育先行的原因

【答案要点】

"百年大计，教育为本。"教育在我国社会主义现代化建设中具有基础性、先导性、全局性意义。落实科学发展观，实现科教兴国战略和人才兴国战略，就必然要求把教育摆在优先发展的地位。

（1）教育的基础性，指人的素质在社会主义现代化建设中的基础性。教育对人的个体素质全面发展的促进，既是个人为人处世的基础，也是社会稳定发展的基础。

（2）教育的先导性，指教育的发展对社会主义现代化建设具有引领作用。要使经济社会可持续发展，关键在于知识创新，掌握核心技术，这要依靠教育传播最新知识技术，培养创新性人才。教育的先导性不仅表现在经济发展方面，还表现在对科学技术的引领与文化价值观念方面。

（3）教育的全局性，指教育的发展关乎社会主义现代化建设的方方面面，具有全局性的影响。我们应当全面发挥教育的功能，促进人的全面发展和社会的全面进步。

三、论述题

1. 有人认为受教育的水平决定一个人乃至一个家庭的命运；有人则反对择校、升学，批判"读书做官论"、读书成家论；有人认为教育是社会和谐发展的协调器；有人则认为教育是社会阶层再产生的加工机。你对这个问题怎么看？

【答案要点】

教育具有社会流动功能。教育的社会流动功能是指社会成员通过教育的培养、筛选和提高，能够在不同的社会区域、社会层次、职业岗位、科层组织之间转换、调整和变动，以充分发挥其个人的智慧才能，实现其人生价值。它包括横向流动功能和纵向流动功能。前者指改变其环境而不提升其社会层级地位；后者指改变其社会层级地位及作用。题目中有人认为受教育的水平决定一个人乃至一个家庭的命运，即体现出教育的纵向流动功能。

教育的社会流动功能在当代的重要意义有以下几个方面：

（1）教育是个人社会流动的基础。如今，不管从事什么行业，要在社会上生存与流动，就要有一定的文化知识和能力，必须接受一定的教育。它使享受这一教育的人能够选择自己将要从事的职业，参与建设集体的未来和继续学习。

（2）教育是现代社会流动的主要通道。今天，我国农村的年轻一代要成功地进行社会流通，尤其是向上流通，必须经过教育，甚至只有经过优质的高等教育才能实现。

（3）教育深刻影响社会公平。教育的社会流动，实质上涉及教育机会均等与社会公平问题。到近代，人们才逐步提出普及教育与入学机会人人均等的要求。如今，各国纷纷实行普及义务教育制度，注重教育公平，这是教育发展的趋势。

2. 论述教育的社会变迁功能与社会流动功能的关系

【答案要点】

教育的社会变迁功能是指教育通过开发人的潜能，提高人的素质，引导人的社会化，影响人的社会实践，推动社会的发展和变革。教育的社会变迁功能表现在社会生活的各个领域。

教育的社会流动功能是指社会成员通过教育的培养、筛选和提高，能够在不同的社会区域、社会层次、职业岗位、科层组织之间转换、调整和变动，以充分发挥其个人的智慧才能，实现其人生价值。它包括横向流动功能和纵向流动功能。前者指改变其环境而不提升其社会层级地位；后者指改变其社会层级地位及作用。

（1）区别：二者是性质不同的两种功能，有严格的区别。

教育的社会变迁功能是就教育所培养的社会实践主体在生产、科技、经济、政治和文化等社会主要领域所发挥的作用而言的，它指向社会的存在、变革和发展，以期为社会的发展、为国家与民族的发展服务。

教育的社会流动功能是教育所培养的社会实践主体，经过个人能力与品行的培养和提高，以实现其在职业分工和社会层次之间的流动而言，它指向个体身心的发展、境遇的改善与提升，以期为个人的诉求与理想的实现服务。

（2）联系：二者相互促进，相辅相成。

教育的社会变迁功能为社会流动功能的产生奠定了客观基础，为其实现开拓了可能的空间；而教育的社会流动功能的实现程度，既是衡量社会变迁功能的价值尺度，又是推进社会变迁功能的动力。二者的互动是社会发展和进步的必要条件，体现了教育对社会发展的能动作用。

3. 论述我国教育事业面临的问题和解决的对策

【答案要点】

面临的问题：(1) 教育公共投入有待进一步加大。长期以来，我国教育投入严重偏低，亏缺甚大，农村教育尤甚。教育投入不足导致我国人才培养滞后于产业结构的转型和高新技术的发展，影响到我国现代化建设的进程。近几年我国加大了对教育的财政投入力度，但与发达国家相比仍有较大差距，且远不能满足实际需要。

(2) 教育公平面临严峻挑战。

①城乡之间、地区之间存在明显的差距问题。首先，教育经费与设备配置的差异导致教育条件的不公平；其次，师资力量与教学水平的差异导致教育过程的不公平；再次，城乡学校的教育条件与教学水平的差距导致教育结构的不公平；最后，教育投入的差距深刻影响教育的公平。因此，关注与促进缩小城乡与地区差距是实现教育公平的基础。

②农民工子女接受教育需要妥善解决的问题。它包括"留守儿童教育"和"农民工子女上学难"两个问题。若不能妥善解决，不仅影响社会主义现代化建设和社会的转型，而且影响社会的稳定和和谐。

③优质教育资源短缺引发的教育机会不公平问题。大量研究证明，优质教育资源的分配与学生家庭的经济背景以及父母的社会阶层存在显著的关联。于是，优质教育资源短缺与人民群众对优质教育越来越高的需求的矛盾便成为人们普遍关注、最为突出的教育问题和社会问题。

解决的对策：(1) 普及和巩固义务教育。义务教育是一切教育的基石，也是社会主义现代化建设的基础，关系到人民群众根本利益的保障和潜能的发挥，要居于教育事业"重中之重"的地位。而义务教育的重点、难点又在农村。为了实现义务教育的公平，必须使义务教育均衡发展。

(2) 大力发展中等职业教育。发展中等职业教育，有利于为社会发展培养大批高素质的劳动者和技能型人才、拓宽就业渠道，推进我国产业结构的调整和经济增长方式的转变。

（3）努力提升高等教育质量。高等教育处于整个教育发展的龙头地位，高等学校既是数以千万计的专门人才的"培养所"，又是知识创新、技术创新与观念创新的"发源地"，在支撑经济社会发展、提高自主创新能力、增强综合国力中具有不可替代的作用。

四、材料分析题

1. 请根据上述材料，论述教育的生态功能

【答案要点】

（1）树立建设生态文明的理念。通过在学校里和社会上加强生态文明的教育与宣传，让学生从小养成爱护自然、节约资源、保护生态环境的思想情感，从而逐步在全社会牢固树立建设生态文明的观念。

（2）普及生态文明知识，提高民族素质。造成生态灾害与失衡的原因很多，大多都与人的素质不高相关。因此，我们应当有计划地普及生态文明知识，并注意指导与督促他们将知识运用于生活实践。只要从小普及生态文明知识，养成保护生态环境的行为习惯，最终就能提高民族的生态文明素质。

（3）引导建设生态文明的社会活动。生态文明建设关涉社会的移风易俗，因此，学校的生态文明教育不应局限在校内，要组织学生参加到社区的生态文明建设中去。

第五章 教育目的

一、名词解释
1. 教育目的
2. 教育目的的价值取向
3. 教育方针
4. 全面发展
5. 广义的教育目的
6. 狭义的教育目的
7. 素质教育
8. 劳动技术教育

二、简答题
1. 简述个人本位论
2. 简述社会本位论
3. 简述教育目的的层次结构
4. 简要回答我国教育目的的基本精神
5. 简述教育目的的建构

三、论述题
1. 如何看待普通中小学的性质与任务
2. 试述人的全面发展学说及其现实意义
3. 论述教育方针与教育目的的联系与区别

四、材料分析题

1. 材料：当今世界，随着科学技术的飞速发展，经济全球化的趋势也越来越明显，和平与竞争成为当今世界发展的两大主旋律。和平对话的呼声越来越强烈，综合国力的竞争也越来越激烈。教育在综合国力的竞争中处于基础地位。为此，教育要以提高国民素质为根本宗旨，深化教育改革，全面推进素质教育，为实施科教兴国的战略奠定坚实的人才和知识基础，为中华民族在21世纪的全面振兴培养一代新人。

请根据材料论述你对素质教育的理解

参考答案

一、名词解释

1. 教育目的

【答案要点】

教育目的是对教育活动所要培养的人的个体素质的总的预期与设想，是对社会历史活动的主体的个体素质的规定。它体现一定社会对受教育者质量规格的界定和要求，也体现人自身发展所应该达到的水准和高度。

2. 教育目的的价值取向

【答案要点】

教育目的的价值取向是指教育目的的提出者或从事教育活动的主体，依据自身对人和社会发展需要的理解而对教育价值做出选择时所持有的一种倾向。

3. 教育方针

【答案要点】

教育方针是国家在一定历史时期，根据社会政治经济发展需要和国家的现实状况与发展趋势，通过一定的法定程序，为教育事业确立的总的工作方向和奋斗目标，是教育政策的总概括。

4. 全面发展

【答案要点】

受教育者的全面发展，教育界通行的说法是德、智、体、美、劳的发展。从人要处理的现实生活的关系分析，人的全面发展主要包括处理人与自然关系的能力、人与社会关系的能力和人与自我关系的能力的发展。如果一个人的发展在这三个方面都形成了健全的能力，那么这个人的发展就是全面发展。

5. 广义的教育目的

【答案要点】

广义的教育目的是指主体对受教育者的期望或理想规定的设计，即人们希望受教育者通过教育在身心诸方面发生什么样的变化，或者产生什么样的结果。

6. 狭义的教育目的

【答案要点】

狭义的教育目的是指国家对教育培养出什么样人才的基本要求，它规定了教育所要培养的人的基本规格和质量要求，是各级各类学校都必须遵守的总要求。

7. 素质教育

【答案要点】

素质教育是以人的素质发展为核心的教育。它以注重人各方面的程度和水平的实际发展为主要特征，追求对人的发展的有效引领和促进。

8. 劳动技术教育

【答案要点】

劳动技术教育是指传授基本的生产技术知识和生产技能，培养劳动观点和劳动习惯的教育。劳动技术教育包括劳动教育和技术教育两个方面，有利于促进学生的全面发展。

二、简答题

1. 简述个人本位论

【答案要点】

（1）代表人物：卢梭、裴斯泰洛齐、福禄培尔等。

（2）主要观点：①教育目的是根据个人发展的需要制定的，而不是根据社会的需要制定的；②个人价值高于社会价值。社会价值只有在有助于个人发展时才有价值，应由个人来决定社会，个人价值恒久高于社会；③人生来就有健全的潜在本能，教育的基本职能就在于使这种潜能得到发展。

（3）评价。个人本位论把个人的自身的需要作为制定教育目的的依据，在一定的历史条件下具有一定的进步意义；但如果只强调个人的需求与个性的发展，而一味贬低和反对满足社会发展的需要，则是片面的、错误的。

2. 简述社会本位论

【答案要点】

（1）代表人物：德国哲学家那托尔普、法国思想家涂尔干、德国教育家凯兴斯泰纳等。

（2）主要观点：①个人的一切发展都有赖于社会，都受社会的制约，人的一切发展也是为了满足社会的需要；②教育除了满足社会需要以外并无其他目的；③教育结果的好坏是以其社会功能发挥的程度来衡量的，离开了社会，就无法对教育的结果做出衡量。

（3）评价。社会本位论者从社会需要出发来选择教育目的的价值取向，无疑是看到了教育的社会作用，在今天这样生产高度社会化的时代，也具有一定的借鉴价值；但只是站在社会的立场看教育而抹杀了个人在选择教育目的过程中的作用，并以此来排斥教育满足个人发展的需要，则是片面的、不正确的。

3. 简述教育目的的层次结构

【答案要点】

（1）国家的教育目的：关于教育培养什么样的人的质量和规格的总的设想和规定，体现了国家对教育培养人的系列要求。它一般以成文的形式表现，通常是从哲学的高度提出，因而很难客观测量它。

（2）各级各类学校的培养目标：培养目标是各级各类学校依据国家教育目的和不同类型教育的性质与任务，对受教育者身心发展所提出的具体标准和要求。教育目的和培养目标是一般与特殊的关系：教育目的是制定培养目标的依据，培养目标是教育目的的具体化，即培养目标不能脱离教育目的，教育目的要体现、落实在培养目标之中。

（3）课程目标：即课程方案设置的各个教学科目所规定的教学应当达到的要求或标准。这个层次的目标是各级各类学校培养目标的具体化，通过课程目标的实现来完成培养目标。

（4）教师的教学目标：教育者在教学过程中，在完成某一阶段，如一节课、一个单元或一个学期工作时，希望受教育者达到的要求或产生的变化结果。

4. 简要回答我国教育目的的基本精神

【答案要点】

2015年新修订的《中华人民共和国教育法》规定："教育必须为社会主义现代化建设服务，必须与生产劳动和社会实践相结合，培养德、智、体、美等方面全面发展的社会主义事业的建设者和接班人"。这是目前教育目的最规范的表述。

我国教育目的表述虽几经变化，但其基本精神却是一致的，就是培养学生成为未来国家、社会发展的实践主体与主人。其基本点包括以下几个方面：

（1）培养"劳动者"或"社会主义建设人才"。我国当代教育目的在表述上不断发生变化，但培养"劳动者"或"社会主义建设人才"这一基本规定却始终没有变。教育目的的这个规定，明确了我国教育的社会主义方向，指明了培养出来的人的社会地位和价值，是社会主义的劳动者、建设人才，是国家的主人。

（2）坚持全面发展。受教育者的全面发展，教育界通行的说法是德、智、体、美、劳的发展。从人要处理的现实生活的关系分析，人的全面发展主要包括处理人与自然关系的能力、人与社会关系的能力和人与自我关系的能力的发展。如果一个人的发展在这三个方面都形成了健全的能力，那么这个人的发展就是全面发展。

（3）培养独立个性。培养受教育者的独立个性，是马克思人的全面发展学说的基本内涵和根本目的。追求人的个性发展，就是要使受教育者的自由个性得到保护、尊重和发展，要增强受教育者的主体意识、开拓精神、创造才能，要提高受教育者的个人价值。

综上所述，我国教育目的的价值取向的出发点与归宿在于：培养德、智、体、美、劳全面发展，具有创新精神实践能力和独立个性的社会主义现代化需要的各级各类人才。

5. 简述教育目的的建构

【答案要点】

（1）教育目的的建构需要反映社会发展规律，遵循社会历史条件的可能与限定。

教育目的只能依据现实的社会生活、生产、分工、交往状况及其发展趋势的需求来建构，才能使教育培养出社会所需要的成员及各种人才、促进社会向前发展。

（2）教育目的的建构还需要反映人的发展规律，遵循人的发展的可能与限定。

人是教育的出发点，是教育的对象，也是教育的主体。因此，建构教育目的，不仅要依据社会发展的需要，而且要反映人的发展特性、规律与需求，遵循人的发展的可能与限定。这样才能使学校教育有正确的方向，从而顺利、有效地实现预期的目的。

三、论述题

1. 如何看待普通中小学的性质与任务

【答案要点】

普通中小学的性质是基础教育；正确而深入地理解中小学教育的性质和任务，应该把握以下几个基本要点：

（1）为年轻一代做人打好基础。普通中小学的教育对象是青少年儿童，他们在这一时期要掌握科学文化基础知识和基本技能，发展思维能力和表达能力，形成良好的思想品德和高尚的审美情趣，拥有健康的身体，为成为社会主义的建设者和接班人打好基础。

（2）为年轻一代在未来接受专业教育打好基础。普通中小学教育首先要注重促进年轻一代的一般发展，以便为他们进一步接受专业教育打好基础。职业训练在中学阶段应占有合理的比重，才能完成培养各级各类建设人才和劳动者的任务。

（3）为提高民族素质打好基础。普通中小学，特别是义务教育，对提高民族素质起着奠基的作用。义务教育普及的程度和质量的高低，直接关系到民族素质的建构与提高。

2. 试述人的全面发展学说及其现实意义

【答案要点】

马克思、恩格斯所讲的人的发展，是指在人的劳动能力全面发展的基础上包括人的社会关系、体力、智力、道德精神面貌、意志、情感、个性及审美意识和实践能力等各方面的和谐统一发展。人的全面发展过程是人不断走向自由和解放的过程，是人类历史追求的真正目的。

马克思关于人的自由而全面发展学说是在继承和发展历史上有关理论基础上的新的探索和科学

概括，是我们选择社会主义教育目的价值取向的理论基础。

（1）社会主义制度的建立为人的全面发展拓宽了道路。我国建设中国特色社会主义各项事业，既要着眼于人民现实的物质文化生活的需要，同时也要促进人的自由而全面的发展。这是马克思主义关于建设社会主义新社会的本质要求。

（2）要依据我国的特点尽可能地促进人的全面发展。结合我国处于社会主义初级阶段的现实情况，采取各种切实举措，提高人的素质，促进人的全面发展，并以此作为现阶段我国教育目的的基本价值取向。

（3）人的全面发展是构建社会主义和谐社会的基本内涵。教育作为专门培养人的社会实践活动，就是要通过培养全面发展的人来实现我们的社会发展理想和人的发展的理想。

（4）追求人的全面发展与实现人的自由发展必须和谐统一。我国当前教育改革与发展应该高度重视马克思对人的自由发展的憧憬，在引导学生全面发展的同时，关注学生个性的自由发展，着重培养学生的创新精神、批判意识与独立个性。

3. 论述教育方针与教育目的的联系与区别

【答案要点】

教育方针是国家在一定历史时期，根据社会政治经济发展需要和国家的现实状况与发展趋势，通过一定的法定程序，为教育事业确立的总的工作方向和奋斗目标，是教育政策的总概括。教育方针的基本内容包括教育发展的指导思想、教育目的、实施的途径。教育目的强调了教育活动要达到的最终结果，它是教育方针的重要组成部分。由此可见，教育目的与教育方针既有所联系又有所区别。

联系：它们在对教育社会性质的规定上具有内在的一致性，都含有"为谁培养人"的规定性，都是一定社会各级各类教育在其性质和方向上不得违背的根本指导原则。

区别：①教育方针所含的内容比教育目的更多些。教育目的一般只包含"为谁培养人""培养什么样的人"的问题，而教育方针除此之外，还含有"怎样培养人"的问题和教育事业发展的基本原则。②教育目的在对人培养的质量、规格方面要求较为明确，而教育方针则在"办什么样的教育""怎样办教育"方面显得更为突出。因此，教育目的是理想的，教育方针是现实的。

四、材料分析题

1. 请根据材料论述你对素质教育的理解

【答案要点】

素质教育是以人的素质发展为核心的教育。它以注重人各方面的程度和水平的实际发展为主要特征，追求对人的发展的有效引领和促进。素质教育的内涵包括以下几个方面：

（1）素质教育是面向全体学生的教育。素质教育就是要改变以往教育只重视升学有望的学生的做法，坚持面向全体学生，依法保障义务教育阶段儿童和青少年学习和发展的基本权利，努力开发每个学生的潜能，使所有的学生都得到平等健康的发展。

（2）素质教育是全面发展的教育。实施素质教育，必须把德、智、体、美等有机地统一在教育活动的各个环节，使各方面教育相互渗透、协调发展，促进学生的全面发展和健康成长。

（3）素质教育是促进学生个性发展的教育。素质教育反对应试教育不顾学生个性差异的"一刀切"的做法，主张从人的个性出发，承认个性的客观存在，尊重每个人的个性，并以此作为实施教育和教学的依据，通过教育使不同层次、不同程度的学生得到个性健康、完善与发展。

（4）素质教育是以培养创新精神为重点的教育。长期以来的应试教育片面强调知识传授，采用"填鸭式"教学。素质教育则以创新精神和创新能力培养为重点，注重发现和开发蕴藏在学生身上的潜在的创造性品质，全面提高学生的综合素质。

第六章 教育制度

一、名词解释

1. 教育制度
2. 终身教育
3. 学制
4. 双轨制

二、简答题

1. 简述教育制度的特点
2. 简述学制设立的依据
3. 简述当代学制改革的趋势
4. 简述我国的现行学制

三、论述题

1. 试论述现代学校教育制度的变革
2. 试论述新中国成立以来我国学校教育制度的演变

四、材料分析题

1. 材料：学校制度是教育制度的基本内容和重要组成部分。据悉，当前全国范围内绝大部分地区统一采取"六三学制"，以普通教育为主，小学六年、初中三年，是我国实施九年义务教育的主导学制；也有个别地区采取"五四学制"，即小学五年、初中四年。

对于"六三学制"，有人提出不同看法，认为小学年限太长，把五年能够完成的任务拖到六年完成，既浪费人、财、物，也延缓了学生的身心发展；而初中三年，大量新学科出现，导致学生学业负担过重。

"五四学制"是中国九年义务教育的一种实验性学制。其倡导者认为，小学生潜力较大，五年完全可以完成初等教育任务，为儿童的发展赢得宝贵的时间；初中学生原本课业负担过重，延长一年，可以减轻学业负担，同时可在完成文化科学基础知识教育的同时，根据当地需要适当增加职业技术教育课程，使学生在思想、知识和劳动技能上做好升学和就业两种准备。

——《新京报》

请根据以上材料谈谈你对当前我国义务教育阶段学制改革的看法

参考答案

一、名词解释

1. 教育制度

【答案要点】

教育制度是指一个国家各级各类实施教育的机构体系及其组织运行的规则。它包括相互联系的两个方面：一是各级各类教育机构与组织；二是教育机构与组织赖以存在和运行的规则，如各种相关的教育法律、规则、条例等。

2. 终身教育

【答案要点】

终身教育是人一生各阶段当中所受各种教育的总和，也是人所受的不同类型教育的综合。前者从纵向上讲，说明终身教育不仅仅是青少年的教育，而且涵盖了人的一生；后者从横向上讲，说明终身教育既包括正规教育，也包括非正规教育和非正式教育。

3. 学制

【答案要点】

学制即学校教育制度，它是现代教育制度的核心部分。学制指的是一个国家各级各类学校的系统及其管理规则，它规定着各级各类学校的性质、任务、入学年限、修业年限以及它们之间的关系。

4. 双轨制

【答案要点】

双轨制是在18、19世纪的西欧出现的一种学制，其主要结构为：一轨自上而下，是为资产阶级的子女设立的，其结构是大学、中学；另一轨从下而上，是为劳动人民的子女设立的，其结构是小学及其后的职业学校。

二、简答题

1. 简述教育制度的特点

【答案要点】

（1）客观性。教育机构的设置、层次类型的分化、各级各类教育机构的制度化，都受客观的生产力发展水平制约，具有客观性。

（2）规范性。教育制度的规范性主要表现在入学条件和各级各类学校培养目标的确定上。

（3）历史性。教育制度是随社会的发展变化而变化的，在不同的社会历史条件下会有不同的教育需要，就要建立不同的教育制度。

（4）强制性。教育制度是先于作为年轻一代的个体而存在的。它对于受教育者个体的行为具有一定的强制作用，要求受教育者个体无条件地去适应和遵守制度。

2. 简述学制设立的依据

【答案要点】

（1）社会生产力和科技发展水平。教育制度的产生和建立取决于生产力发展水平和科学技术发展状况，教育制度的发展和完善在很大程度上也取决于生产力和科技发展水平。

（2）社会经济制度。教育制度作为社会的基本制度之一，受社会的政治经济制度的制约。不同的政治经济制度决定了不同阶级享有不同的教育，也决定了各级各类学校的教育目的、入学条件、修业年限、教育内容以及它们之间的关系等教育制度方面的问题。

（3）人的身心发展规律。学制中关于入学年龄、修业年限、教育目标、学习内容的确立必须根据人的身心发展规律制定。此外，学制中关于各级各类学校的分段与衔接、升级升学制度、特殊教育制度也是依据人的身心发展规律制定的。

（4）本民族语言、文字、习俗、习惯等文化传统。在学制的改革与发展中，要发扬本民族的优秀文化传统，吸收其他民族的长处。

（5）历史经验的继承与发展。学制总是在不断地发展变化、完善，以适应发展变化的情况。但是，任何国家学制的发展和革新必须立足于本国的历史，不是对过去的全盘否定，而是对过去继承基础上的发展。

3. 简述当代学制改革的趋势

【答案要点】

（1）进一步完善终身教育体系。终身教育是当今各国教育改革的共同指导思想，建立终身教育体系则是各国学制改革的共同目标。

（2）义务教育的范围逐渐扩展，年限不断延长。随着知识社会的到来，大多数国家的义务教育范围有进一步扩展的趋势，主要表现在义务教育的一端在逐渐向幼儿教育方向扩展，而另一端则向初中后教育阶段延伸。

（3）普通教育和职业教育向着综合统一的方向发展。促进普通教育和职业技术教育的结合，是当前各国学制改革的一个重要方面。如在普通学校中加强职业技术教育或在职业技术教育中加强普通教育。

（4）高等教育大众化、普及化。目前，日本、美国等发达国家的高等教育已经达到大众化，正在向着普及化发展，大多发展中国家正在为高等教育的大众化而努力。主要表现在两个方面：①高等教育机构的日益多样化；②高等教育机构中学生的成分发生了变化，成人大学生所占比重增加。

4. 简述我国的现行学制

【答案要点】

经过一个世纪的发展，我国已建立了比较完整的学制，在1995年颁布的《中华人民共和国教育法》里得到了确认。它包括以下几个层次的教育：

（1）学前教育：招收3—6、7岁的幼儿。

（2）初等教育：指全日制小学教育，招收6、7岁儿童入学，学制为5—6年。在成人教育方面，还包括成人业余初等教育。

（3）中等教育：指全日制普通中学、各类中等职业学校和业余中学。全日制中学修业年限为6年，初中3年，高中3年。职业高中2—3年，中等专业学校3—4年，技工学校2—3年。属成人教育的各类业余中学，修业年限适当延长。

（4）高等教育：指全日制大学、专门学院、专科学校、研究生院和各种形式的业余大学。高等学校招收高中毕业生和同等学历者。专业学校修业为2—3年，大学和专门学院为4—5年，业余大学修业年限适当延长，硕士研究生修业年限为2—3年，博士研究生为3年，在职研究生修业年限适当延长。

三、论述题

1. 试论述现代学校教育制度的变革

【答案要点】

（1）从学校系统看，双轨制在向分支型学制和单轨制方向发展。

从发展过程可以看出，义务教育延长到哪里，双轨制并轨就要并到哪里，单轨制是机会均等地普及教育的好形式；其次，综合中学是双轨制并轨的一种理想形式，因而综合中学化就成了现代中等教育发展的一种趋势。

（2）从学校阶段看，每个阶段都发生了重大变化。

①幼儿教育阶段。近年来，发达国家幼儿教育发展迅速，幼儿教育制度也发生了重要变化：幼儿教育的结束期提前到6岁或5岁；加强了小学和幼儿教育的连接。很多国家把幼儿教育列入学制系统，这是发展的趋势。

②小学教育阶段。小学成为普通基础教育的初级阶段。小学教育制度发生了深刻变化：小学已无初、高级之分；入学年龄提前到6或5岁；缩短年限，如法国缩短至五年；小学和初中衔接，取消初中的入学考试。

③初中教育阶段。许多国家义务教育延长至初中阶段，初中教育成为基础教育的重要阶段，其制度变化有：初中学制的延长，有的延长至4年；把初中阶段看作普通教育的中间阶段；连接初中和小学，看作基础教育阶段，统一进行文化科学基础知识教育，加强初中的结业考试，以便尔后再进行分流。

④高中教育阶段。高中阶段学制的多种类型，即高中阶段教育结构的多样化，是现代学制的一个重要特点。

⑤职业教育阶段。职业教育在当代有两个突出的特征：对文化科学技术基础的要求越来越高；职业教育的层次和类型的多样化。

⑥高等教育阶段。高等教育结构变化表现在：多层次，过去主要是本科一个层次，而现在则有多个层次；多类型，现代高等学校的院校、科系、专业类型繁多。当今，高等学校与社会、生产、科学技术、社会生活的各个方面的联系越来越密切。

2. 试论述新中国成立以来我国学校教育制度的演变

【答案要点】

（1）新中国成立以后至改革开放前的学制改革。

1951年，中央人民政府政务院颁布《关于改革学制的决定》，明确规定了中华人民共和国的新学制，这是我国学制发展的一个新阶段。

1958年，中共中央、国务院颁布《关于教育工作的指示》，明确指出："现行的学制是需要积极地妥当地加以改革"。

1961年，开始贯彻"调整、巩固、充实、提高"的方针，制定大、中、小学工作条例。

1976年，恢复和新建学制系统，使我国学制逐步向合理和完善的方向发展。

（2）改革开放以来的学制改革。

1985年，《中共中央关于教育体制改革的决定》提出：①加强基础教育，有步骤地实施九年义务教育；②调整中等教育结构，大力发展职业技术教育；③改革高等教育招生与分配制度，扩大高校办学的自主权；④对学校教育实行分级管理。

1993年，《中国教育改革和发展纲要》，确定了20世纪末教育发展的总目标：①基本普及九年义务教育，基本扫除青壮年文盲；②全面贯彻党的方针，全面提高教育质量；③建设好一批重点学校和一批重点学科。

1999年，《面向21世纪教育振兴行动计划》提出的目标是：①到2000年，全国基本普及九年义务教育，基本扫除青壮年文盲，大力推进素质教育；②完成职业教育培训和继续教育制度；③积极稳步发展高等教育；④深化改革，建立教育新体制的框架，以适应社会经济发展。

2010年，《国家中长期教育改革和发展规划纲要（2010—2020年）》所确立的目标是：到2020

年,基本实现教育现代化,基本形成学习型社会,进入人力资源强国行列。

四、材料分析题

1. 请根据以上材料谈谈你对当前我国义务教育阶段学制改革的看法

【答案要点】

我国目前的基础教育是以六三学制为主,五三学制、五四学制、九年一贯制等多种学制并存的局面。新中国成立后,我国社会经济迅速发展,六三学制已经不能完全满足当前我国社会经济发展的现实需要。因此,关于学制改革的讨论也在不断增加。

（1）六三学制的优点。

①六三学制是我国目前的主导学制。它在我国最早可以追溯到1922年的学制改革,新中国成立后一直被实施而且很有影响,目前大多数学校实行这一学制,它已成为我国的基本学制,也是当今世界最通行的一种学制。

②六三学制对普及九年义务教育最为有利。我国广大农村存在着大量的五三学制,要实现普及九年义务教育,就必须改五三学制为六三学制。在小学阶段增加一年,困难最小。

③六三学制存在的一些诸如小学六年时间过长、初中三年课程梯度大和难点多等问题,其成因是复杂的,不能仅仅归因于该学制,其中还有小学基础差、师资水平不高、教育思想不端正、办学条件差等原因。因此,应当在加强教育改革和实验上予以解决。

（2）五四学制的优点。

①五四学制有利于形成办学规模,普及义务教育。在经济不发达的农村地区,教育经费短缺,人民经济状况差,且边远和少数民族地区的人口居住分散,需要增加和分散小学教学点。若将小学教育年限缩短一年,则同样的教育资金可以增加更多的小学教学点,从而满足贫困和边远地区农村小学教育的需求。

②有利于素质教育的开展。初中改为四年后,学习时间相对宽松,有利于强化德、智、体、美、劳等学科教学,有利于增加学生选修和自学课时,开展丰富多彩的课外活动,有利于学生整体素质的提高,并使其个性、特长得以发挥。同时,小学六年相对较长,其教学内容是可以在五年之内以很好的效果完成的。

③可以推动职业教育的发展。六三制的初中,课程梯度大、难点多,学校无力进行职业技术教育。五四制延长了初中学习年限,引入一定的职业技术教育内容,分散到四个学年中,是可行的。

六三制和五四制各有优缺点,具体采用哪种形式,应当根据当地的实际情况来决定。我国幅员辽阔,各地区经济、文化发展不平衡,各学校条件不同,因此,各地区、各学校应当根据自己的实际情况,因地制宜,积极而稳妥地开展学制改革实验。

义务教育权利下放以后,各地方应该积极创造条件,按照发达、较发达、不发达地区分期分段完成九年义务教育;按照当地师资、经济实际情况灵活处理、分段进行,不必完全统一。同一地区也可以采取不同分段。关键是保证同年级教育内容、目标基本一致,待经济发展后再减少分类。

第七章 课程

一、名词解释
1. 课程
2. 课程标准
3. 课程资源
4. 教科书
5. 综合课程
6. 活动课程
7. 课程设计
8. 课程目标
9. 课程内容
10. 课程一元化

二、简答题
1. 简述泰勒的课程理论
2. 简述我国基础教育三级课程管理体制
3. 简述校本课程开发的意义
4. 简述课程目标的基本形式
5. 简述我国基础教育课程改革的六大目标
6. 简述课程评价的 CIPP 模式
7. 简述世界各国课程改革的发展趋势
8. 简述课程和教学的关系
9. 简述我国中小学的课程设置

三、论述题
1. 试论述课程内容组织过程中应处理好的几对关系
2. 试论述我国课程改革对教学过程和教师提出了哪些新的要求
3. 试论述课程目标设置上的"形式教育与实质教育之争"
4. 试论述课程实施的三种基本取向
5. 试论述影响课程改革的主要因素

四、材料分析题
1. 材料：说到评价改革，多年在教育行政部门工作的孙惠玲委员说，新课程提出"知识与技能、过程与方法、情感态度与价值观"的三维目标，这提得很好！但这么多年来，即使"知识与技能"的目标也没有很到位地实现。很多学校依然把教学窄化为对分数的追求。中小学尤其要有多元的评价标准，学生的身心素养远比分数重要。

——《中国教育报》

根据以上材料谈谈你对新课改三维目标的理解与认识

参考答案

一、名词解释

1. 课程

【答案要点】

课程是由一定的育人目标、特定的知识经验和预期的学习活动方式构成的一种蕴含着丰富、基本而又有创造性与潜质的一套计划与设定。广义的课程指所有的学科的总和；狭义的课程指一门学科。

2. 课程标准

【答案要点】

课程标准是指在一定课程理论指导下，依据培养目标和课程方案以纲要形式编制的关于课程的性质与价值、目标与内容、教学实施建议以及课程资源开发等方面的指导性文件，一般由说明或前言、课程目标、课程内容标准和课程实施建议等部分组成。

3. 课程资源

【答案要点】

课程资源是指一切能够运用到教学活动中的各种条件和材料，能促进教学活动更好地开展，有广义和狭义之分。广义的课程资源是指编制、研发课程所利用的各种条件和材料，各种社会资源如人力、财力、物质资源等；狭义的课程资源是指每个学科按照课程标准制作提供给学生和教师使用的材料来开展教学活动。

4. 教科书

【答案要点】

教科书也称课本，是依据课程标准编制的教学规范用书。它以准确的语言和鲜明的图表，明晰而系统地按教学科目分别编写的教学规范知识，是学生在学校循序渐进地学习以获得系统的基础知识的主要资源和工具，也是教师进行教学的主要依据。

5. 综合课程

【答案要点】

综合课程又称"广域课程""统合课程"或"合成课程"。它采取合并相关学科的办法，减少教学科目，把几门学科的教学内容组织在一门综合学科之中，根本目的是克服学科课程分科过细的缺点。

6. 活动课程

【答案要点】

活动课程又称经验课程、儿童中心课程，与学科课程相对立，它打破学科逻辑的界线，是以学生的兴趣、需要、经验和能力为基础，通过引导学生自己组织的有目的的活动系列而编制的课程。

7. 课程设计

【答案要点】

课程设计是以一定的课程观为指导制定课程标准、选择和组织课程内容、预设学习活动方式的活动，是对课程目标、教育经验和预设学习活动方式的具体化过程。

8. 课程目标

【答案要点】

课程目标是课程实施应达到的学生身心素质发展的预期结果，是对培养目标的具体化。课程目标具有整体性、阶段性、持续性、层次性、递进性和时间性的特点。

9. 课程内容

【答案要点】

课程内容是课程的核心要素，是根据课程目标从人类的经验体系中选择出来，并按照一定的学科逻辑序列和儿童心理发展需求组织编排而成的知识体系和经验体系。它以学科文化知识为核心，主要包括间接经验，但也包括设计一定的实践—交往活动要求学生获取的直接经验，以及预期的学习活动方式。

10. 课程一元化

【答案要点】

课程的一元化主要指课程的编制应当反映国家的根本利益、政治方向、核心价值，反映社会的主流文化、基本道德以及发展水平，体现国家的信仰、理想与意志。

二、简答题

1. 简述泰勒的课程理论

【答案要点】

泰勒于1949年出版的《课程与教学的基本原理》，被视为现代课程理论的奠基石。

（1）理论内容：①课程设计与开发的四个基本问题：学校应达到哪些教育目标？提供哪些教育经验才能实现这些目标？怎样才能有效地组织这些教育经验？怎样才能确定这些目标正在得到实现？②课程编制的四个步骤：确定目标、选择经验、组织实施、评价结果。

（2）评价：人们把泰勒的这些理论称为"泰勒原理"，其课程开发模式称为"目标模式"，对课程理论的发展有很大影响，至今仍在西方课程领域中占有主要的地位。

2. 简述我国基础教育三级课程管理体制

【答案要点】

1999年，在《中共中央国务院关于深化教育改革全面推进素质教育的决定》中提出"建设新的基础教育课程体系，试行国家课程、地方课程和学校课程"，即三级课程，三级管理。国家义务教育课程计划为保障和促进不同地区、学校、学生的适应性，实行国家、地方和学校三级课程管理模式。三级课程都要贯彻课程计划的指导思想，体现本课程计划规定的目标。三类课程在课程体系和结构中，地位各自独立，各具独特的功能、作用，是相辅相成的，要重视三类课程间的相互联系和渗透，以形成一个有机的完整的体系。三类课程主要包括：

（1）国家课程，又称国家统一课程，它是自上而下由中央政府负责编制、实施和评价的课程，具有权威性、多样性和强制性的特点。

（2）地方课程，在国家课程的基础上，为满足地方政治、经济、文化、民族等发展需要，由省、自治区一级的教育行政部门开发的课程。

（3）校本课程。以学校为课程编制主体，自主开发与实施的一种课程，是相对于国家课程和地方课程的一种课程。

3. 简述校本课程开发的意义

【答案要点】

（1）弥补国家课程不足。校本课程是在保证国家对教育的统一基本要求的前提下，以学校自身特色为主要特征，为学生提供多样化可选择的课程，它在一定范围内补充了国家课程、地方课程开发的不足。

（2）形成学校办学特色。各学校开发出适合自身特点及发展需要的课程体系，能在保证国家教育整体质量的基本前提下，使不同学校之间因校本课程建设的差异，形成不同的办学特色。

（3）促进学生个性形成。校本课程在内容上丰富多彩、在形式上灵活多样、在操作时间上因地制宜，拓宽了学生学习领域、开阔了学生视野、丰富了学生的生活，有助于学生个性的形成。

（4）提升教师专业水平。校本课程开发赋予了教师一定的自主权，充分调动了教师积极参与课程开发的热情，为教师提供了发挥创造性的空间和大显身手的机会。

4. 简述课程目标的基本形式

【答案要点】

课程目标是课程实施应达到的学生身心素质发展的预期结果，是对培养目标的具体化。一般说来，完整的课程目标体系包括三类：结果性目标、体验性目标与表现性目标。

（1）结果性目标：明确告诉人们学生的学习结果是什么。在设计时所采用的行为动词要求具体、明确、可观测、可量化，主要应用于"知识"领域。

（2）体验性目标：描述学生自己的心理感受、情绪体验应达成的标准。它在设计中所采用的行为动词往往是历时性、过程性的，主要应用于"过程"领域。

（3）表现性目标：明确安排学生个性化的发展机会和发展程度。它在设计中所采用的行为动词通常是与学生表现什么有关的或者结果是开放性的，主要应用于"制作"领域。

5. 简述我国基础教育课程改革的六大目标

【答案要点】

（1）转变课程功能。改变课程过于注重知识传授的倾向，强调形成积极主动的学习态度，使获得基础知识与基本技能的过程同时成为学会学习和形成正确价值观的过程。

（2）优化课程结构。改变课程结构过于强调学科本位、科目过多和缺乏整合的现状，整体设置九年一贯的课程门类和课时比例，体现课程结构的均衡性、综合性和选择性。

（3）更新课程内容。改变课程内容"繁、难、偏、旧"和过于注重书本知识的现状，加强课程内容与学生生活以及现代社会和科技发展的联系，关注学生的学习兴趣和经验，精选终身学习必备的基础知识和技能。

（4）转变学习方式。改变课程实施过于强调接受学习、死记硬背、机械训练的现状，倡导学生主动参与、乐于探究、勤于动手，培养学生搜集处理信息的能力、获取新知识的能力、分析和解决问题的能力以及交流与合作的能力。

（5）改革课程评价。改变课程评价过分强调甄别与选拔的功能，发挥评价促进学生发展、教师提高和改进教学实践的功能。

（6）深化课程管理体系改革。改变课程管理过于集中的状况，实行国家、地方、学校三级课程管理，增强课程对地方、学校及学生的适应性。

6. 简述课程评价的 CIPP 模式

【答案要点】

（1）内容：该评价模式由斯塔弗尔比姆提出，CIPP 是由背景评价、输入评价、过程评价、成果评价这几种评价名称的英文首字母组成。

①背景评价：要确定课程计划实施机构的背景；明确评价对象及其需要；明确满足需要的机会；诊断需要的基本问题；判断目标是否已反映了这些需要。

②输入评价：帮助决策者达到目标的最佳手段，对各种可供选择的课程计划进行评价。

③过程评价：主要是通过描述实际过程来确定或预测课程计划本身或实施过程中存在的问题，从而为决策者提供如何修正课程计划的有效信息。

④成果评价：要测量、解释和评判课程计划的成绩。

（2）评价：CIPP 评价模式考虑到影响课程计划的种种因素，可以弥补其他评价模式的不足，相对来说比较全面。但它的操作过程比较复杂，难以被一般人掌握。

7. 简述世界各国课程改革的发展趋势

【答案要点】

（1）追求卓越的整体性课程目标。当前各国在课程改革中倾向于培养学生公民的责任感和创新精神，社会交往能力和团队精神，灵活处理各种信息、适应急剧变化的社会环境和创造性地进行工作的能力，并注重国际理解教育，要求使学生具有国际视野，尊重文化差异。

（2）注重课程编制的时代性、基础性、综合性和选择性。面对全球化、信息时代、知识经济等新的世界背景，各国基础教育课程改革都强调把握课程内容的时代性，既要反映科学发展的新趋势，又要关注时代发展对人生存方式及其必备素质的新要求，注重处理基础知识与学科发展的关系，增强课程对学生的适应性，大量开设选修、综合、实践课程，满足学生个性发展的需要。

（3）讲究学习方式的多样化。信息化社会、知识社会、学习化社会引起了教育教学方式的变革。通过课程改革，创设以"学"为中心的课程，创造以"学"为中心的教学，真正使教学过程成为和事物对话、和他人对话、和自身对话的活动过程，从而超越单一的知识接受性教学，创造一种活动性的、合作性的、反思性的学习，已成为世界各国课程改革的共同选择。

8. 简述课程和教学的关系

【答案要点】

关于课程与教学的关系，主要有三种看法：

（1）大教学小课程。认为教学是上位概念，课程是包含于其中的，只是教学的一个部分，从而教学理论包含课程理论。典型的代表是苏联教育家和我国一些学者，他们认为课程是教学内容的代名词，属于教学的一部分；课程也往往被具体化为教学计划、教学大纲和教科书三部分，课程理论主要研究教学内容的设计、编制和改革。

（2）大课程小教学。认为课程涵盖的范围要宽于教学，教学只不过是课程的一个组成部分。认为教学只是课程的实施与设计，教学理论只是课程理论的一个组成部分。

（3）目的与手段的关系。在一定程度上两者还可以被认为是内容与形式的关系，正是因为这种"胎连式"关系，"课程—教学"一词已被人们接受且被广泛采用。

9. 简述我国中小学的课程设置

【答案要点】

我国新一轮基础教育课程改革整体设置九年义务教育课程。

（1）小学教育：以综合课程为主。小学低年级开设品德与生活、语文、数学、体育、艺术等课程，小学高年级开设品德与社会、语文、数学、科学、外语、综合实践活动、体育、艺术等课程。

（2）初中教育：设置分科与综合相结合的课程，主要包括思想品德、语文、数学、外语、科学、历史与社会、体育与健康、艺术以及综合实践活动，鼓励学校创造条件开设选修课程。

（3）普通高中教育：在九年义务教育基础上进一步提高国民素质、面向大众的基础教育。普通高中学制为三年。课程由必修和选修两部分构成。课程设置注重时代性、基础性和选择性，以分科课程为主，开设语文、数学、外语、物理、化学、历史、地理、通用技术、综合实践活动、艺术、体育与健康等课程。所有课程均包括若干必修和选修模块。

三、论述题

1. 试论述课程内容组织过程中应处理好的几对关系

【答案要点】

（1）直线式与螺旋式。

①内涵。直线式是指把学科课程内容的组织呈直线前进，前面安排过的内容在后面不再呈现；螺旋式是指在不同单元或阶段，乃至同课程门类中，使课程内容重复出现，螺旋上升、逐渐扩大知识面，加深知识难度，即前面的内容是后面内容的基础，后面内容是对前面内容的不断扩展和加深，且层层递进。

②适应条件。直线式与螺旋式是教科书编写的两种基本的组织方式，它们各有利弊，分别适用于不同性质的学科、不同年级的学生。螺旋式的组编适合对理论性较强、学生不易理解和掌握的内容，尤其是低年级的儿童；直线式组编更适合于对一些理论性、难度或操作性相对较低的学科知识。在组织编写中究竟应当采用何种形式，应根据不同学科内容的特点和学生心理发展的需求而定。

（2）纵向组织与横向组织。

①内涵。纵向组织是指教材内容要按照学科知识的逻辑序列，从已知到未知、从简到繁、从具体到抽象等先后顺序来组织编写；横向组织是指打破学科的知识界限和传统的知识体系，按照学生发展的阶段，以学生心理发展阶段需要探索的、社会和个人最关心的问题为依据，组织课程内容，构成一个个相对独立的专题。

②适应条件。比较地看，纵向组织注重课程内容的学科理论体系和知识的深度，而横向组织强调课程内容的综合性和知识的广度。在实际编写过程中，两者组织方式都是不可偏废的。

（3）逻辑顺序与心理顺序。

①内涵。逻辑顺序是指依据学科本身的体系和知识的内在联系来组织课程内容；心理顺序是指按照学生心理发展的特点来组织课程内容。

②适应条件。课程内容的组织要把两者结合起来，两者的统一实质上是在课程观上把学生与课程统一起来，在学生观方面，体现为把学生的"未来生活世界"与"现实生活世界"统一起来。

2. 试论述我国课程改革对教学过程和教师提出了哪些新的要求

【答案要点】

（1）教学过程的要求。

①转变教学观念。新的教学观强调教学的开放性和灵活性，要求教师紧密联系学生的生活实际，创设生动有趣的情境，加强实际运用的训练等。

②更新教学方式。以自主学习、合作学习和探究学习作为主要的教学方式：

自主学习包括学习者参与确定对自己有意义的学习目标的提出，自己制定学习进度，参与设计评价指标；学习者积极发展各种思考策略和学习策略，在解决问题中学习；学习者在学习过程中有情感的投入，有内在动力的支持，能够从学习中获得积极的情感体验；学习者在学习过程中对认知活动能够进行自我监控,并作出相应的调适。

合作学习指学生在小组或团队中为了完成共同任务,有明确的责任分工的互助性学习。包括积极的相互支持、配合,特别是面对面的促进性的互动;积极承担在完成共同任务中个人的责任;期望所有学生能进行有效的沟通,建立并维护小组成员之间的相互信任,有效地解决组内冲突;对于各人完成的任务进行小组加工;对共同活动的成效进行评估,寻求提高其有效性的途径。

探究学习是从学科领域或现实社会生活中选择和确定研究主题,在教学中创设一种类似于学术研究的情境,通过学生自主、独立地发现问题、实验、操作等探索活动,获得知识、技能、情感与态度的发展,特别是探索精神和创新能力的发展的学习方式和学习过程。

③转变师生关系。学校应当是教师和学生这两类主体"交互作用"形成的"学习共同体"。"学习共同体"的中心使命是使所有儿童都有接受优质教育的权利。

(2)教师的要求。

①树立平等、民主的教育观。教师应当树立平等、民主的教育观,对自身角色进行重新定位,关注学生的需求,走进学生的内心。新课改要求教师从传统的教育观中跳出来,不仅仅关注学生的考试分数的多少,而更应该面向全体学生,做到"一切为了学生,为了学生一切,为了一切学生",使学生的能力得到全面发展。

②改变传统的教学模式。教师应当在新课改理念的指导下,转变传统教学模式,增强师生之间的互动,形成教师引导,学生主动探索的教学方法,让学生合作探究、独立思考、增强学生的主动性、创造性。

③不断提高自身素养。教师在教育教学战线上的作用不可替代,教师对学生的影响力之大使得教师必须不断提高自身内在素质。教师一方面要积极补充知识、保证自己知识储备的广泛性;另一方面应当积极反思,通过自我反思不断改善教学,从而更好地完成新课改提出的要求。

④具有良好的心理素质。由于教师职业的特殊性,在面对来自各方面的压力下,不少教师处于心理亚健康状态。这种不健康的心理不仅会给教师的个人生活带来困扰,也会给学生带来不适,不利于教师教学工作的开展和学生身心健康的发展。因此,教师要积极观察自己的身心健康状态,及时地调整自己、提高自己的心理适应能力。

3. 试论述课程目标设置上的"形式教育与实质教育之争"

【答案要点】

在回答"学校教育应达到什么样的教育目标"的问题上,形式教育论和实质教育论是两种对立的教育理论,它们对学校课程的设置有不同观点。

形式教育论认为学校教育的任务和作用在于发展学生的智力,官能心理学是它的依据。主张开设一些诸如拉丁文、希腊文、文法和数学等形式学科,认为它们对于训练和提高学生的智力大有帮助。形式教育论的倡导者是瑞士的教育家裴斯泰洛齐,他被称为"形式教育之父",当时欧洲文科中学的课程就是依此开设的。这种主张强调学科和智力训练之间的必然联系,但过分注重古典学科,忽视了学科在社会生活中的实用性,有可能使学校脱离社会生活。

实质教育论的观点则正相反。他们认为学校教育的任务在于向学生传授实用知识,认为在知识的传授中包含了官能的训练,联想主义心理学是它的依据。主张在学校开设诸如几何、物理、化学、生理学等实科课程,通过它们向学生传授实用知识,为他们将来从事某种职业打好基础。这种观点的代表人物是英国的斯宾塞,他在《什么样的知识最有价值》中指出,为人类的种种活动作准备的最有价值的知识是科学知识,尤其是自然科学知识,所以它们应该在学校课程中占最主要的位置。当时欧洲的实科中学便是以此为指导思想而开设的。从这种理论中可以看出它重视实践能力的培养,轻视单纯书本知识的传授,同时功利主义色彩浓厚。进入20世纪后,伴随科技的发展和人们认识的深入，形式教育和实质教育的对立逐渐消失。

4.试论述课程实施的三种基本取向

【答案要点】

课程实施的取向是对课程实施过程本质的不同认识以及支配这些认识的相应的课程价值观。课程实施的取向集中表现在对课程变革计划与课程实施过程的关系的不同认识方面。根据美国学者的归纳，课程实施有三个基本取向：

（1）忠实取向。课程实施的忠实取向认为，课程实施过程就是忠实地执行课程计划的过程。衡量课程实施成功与否的基本标准是课程实施过程对预定的课程计划的实现程度。实现程度高，则课程实施成功；实现程度低，则课程实施失败。因此，基于忠实取向的课程实施研究主要探讨两个问题：第一，测量一项特定的课程革新对预定的课程计划所实现的程度；第二，确定影响课程实施过程的因素。

（2）相互适应取向。课程实施的相互适应取向任务，课程实施过程是课程计划与班级或学校实践情境在课程目标、内容、方法、组织模式诸方面相互调整、改变与适应的过程。一个课程计划付诸实施之后可能会发生两个方面的变化：一方面，既定的课程计划会发生变化，以适应各具体实践情境的特殊需要；另一方面，既有的课程实践会发生变化，以适应课程计划的要求。在相互适应取向看来，在课程实施过程中发生相互适应现象在某种意义上具有必然性。

（3）课程创生取向。课程创生取向是课程实施研究中的新兴取向。这种取向认为，真正的课程是教师与学生联合创造的教育经验，课程实施本质上是在具体教育情境创生新的教育经验的过程，既有的课程计划只是供这个经验创生过程选择的工具而已。

从忠实取向到相互适应取向，再到课程创生取向，意味着人们对课程变革的认识不断深入，这体现了课程变革的发展方向。尽管三种取向各有其存在价值和局限性，但三种取向间的层次性是不容否认的。三种取向随着层次的提升，后面的层次实现着对前面层次的超越：相互适应取向是对忠实取向的超越，课程创生取向则是对相互适应取向及忠实取向的超越。课程实施研究从忠实取向经相互适应取向发展到课程创生取向，反映了人们对课程变革本质的认识在不断深化。

5.试论述影响课程改革的主要因素

【答案要点】

（1）政治因素。政治因素对课程变革的影响是多层面的、深刻的，而且课程变革也不可能脱离社会政治因素的影响。主要表现在课程改革的目标厘定、课程改革的内容选择和课程的编制过程三个方面。

（2）经济因素。经济因素对学校课程有直接的推动作用，现代以来由于科技的发展和生产过程日益复杂，社会大生产需要提高劳动者的科技文化素质，所以学校课程门类日益增多，课程中科技知识的含量加重，学校课程更加贴近经济发展的需求。主要表现在经济领域劳动力素质提高的要求制约课程目标、经济发展的地区差异性制约课程变革和市场经济与课程变革三个方面。

（3）文化因素。文化通过教育的传递、传播和创造而得以保存和发展，课程是社会文化的缩影。但课程内容来自于社会文化，并不是社会文化的简单复制，社会文化需要通过教育机制的筛选才能进入学校课程。具体表现在文化模式与课程变革、文化变迁与课程变革、文化多元与课程变革三个方面。

（4）科技革新。当代新技术革命对学校课程变革起着直接的推动作用，主要表现为科技革新制约课程变革的目标、科技革新推动课程结构的变革、科技革新影响着课程变革的速度。

（5）学生发展。学校课程要充考虑到学生的发展状态与心理特征，根据学生的智力、能力的水平、倾向及其潜力来选择和组织相应的课程内容。

四、材料分析题

1. 根据以上材料谈谈你对新课改三维目标的理解与认识

【答案要点】

新一轮基础教育课程改革提出了三维目标，即知识与技能、过程与方法、情感态度与价值观。与传统的课程目标相比，新课程的追求是非常明显的：其一，在强调掌握一定的基础知识和基本技能的同时，突出学生积极主动的学习态度的培养，从过去单纯注重学习结果到在关注学习结果的同时关注学习的过程，力图实现学习结果与学习过程的统一。其二，在强调学生获得基础知识和基本技能的同时，特别注重使学习过程成为学会学习的过程。其三，在强调学生获得基础知识和基本技能的同时，注意引导学生在学习的过程中形成正确的价值观、人生观和世界观。

（1）知识与技能。在信息化、知识化的现代社会，我们不能忽视认知性发展——使学生掌握必备的基础知识和基本技能。这是学生一切发展的基础，也是基础教育基础性的主要体现。

（2）过程与方法。过程与方法的目标主要指不过分注重学习结果，要注重学习的过程，注重在学习过程中的收获，使学生获得知识的同时获得学习的方法，学会学习、发展能力。

（3）情感态度与价值观。新课改把情感态度与价值观的养成提到了一个前所未有的高度。新课程的培养目标提出"要使学生逐步形成正确的世界观、人生观、价值观，具有初步的创新精神、实践能力、科学和人文素养以及环境意识，具有适应终身学习的基础知识、基本技能和方法，具有健壮的体魄和良好的心理素质，养成健康的审美情趣和生活方式。"

值得注意的是，三维目标不是独立的三块，而是一个整体，不是知识技能加上情感，因为在实际活动中情感、态度、价值观始终是存在的。学生在学习过程中，总有一个态度、情感的倾向，有可能是积极的或者是消极的，而课程实施的任务就是要把这种倾向变成积极的，让学生热爱学习，甚至要有意识地把学习兴趣自觉化。教学也还应该在传授知识、培养能力的同时，尊重学生的主体性，激发保护他们的兴趣，让他们自主探究，积极主动学习。这样，学生在清楚与模糊中碰撞、思考，最终学会解决问题。

第八章

教学（上）

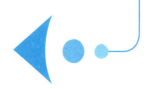

一、名词解释

1. 教学
2. 教学过程
3. 教学原则
4. 因材施教原则
5. 发展性原则

二、简答题

1. 简述教学的任务和意义
2. 简述教学观念变化的趋势
3. 如何贯彻教学中的科学性和思想性相统一的原则
4. 简述教学过程的性质
5. 简述教学与教育、智育、德育之间的关系
6. 简述启发性教学原则及其要求

三、论述题

1. 论述教学过程中应当处理好的几种关系
2. 论述学生掌握知识的基本阶段
3. 试述巩固性原则的含义以及在教学中运用该原则的具体要求

四、材料分析题

1. 材料1：《学记》要求"学不躐等""不陵节而施"，提出："杂施而不孙，则坏乱而不修。"

材料2：夸美纽斯在《大教学论》中指出，凡是需要知道的事物，都要通过事物本身来进行教学。

材料3：裴斯泰洛齐提出："你要满足你的要求和愿望，你就必须认识和思考，但为了这个目的，你也必须行动，行和知又是那么密切地联系着，假如一个停止了，另一个也随之而停止。"

上述材料分别体现了什么教学原则？在教学中该如何运用？

参考答案

一、名词解释

1. 教学

【答案要点】

教学是在一定教育目的规范下,在教师有计划的引导下,学生能动地学习、掌握系统的课程预设的科学文化基础知识,发展自身的智能与体力,养成良好的品行与美感,逐步形成全面发展的个体素质的活动。

2. 教学过程

【答案要点】

教学过程是一种特殊的认识过程,是以认识过程为基础的学生全面发展的过程,是以交往为背景和手段的活动过程,也是一种促进学生身心发展、追寻与实现价值目标的过程。

3. 教学原则

【答案要点】

教学原则是有效进行教学必须遵循的基本要求。它既指导教师的教,也指导学生的学,应贯彻于教学过程的各个方面和始终。中小学常用的教学原则有因材施教原则、启发性原则等。

4. 因材施教原则

【答案要点】

因材施教原则是我国中小学常用的教学原则,是指教师要从学生的实际情况与个性特点出发,有的放矢地进行有区别的教学,使每个学生都能扬长避短、长善救失,获得最佳发展。

5. 发展性原则

【答案要点】

发展性原则是我国中小学常用的教学原则,指教学的内容、方法和进度,既要适合学生已有的发展水平,又要有一定的难度,激励他们经过努力才能掌握,以便有效地促进学生的身心发展。

二、简答题

1. 简述教学的任务和意义

【答案要点】

(1)依据教育目的与学生个体素质发展的需求,并考虑到人们的研究成果,我国基础教育的教学任务有以下几个相互联系的方面:

①掌握科学文化基础知识、基本技能和技巧。

②发展体力、智力、能力和创造才能。

③培养正确价值观、情感与态度。

(2)教学在传承文化,促进学生个性全面发展上具有不可替代的重大价值,在学校工作中居于主要地位。教学的意义主要表现在以下几个方面:

①教学是传播系统知识、促进学生发展的最有效的形式。

②教学是进行全面发展教育、实现培养目标的基本途径。

③教学是学校教育的主要工作。

2. 简述教学观念变化的趋势

【答案要点】

（1）从重视认知向重视发展转变。当代教学非常强调研究学生身心发展的规律，研究学生在课堂情境中的学习规律，并遵循这些规律组织、安排教学。

（2）从重视继承向重视创新转变。在当代社会，人们认为教学的重要功能就是创造文化，学生的主要任务就是通过掌握知识经验，形成创造文化和创新生活的能力。无论是重视学生、重视能力、重视学法，还是重视发展、重视过程，都是重视创新的体现。

（3）从重视教法向重视学法转变。教学过程实质上应该是学生主动学习的过程，教学设计的实质是学生学习目标、学习内容、学习进程、学习方式、学习辅助手段以及学习评价的设计。目前流行且影响较大的教学方法：问题解决法、发现学习法、学导式方法、掌握学习法、异步教学法等，都渗透出重视学法的精神。

（4）从重视知识传授向重视能力培养的转变。当代社会，科学技术的发展导致"知识爆炸"，知识经验陈旧周期加快。教学的主要任务不再只是知识的传授而是学生能力的培养，着重培养学生学习、掌握和更新知识的能力，即"授人以渔"。

（5）从重视结果向重视过程转变。在当代社会，人们意识到教学结果是重要的，但更重要的是教学过程中学生的切身体验，学生的认知体验、情感体验和道德体验等。

（6）从重视教师的教向重视学生的学转变。随着社会发展，传统的"教师中心说"受到越来越深刻的批判。学生是学习活动的主体和主人。因此，当代教学强调研究学生的身心发展规律和学习规律，并遵循这些规律组织、安排教学。

3. 如何贯彻教学中的科学性和思想性相统一的原则

【答案要点】

科学性和思想性统一原则是指教学要以马克思主义为指导，授予学生以科学知识，并结合知识教学对学生进行社会主义品德和核心价值观教育。在教学中贯彻该原则的基本要求：

（1）保证教学的科学性。在教学中，教师要以马克思主义的观点和方法来分析教材，使选择和补充的教学内容都能切合时代的需要，反映学科的进步；力求传授给学生的知识及其方法、过程都是科学的、准确无误的、富有教益的。

（2）发掘教材的思想性，注意在教学中对学生进行思想品德教育。人文社会学科具有鲜明的思想性，如语文、历史、政治等都是提高学生思想修养、进行人生观教育的重要教材；自然学科也蕴含着丰富的人文精神，尤其是它所运用的研究方法、经历的艰辛过程和所揭示的客观规律，均有利于养成学生的实事求是的科学态度。

（3）重视补充有价值的资料、事例或录像。一般来说，教材的思想性寓于科学知识之中，大都十分内隐，自然科学尤其是这样。如果教师能深入领悟、吃透教材，根据教学需要补充一些有价值的资料，包括生动的故事与实例、经典的格言、动人的录像，情况则大不一样，将开启学生的心智，震撼学生的心灵，使他们获益匪浅。

（4）教师要不断提高自己的专业水平和思想修养。列宁指出："在任何学校里，最重要的是课程的思想政治方向。这个方向由完全只能由教学人员来决定。"所以，教学的科学性和思想性主要靠教师来保障。

4. 简述教学过程的性质

【答案要点】

（1）教学过程是一种特殊的认识过程。

教学过程作为特殊的认识过程，其特殊性在于它是学生个体的认识过程，具有不同于人类总体认识的显著特点：①间接性，主要以掌握人类长期积累起来科学文化知识为中介，间接地认识现实世界；②引导性，需要在富有知识的教师引导下进行认识，而不能独立完成；③简捷性，走的是一条认识的捷径，是一种科学文化知识的再生产。

（2）教学过程是以认识过程为基础的学生全面发展的过程。

教学过程不只是要学生完成认识世界的任务，更重要的是在这个过程中促进学生的全面发展。学生的发展是教学过程的核心，教学过程的本质与社会发展需要相联系，要从生理和心理两个方面来看待学生的发展。

（3）教学过程是以交往为背景和手段的活动过程。

教学活动不是孤立的个体认识活动，它离不开师与生、生与生之间的交往、互动，离不开人们的共同生活。个体最初的学习与认识就是在共同生活与交往中发生与发展的。在教学过程中，教师不仅运用交往引导学生进行认知，而且通过交往对学生达致情感的沟通、同情与共鸣。

（4）教学过程也是一种促进学生身心发展、追寻与实现价值目标的过程。

在教学活动中，教师引导学生学习知识、开展交往、认识与作用世界，进行多方面的演练与实践，其实都是为了促进学生的身心发展，以追寻与实现使他们成人、成才的价值增值目标。从这方面看，教学过程又是一个促进学生身心发展及实现教育目标的过程。

5. 简述教学与教育、智育、德育之间的关系

【答案要点】

（1）教学与教育，既相互联系，又相互区别，两者是整体与部分的关系。教育包括教学，教学是学校进行全面教育的一个基本途径。除教学外，学校还通过课外活动、生产劳动、社会实践等途径向学生进行教育。教学工作是学校教育工作的一个组成部分，是学校教育的中心工作。除教学工作外，学校教育工作还有德育工作、体育工作、后勤工作等其他一些工作。

（2）教学与智育，是交叉关系。教学是进行德育、智育、体育、美育的基本途径，智育只是教学的一个主要内容；而且智育也要通过课外活动与校外活动等途径才能全面实现。

（3）教学与德育的关系。德育工作和教学工作都是围绕共同的育人目标而各有侧重的两个工作方面。它们是一个不可分割的整体，我们绝对不能将相互联系的事物的两个方面割裂开来、对立起来。德育在诸育中处于领导和指导地位。教学在学校工作中居于主要地位，是学校工作的主要部分。从实践上看，德育工作离不开教学工作，因为没有教学工作，学校就不叫学校，育人就要落空。同时，教学工作也离不开德育工作，因为不抓德育，学校就要偏离办学方向，不能完成"培养德智体美等全面发展的建设者和接班人"的任务。

6. 简述启发性教学原则及其要求

【答案要点】

启发性教学原则是指在教学中教师要激发学生的学习主体性，引导他们经过积极思考与探究自觉地掌握科学知识，学会分析问题和解决问题，树立求真意识和人文情怀。也称探究性原则或启发与探究相结合原则。贯彻启发性教学原则的要求有：

（1）调动学生学习的主动性。在激发学生的学习主动性上，教师要发挥个人的创造性，善于运用发人深思的提问、令人心动的讲述，充分显示教学内容的吸引力，展现它的情趣、奥妙、意境、价值，以便激起学生的求知欲和积极性，全神贯注地投入学习。

（2）善于提问激疑，引导教学步步深入。在启发过程中，教师要有耐心，给学生以思考时间；要有重点，问题也不能多，也不能蜻蜓点水、启而不发；要善于与学生探讨，引导学生一步一步去获取新知和领悟人生的价值。

（3）注重通过解决实际问题启发学生获取知识。通过组织和引导学生观察、操作、动手解决实

际问题，是启发教学的一个重要的途径。接触实际问题，对学生更具诱惑力、挑战性，会使他们更积极主动地进行学习和完成任务。在学生的操作过程中，教师只要根据学生的情况，加以有针对性的指点、启发，组织一点交流或讨论，学生就不仅能够深刻领悟所学概念与原理，掌握解决问题的方法与步骤，而且能够增进学习的兴趣、能力和养成认真、负责与相互协作的品行。

（4）引导学生反思学习过程。教学要引导学生反思学习过程，了解学习过程的程序和方法，分析学习过程中的顺利与障碍、长处与缺点，寻找形成障碍与缺点的原因，克服学习过程中的弯路与失误，使学习程序和方法简捷、有效，注重积淀适合于自己的良好的学习方式，从学习中学会学习。

（5）发扬教学民主。要创造宽松、和谐、民主、平等、坦率、活跃的课堂教学氛围，这是启发教学的重要条件。只有这样，学生的心情才会感到宽松，他们的聪明才智才能充分发挥出来。教师切不可唯我独尊、搞一言堂，要鼓励学生发表自己的见解，包括与教师不同的见解。

三、论述题

1. 论述教学过程中应当处理好的几种关系

【答案要点】

（1）间接经验与直接经验的关系。

①学生认识的主要任务是学习间接经验。儿童认识始于直接经验，并通过直接经验，不断扩大对世界的认识。但仅仅依靠直接经验来认识世界越来越不可能。学生要适应高度发展的文明社会，便必须以学习间接经验为主，便捷地掌握人类积累起来的基本科学文化知识。

②学习间接经验必须以学生个人的直接经验为基础。学生要把书本知识转化为自己能理解的知识，就必须依靠个人已有的或现时获得的感性经验为基础。教学中要注重联系生活与实际，利用学生已有经验，并补充学生学习新知识所必须有的感性认识，以便学生能顺利地理解书本知识并运用所学知识于实际，获得比较完全的知识。

③防止只重书本知识传授或直接经验积累的偏向。只重书本知识的传授或只重直接经验的积累都违反了教学的规律，割裂了间接经验与直接经验的内在联系，影响了教学质量的提高。

（2）掌握知识与发展智力的关系。

①智力的发展与知识的掌握二者相互依存，相互促进。在教学过程中，学生智力的发展依赖于他们知识的掌握程度。对学生来说，掌握、运用知识及其反思、改进的过程，也就是学生运用和发展智力的过程；同时，学生对知识的掌握又依赖于他们的智力发展。

②生动活泼地理解和创造性地运用知识才能有效地发展智力。一个学生知识的多少并不一定能标志他的智力发展的高低。因此，在教学中不仅要教给学生知识，而且要引导学生通过生动活泼的教学活动，透彻地理解知识原理，了解获取知识的过程与方法，学会独立思考、推理与论证，创造性地解决实际问题，这样才能使学生的智力获得高水平的发展。

③防止单纯抓知识教学或只重能力发展的片面性。在教学实践中，有的认为"双基"教学抓好了，学生的智力就自然地发展了，却忽视引导学生通过探究、反思有意识地锻炼学生的智力；有的则只注重学生自主探究、反思，却忽视通过系统知识和原理的学习与运用来发展智力。这两者都不利于提高教学质量。

（3）掌握知识与进行教育的关系。

①进行教育性教学是现代教学的重要特性。教育性教学主要通过引导学生掌握知识及其蕴含的丰富而深刻的社会意义来实现。

②只有使所学知识引发了学生情感、态度的积极变化，才能让他们的思想真正得到提高，才能推动学生开始是自我强迫的，然后逐渐转变为自觉的、坚持不懈的自我要求、自我教育与提高。

③防止单纯传授知识或脱离知识教学的思想教育的偏向。在教学中要防止两种偏向。一种是单

纯传授知识、忽视思想教育的偏向。另一种是脱离知识教学，另搞一套思想教育的偏向。

（4）智力活动与非智力活动的关系。

①教学活动既要注重引导学生进行智力活动，也要重视调节学生的非智力活动。学生的智力活动是进行学习、认识世界的工具。学生的非智力活动是学生进行学习、研究与实践的内在动力。在教学过程中，学生的智力活动与非智力活动相互依存，相互作用。只有正确地发挥其整体功能，才能提高学生的学习效能和教学的质量。

②按教学需要调节学生的非智力活动，才能有成效地进行智力活动。一方面，要改进教学本身，使教学的内容和过程都富有知识性、趣味性、启发性，以便激发、保持学生的求知欲和学习兴趣，使他们能够主动学习。另一方面，要提高学生的自我教育能力，让他们能够逐步按教学要求自觉加强学习的注意力、毅力、责任感等，以提高学习效率。

（5）教师主导作用与学生主动性的关系。

①发挥教师的主导作用是学生简捷有效地学习知识、发展身心的必要条件。在教学过程中，教师的教一般是矛盾的主导方面。教师主导作用是针对能否引导学生积极学习与上进而言的。因而学生的主动性、反思性、创造性发挥得怎样，学习的效果怎样，又是衡量教师主导作用发挥得好坏的根本标志。教学中一切不民主的强迫灌输和独断专横的做法，都有悖于教师的主导作用。

②尊重学生、调动学生的学习主动性是教师有效地教学的一个主要因素。学生是有能动性的人，他们不只是教学的对象，而且是学习主体与发展主体。学生的学习主动性、积极性发挥得怎样，直接影响并最终决定着学生个人的学习质量、成效和身心发展的方向与水平。

③防止忽视学生积极性和忽视教师主导作用的偏向。过于突出教师或者过于强调学生在教学中的主体地位与作用都是片面的。最可靠的措施是普遍提高教师的修养和水平，加强对学生的了解、沟通，提高教师的责任感与创造性，这样才能实现师生之间的民主平等、尊师爱生、教学相长地互动与合作，使师、生两方面主动性都能得到弘扬，在教学互动的过程中达到动态的平衡和相得益彰。

2. 论述学生掌握知识的基本阶段

【答案要点】

（1）传授—接受教学的学生掌握知识的基本阶段。

传授—接受教学又称接受学习，是指教师主要通过语言传授、演示与示范使学生掌握基础知识、基本技能，并对他们进行思想情趣熏陶的教学。

①基本阶段：引起学习动机；感知教材；理解教材；巩固知识；运用知识；检查知识、技能和技巧。

②具体要求：要根据具体情况有创意地设计教学过程阶段；完成预计的教学阶段任务也不可机械死板，要根据情况变化，灵活机智地进行。

③优点：注重书本知识的授受，能充分发挥教师的主导作用，按学科的逻辑系统，循序渐进地教学，也能较好地调动学生个人的学习积极性，使他们掌握系统的科学知识与技能，获得自身智慧、品德、审美的发展。

④缺点：由于以书本知识学习为主，易脱离社会生活实际，使学生感到抽象、死板、难以理解；常常是教师讲得多，学生活动得少，容易出现注入式教学；注重面向集体，忽视个别指导，不易使每个学生都能理解，都能得到较好的发展；特易忽视教学民主、忽视学生主动性、创造性和独立思考能力的培育与发展。

（2）问题—探究教学的学生获取知识的基本阶段。

问题—探究教学是指在教师引导下，学生主要通过积极参与对问题的分析、探索，主动地发现或建构新知，获得学习与探究的方法、能力与科学人文精神的教学。

①基本阶段：明确问题；深入探究；做出结论。

②具体要求：要根据具体情况创造性地运用；要善于将学生的好奇心引导到获取真知的探究目的上来。

③优点：注重引导学生对问题的探究，强调学生的学习主体性，注重激发学生的求知欲，调动学生的主动性、创造性；它注重让学生经历探究的艰难困苦，体验获取新知的乐趣和严格要求，尝到克服困难达到成功的兴奋和喜悦，不仅使他们获得的知识与能力更切实，而且使他们逐步掌握了思维与研究的方法，养成了大胆怀疑、小心验证、实事求是的科学精神。

④缺点：探究教学的工作量大，费时过多，而学生获得的知识量相对较少；若探究教学过多，可能影响教学任务的完成；若无高水平的教师引导，学生的主动性就难以发挥，容易出现自发与盲目，迷失探究的方向，影响教学的质量。

3. 试述巩固性原则的含义以及在教学中运用该原则的具体要求

【答案要点】

巩固性原则是指教学要引导学生在理解的基础上牢固地掌握知识和技能，长久地保持在记忆中，能够根据需要迅速再现，有效地运用。

巩固掌握知识是学生有效地接受新知识的基础，是学生熟练地运用知识并进行改进与创新的条件，是教学质量的表现。要提高学生的学习能力和创造性，必须要求学生牢固而熟练地掌握知识。

贯彻巩固性原则的基本要求如下：

（1）在理解的基础上巩固。理解知识是巩固知识的基础。要使学生牢固地掌握知识，教师在教学中首先要使学生深刻理解知识，并通过剖析、理解、重构来记忆概念、原理。

（2）把握巩固的度。一是厘清哪些知识是需要牢记的，哪些知识知道了或可搜寻到就可以了。二是区分知识的精确度，教材中主要的定义必须记准确，有些知识则允许甚至鼓励学生用自己的语言表达。三是作业量要适度，与技能、技巧形成的要求相适应。

（3）重视组织各种复习。复习就是重温已学过的知识。它可以使知识在记忆中强化、熟练，加深学生对知识的理解，提高学生的再造与创造能力。

（4）在扩充、改组和运用知识中积极巩固。在教学中，许多教师非常重视引导学生通过努力学习新知识，扩大、加深、改组原有知识，积极运用所学知识于实际来巩固知识。这种巩固与复习相比，是一种积极的动态巩固。它不是要求学生反复静态温习，而是引导学生在学习新知识的动态过程中，不断联系、运用已有知识而达到的更深刻更熟练的巩固。

四、材料分析题

1. 上述材料分别体现了什么教学原则？在教学中该如何运用？

【答案要点】

（1）材料1意思是教学不按一定的顺序，杂乱无章地进行，学生就会陷入紊乱而没有收获，体现了循序渐进原则，指教学要按照学科的逻辑系统和学生认识的顺序逐步进行，使学生系统地掌握基础知识、基本技能，形成严密的逻辑思维能力。也称系统性原则。

材料2体现了直观性原则，指在教学中通过引导学生观察所学事物或图像，聆听教师用语言对所学对象的形象描绘，形成有关事物具体而清晰的表象，以便理解所学知识。

材料3体现了理论与实践相结合原则，指教学要以学习基础知识为主导，将理论运用于解释和解决实际问题，学以致用，发展动脑、动手能力，并理解知识的含义，领悟知识的价值。

（2）在教学中运用循序渐进原则的要求包括：

①按教材的系统性进行教学。按课程标准和教科书的逻辑体系进行教学，要求教师深入领会教

材的系统性，结合学生认识特点和本班学生的情况，编写一个讲授提纲或设计一个教学双边活动过程计划，以组织、指导教学的过程。

②抓主要矛盾，解决好重点与难点。教学循序渐进并不意味着教学要面面俱到、平均使用力量，而是要求区别主次、分清难易、有详有略地教学。这样才能提高质量。

③由浅入深、由易到难、由简到繁。这是循序渐进应遵循的一般要求，是行之有效的宝贵经验。一味搞突击、求速成，欲速则不达。如果循序渐进教学，学生的基础打好了，能力提高了，学习的效率速度自然会提高。

④将系统连贯性与灵活多样性结合起来。教学是一种复杂的艺术。为了使学生掌握系统而精确的学科知识，教师必须认真备课，吃透教材的重点与难点，确定教学的具体目的与任务，做好教学设计，以便系统而有效地进行教学。

在教学中运用直观性原则的要求包括：

①正确选择直观教具和现代化教学手段。直观教具一般分为实物直观、模像直观和多媒体教学三类。直观教具或多媒体课件的制作和运用，要注重使它与教学的需要相契合；要放大所学部分，用色彩显示所要观察的部分；要动态地揭示、呈现所学事物的运动、变化和发展。

②直观要与讲解相结合。教学中的直观是要在教师的指导下有目的地观察，或配合讲解边听边看。教师要通过提出问题，引导学生去把握事物的特征，发现事物之间的联系，应鼓励学生提问，解答学生在观察中的疑惑，以便更深刻地掌握理性知识。

③防止直观的不当与滥用。一节课是否运用直观，以什么方式、怎样进行直观，都应当根据教学的需要来决定，即不能把直观当作目的，不能为直观而直观，不是直观得越多越好。

④重视运用语言直观。教师用语言做生动的讲解、形象地描述、通俗的比喻都能够起直观作用。

在教学中运用理论与实践相结合原则的要求包括：

①注重联系实际学好理论。教师要善于通过演示、举出具体事例、回忆生活体验，想方设法联系有关的学生的生活实际，唤醒与激活他们已有的经验、情趣与思考力，进行观察与思考、分析、领悟，这样才能让他们生动活泼、主动地理解和掌握抽象难懂的学科概念与原理。

②重视引导学生运用知识。我们必须转变传统观念，注重学以致用。首先，要重视教学中知识的运用，如解决实际问题的讨论、作业、实验等教学性实践。其次，要在教学课文的过程中，组织学生开展一些实际的学习活动。

③逐步培养与形成学生综合运用知识的能力。要求把按学科知识的概念系统进行学习的方式，转换为按"问题—解决"建构知识的系统进行学习的方式，而且还要见诸行动，做实验、做事情、做文章、搞艺术、搞交往、搞生产。

④面向生活现实，培养学生的对策思维。问题来源于生活，在教导学生向书本学习时，还需把学生的目光引向现实，对照书本，以发现和提出问题，谋划和讨论问题的解决，并采取与问题相称的可能的行动，以培养学生的对策思维与解决问题的实践能力。

第九章 教学（下）

一、名词解释
1. 教学方法
2. 班级授课制
3. 走班制
4. 教学评价
5. 教学模式
6. 教学策略
7. 诊断性评价
8. 形成性评价
9. 教育评价
10. 教学设计
11. 特朗普制
12. 虚拟教学

二、简答题
1. 教学方法选择的依据
2. 简述我国中小学常用的教学方法
3. 简述教学工作的基本环节
4. 上好一堂课的要求
5. 实施教学评价应该遵循哪些基本原则
6. 简述教学评价的意义

三、论述题
1. 试论述个别教学、班级授课制、分组教学的优缺点
2. 有人说："讲授法就是注入式教学，发现法就是启发式教学"，请运用教学的有关原理评析这一观点
3. 试述常见的教学评价的种类

四、材料分析题
1. 材料：每个教师都意识到应努力为班内的所有学生提供均等的学习机会，然而，群体教学中的实际情况与这种理想相差甚远。对师生在课堂里相互作用所进行的观察表明：教师（十分无意识地）针对某些学生进行教学与讲解，而忽视了其他学生。教师给予了某些学生更多的积极强化与鼓

励，鼓励他们积极参与课堂讨论以及回答问题，对待其他学生就并非如此。一般说来，教师对班内三分之一或四分之一的优秀生最为关注并给予最多的鼓励，班内半数较差的学生所得到的关注与帮助最少。师生之间关系的这些差异使得一些学生得到了（其他学生所得不到的）更多的机会与鼓励。

分析上述材料所揭示的问题及其原因，并论述如何通过课程教学组织形式的改进促进教学过程中的机会均等

2. 材料：卡洛斯是个墨西哥裔美国小男孩，英语说得不怎么顺溜。他用英语讲话时，经常会被同学取笑。长期的学校生活使他逐渐学会了在教室里保持沉默。在这个问题上，他甚至跟老师达成了某种默契。他一言不发，把自己埋在课堂活动的喧嚣中，再也不会因为回答不出问题而尴尬；反过来，老师也不会抽他回答问题了。老师下这样的决心，其动机相当单纯：她不想看到其他孩子取笑卡洛斯，不想让他蒙羞。但是，老师忽视卡洛斯的存在，实际上就把他给"勾销"了。她的行为是在暗示自己不值得为卡洛斯烦心，也给其他孩子传递了这样一种信息：既然老师都不叫卡洛斯回答问题，那一定是因为他笨。久而久之，连卡洛斯本人都觉得自己确实有点笨。

卡洛斯终于在拆拼课堂（jigsaw classroom）中发现了自我，找回了自信。他所在的阅读小组和班上别的小组一样，正在阅读约瑟夫·普利策的传记。读完之后，全班同学马上就要迎来一场有关这位著名报人一生经历的测验。普利策的传记太厚了，任何人都不可能在如此短的时间之内读完它。所以，各个阅读小组都采取了分工策略——每个组员各读一部分，再将自己了解到的重要信息告诉给小组其他成员。

卡洛斯的任务是了解普利策的中年生活经历，并将所得信息告知本组成员。他发现，其他阅读小组也有同学承担了跟他一样的阅读任务。于是，他们围坐在一张课桌旁，认真地研究普利策先生在中年时代经历了哪些重大事件。在共同学习中，卡洛斯顺利地掌握了这部分阅读内容，回到了自己原来的阅读小组。

小组同伴报告完普利策的儿童和青少年时期的经历之后，就轮到卡洛斯发言，报告普利策的中年时代的重大生活经历了。他结结巴巴，犹犹豫豫，紧张得要命。组里其他同学不帮忙，反而像早已习惯的那样奚落他，嘲笑他："啊，你根本就不了解。""你可真是个大笨蛋！""你太笨了，都不知道自己在干吗！"……

每当听到这种嘲讽，在一旁观察的老师和助手就会插嘴，提些建议，例如："好吧，要是你愿意，要是你觉得有趣，那就尽管取笑他好了。但是，这么做没法让你了解普利策的中年生活经历。你得记住，再过一小时，考试就要开始了！"这种提醒让全组成员意识到，羞辱卡洛斯得不到任何好处，相反还可能遭受更大的损失。几天之后，经历几次这样的情形，孩子们逐渐明白，要想学到卡洛斯掌握的那部分知识，就只能留心听懂他所讲的东西。

孩子们逐渐变成了非常友好的采访员。他们不再取笑和忽视卡洛斯，而是想方设法让他把话讲出来，问一些更方便他大声加以解释的问题。卡洛斯也变得更放松了，而放松又改善了他的沟通能力。卡洛斯越来越顺利的发言，让小组中每个成员都在接下来的测验中受益。过了几个星期，孩子们得出结论——卡洛斯并不像他们想的那么笨，他们从这位同伴身上看到了一些以前没有看到的东西。大家喜欢上了卡洛斯。卡洛斯也更喜欢上学了，他不再把白人同学当成噩梦，而把他们当成朋友了。

（1）分析教例中的教学组织形式
（2）评析教例中的教育效果
（3）结合教例阐述教学与德育的关系

参考答案

一、名词解释

1. 教学方法

【答案要点】

教学方法是指为完成教学任务而采用的方法,包括教师教的方法和学生学的方法,是教师引导学生探讨与掌握知识技能、获得身心发展而共同活动的方法。中小学常用的教学方法有讲授法、谈话法、练习法等。

2. 班级授课制

【答案要点】

班级授课制是一种集体教学形式。它把一定数量的学生按年龄与知识程度变成固定的班级,根据周课表和作息时间表,安排教师有计划地向全班学生上课,分别学习所设置的各门课程。

3. 走班制

【答案要点】

走班制是指教室和教师固定而学生不固定的一种教学组织形式。学生根据自己的兴趣和能力选择适合自身发展的班级,在不同的教室中流动上课。

4. 教学评价

【答案要点】

教学评价是对教学工作质量所做的测量、分析和评定。它以参与教学活动的教师、学生、教学目标、内容、方法、教学设备、场地和时间等因素的优化组合的过程和效果为评价对象,是对教学活动的整体功能所做的评价。

5. 教学模式

【答案要点】

教学模式是指在一定教学理论指导下为设计和组织教学而在实践中建立起来的各种类型教学活动的基本结构或者是一整套开展教学活动的方法论体系。教学模式主要包括理论依据、教学目标、教学程序、实施条件和教学评价五个要素。

6. 教学策略

【答案要点】

教学策略是为了达成教学目的、完成教学任务,在对教学活动清晰认识的基础上对教学活动进行调节和控制的一系列执行过程。教学策略具有指向性、操作性、综合性、调控性、灵活性和层次性的特征。

7. 诊断性评价

【答案要点】

诊断性评价是在学期教学或单元教学开始时,对学生现有的知识水平和能力发展的评价,如各种摸底考试。其目的是为了弄清学生现有知识和能力发展情况,优点与不足之处,以便更好地改进教学,因材施教,因势利导。

8. 形成性评价

【答案要点】

形成性评价是指在教学进程中，对学生的知识掌握和能力发展所做的比较经常而及时的测评，包括对学生的提问、书面测验、作业批改等。其目的在于使师生都能及时获得反馈信息，从而更好地改进教与学，以促进师生的发展和提高。

9. 教育评价

【答案要点】

教育评价是指以教育为对象，根据一定的目标，采用一切可行的评价技术和方法，对教育现象及其效果进行测定，分析目标实现程度，从而作出价值判断。组成教育评价系统的要素包括价值目标、人员组织、实施程序、方法技术与质量保证。

10. 教学设计

【答案要点】

教学设计指研究教学系统、教学过程和制定教学计划的系统方法。它是教师在备课过程中，以传播理论和学习理论等为基础，应用系统论的观点和方法，分析教学中的问题和需求，确定教学目标，设计解决问题的步骤，选择相应的教学策略和教学媒体，形成教学方案，分析评价其结果并修改方案的过程。

11. 特朗普制

【答案要点】

特朗普制也被称为"灵活的课程表"，出现于20世纪50年代的美国。其基本做法是：将大班小课、小班讨论、个人独立研究结合在一起，这三种形式穿插进行，分别占有的时间大约是40%、20%、40%；采用灵活的时间单位代替固定划一的上课时间，以大约二十分钟为计算课时的单位。

12. 虚拟教学

【答案要点】

虚拟教学指利用虚拟现实技术，构建一个虚拟学习环境，再现知识赖以产生的客观事实，讲授知识要点，进行理论概括，引导学习者充分利用自己的视觉、听觉等感官接受信息，激发学习者的学习兴趣和创新意识，引导学习者发挥自己的想象力，开展创新思维活动的一种教学方法，是一种双向交互的教学形式。

二、简答题

1. 教学方法选择的依据

【答案要点】

教学方法是将知识的教育价值转化为学生精神财富的手段。教学方法的选择与设计取决于面临的教学任务、学科知识的特点与学生的经验基础。现代教学提倡以系统的观点为指导来选用教学方法，优化教学。主要的依据如下：

（1）学科的任务、内容和教学法特点、课题与课时的教学目的和任务。

（2）教学过程、教学原则和班级上课的特点。

（3）学生的情趣、水平、智能的发展与个别差异、独立思考能力、学习态度、学风与习惯。

（4）教师的思想与业务水平、实际经验与能力、教学的习惯与特长。

（5）学生参与教学过程中的答问、讨论、作业、评析的积极性与水平。

（6）师与生双边活动的配合、互动的状况与质量。

（7）班、组活动与个人活动结合的状况，课堂教学、课外作业或课外活动结合的状况与质量。

（8）学校与地方可能提供的物质与仪器设备、社会条件、自然环境等。

（9）学科、单元、课题乃至每节课所规定的课时，其他可利用的时间，如早、晚自习等。

（10）对可能取得的成效的缜密预计与意外状况出现时的应变措施。

2. 简述我国中小学常用的教学方法

【答案要点】

（1）讲授法。指教师通过语言系统地向学生传授科学文化知识、思想理念，并促进他们的智能与品德发展的方法。可分为讲读、讲述、讲解和讲演四种。

（2）谈话法。指通过师生问答、对话的形式来引导学生思考、探究，以获取或巩固知识，促进学生智能发展的方法。也称问答法。

（3）练习法。指学生在教师指导下运用知识去反复完成一定的操作、作业与习题，以加深理解和形成技能技巧的方法。

（4）演示法。指教师通过展示实物、直观教具、实验或播放有关教学内容的软件、特制的课件，使学生认识事物、获得知识或巩固知识的方法。演示的特点在于加强教学的可观察性。

（5）实验法。指在教师指导下学生运用一定的仪器设备进行独立作业，观察事物的特性，探求其发展和变化规律，以获得知识和技能、培养科学精神的方法。可分为探究性实验和验证性实验。

（6）实习作业法。指学生在教师指导下进行的学科实践活动，以培养学生专业操作能力的方法。其实践性、独立性、创造性都很强，能培养学生独立工作和实践的能力与品质。

（7）讨论法。指学生在教师指导下为解决某个问题而进行探讨、评析，以辨明是非、获取真知、锻炼思维和独立思考能力的方法。讨论的种类有课堂讨论、短暂讨论、全班讨论及小组讨论等。

（8）研究法。指学生在教师的指导下通过独立的探索，创造性地解决问题，获取知识和发展科研能力的方法。

（9）问题教学法。指在教师引导下，学生主要通过积极参与对问题的分析、探索，主动地发现或建构新知，获得学习与探究的方法、能力与科学人文精神的教学方法。

（10）读书指导法。指教师指导学生通过阅读教科书、参考书以及获取或巩固知识的方法。包括指导学生预习、复习、阅读参考书、自学教材等。

3. 简述教学工作的基本环节

【答案要点】

（1）备课。备好课是上好课的先决条件。上课前，教师必须备好课，编制出学期教学进度计划，写出课题计划与课时计划。包括三方面的工作：①钻研教材；②了解学生；③设计教学。

（2）上课。上好课是提高教学质量的关键。应以现代教学理念为指导，遵循教学规律与原则，创造性地运用教学方法，并注重做到以下几点：①明确教学目的；②保证教学的科学性与思想性；③调动学生的学习积极性；④注重解惑纠错；⑤组织好教学活动；⑥布置好课外作业。

（3）布置与批改作业。作业是深化对知识的理解和巩固知识的有效手段，是课堂教学的延续，是教学活动的有机组成部分。主要包括口头作业、书面作业、活动型作业三类。其要求有：①注意布置作业的内容和分量；②对作业进行必要的指导，明确作业的目的、内容、形式、完成时间和步骤；③教师要认真、及时批改并讲评作业。

（4）课外辅导。课外辅导是课堂教学的一种必要补充，是适应个别差异、实施因材施教的重要举措。主要分为集体辅导和个别辅导。其要求有：①从实际出发，具体分析，做到因材施教；②明确目的，充分调动学生的积极性；③注意态度，师生平等相处，让学生有问题可以问；④加强思想教育和学习方法的指导，提高辅导效果。

（5）学业成绩评定。评定学生成绩的方式主要有考查和考试。

4.上好一堂课的要求

【答案要点】

上好课，是提高教学质量的关键。应以现代教学理念为指导，遵循教学规律与原则，创造性地运用教学方法，并注重做到以下几点：

（1）明确教学目的。这是上好一堂课的前提。

（2）保证教学的科学性与思想性。这是上好一堂课的基本质量要求。

（3）调动学生的学习积极性。这是上好一堂课的内在动力。

（4）注重解惑纠错。这是上好一堂课的关键。

（5）组织好教学活动。这是上好一堂课的保障。

（6）布置好课外作业。

5.实施教学评价应该遵循哪些基本原则

【答案要点】

（1）客观性原则。教学评价要客观公正、科学合理，切实反映教师的教学质量和学生的学业水平，不能掺杂个人情感，不能主观臆断，这样才能使人信服。

（2）发展性原则。教学评价应着眼于学生的学习成绩的进步与能力的发展，其目的在于激励学生的积极性和创造性，而不是压抑和扭曲学生的发展。

（3）指导性原则。教学评价应在指出师生的长处与不足的基础上提出建设性意见，以便他们扬长避短，不断前进。

（4）计划性原则。教学评价应当全面规划，使每门学科都能依据制度与教学进程的要求，有计划、规范地进行教学评价，以确保其效果和质量。

6.简述教学评价的意义

【答案要点】

（1）对学校来说，可以记载和积累学生学习情况的资料，定期向家长报告他们子女的成绩，并作为学生升、留级和能否毕业的依据。

（2）对教师来说，可以及时了解学生的学习情况和获得教学效果的反馈信息，明白自己教学的优缺点，以改进教学。

（3）对学生来说，可以及时得到学习效果的反馈信息，明确自己学习中的长处与不足，以扬长补短。

（4）对领导来说，可以了解每个教师、班的教学情况，便于发现问题与总结经验，以改进教学。

（5）对家长来说，可以了解子女的学习情况及其变化，以便配合学校进行教育。

三、论述题

1.试论述个别教学、班级授课制、分组教学的优缺点

【答案要点】

（1）个别教学是教师面对个别或少数学生进行教学的一种教学组织形式。在个别教学中，每个学生所学的内容和进度可以有所不同，教师对每个学生教的方法和要求也有所区别，自然学生学习的成效各不一样，甚至差距极大。

①优点：教师能够根据每个学生的特点包括天赋、接受能力和努力程度而因材施教，加强教学

的针对性，比较充分地发展每个学生的潜能、特长和个性。

②缺点：教师每次只能教一个学生，教学具有较大的随意性。因此教学的规模较小、教学成本较高，但效率不高。

（2）班级授课制是一种集体教学形式。它把一定数量的学生按年龄与知识程度变成固定的班级，根据周课表和作息时间表，安排教师有计划地向全班学生上课，分别学习所设置的各门课程。

①优点：形成了严格的教学制度；以课为单位科学地组织教学；能充分发挥教师的主导作用；能促进学生的社会化与个性化；便于传授系统的科学知识。

②缺点：不利于照顾学生的个别差异；不利于培养学生的兴趣、特长和发展个性；不利于理论联系实际；不利于实现教学的灵活性。

（3）分组教学是指按学生的能力或学习成绩把他们分为水平不同的小组进行教学。

①优点：能较好地照顾个别差异，重视学生的个别性，有利于因材施教，有利于发展学生的个性特点。

②缺点：对学生能力和水平的鉴别不一定科学，却要按能力和水平进行分组教学，忽视了学生的发展性；对学生心理发展的负面影响较大，被分到快班的学生容易骄傲自满，被分到慢班的学生容易产生破罐子破摔的心理；家长、学生、教师和学校就分组教学问题很难达成一致；考虑到学生的发展性，分组必须经常进行，教育管理上比较麻烦。

2. 有人说："讲授法就是注入式教学，发现法就是启发式教学"，请运用教学的有关原理评析这一观点

【答案要点】

该观点是错误的。

（1）讲授法指教师通过语言系统地向学生传授科学文化知识、思想理念，并促进他们的智能与品德发展的方法。

在教学过程中实施讲授法的基本要求包括：

①精炼讲授内容。注重科学性、系统性、思想性、启发性和趣味性，使学生掌握准确的概念、原理。

②注重讲授的策略与方式。讲授具体如何进行应针对任务、内容做深入具体的研究与决策。

③讲究语言艺术。力求语言清晰、准确、简练、形象、条理清楚、通俗易懂；讲授的音量、速度要适度，注意抑扬顿挫；以姿势助说话，提高语言的感染力。

（2）发现法是指学生在学习情境中，经过自己探索寻找，从而获得问题答案的一种学习方式，布鲁纳所说的发现不只限于寻求人类尚未知晓的事物的行为，也包括用自己的头脑亲自获取知识的一切形式。

发现法完全放弃知识的系统讲授，而以发现法教学来替代，夸大了学生的学习能力，忽视了知识学习活动的特殊性。发现法运用范围也有限。从学习主体来看，真正能够用发现法学习的只是极少数学生；从学科领域来看，发现法只适合自然科学某些知识的教学，对于文学、艺术等以情感为基础的学科不是完全适用。

（3）如果教师的讲授实施得法，讲授法并不一定会导致学生机械学习，并不等同于注入式教学。同样，发现法也并不一定是保证学生有意义学习的灵丹妙药，并不等同于启发式教学，想要实施启发式教学，关键在于创设问题情境。教师只要讲授实施得法，讲授法同样能够产生启发式教学的效果。因此"讲授法就是注入式教学，发现法就是启发式教学"的说法错误。

3. 试述常见的教学评价的种类

【答案要点】

教学评价是对教学工作质量所做的测量、分析和评定。它以参与教学活动的教师、学生、教学目标、内容、方法、教学设备、场地和时间等因素的优化组合的过程和效果为评价对象，是对教学活动的整体功能所做的评价。

（1）根据评价在教学中的作用不同，分为诊断性评价、形成性评价、总结性评价。

①诊断性评价：在学期教学或单元教学开始时，对学生现有的知识水平和能力发展的评价，如各种摸底考试。其目的是为了弄清学生现有知识和能力发展情况，以便更好地改进教学，因材施教。

②形成性评价：在教学进程中，对学生的知识掌握和能力发展所做的比较经常而及时的测评，包括对学生的提问、书面测验、作业批改等。其目的在于使师与生都能及时获得反馈信息，更好地改进教与学，以促进教师和学生的发展、提高。

③总结性评价：在一个大的学习阶段，对学生学习的成果进行制度化的正规考查、考试及其成绩评定，也称终结性评价。其目的是为学生评定一定阶段的学习成绩。

（2）根据评价所运用的方法和标准不同，分为相对性评价和绝对性评价。

①相对性评价：用常模参照性测验对学生成绩进行的评定，依据学生个人的成绩在该班学生成绩序列中或常模所处的位置来评价和决定他的成绩优劣，而不考虑他是否达到教学目标的要求。也称常模参照性评价。它宜于选拔人才用，但不能表明他在学业上是否达到了特定的标准。

②绝对性评价：用目标参照性测验对学生成绩进行评定，依据教学目标和教材编制试题来测量学生的学业成绩，判断学生是否达到了教学目标的要求，而不以评定学生之间的差别为目的。也称目标参照性评价。它宜用于升级考试、毕业考试、合格考试，不适用于甄选人才。

（3）根据评价主体的不同，分为教师评价和学生自我评价。

①教师评价：指任课教师与班主任对学生的学习状况与成果进行的各种评价。

②学生自我评价：指在教师的引导下学生对自己的作业、试卷、其他学习成果进行的自我评价。

四、材料分析题

1. 分析上述材料所揭示的问题及其原因，并论述如何通过课程教学组织形式的改进促进教学过程中的机会均等

【答案要点】

（1）材料所揭示的问题是：教学过程中的机会均等是教育机会均等的一个重要方面，大多数教师能够意识到在教学中应该给学生提供均等的学习机会，实践中却难以做到。

（2）材料揭示了造成上述问题的一个重要原因：现行的教学组织形式影响了学生在教学过程中获得均等的教育机会。由于班级授课制是一种面向学生集体的教学组织形式，如何保证学生享有均等的学习机会，一直是班级教学中的一个难题。

（3）为了克服班级授课制的上述局限，可从如下几个方面改进课堂教学组织形式：

①根据学生年龄、学科性质等不同情况，对每节课的时间长度，做有弹性的不同规定。

②加强班级教学中的小组与个别指导活动。

③提高学生在教学活动中的主体地位与作用。

④注重到特定的实验室、作业室里上课，或在现场教学。

⑤将班级上课、分组学习、个别辅导恰当地结合起来。

⑥防止班的人数超限，逐步实现小班教学。

⑦允许成绩优异或有特长的学生跳级、选班或选课等。

2. （1）分析教例中的教学组织形式
   （2）评析教例中的教育效果
   （3）结合教例阐述教学与德育的关系

【答案要点】

（1）教例中采取小组合作学习形式组织阅读教学。教师给各个阅读小组布置阅读量大的学习任务，引发阅读小组内部进行作业分工；进而引发各小组中承担相同阅读任务的学生进行合作探究；每个学生在充分掌握一部分学习内容的基础上，回到自己的阅读小组，进行互教互学，使全组的每名成员最后都掌握全部的学习内容。

（2）教例中的小组合作学习取得了明显的教育效果。第一，全体学生在非常短的时间内完成了阅读任务，学习效率相当高；每个学生各自承担一部分研读任务，阅读技能都得到了锻炼和提高。第二，促进了学生人际技能以及分工合作的意识和能力的发展，改善了学生关系，增强了班级和小组内部的凝聚力。第三，纠正了一些白人学生的偏见，使他们对卡洛斯有了正面的看法；更重要的是帮助卡洛斯重建了自我概念，恢复了上学和学习的自信。

（3）教例表明小组合作学习是学校实施间接德育的有效途径。教师在课堂教学中虽然几乎没有对学生进行过直接的道德教导，但是通过布置阅读量大的学习任务和设置合作型课堂学习目标，构建了一种合作学习的课堂结构，营造了共同进步的课堂氛围，使学生在课堂学习中逐渐养成合作技能和团结友爱的品德。如果课堂教学像教例所显示的那样，遵循教学的教育性原则，促成智力因素与非智力因素的良性互动，在传授知识的过程中培养学生思想品德，课堂教学就能够发挥德育的功能，学校的德育目的就可以通过教学来实现。

第十章 德育

一、名词解释
1. 德育
2. 德育原则
3. 德育方法
4. 情境陶冶法
5. 德育过程
6. 长善救失原则
7. 德育模式
8. 修养

二、简答题
1. 简述德育过程的基本特点
2. 简述中小学德育的基本途径
3. 简述培养学生道德品质的方法
4. 简述德育的任务和内容
5. 简述德育过程中知情意行的关系
6. 列举两种德育模式

三、论述题
1. 结合实际分析我国中小学德育中存在的主要问题及相应的工作要求
2. 论述如何有效运用榜样的方法来培养学生的品德
3. 论述德育原则及其要求

四、材料分析题
1. 材料：班主任陈老师通过生杏的酸涩和熟杏的香甜来教育一位早恋的初三女生，告诉她，谈恋爱和吃杏子是一样的道理，中学生还没有生长成熟，此时若谈恋爱，就如同吃生杏子一般，只能又苦又涩；只有到成熟后再去品尝，才会香甜可口，无比幸福。从而使这位女生从早恋中走了出来。
结合材料分析班主任的做法体现了德育的哪一原则？在教学中运用该原则需要注意哪些事项？

2. 材料：开学第一天，娄老师正要分发新书，突然发现几本书由于包装原因被勒出了深深的印迹。多年的班主任经验告诉娄老师，书不能轻易发下去，要把这个问题先解决。于是娄老师对同学们说："这里有几本书因为包装运输的原因，留下一些印迹，大家认为这几本书应该发给谁？"

娄老师请几个同学发言，有的说按顺序发，轮到谁就是谁；有的说按成绩，发给成绩差的；有的说抓阄……娄老师未置可否，让同学们的思想一一暴露了出来。

终于有个同学说："老师，发给我一本吧！"娄老师立即问："你为什么要一本呢？"

"因为总得有人得到的，不如我要了吧！"娄老师立即表扬道："让我们为他的这种为他人着想，宁愿自己吃亏的精神鼓掌！"顿时，班里想起了一阵热烈的掌声。正确的舆论导向初步形成了，但这是在娄老师的强烈暗示下形成的，娄老师决定继续扩大战果。

"还有哪些同学愿意得到一本？"一些同学举起手来。娄老师有意在教室巡视一遍，故意在一些目光不够坚定的同学们面前停一下。最后，全班同学的手都举起来了。

娄老师微笑着对同学们说："老师为我们班同学有这种精神感到由衷的高兴，但究竟这几本书应该发给谁呢？这样，我们来一个演讲比赛，看谁能把自己应该得到书的理由说得充分，说得有理，谁就能得到一本。大家做评委，由掌声的热烈程度来决定，好不好？"

娄老师微笑着对同学们说："我们生活在一起，应该互相关心，互相帮助。"有的同学说："书的好坏不在于外表，而在于它的内容，所以我愿意要一本。"还有同学发言说："为别人带来更多欢乐的人生才是有意义的人生，我愿意要一本，把好书让给别人。"……一阵又一阵的掌声把气氛推向了高潮。娄老师把每一种观点都写在黑板上，并且适当补充和引导。娄老师又一次穷追不舍："我们集体生活中，还有什么地方需要这种吃亏精神？"于是班上讨论开了：劳动不拈轻怕重、捡起不是自己扔的纸屑……

最后，大家评选出演讲的前三名，他们自豪地拿到了有印迹的书，娄老师号召全班同学向他们学习。所有的课本都愉快地分发下去了。

（1）结合材料分析娄老师使用了哪些德育方法？
（2）娄老师的德育艺术体现了什么样的德育原则？

参考答案

一、名词解释

1. 德育

【答案要点】

德育即道德教育。一般来说，学校德育是指学生在教师的引导下，以学习活动、社会实践、日常生活、人际交往为基础，同经过选择的人类文化，特别是一定的道德观念、政治意识、处世准则、行为规范相互作用，经过自己的观察、感受、判断、践行和改善，以形成行为习惯、道德品质、人生价值和社会理想的教育。简言之，德育是培养学生思想品德的教育。

2. 德育原则

【答案要点】

德育原则是教师对学生进行德育应该遵循的基本要求。它以个体品德发展规律和社会发展要求为依据，概括了德育实践的宝贵经验，反映了德育过程的规律性。

3. 德育方法

【答案要点】

德育方法是师生为完成德育任务而采取的活动方式的总和。它有两层含义：首先它是师生共同活动的方法；其次它是为实现德育的目标、要求服务的。

4. 情境陶冶法

【答案要点】

情境陶冶法指通过创设良好的教育情境，潜移默化地培养学生品德的方法。它利用暗示原理，让学生通过无意识的心理活动来接受某种影响。包括人格感化、环境陶冶和艺术陶冶等。

5. 德育过程

【答案要点】

德育过程是学生在教师的引导下，主动积极地进行道德认识和道德实践，逐步提高自我修养能力，形成个人品德的过程。

6. 长善救失原则

【答案要点】

长善救失原则指进行德育要调动学生自我教育的积极性，依靠和发扬他们自身的积极因素去克服他们品德上的消极因素，促进学生的道德成长。

7. 德育模式

【答案要点】

德育模式即道德教育模式，是在道德教育理论和实践的发展中逐步形成的、用以组织和实施道德教育过程的典型化范式。它是在一定社会条件下，以一定道德理论为基础发展起来，并由实际操作中逐步完善而形成的一种道德教育的范式。

8. 修养

【答案要点】

修养是指在教师引导下学生经过自觉学习、反思和自我改进，使自身品德不断完善的一种方法。包括立志、学习、反思、箴言、慎独等。基本要求包括培养学生自我修养的兴趣与自觉性；指导学生掌握修养的标准；引导学生积极参加社会实践。

二、简答题

1. 简述德育过程的基本特点

【答案要点】

德育过程是学生在教师的引导下，主动积极地进行道德认识和道德实践，逐步提高自我修养能力，形成个人品德的过程。具体表现在以下几个方面：

（1）德育过程是学生在教师教导下的个体品德的自主建构过程。学生的思想道德认识和行为习惯不是与生俱来的，是学生在与社会环境的相互作用过程中，尤其是在教师有目的有意识的教育引导下，逐步形成自己的思想认识，发展自己的道德素质的。包含以下三个方面：学生对环境影响的主动吸收；教师对学生的积极引导；外部活动与内部活动相互促进。

（2）德育过程是培养学生知情意行整体和谐的发展过程。学生的品德包含知、情、意、行四个要素。所以德育过程也是培养学生思想品德的知、情、意、行整体和谐的发展过程。包含以下三个方面的含义：思想道德发展的整体性；德育过程有多种开端；德育实践的针对性。

（3）德育过程是提高学生自我教育能力的过程。在德育过程中，要引导学生积极参与社会学习、生活交往和道德践行，培养和提升他们的思想品德素质，均有赖于发挥学生个人的能动性和自我教育能力。包含三个方面的含义：自我教育能力培育的意义；自我教育能力的构成因素；学生自我教育能力的发展。

2. 简述中小学德育的基本途径

【答案要点】

（1）思想政治课与其他学科教学。需要注意的是，知识转化为品德还需要将知识与学生生活相联系，与学生思想"对话"，以激发学生的道德需要，并用这些道德认识来探寻做人的道理，调节对人、对事应持有的态度，并付诸行动。

（2）劳动和其他社会实践。有意义的劳动和社会实践，能够提高学生的责任意识、服务意识，形成学生勤俭、朴实、艰苦、顽强等许多好的品德，在德育上有着不可或缺、不可替代的意义。

（3）课外活动和校外活动。通过课外活动进行德育，能调动学生的积极性，培养他们的自律能力，形成互助友爱、团结合作、尊重规则等品德。

（4）学校共青团、少先队活动。开展团队活动，能激发学生强烈的上进心、荣誉感，使他们能够严于律己，自觉提高思想品德，是德育的重要途径。

（5）心理咨询。通过个别谈心、咨询、讲座等多种方式对学生进行心理健康教育，可以帮助学生处理好学习、交往、择业等方面问题，使他们成为积极向上、心理健康的人。

（6）班主任工作。通过班主任工作，学校不仅能有效地管教学生基层组织和个人，而且能对教育学生的其他途径的活动起协调作用，是学校德育的一个特别重要的途径。

（7）校园生活。校园生活包括上述活动在内的全部学校生活。要建立良好的校园生活，一是要研究如何使德育在各个途径中真正到位，使之互相补充，构成整体效应；二是要根据学校实际，研究如何增加跨越班级的活动与交往，逐步形成学校特色；三是要研究如何使校园生活能够体现时代精神，蕴含深厚文化，让学生在生活中养成现代文明习气和人文情怀。

3. 简述培养学生道德品质的方法

【答案要点】

（1）明理教育法。指引导学生摆事实、讲道理，经过思想情感上的沟通与互动，让他们悟明道德真谛，自觉践行的方法。包括讲理、沟通、报告、讨论、参观等。

（2）榜样示范法。指以他人的高尚品德、模范行为和卓越成就来影响学生品德的方法。教师应向学生提供好榜样，主要有四类：历史伟人、现实的英雄模范、优秀教师、家长的风范、优秀学生。

（3）情境陶冶法。指通过创设良好的教育情境，潜移默化地培养学生品德的方法。它利用暗示原理，让学生通过无意识的心理活动来接受某种影响。包括人格感化、环境陶冶和艺术陶冶等。

（4）实践锻炼法。指有目的、有组织地安排学生进行一定的生活交往与社会践行活动以培养品德的方法。包括练习、委托任务和组织活动等。

（5）自我修养法。指在教师引导下学生经过自觉学习、反思和自我改进，使自身品德不断完善的一种方法。包括立志、学习、反思、箴言、慎独等。

（6）制度育德法。指通过构建合理的学校制度来引导和培养学生品德的方法。

（7）奖惩法。指对学生的思想和行为做出评价，包括表扬、奖励和批评、处分两个方面。

4. 简述德育的任务和内容

【答案要点】

（1）德育的任务。德育任务是指学校德育要实现的目标，它是对德育活动结果的期望。在发展市场经济、民主政治和多元文化的历史背景下，我国中小学德育的任务有三个层次：①培养合格公民；②培养具有正确世界观和人生观，具有较高思想觉悟的社会主义者；③使少数优秀分子成为共产主义者。

（2）德育的内容。德育内容是指用什么样的道德规范和价值观等来培养学生。现阶段我国学校德育具有多方面的内容，包括基本文明习惯和行为规范教育、基础道德品质教育、爱国主义教育、集体主义教育、民主法治教育和理想信念教育等。在德育内容中，起主导作用的是社会主义核心价值观。积极倡导、培育和践行社会主义核心价值观，对学校德育具有划时代的指导意义。

5. 简述德育过程中知情意行的关系

【答案要点】

学生的品德包含知、情、意、行四个要素。所以德育过程也是培养学生思想品德的知、情、意、行整体和谐的发展过程。

（1）思想道德发展的整体性。个体思想品德的发展是品德各要素协调统一的发展。依据这一品德形成规律，开展德育活动时，就应该注意全面性，兼顾知情意行各要素。个体品德结构中的知情意行等要素，是相互制约、相互促进的，共同推动着个体思想品德的发展；应该晓之以理、动之以情、导之以行、持之以恒，全面关心学生品德中知情意行的培养，使它们全面而和谐地发展。

（2）德育过程有多种开端。开展德育可以有多种开端，既可以从知或情的培养入手，也可以从行的锻炼开始。在思想品德的发展过程中，知情意行诸因素的发展往往是不平衡的，而且每个学生的品德发展也有显著差异。这就要求我们进行德育时，必须针对不同情况加以灵活处理，有的放矢，因材施教。

（3）德育实践的针对性。道德品质的知、情、意、行的培养不能一概而论，简单对待，用一种方法进行，应该根据知、情、意、行每一要素的特点，开展具有针对性的教育活动。

6. 列举两种德育模式

【答案要点】

（1）价值澄清模式是针对美国儿童在多元社会中面对多种价值观的选择而提出的理论，代表人物有拉思斯、西蒙、鲍姆等。其中，拉思斯是该理论的创始人，价值澄清即学生可通过学习一个价值观的形成过程来获得自己的价值观。

该模式的核心理论是"学会选择"。主要观点如下：

①学生某些偏差行为或不良品行由他们自认为合理的价值观念支撑，改变品行的关键在于进行价值观教育。

②价值教育的核心是让儿童学会评价过程而非传递具体的价值观；价值观的形成是通过澄清的方法在评价过程中实现的。

③价值澄清过程中强调四个关键性的要素：关注生活、接受现实、激发思考、提高潜能。

（2）社会学习模式是在社会学习理论的基础上提出的，代表人物是班杜拉。他认为，人的一切社会行为都是在社会环境的影响下，通过对他人示范行为及其结果的观察学习而得以形成的。主要观点如下：

①通过榜样培养个体的道德行为。个体道德行为的学习是通过观察学习和模仿学习实现的。

②注重培养学生的道德判断力。在复杂的道德情境中，个体经常处于两难选择的道德困境，只有具备良好道德判断力的个体才能及时做出判断，作出适当的道德行为。

③强调自我调节对道德行为的作用。道德教育应把环境的示范和个体的发展与认知调节机制结合起来，使个体的行为符合道德规范，并在此过程中逐渐发展自我评价能力。

④倡导教育者的言行一致。对学生进行道德行为的训练，可以通过口头说教的形式，也可以通过教育者自身的行为进行教育活动，教育者必须言行一致。

三、论述题

1. 结合实际分析我国中小学德育中存在的主要问题及相应的工作要求

【答案要点】

（1）我国中小学德育中存在的主要问题。

①学校德育地位尴尬。长时间以来，我国学校德育处于"说起来重要，做起来次要，忙起来不要"的尴尬地位，存在着理论上的"德育首位"与实践上的"德育无位"的矛盾。

②学校德育目标偏离。我国学校德育目标在某种程度上存在假、大、空现象，只注重方向性，缺乏阶段性和层次性，未能考虑青少年的年龄特征和接受水平，一定程度上缺乏具体性和可操作性。

③学校德育内容陈旧，脱离现实生活。现行学校德育和生活社会缺乏广泛的联系，严重脱离现实生活，不足以解释当前复杂的社会现象，也不能解决学生的实际思想问题。

④学校德育方法落后、呆板。德育方法必须是多种多样各具特色的，在学校德育实施过程中，各种方法也必须有机配合，灵活运用。但当前我国学校德育实践中，大多数教师采用的德育方法依然是以说服教育为主，德育方法单一，强调灌输，偏重权威说教。

⑤学校德育环境封闭。我国现行学校德育环境呈现出典型的封闭性与限制性的特点，是一种"硬控"的、校内外由隔离带阻隔的环境。

⑥学校德育师资队伍不容乐观。一方面，部分中小学教师师德衰微；另一方面，部分德育教师缺乏现代德育理论素养，出现德育工作队伍数量庞大与理论水平低下的矛盾。

⑦学校德育评价低效。主要表现在德育评价滞后，随意性大，缺乏应有的激励和制约作用。

（2）德育过程的工作要求。

①教师在德育过程中应遵循以下德育原则：理论和生活相结合原则、疏导原则、长善救失原则、严格要求与尊重学生相结合原则、因材施教原则、在集体中教育原则、教育影响一致性和连贯性原则。

②教师在德育过程中应遵循以下德育方法：明理教育法、榜样示范法、情境陶冶法、实践锻炼法、自我修养法、制度育德法、奖惩法。

③教师有必要研习和掌握德育的主要途径：思想政治课与其他学科教学；劳动和其他社会实践；课外活动和校外活动；学校共青团、少先队活动；心理咨询；班主任工作；校园生活。

2. 论述如何有效运用榜样的方法来培养学生的品德

【答案要点】

榜样示范法是指以他人的高尚品德、模范行为和卓越成就来影响学生品德的方法。教师应向学生提供好榜样，主要有四类：历史伟人、现实的英雄模范、优秀教师、家长的风范、优秀学生。

实施榜样法的基本要求：

（1）榜样必须是真实可信的。选好榜样是学习的前提。从古到今，人们都习惯拔高榜样，甚至编造一些美德故事来美化榜样，这是不可取的。尤其当学生有了自己的判断能力之后，这样做只会令人反感、适得其反。

（2）激起学生对榜样的积极情感。学生是通过模仿榜样的言行举止来习得其中的道德价值和行为方式的，这种模仿的情绪有赖于学生对榜样的积极情感，没有这种积极情感，模仿的行为是不会产生的。

（3）给不同年龄段的学生树立不同的榜样。中小学时期长达12年，跨度大，学生的道德发展也经过了多个不同阶段，就要为学生树立不同的张扬。比如，小学低年级的学生，处于道德发展的他律阶段，模仿性较强，应该多树立师长一类的榜样；到了少年期，他们崇拜英雄人物、文艺体育明星，应该多树立正面、积极的偶像性榜样；高中学生志向高远，可为他们树立历史伟人与当代名人的榜样。

（4）要注重教师自身的示范作用。德育的教育效果，在很大程度上取决于教师本人的以身作则。尤其是低年级学生，视教师为说一不二的权威，这就更需要教师加强自身的修养，要求学生做到的，自己一定要先做到。

3. 论述德育原则及其要求

【答案要点】

德育原则是教师对学生进行德育应该遵循的基本要求。它以个体品德发展规律和社会发展要求为依据，概括了德育实践的宝贵经验，反映了德育过程的规律性。

我国现行的德育原则有：

（1）理论和生活相结合原则。指进行德育要注重引导学生把思想政治观念和社会道德规范的学习同参与生活实践结合起来，把提高道德认识与养成良好道德行为结合起来，做到心口如一，言行一致。

基本要求：理论学习要结合学生生活实际，切实提高学生的思想；注重实践，培养道德行为习惯。

（2）疏导原则。指进行德育要循循善诱、以理服人，从提高学生认识入手，调动学生的主动性，使他们积极向上。也称循循善诱原则。

基本要求：讲明道理、疏通思想；因势利导、循循善诱；以表扬、激励为主，坚持正面教育。

（3）长善救失原则。指进行德育要调动学生自我教育的积极性，依靠和发扬他们自身的积极因素去克服他们品德上的消极因素，促进学生的道德成长。

基本要求："一分为二"地看待学生；发扬积极因素，克服消极因素；引导学生自觉评价自己，勇于自我教育。

（4）严格要求与尊重学生相结合原则。指进行德育要把对学生的思想品行的严格要求与对他们个人的尊重信赖结合起来，使教育者的严格要求易于转化为学生主动的道德自律。

基本要求：尊重和信赖学生；严格要求学生。

（5）因材施教原则。指进行德育要从学生品德发展的实际出发，根据他们的年龄特征和个性差异进行不同的教育，使每个学生的品德都能得到最优的发展。

基本要求：深入了解学生的个性特点和内心世界；根据学生个人特点有的放矢地进行教育；根据学生的年龄特征有计划地进行教育。

（6）在集体中教育原则。指进行德育有赖于学生的社会交往、共同活动，注意依靠学生集体，通过集体活动进行教育，充分发挥学生集体在教育中的巨大作用。

基本要求：引导学生关心、热爱集体，为建设良好的集体而努力；通过集体教育学生个人，通过学生个人转变影响集体；把教师的主导作用与集体的教育力量结合起来。

（7）教育影响一致性和连贯性原则。指德育应当有目的有计划地把来自各方面对学生的影响加以组织，使其优化为教育的合力前后连贯地进行，以获得最大的成效。

基本要求：组建教师集体，使校内对学生的教育影响一致；做好衔接工作，使对学生的教育前后连贯和一致；发挥学校教育的引领作用，使学校、家庭和社会对学生的教育得到整合、优化。

四、材料分析题

1. 结合材料分析班主任的做法体现了德育的哪一原则？在教学中运用该原则需要注意哪些事项？

【答案要点】

德育的疏导原则是指进行德育要循循善诱、以理服人，从提高学生认识入手，调动学生的主动性，使他们积极向上。也称循循善诱原则。材料中，班主任通过吃杏这一例子，运用道理说服了这位女生，并使其从早恋中走了出来，体现了德育的疏导原则。

贯彻疏导原则的基本要求有：

（1）讲明道理、疏通思想。对青少年进行教育，要注重摆事实、讲道理，做深入细致的思想工作，启发他们自觉认识问题，自觉履行道德规范。即使学生有了缺点、毛病，行为上出现了过失、错误，也要注重疏通思想，提高认识，启发自觉。

（2）因势利导、循循善诱。青少年学生活泼爱动、精力旺盛。他们在课余生活中，唱唱跳跳、奔跑喊叫，积极参加自己喜爱的活动。这是学生身体和心理健康的表现，是很自然的事。不可一味要求他们安安静静、循规蹈矩，像小大人一样。重要的问题在于，善于把学生的积极性和志趣引导到正确方向上来。

（3）以表扬、激励为主，坚持正面教育。在青少年的成长过程中，要坚持正面教育，对他们表现的积极性和微小的进步，都要注意肯定，多加赞许、表扬和激励，引导他们步步向前，以培养他们的优良品德。批评与处分只能作为辅助的方法。

2.（1）结合材料分析娄老师使用了哪些德育方法？
（2）娄老师的德育艺术体现了什么样的德育原则？

【答案要点】

（1）娄老师让学生演讲来进行自我教育，体现了自我修养法。对于主动拿到有印迹书的同学，娄老师号召大家向他们学习，使用了榜样示范法和奖惩法。学生演讲的内容是一种正面的思想教育，属于明理教育法。

（2）①疏导原则：指进行德育要循循善诱、以理服人，从提高学生认识入手，调动学生的主动性，使他们积极向上。也称循循善诱原则。娄老师引导同学们说出自己应该拿到有印迹书的理由，并让大家评选出演讲前三名，这里使用了疏导原则。

②长善救失原则：指进行德育要调动学生自我教育的积极性，依靠和发扬他们自身的积极因素去克服他们品德上的消极因素，促进学生的道德成长。开始同学们对谁应该得到有印迹的书的意见不统一，娄老师没有批评同学们，而是调动同学们自我教育的积极性，依靠和发扬他们自身的积极因素去克服他们品德上的消极因素，实现品德发展内部矛盾的转化，体现了长善救失原则。

第十一章 班主任

一、名词解释
1. 班集体
2. 正式群体
3. 班主任
4. 非正式群体
5. 班级文化
6. 主题班会

二、简答题
1. 简述班集体发展的阶段
2. 简述班主任工作的意义与任务
3. 简述班集体的教育功能

三、论述题
1. 结合实际论述一名合格的班主任应当具备的素质要求
2. 试分析如何组织和建立一个良好的班集体
3. 论述中小学班主任工作的主要内容和方法

四、材料分析题
1. 材料：李老师是一名班主任，平时对学生十分严格，不许学生乱扔垃圾。但他自己在课堂上时不时将烟头随手扔到桌底下。他经常教训学生要改掉那些坏习惯，可是学生一点也没有改变，李老师很是无奈。

（1）结合材料，试分析其原因，李老师所教的班级为什么会出现这种现象？

（2）作为班主任，如何做才能达到好的教育效果？

参考答案

一、名词解释

1. 班集体

【答案要点】

班集体是一个有一定人数规模的学生集体,是学校行政根据一定的任务、按照一定的规章制度组织起来的有目标、有计划地执行管理、教育职能的正式小群体。班集体不仅是学生在校生活的基本组织单位,而且也是促进学生成长的正式组织之一。

2. 正式群体

【答案要点】

正式群体一般都是根据学校和班级的需要或要求成立的,得到学校、班主任或有关教师的领导。它通常包括班级的学生群体、共青团和少先队等;也包括为完成班的某方面的工作或任务而组建的小组,如班刊编辑小组、学科小组等。

3. 班主任

【答案要点】

班主任是班的教育者和组织者,是学校进行教导工作的得力助手。班主任对一个班的学生工作全面负责,组织学生的活动,协调各方面对学生的要求,对一个班集体的发展起主导作用。

4. 非正式群体

【答案要点】

非正式群体是指学生自发形成或要求成立的。它包括因兴趣爱好相同,感情融洽,或是邻居、亲友、同学关系而形成的各种学生群体。

5. 班级文化

【答案要点】

班级文化是"班级群体文化"的简称。作为社会群体的班级所有或部分成员共有的信念、价值观、态度的复合体。班级成员的言行倾向、班级人际环境、班级风气等为其主体标识,班级的墙报、黑板报、活动角及教室内外环境布置等则为其物化反应。

6. 主题班会

【答案要点】

主题班会是班级活动中阶段性的教育活动的形式之一,一般是班级自己主导组织的、针对班级的发展需要而展开的。在活动主题的选择上应注意:主题班会要贴近学生成长的实际;主题班会应体现学生的全员参与和获益;主题班会的形式要丰富而具有创意。

二、简答题

1. 简述班集体发展的阶段

【答案要点】

一个班从刚组建的群体发展为坚强的集体,要经历一个发展过程,分为三个阶段:

(1)组建阶段。这时,班组织从形式上建立起来了,但同学间互不了解,缺乏凝聚力和活动能力,对班主任有很大的依赖性,需要班主任亲自指导和监督才能开展活动。

（2）核心初步形成阶段。师生之间、同学之间有了一定的了解、友谊与信赖，学生积极分子不断涌现，班的核心初步形成，班组织的功能已较健全。这时，班主任可以从直接领导、指挥班的活动，逐步过渡到向他们提出建议，由班干部来组织、开展集体的工作与活动。

（3）集体自主活动阶段。积极分子队伍壮大，学生普遍关心、热爱班集体，积极争先承担集体的工作，维护集体的荣誉，形成了正确的舆论与班风。班组织能根据学校和班主任的要求，与同学民主协商，自觉地向集体或其成员提出任务与要求，自主地开展集体活动。

2. 简述班主任工作的意义与任务

【答案要点】

（1）班主任工作的意义。

班主任是班的教育者和组织者，是学校进行教导工作的得力助手。班主任对一个班的学生工作全面负责，组织学生的活动，协调各方面对学生的要求，对一个班集体的发展起主导作用。

班主任工作的状况与质量，在很大程度上决定着一个班的精神面貌和发展趋向，深刻地影响每个学生的全面发展。

（2）班主任工作的基本任务。

依据我国教育目的和学校的教育任务，协调来自各方面对学生的要求与影响，有计划地组织全班学生的教导活动，做好学生的思想教育工作，并对他们的学习、劳动、工作、课外活动、课余生活以及社会活动等全面负责，把班培养成为积极向上的集体，使每个学生在德、智、体、美等方面都得到充分的发展。

3. 简述班集体的教育功能

【答案要点】

（1）班集体不仅是教育的对象，而且是教育的巨大力量。进行班主任工作必先注意培养班集体。因为班集体一旦形成，它便能成为教育的主体，具有巨大的教育力量。它能向其他成员提出要求，指出努力方向，并通过班集体的活动、纪律与舆论来培养其成员的品德。它能紧密地配合班主任开展工作，成为班主任依靠的重要力量。

（2）班集体是促进学生个性发展的一个重要因素。在班集体的各种活动中，一方面，每个学生通过自己的经历和感受，都会积累集体生活的经验，掌握丰富的道德规范，养成社会主义思想品德，更加社会化；另一方面，每个学生都能找到适合于自己的活动、工作和角色，不断发展自己特有的志趣与爱好，更加个性化。在班集体中，学生个人的社会化与个性化是相互促进的。

（3）班集体能培养学生的自我教育能力。班集体毕竟是学生自己的集体，有它的组织机构，需要学生学会自己管理自己，自己教育自己，尤其是需要学生自主地制订集体的活动计划，积极地开展各种工作与活动。这无疑能有效锻炼和逐步提高学生的自我教育能力。

三、论述题

1. 结合实际论述一名合格的班主任应当具备的素质要求

【答案要点】

（1）为人师表的风范。

班主任是学生的教育者、引路人，是他们崇敬的老师，依靠的长者，学习的榜样。他应严于律己，他的为人处世、一言一行、性情作风等各方面均能为人师表，为学生示范。

（2）相信教育的力量。

相信每个学生都有自己的特点、优势和潜能，只要经过教育，都有美好的发展与前途。即使有严重缺点和错误的学生，只要真情关怀、耐心教育、切实帮助，也能转变好。只有确信教育的力量的班主任，才能不畏困难曲折，把学生转变好。

（3）要有家长的情怀。

班主任对待学生要像家长对待孩子一样，有深厚的情感，能无微不至地关怀，与学生彼此信赖。这样才能使学生更易亲近班主任，听班主任的话，才能使班主任工作顺利进行。

（4）较强的组织亲和力。

班主任要善于与人打交道，善于亲近学生、与学生打成一片，这样才便于组织学生开展活动。他还要善于在工作中表现出魄力，能令行禁止，坚定地引导学生沿着正确的方向，不断前进。

（5）能歌善舞、多才多艺。

每个学生都有自己的兴趣与爱好，因而需要展开各种各样、丰富多彩的活动。这就要求班主任也有广泛兴趣、多才多艺，易与学生打成一片，便于开展工作。

2. 试分析如何组织和建立一个良好的班集体

【答案要点】

班集体是一个有一定人数规模的学生集体，是学校行政根据一定的任务、按照一定的规章制度组织起来的有目标、有计划地执行管理、教育职能的正式小群体。班集体不仅是学生在校生活的基本组织单位，而且也是促进学生成长的正式组织之一。

良好班集体的培养方法有：

（1）确定集体的目标。目标是集体的发展方向和动机。建构集体首先要使集体明确奋斗的目标。集体的目标应当由班主任同全班同学一道讨论确定，以便统一认识，调动大家的积极性。

（2）健全组织、培养干部以形成集体核心。关键是要做好班干部的选拔与培养，班主任应放手让班干部大胆工作，在实践中锻炼、培养、提高；要教育班干部谦虚谨慎，以身作则、严于律己，对他们不可偏爱和护短，以免导致干群对立和班的不团结。

（3）有计划地开展集体活动。班主任应重视全面开展各种活动，让每个学生都能在活动中得到锻炼与提高，以推动班集体的蓬勃发展。

（4）培养正确的舆论和良好的班风。班主任应经常注意组织学生学习政治理论、道德规范，以提高他们的认识；并注重表扬好人好事，批评不良思想行为，为形成正确舆论打下思想基础。特别是班主任要善于抓住重大偶发事件的处理，组织学生讨论，以分清是非，推动正确舆论的形成。

（5）做好个别教育工作。包括：促进每个学生个性的全面发展；做好后进生的思想转变工作；做好偶发事件中的个别教育。

3. 论述中小学班主任工作的主要内容和方法

【答案要点】

（1）了解和研究学生。了解学生，包括个人和集体两方面。个人情况包括个人德、智、体的发展，他的情趣、特长、习性、诉求，家庭状况和交往情况。集体情况包括全班学生的年龄、性别、家庭等一般情况；学生德、智、体发展的一般水平和有特殊才能的学生情况，班风与传统等。

（2）教导学生学好功课。班主任应做到：注意学习目的与态度的教育；加强学习纪律的教育；指导学生改进学习的方法和习惯。

（3）组织班会活动。班会是向学生进行思想教育的一个重要阵地。有计划地组织班会活动是班主任的一项重要任务。

（4）组织课外活动、校外活动和指导课余生活。课外活动与校外活动对培养学生的志趣、才能，丰富和活跃他们的生活，促进他们德、智、体全面发展有重要意义。在开展课外与校外活动方面，班主任主要负责动员和组织工作。对课余活动，班主任的责任是经常关心、了解、给予必要的指导。

（5）组织学生的劳动。学生的劳动内容很广，主要有生产劳动、建校劳动和各种公益劳动。班主任则应按学校的安排与要求，有目的有计划地组织好本校学生的劳动。

（6）协调各方面对学生的要求。这项工作包括统一校内教育者对学生的要求以及统一学校与家庭对学生的要求。

（7）评定学生操行。操行是指学生的思想品德表现。操行评定是对学生一学期或一学年以来的思想品德发展变化情况的评价。

（8）做好班主任工作的计划与总结。一要加强计划性，使工作有条不紊地进行；二要注意总结工作经验，以便不断改进和提高。二者是互为基础、相互促进的。

四、材料分析题

1. （1）结合材料，试分析其原因，李老师所教的班级为什么会出现这种现象？

（2）作为班主任，如何做才能达到好的教育效果？

【答案要点】

（1）因为教师自己没有以身作则，做好榜样。教师与学生接触时间长，若教师没有做好榜样，学生极易耳濡目染。因此，班主任在管理学生的时候，需要树立好榜样，如果要求学生做到什么，首先自己也要能做到。

（2）班主任是班的教育者和组织者，是学校进行教导工作的得力助手。班主任对一个班的学生工作全面负责，组织学生的活动，协调各方面对学生的要求，对一个班集体的发展起主导作用。班主任工作的状况与质量，在很大程度上决定着一个班的精神面貌和发展趋向，深刻地影响每个学生的全面发展。作为班主任，应当做好以下方面：

①为人师表的风范。班主任是学生的教育者、引路人，是他们崇敬的老师，依靠的长者，学习的榜样。他应严于律己，他的为人处世、一言一行、性情作风等各方面均能为人师表，为学生示范。

②相信教育的力量。相信每个学生都有自己的特点、优势和潜能，只要经过教育，都有美好的发展与前途。即使有严重缺点和错误的学生，只要真情关怀、耐心教育、切实帮助，也能转变好。只有确信教育的力量的班主任，才能不畏困难曲折，把学生转变好。

③要有家长的情怀。班主任对待学生要像家长对待孩子一样，有深厚的情感，能无微不至地关怀，与学生彼此信赖。这样才能使学生更易亲近班主任，听班主任的话，才能使班主任工作顺利进行。

④较强的组织亲和力。班主任要善于与人打交道，善于亲近学生、与学生打成一片，这样才便于组织学生开展活动。他还要善于在工作中表现出魄力，能令行禁止，坚定地引导学生沿着正确的方向，不断前进。

⑤能歌善舞、多才多艺。每个学生都有自己的兴趣与爱好，因而需要展开各种各样、丰富多彩的活动。这就要求班主任也有广泛兴趣、多才多艺，易与学生打成一片，便于开展工作。

第十二章 教师

一、名词解释
1. 教师
2. 师生关系
3. 教师专业发展
4. 教学反思
5. 校本培训
6. 教师威信
7. 教师权威
8. 教师职业道德

二、简答题
1. 简述教师劳动的特点
2. 教师职业的基本特征
3. 简述教师的专业发展途径
4. 简述师生关系的基本特征
5. 简述教师劳动的价值
6. 简述教师角色发展的趋势
7. 简述教师职业的社会地位

三、论述题
1. 试述建立新型师生关系的基本策略
2. 论述教师应当具备的素养及如何培养
3. 试述教师如何扮演好多种职业角色
4. 试述教师的权利与义务
5. 试论信息时代对教师的影响

四、材料分析题

1. 材料：2008年5月12日下午，四川汶川发生8级强烈地震，德阳市东汽中学教师谭千秋，在地震发生的一刹那，义无反顾地张开自己的双臂，将正在课堂里听课的四名学生紧紧掩护在身下。一天后，当人们从废墟中将他扒出来时，他的双臂还张开着，趴在课桌上，手臂上伤痕累累，后脑袋被楼板砸得凹了下来。他献出了51岁的生命，四名学生则在他的保护下成功获救。

请从教育教学理论出发，评述该教师的做法

参考答案

一、名词解释

1. 教师

【答案要点】

教师是履行教育教学职责的专业人员,承担着教书育人、培养社会建设者、提高民族素质的使命。从广义看,教师与教育者是同一语;从狭义上看,教师专指学校的专职教师。

2. 师生关系

【答案要点】

师生关系是指教师和学生在教育教学过程中结成的相互关系,包括彼此所处的地位、作用和相互对待的态度等。良好的师生关系不仅是顺利完成教学任务的必要手段,而且是师生在教育教学活动中的价值、生命意义的具体体现。

3. 教师专业发展

【答案要点】

教师专业发展,又称教师专业成长,是指教师在整个专业生涯中,依托专业组织、专门的培养制度和管理制度,通过持续的专业教育,习得教育教学专业技能,形成专业理想、专业道德和专业能力,从而实现专业自主的过程。它包括教师群体的专业发展和教师个体的专业发展。

4. 教学反思

【答案要点】

教学反思是指教师把自己放到研究者、反思者的位置,通过对教育、教学日常工作中出现的某些疑难问题的观察、分析、反思与解决,提升自己的专业理论水平和专业实践的智慧与能力。

5. 校本培训

【答案要点】

校本培训是指以教师任职的学校为组织单位,以提高教师专业素质为主要目标,通过教育、教学实践和教育科研活动等形式,对全体教师进行的全员性在职培训。

6. 教师威信

【答案要点】

教师威信是他们的教育教学行为对学生影响所产生的众望所归的心理效应,把教育和教学对象紧密聚集在自己周围,是进行双向交流,完成教学任务的重要条件。教师威信体现着对学生的凝聚力、吸引力、号召力和影响力。

7. 教师权威

【答案要点】

教师权威可以认为是教师个体凭借国家和社会所赋予的外在的教育权力,以及个体自身内在因素而产生的被尊重和被认同的一种持续的教育影响力,具体表现为在教育教学活动过程中,学生对教师的信任、依赖和遵从。

8. 教师职业道德

【答案要点】

教师的职业道德又称"教师道德"或"师德",是教师在从事教育劳动中所遵循的行为准则和必备的道德品质。它是社会职业道德的有机组成部分，是教师行业特殊的道德要求。当前，教师职业道德的时代特征主要有爱国守法、爱岗敬业、教书育人、关爱学生、为人师表、终身学习。

二、简答题

1. 简述教师劳动的特点

【答案要点】

（1）教师劳动的复杂性。教师劳动的复杂性主要受以下三方面的影响：①学生状况的复杂性决定着教师劳动的复杂性；②教师任务的多样性制约着教师劳动的复杂性；③影响学生发展因素的广泛性制约着教师劳动的复杂性。

（2）教师劳动的示范性。教育是教师引导、培养学生的活动，它要求教师以身作则，具有示范性。教师的劳动对象是处在发展过程中的青少年学生，他们具有尊敬教师、乐于接受教师的教导、以教师为表率的所谓"向师性"的特点。因此，教师必须严格要求自己，以身作则，通过示范的方式去影响学生，以便取得最佳教育效果。

（3）教师劳动的创造性。教师劳动创造性的最重要特征之一是他的工作对象，即儿童经常在发生变化，永远是新的，今天同昨天就不一样。此外，教师劳动的创造性还表现在因材施教上；表现在对教育、教学的原则、方法、内容的运用、选择和处理上；表现在教育教学过程中，教师对各种突发情况做出及时反映、妥善处理的应变能力上。

（4）教师劳动的专业性。教师劳动的专业性突出表现在教师对育人的崇高敬业精神和道德修养上，对教育教学专门化知识和技能的掌握与教育活动的自主权上。

2. 教师职业的基本特征

【答案要点】

（1）教师职业是一种专业性职业。教师职业是一种专门性职业，它需要经过专业的师范教育训练、掌握专门的知识和技能、通过培养人才为社会服务。

（2）教师职业是以教书育人为职责的创造性职业。有目的地培养人才是教育区别于其他社会领域的根本特征。教育人的工作是由多方面力量协调来完成的，教师是通过教书来育人的。教师应根据不同教育的对象、不同的教育内容和教育条件，运用自己的知识、经验，设计各式各样的教育教学方案和方法，形成不同的教育教学风格和特色。

（3）教师职业是需要持续专业化的职业。教师必须不断学习，及时更新自己的知识结构；必须善于研究，积累自己的教育智慧，才能适应学生发展的时代要求。培养教师的终身学习能力和研究能力是现代教师成长的重要条件。

3. 简述教师的专业发展途径

【答案要点】

（1）加强和改革师范教育。要发展师范教育，切实提高教师队伍的质量，第一，必须采取有效的政策性措施，鼓励和吸引大批优秀学生报考师范院校。第二，努力提高教师的社会地位和物质待遇，增强师范教育的吸引力。第三，联系现时代对教师作用和职能的新要求，使未来教师能获得与之相应的专业训练，尤其要树立师范生先进的教育理念。第四，吸收除正规教师以外的各种可能参与教育过程的人，并为其从教提供必要的职业帮助。

（2）实施教师资格考察制度。实施教师资格考察制度，不仅有利于加强教师质量的管理与考核，而且为非师范专业毕业的大学生谋求教师职业开辟了道路，从而切实有效地充实了教师队伍。该制度包括三层含义：①教师资格制度是国家实行的一种职业资格制度；②教师资格制度是法律规定的，必须依法实施；③教师资格是教师职业许可。

（3）加强教师在职提高。教师在职提高的主要途径包括教学反思、校本培训、校外支援与合作等形式。

4. 简述师生关系的基本特征

【答案要点】

理想师生关系具有三个基本特征：

（1）尊师爱生，相互配合。尊师即尊重教师，尊重教师的劳动和教师的人格与尊严。尊师是学生对教师正确的认识、情感和行为的综合体现，是人类的美德。爱生就是爱护学生，这是教师热爱教育事业的重要体现，是教师对学生进行教育的感情基础，是教师的基本道德要求，也是培养学生热爱他人、热爱集体的道德情感基础。尊师爱生体现了新型师生关心，其目的在于相互配合与合作，顺利开展教育活动。

（2）民主平等，和谐亲密。师生关系的民主平等体现了师生在教育过程中相互尊重人格和权利、相互开放、平等对话、相互理解、相互接纳等关系。和谐亲密体现了师生的人际亲和力、心理融洽度。

（3）共享共创，教学相长。共享就是教师和学生共同体验和分享教育中的欢乐、成功、失望与不安，它是师生情感交流深化的表现。共创就是教师和学生在相互适应的基础上，相互启发，使师生的认识不断深化、共同生活的质量不断跃进。共享共创的结果是教师和学生相互促进、共同发展。

5. 简述教师劳动的价值

【答案要点】

（1）教师劳动的社会价值。从宏观上看，突出地表现在教师劳动对延续和发展人类社会的巨大贡献上。教师的工作，联系着人类的过去、现在和未来。从微观上看，教师的劳动关系到年轻一代每个人的发展和幸福。在现代社会，一个人的发展状况如何，在很大程度上取决于他所受的教育，取决于教师的劳动。

（2）教师劳动的个人价值。教师劳动的个人价值体现在以下三个方面：①首先在于这种劳动能够创造巨大的社会价值。因为，个人价值的大小主要取决于他对社会的贡献；②教师劳动比一般劳动更具有自我实现的价值。教师的劳动是培养人，具有特殊的复杂性和创造性。教师在自己的劳动中能够充分发挥个人的才智，促进个人自身的完善和发展，满足个人较高层次的需要；③教师劳动还能享受到一般劳动所享受不到的乐趣。这种乐趣来自学生平日的点滴进步，来自桃李满天下，来自学生毕业后对社会的贡献。

（3）正确认识和评价教师的劳动价值。教师劳动虽有巨大的社会价值，但有它的特殊性，往往不受社会重视，需要我们正确认识与对待。教师的劳动价值具有以下几个特性：模糊性、滞后性、隐蔽性。

6. 简述教师角色发展的趋势

【答案要点】

（1）在教学过程中更多地履行多样化的职能，更多地承担组织教学的责任。
（2）从强调知识的传授转向着重组织学生的学习。
（3）注重学习的个性化，改进师生关系。
（4）实现教师之间更为广泛的合作，改进教师与教师的关系。
（5）更广泛地利用现代教育技术，掌握必需的知识与技能。
（6）更密切地与家长和其他社区成员合作，更经常地参与社会生活。
（7）更广泛地参加校内服务和课外活动。
（8）削弱加之于孩子们身上——特别是大龄孩子及其家长身上的传统权威。

教师角色的这些转换，不仅意味着学校教育功能的某些变化，而且对教师素养的要求以及相应的师资培训问题也提出了更高的要求。

7. 简述教师职业的社会地位

【答案要点】

教师职业的社会地位是通过教师职业在整个社会中所发挥的作用和所占有的地位资源来体现的，主要以下几个方面。

（1）教师职业的政治地位。即指教师职业在国家或民族的政治生活中所处的地位和所起的作用，表现为教师政治身份的获得、教师自治组织的建立、政治参与度、政治影响力等。随着社会的发展、教育地位的提升，教师政治地位的提高成为提高教师职业社会地位的前提。

（2）教师职业的经济地位。即指将教师职业与其他职业相比较，其劳动报酬的差异状况及其经济生活状态。教师的经济地位不仅影响教师个体的生存和发展，也影响教师队伍的稳定和教师职业的专业化程度，它是教师社会地位的最直观表现。

（3）教师职业的法律地位。即指法律赋予教师职业的权利、责任。教师职业的权利主要是指法律赋予教师在履行职责时所享受的权利。

（4）教师职业的专业地位。它是教师职业社会地位的内在标准。它主要是通过其从业标准来体现。教师职业的从业标准既有软性标准，如道德要求等；也有硬性标准，如教师资格证书等。这成为教师职业学术性要求和从事专业活动的基本要求，保证了教师队伍的专业性。

三、论述题

1. 试述建立新型师生关系的基本策略

【答案要点】

良好师生关系的构建就是师生关系建立、调整和优化的过程。教师在师生关系建立与发展中占有重要地位，起着主导作用。要建立民主、和谐亲密、充满活力的师生关系，对教师来说，有以下几种策略：

（1）了解和研究学生。包括了解学生个体的思想意识、道德品质、兴趣、需要、知识水平、学习态度和方法、个性特点、身体状况和班集体的特点及其形成原因。

（2）树立正确的学生观。学生观就是教师对学生的基本看法，它影响着教师对学生的认识及其态度与行为，进而影响学生的发展。正确的学生观来自教师对学生的观察和了解，来自教师向学生的学习和对自我的反思。

（3）热爱、尊重学生，公平对待学生。热爱学生包括热爱所有学生，对学生充满爱心，经常走到学生之中，忌讳挖苦、讽刺学生、粗暴对待学生。尊重学生特别要尊重学生的人格，保护学生的自尊心，维护学生的合法权益，避免师生对立。教师处理问题必须公正无私，使学生心悦诚服。

（4）主动与学生沟通，善于与学生交往。要求教师掌握沟通与交往的主动性，经常与学生保持接触、交心；同时教师还要掌握与学生交往的策略和技巧，如寻找共同的兴趣或话题、一起参加活动等。

（5）努力提高自我修养，健全人格。教师要使师生关系和谐，就必须通过自己崇高的理想、科学的世界观、人生观、渊博的知识、严谨的治学态度、活泼开朗的性格、多方面的爱好与兴趣等来吸引学生。

2. 论述教师应当具备的素养及如何培养

【答案要点】

（1）教师素养的要求。

①高尚的师德：热爱教育事业，富有献身精神和人文精神；热爱学生，诲人不倦；热爱集体，

团结协作；严于律己，为人师表。

②先进、科学的教育理念。教师的所有努力都要有利于学生精神世界的丰富、人格尊严的维护和美好人性的成长。如学生主体观、教学交往观、发现性教学评价观等。

③宽厚的文化素养。教师对自己所教学科知识应科学、深入地把握，能对自己所教专业融会贯通、深入浅出、高瞻远瞩，达到运用自如的境界，在教学过程中不出知识性的错误。同时，教师还应有比较广博的文化修养。

④专门的教育素养。教师的专门教育素养水平及其合理结构是教育教学任务得以完成的重要保证，它主要包括教育理论素养、教育能力素养和教育研究素养。

⑤健康的心理素质。教师要有轻松愉快的心境，昂扬振奋的精神，乐观幽默的情绪以及坚韧不拔的毅力等。

⑥强健的身体素质。主要体现在健康的体魄、旺盛的精力、蓬勃的活力、有节律的生活方式和锻炼习惯等。

（2）培养和提高教师素养的主要途径。

①加强和改革师范教育。第一，采取有效的政策性措施，鼓励和吸引大批优秀学生报考师范院校；第二，努力提高教师的社会地位和物质待遇，增强师范教育的吸引力；第三，联系现时代对教师作用和职能的新要求，使未来教师能获得与之相应的专业训练，尤其要树立师范生先进的教育理念；第四，吸收除正规教师以外的各种可能参与教育过程的人，并为其从教提供必要的职业帮助。

②实施教师资格考察制度。实施教师资格考察制度，不仅有利于加强教师质量的管理与考核，而且为非师范专业毕业的大学生谋求教师职业开辟了道路，从而切实有效地充实了教师队伍。

③加强教师在职提高。教师在职提高的主要途径包括教学反思、校本培训、校外支援与合作等形式。

3. 试述教师如何扮演好多种职业角色

【答案要点】

（1）教师职业的"角色丛"。

教师角色丛是指与教师特定的社会职业和地位相关的所有角色的集合。仅就教师与学生的关系而言，教师就要扮演多重角色："家长代理人"和"朋友、知己者"的角色；"传道、授业、解惑者"的角色；"管理者"的角色；"心理调节者"的角色；"研究者"的角色。

（2）教师角色的冲突及其解决。

教师角色的常见冲突。由于个人在社会不同群体中所处的地位不同，往往需要同时扮演若干个角色。当这些角色与个人的期待发生矛盾、难以取得一致时，就会出现角色冲突。教师职业常见的角色冲突主要有以下几种：社会"楷模"与"普通人"的角色冲突；"令人羡慕"的职业与教师地位低下的实况冲突；教育者与研究者的角色冲突；教师角色与家庭角色的冲突。

（3）调适教师角色冲突的解决方式。

①主观上，首先要树立自尊、自信、自律、自强的自我意识；其次要根据实际情况的需要，善于处理多种角色的矛盾冲突，做到有主有辅，有急有缓，统筹兼顾；最后要善于控制自己的思想情绪，意志坚定地完成所承担的任务。

②客观上，首先要进一步提高教师的社会地位与经济待遇，改善教师的生活和工作条件，解决教师的实际困难；其次要努力创造条件，给教师提供选修、培训与发展、提高的机会；最后要提高教师的思想修养，增强其责任感与使命感等。

4. 试述教师的权利与义务

【答案要点】

（1）教师的权利。

教师除了享有国家宪法规定的公民的一般权利外，还应享有这一领域有关法律所赋予教师的各种特殊权利。主要有以下几个方面：

①独立工作的权利，即教师依法享有对学生实施教育、指导、评价的权利。

②自我发展的权利，即教师依法享有发展自己、提高专业文化水平的权利。

③参与管理的权利，即教师可以通过各种合法途径参与学校的管理。

④争取合理报酬、享受各种待遇的权利。法律明确规定：教师享有"按时获取工资报酬，享受国家规定的福利待遇以及寒暑假期的带薪休假"的权利。

（2）教师的义务。

教师的义务是指教师依法应当承担的各种职责。《中华人民共和国教师法》规定，教师除了必须承担国家宪法规定的公民的一般义务外，还必须履行如下基本职责：

①遵守宪法、法律和职业道德，为人师表。

②贯彻国家的教育方针，遵守规章制度，执行学校的教学计划，履行教师聘约，完成教育教学工作任务。

③对学生进行宪法所确定的基本原则的教育和爱国主义、民族团结教育，法制教育以及思想品德、文化、科学技术教育，组织、带领学生开展有益的社会活动。

④关心、爱护全体学生，尊重学生人格，促进学生在品德、智力、体质等方面全面发展。

⑤制止有害于学生的行为或者其他侵犯学生合法权益的行为，批评和抵制有害于学生健康成长的现象。

⑥不断提高思想政治觉悟和教育教学业务水平。

5. 试论信息时代对教师的影响

【答案要点】

教育的信息化是现代教育最显著的特征之一，也是世界教育改革的一个重要趋势。它带给教育的不仅仅是手段与方法的变革，而且也是包括教育观念与教育模式在内的一场历史性变革。

（1）对教师职能的影响。教学自动化并不能取代教师所发挥的作用，只能使教师职能有所改变，教师所具有的一些"人性化"的特质，是任何机器都代替不了的。教师将更多地成为学习活动的参谋和指导者，而不再是知识的提供者。同时，教师可以从事务性工作中解放出来，有更多的时间从事教学改革，更好地进行个别辅导。

（2）对师生关系的影响。教学技术促进了教育者和受教育者的地位互动。现代教育技术加快了知识信息传播的速度和知识传播的广度。教育者既可以通过先进的技术传授自己拥有的知识，同时又接受、学习他人的知识和经验。受教育者则一方面获取知识，另一方面，也可以用自己的观点和主张影响他人。

（3）对教师提出新的要求。教师必须站在变革的前沿，掌握现代信息技术，树立新的教育观念。教师不仅要教会学生运用信息技术查找、加工、储存各种信息，而且更要指导学生以批判的精神对待这些信息。因此，对教师进行培训，使他们掌握现代信息技术是必不可少的。

四、材料分析题

1. 请从教育教学理论出发，评述该教师的做法

【答案要点】

谭老师热爱教育事业，愿意为下一代的成长贡献出自己的毕生精力，甚至自己的宝贵生命。这种献身精神来源于教师高尚的职业理想与坚定的职业信念，发自内心地愿把自己的全部心血灌注在培养下一代身上。它是一种真挚、深沉而持久的感情，容不得半点虚假，体现了教师高尚的师德。

作为一名合格的教师，应当具备以下素养：

（1）高尚的师德。

①热爱教育事业，富有献身精神和人文精神。热爱教育事业，是搞好教育工作的基本前提。许多优秀教师之所以能在教育工作中做出卓越的成绩，首先是因为他们热爱教育事业，愿意为下一代的成长贡献出自己的毕生精力，甚至自己宝贵的生命。另外，教师还应具备人文精神，要关怀学生的学习和发展，关怀民族、人类的现实境遇和未来发展。

②热爱学生，诲人不倦。热爱教育事业具体体现在热爱学生上。爱学生是教师的天职，是教育好学生的重要条件。教师只有热爱学生，才能教育好学生，才能使教育发挥最大限度的作用。教师对学生的爱是一种巨大的教育力量，也是一种重要的教育手段。它往往能激发起学生对教师爱戴、感激和信任之情，使学生愿意接近教师，接受教师的教育。教师的爱还应该表现在对学生的学习、思想和身体的全面关心上，一视同仁地热爱全体学生，公正平等地对待每个学生。

③热爱集体，团结协作。教师的劳动既具有个体性，又具有集体性。一个学生的成才，绝非仅仅是哪一位教师的功劳，而是教师群体的智慧和共同劳动的结晶，是许多教育工作者团结协作、一致努力的结果。因此，教师之间，教职员工之间应该相互尊重、团结协作，步调一致地教育学生，最大效度地发挥集体的教育力量。

④严于律己，为人师表。教师为人师表，必须以身作则，严于律己。凡是要求学生做到的，教师首先要做到；凡是要求学生不能做的，教师首先要自律。教师只有以身作则，才能树立威信，受到学生的尊敬。

（2）先进、科学的教育理念。

教育理念是教师在对教育工作本质理解的基础上形成的关于教育的观念和理性信念，它是以观念或信念的形式存在于教师头脑中的对教育现象和教育问题的看法。先进、科学的教育理念体现在教师的所有努力都要有利于学生精神世界的丰富、人格尊严的维护和美好人性的成长。如学生主体观、教学交往观、发现性教学评价观等。

（3）宽厚的文化素养。

教师的主要任务是通过向学生传授科学文化知识，培养其能力，促进其个性生动活泼地发展。一个好教师的基本条件之一，就是要有比较渊博的知识和多方面的才能。因此，教师对自己所教学科知识应科学、深入地把握，能对自己所教专业融会贯通、深入浅出、高瞻远瞩，达到运用自如的境界，在教学过程中不出知识性的错误。同时，教师还应有比较广博的文化修养。

（4）专门的教育素养。

教师的专门教育素养水平及其合理结构是教育教学任务得以完成的重要保证，它主要包括教育理论素养、教育能力素养和教育研究素养。

（5）健康的心理素质。

教师的心理健康不仅会直接影响教育工作的优劣成败，而且会影响学生的心理健康水平。因此，教师应该注重提高自己的心理素质。健康的心理素质体现在心理活动的方方面面，概括起来主要指：教师要有轻松愉快的心境，昂扬振奋的精神，乐观幽默的情绪以及坚韧不拔的毅力等。

（6）强健的身体素质。

教师的身体素质是指教师在教学活动中的自然力，是教师的身体健康状态和身体素质状态在教学中的表现。它主要通过健康的体魄、旺盛的精力、蓬勃的活力、有节律的生活方式和锻炼习惯等体现。教师的身体素质在教育教学中具有重要的教育意义。

第十三章

学校管理

一、名词解释

1. 学校管理
2. 教学质量管理
3. 教师管理
4. 学生管理
5. 总务管理
6. 校长负责制

二、简答题

1. 学校管理对象
2. 学校管理目标的实施要求
3. 简述学校管理的特性
4. 简述学校管理过程

三、论述题

1. 学校管理的构成要素有哪些?

四、材料分析题

1. 材料:"学校管理水平直接关系到学校的办学质量。学校管理标准既应考虑办学条件的改善,更要强调学校内涵的提升。本标准针对学校的教育教学和管理工作提出具体要求,也是对学校和校长进行考评的重要依据。"

联系材料分析学校管理的发展趋势

参考答案

一、名词解释

1. 学校管理

【答案要点】

学校管理是学校管理者在一定的社会历史条件下,通过一定的组织机构和制度,采用一定的方法和手段,带领师生员工,充分发挥学校人、财、物、时、空和信息等资源的最佳整体功能,实现学校工作目标的组织活动。

2. 教学质量管理

【答案要点】

教学质量管理是学校管理者依据一定的质量标准,对学校的教学过程及其结果进行全面引导、检测、评估与改进的活动,其目的是为了提高教和学的质量。教学质量是教学管理的生命线,教学质量管理在教学管理中处于核心地位。

3. 教师管理

【答案要点】

教师管理是学校管理的一个重要组成部分,但教师管理又有其特殊性。教师是脑力劳动者,工作复杂而艰巨,需要发挥创造性。如何创造良好的工作环境与氛围,调动每位教师的积极性,把他们的潜力与智慧引导到提高人才培养的质量上来,是做好教师管理工作的关键。

4. 学生管理

【答案要点】

学生管理是一项细致复杂又多层的工作,其内容主要包括学生的思想品德管理、学习管理、健康管理、组织管理、课外活动管理等方面。

5. 总务管理

【答案要点】

学校总务管理是一项事多、量大、涉及面广、政策性强的工作。其内容主要包括财务管理、生活管理、校产管理和环境管理等方面。

6. 校长负责制

【答案要点】

校长负责制指校长受上级政府主管部门的委托,在党支部和教代会的监督下,对学校进行全面领导和负责的制度。在这一体制中,校长是学校行政系统的最高决策者和指挥者,是学校的法人代表,他对外代表学校,对内全面领导和管理学校的教育、教学、科研和行政工作。

二、简答题

1. 学校管理对象

【答案要点】

学校管理对象指学校管理者认识和实践的对象,包括学校的人、财、物、时间、空间和信息等资源。

(1)人,指学校的教职工和学生。

(2)财,指学校办学所需的经费,包括国家拨款、学生缴费、自筹资金等办学经费。

(3)物,指学校办学所必需的物质设备,包括校舍、教具、仪器、图书资料等。

(4)时间、空间和信息,是学校管理的特殊资源,学校管理者必须科学地支配时间,合理地利用学校空间,有效地采纳各种信息,这样才能提高管理效能。

2. 学校管理目标的实施要求

【答案要点】

(1)保持各种管理目标的协调一致。①学校管理目标与学校教育目标一致;②学校管理总目标与部门管理目标一致;③学校管理者的目标与被管理者的目标一致。

（2）建立高效率的管理组织系统。①从静态上看，应该是机构健全、职责明确、权职对称的，各部门在相互联系中分工合作、各司其职；②从动态上看，学校管理的各层级、各部门不仅能够处理好日常管理工作，而且能根据变化创造性地解决问题。

（3）组建一支高水平的学校管理队伍。①加强教师队伍建设；②从年龄、专业和学历等方面调整教师结构；③注重年轻干部的选拔与培养。

（4）采取科学的管理方法和手段。要从学校管理工作实际出发，根据人、财、物的不同特点，采取切实有效的方法：①对人而言，要以人为本，充分尊重人，发挥他们的自主性和创造性；②对财、物而言，要用现代化的技术手段进行系统管理，充分发挥其作用。

3. 简述学校管理的特性

【答案要点】

学校管理是管理者通过一定的组织形式以实现学校教育目标的活动。有如下特性：

（1）学校管理以育人为中心，具有教育性。

（2）学校管理的实质是为师生服务，具有服务性。

（3）学校管理在是特定的文化环境中进行，具有文化性。

（4）学校管理是对校内外各种资源的有效整合，具有创造性。

4. 简述学校管理过程

【答案要点】

学校管理过程就是学校管理者为实现学校管理的预定目标，对学校管理对象进行策划、引领、规范、调整与提高的动态过程。通常包括计划、实施、检查和总结四个基本环节。

（1）计划，指对学校工作目标的全面设计和统筹规划。它是学校管理过程的起始环节，起着指明方向、规划进程、统一步调、提高效率的作用。

（2）实施，指将计划付诸行动，将设想转变为现实，使学校的人、财、物、时间、空间、信息等资源产生最大的实际效益与社会价值。

（3）检查，指对计划的执行情况进行考核，其目的在于发现问题和解决问题。检查在学校管理中具有监督、考评和激励的作用。

（4）总结，指对学校管理过程的计划、实施、检查等工作做分析、评价等反思性活动。

学校管理过程的四个环节是一个互相联系、互相制约、循序渐进、首尾相连的有机整体。计划统率着管理全过程，实施是计划的执行，检查是对实施过程的监督与检验，总结则是对计划、实施、检查的总体分析与评价及其改进建议。

学校管理过程的四个环节是在不断循环地向前发展的，这种循环不是机械地重复，而是螺旋式地上升。每次循环都是对前一个阶段工作的改进和提高。学校管理工作就是在这种循环往复的活动中不断向前发展的。

三、论述题

1. 学校管理的构成要素有哪些？

【答案要点】

（1）学校管理者。指在学校管理活动中处于领导地位、发挥引领作用的人。学校管理者在学校管理的实践活动中起着关键性的作用。学校的正、副校长和各个职能部门的负责人都是学校的管理者，在学校管理中处于主导地位。此外，在一定意义上，学校的教职员工和学生也是学校的管理者，因为他们也是学校的主人，不仅接受管理，而且积极参与管理。学校管理者也必须提高素养、转变角色，从传统的控制者走向服务者，这就是新时期学校管理者的发展趋向。

（2）学校管理对象。指学校管理者认识和实践的对象，包括学校的人、财、物、时间、空间和信息等资源。人，指学校的教职工和学生。财，指学校办学所需的经费，包括国家拨款、学生缴费、自筹资金等办学经费。物，指学校办学所必需的物质设备，包括校舍、教具、仪器、图书资料等。时间、空间和信息，是学校管理的特殊资源，学校管理者必须科学地支配时间，合理地利用学校空间，有效地采纳各种信息，这样才能提高管理效能。

（3）学校管理手段。要想管理好一所学校，学校管理者必须拥有一定的管理手段。学校管理手段主要包括学校的组织机构和规章制度。学校组织机构是根据一定的组织原理和工作需要建立起来的，它可以分为两种类型：①行政组织机构，如决策机构、咨询机构等；②非行政组织机构，如工会、学生会等团体组织。学校规章制度是学校全体成员日常工作的基本规范，也是学校管理科学化、民主化和法制化的重要保证。一般包括学校的领导制度、教育教学管理制度、学生管理制度、校园管理制度等。

四、材料分析题

1. 联系材料分析学校管理的发展趋势

【答案要点】

（1）学校管理法治化。

为推进依法治校工作，学校管理者应采取以下措施：

①转变行政管理职能，切实依法行政。②加强制度建设，依法加强管理。③推进民主建设，完善民主监督。④加强法制教育，提高法律素质。⑤严格教师管理，维护教师权益。⑥完善学校保护机制，依法保护学生权益。

（2）学校管理人性化。

人性化管理是指学校管理工作要以人为本，关注人的情感、满足人的需要、崇尚人的价值、尊重人的主体人格和地位。为推进学校管理人性化，学校管理者应采取以下措施：

①考虑人的因素，一切要从人的实际出发。

②考虑个体差异，懂得每个人都有自己的思想、情感、兴趣和爱好。

③强调人的内在价值，把满足作为工作的起点，通过激励的方式来提高工作效率。

④努力构建充满尊重、理解和信任的人际环境，增强教职工和学生的集体归属感。

⑤加强校园文化环境建设，充分发挥校园文化的管理和育人功能。

⑥转变管理观念和方式，贯彻管理即育人、管理即服务的思想。

（3）学校管理民主化。

民主管理以对个体价值的肯定为基础，以个体才能的充分发挥和潜能挖掘为前提，积极吸引全员参与管理活动，集思广益，共同参与，以取得最优的管理效益。实施民主管理应做好以下工作：

①学校管理者应充分肯定个体价值，树立"以人为本"的管理理念。

②广大教职员工要不断提高自身素质，积极参与民主管理。

③管理体制上要充分保障教职员工的民主参与权利。

（4）学校管理信息化。

为推进学校管理信息化，学校管理者应采取以下措施：

①实现信息化管理，要加强硬件投入与软件开发，打好学校管理信息化的物质基础。

②提高学校教职员工的信息管理素养，以保障信息化管理的运行。

③完善学校信息化管理规章制度，以便学校信息化管理有效性。

（5）学校管理校本化。

校本管理是指学校在教育方针与法规的指引下，可以根据自己的实际情况和需要自主确定发展的目标与任务，进行管理工作。简言之，校本管理即以学校为本位的自主管理。实施校本管理应注意做好以下工作：第一，力行简政放权；第二，倡导民主管理；第三，开展校本研究。

补充题目

一、简答题

1. 2020年10月，中共中央、国务院印发了《深化新时代教育评价改革总体方案》，成为了新时代教育评价改革的纲领性文件。请简述教育评价改革有哪些任务？

2. 2021年4月教育部办公厅关于印发《中学教育专业师范生教师职业能力标准（试行）》等五个文件的通知，其中涉及了中学教育、小学教育、学前教育、中等职业教育、特殊教育等五个专业师范生的教师职业能力标准。请简要论述中学教育专业师范生的教师职业能力标准

3. 简述在信息化时代背景下，教师如何主动迎合教师角色的转变？

4. 教育部印发义务教育课程方案和语文等16个课程标准（2022年版）。新修订的义务教育课程以习近平新时代中国特色社会主义思想为指导，落实立德树人根本任务，强调育人为本，依据"有理想、有本领、有担当"时代新人培养要求，明确了义务教育阶段培养目标。

  简要说明义务教育并谈谈义务教育课程修订有哪些改革重点？

5. 十三届全国人大常委会第三十四次会议4月20日表决通过新修订的职业教育法，2022年5月1日起施行。这是职业教育法制定近26年来的首次修订。

  试谈谈推动职业教育法的贯彻实施需要把握哪些重点？

二、分析论述题

1. 李克强总理在十三届全国人大四次会议上讲道："一位中学校长告诉我，现在县乡中学还是缺乏优质教师资源，教师待遇不高，学历很难提高。我们今年下决心加大对县乡教师培训投入，让他们能在职提高学历；对在城市的农民工子弟，只要拿到居住证的，一定要让他有受教育机会。机会公平当中，教育公平是最大的公平。"

  请问如何理解教育公平是最大的公平？

2. 2021年的两会期间，劳动教育成为代表委员们的热议话题。请谈谈你对劳动教育的认识与理解。

3. "2020年5月7日，江苏南通。15岁少年盛天逸，因制止校园欺凌反被同学伙同社会人员殴打致死"。近年来，各地中小学校园欺凌事件频发，请分析其原因并给出解决的思路和方法。

4. 日前，教育部、中央宣传部、中央编办、国家发展改革委、财政部、人力资源社会保障部、住房和城乡建设部、国家乡村振兴局八部门联合印发《新时代基础教育强师计划》，着力推动教师教育振兴发展，努力造就新时代高素质专业化创新型中小学（含幼儿园、特殊教育）教师队伍，为加快实现基础教育现代化提供强有力的师资保障。

  请说明教师的含义并谈谈强师计划实施的具体措施

参考答案

一、简答题

1. 请简述教育评价改革有哪些任务?

【答案要点】

教育评价是指以教育为对象,根据一定的目标,采用一切可行的评价技术和方法,对教育现象及其效果进行测定,分析目标实现程度,从而作出价值判断。组成教育评价系统的要素包括价值目标、人员组织、实施程序、方法技术与质量保证。

教育评价的改革任务有:

(1)树立科学成才观念。坚持以德为先、能力为重、全面发展,坚持面向人人、因材施教、知行合一。在实施路径上,提出创新德智体美劳过程性评价办法,完善综合素质评价体系,切实引导学生坚定理想信念、厚植爱国主义情怀、加强品德修养、增长知识见识、培养奋斗精神、增强综合素质。

(2)完善德育评价。在目标引领上,提出根据学生不同阶段身心特点,科学设计各级各类教育德育目标要求,引导学生养成良好思想道德、心理素质和行为习惯,传承红色基因,增强"四个自信",立志听党话、跟党走、立志扎根人民、奉献国家。在评价方式上,提出通过信息化等手段,探索学生、家长、教师以及社区等参与评价的有效方式,客观记录学生品行日常表现和突出表现,特别是践行社会主义核心价值观情况,将其作为学生综合素质评价的重要内容。

(3)强化体育评价。在总体要求上,提出建立日常参与、体质监测和专项运动技能测试相结合的考查机制,将达到国家学生体质健康标准要求作为教育教学考核的重要内容。同时,分学段提出具体要求,中小学要客观记录学生日常体育参与情况和体质健康监测结果并定期向家长反馈;改进中考体育测试内容、方式和计分办法;探索在高等教育所有阶段开设体育课程。

(4)改进美育评价。对中小学,提出把中小学生学习音乐、美术、书法等艺术类课程以及参与学校组织的艺术实践活动情况纳入学业要求;探索将艺术类科目纳入中考改革试点。对高校,提出推动高校将公共艺术课程与艺术实践纳入人才培养方案,实行学分制管理。

(5)加强劳动教育评价。一是实施大中小学劳动教育指导纲要,明确不同学段、不同年级劳动教育的目标要求,引导学生崇尚劳动、尊重劳动。二是探索建立劳动清单制度,明确学生参加劳动的具体内容和要求,让学生在实践中养成劳动习惯,学会劳动、学会勤俭。三是加强过程性评价,将参与劳动教育课程学习和实践情况纳入学生综合素质档案。

2. 请简要论述中学教育专业师范生的教师职业能力标准

【答案要点】

(1)师德践行能力。包括遵守师德规范与涵养教育情怀。

(2)教学实践能力。包括掌握专业知识与学会教学设计。

(3)综合育人能力。包括开展班级指导、实施课程育人、组织活动育人、主动交流合作。

3. 简述在信息化时代背景下,教师如何主动迎合教师角色的转变?

【答案要点】

在信息化的时代背景下,教师的角色转变会迎来两个发展趋势。一是分化,将来可能既有教学的讲授师,还有学生分析师、学习指导师、问题诊断师,会有不同的角色。二是综合,随着时代发展,学科知识的跨界越来越成为一种常态,教师要一专多能,例如不仅仅数学教得好,技术也要好,同时具备设计跨学科课程的能力。未来教师不只是教学的'师傅',而是重组课堂的设计师、连接世界的策划师,要把全世界最优秀的资源引向学生。所以教师需要主动迎接这种改变。

4. 简要说明义务教育并谈谈义务教育课程修订有哪些改革重点?

【答案要点】

义务教育是国家统一实施的所有适龄儿童、少年必须接受的教育,是国家必须予以保障的公共性事业。此次义务教育的改革重点如下:

(1)强调素养导向,注重培育学生终身发展和适应社会发展所需要的核心素养,特别是真实情境中解决问题的能力,基于核心素养确立课程目标,遴选课程内容,研制学业质量标准,推进考试评价改革。

(2)优化课程内容组织形式,跳出学科知识罗列的窠臼,按照学生学习逻辑组织呈现课程内容,加强与学生经验、现实生活、社会实践的联系,通过主题、项目、任务等形式整合课程内容,突出主干、去除冗余。

(3)突出实践育人,强化课程与生产劳动、社会实践的结合,强调知行合一,倡导做中学、用中学、创中学,注重引导学生参与学科探究活动,开展跨学科实践,经历发现问题、解决问题、建构知识、运用知识的过程,让认识基于实践、通过实践得到提升,克服认识与实践"两张皮"现象。

5. 试谈谈推动职业教育法的贯彻实施需要把握哪些重点?

【答案要点】

(1)着力加强党对职业教育的全面领导。

(2)进一步完善职业教育管理体制。

(3)加快构建现代职业教育体系。

(4)切实推动形成多元办学格局。

(5)大力提升职业教育办学质量和适应性。

(6)强化职业教育支持和保障。

二、分析论述题

1. 请问如何理解教育公平是最大的公平?

【答案要点】

鉴于教育在整个现代社会中的基础性、全局性和先导性地位,教育公平是一种重要的社会公平,在整个社会公平体系中具有基础性地位。教育公平的主要内涵包括:

(1)在法律上,是人人享有受平等的教育权利。

(2)在教育政策领域,是人人平等地享有公共教育资源。

(3)在教育活动中,是人人受到平等地教育对待,人人具有同等的取得学业成就和就业前景的机会。

为了真正体现和维护教育公平所蕴含的平等精神,在实际教育活动中,教育公平还必须包括:在客观上,存在着社会发展不平等的历史时期,公共教育资源配置向社会弱势群体倾斜;在现实层面上,反对和遏制旨在破坏教育权利平等和机会均等的教育特权。

要做到教育公平就应做到:

(1)人人出彩的教育机会公平。努力让每个孩子享有受教育的机会,发展乡村教育,让每个乡村孩子都能接受公平、有质量的教育,阻止贫困现象代际传递。

(2)教师为本的教育条件公平。要把加强教师队伍建设作为教育事业发展最重要的基础工作来抓,提升教师素质,改善教师待遇,关心教师健康,维护教师权益。

（3）科学选才的教育规则公平。深化考试招生制度改革，形成分类考试、综合评价、多元录取的考试招生模式，健全促进公平、科学选才、监督有力的体制机制。

（4）育人为先的教育质量公平。要深化教育改革，推进素质教育，创新教育方法，提高人才培养质量，努力形成有利于创新人才成长的育人环境。

（5）优先发展的教育保障公平。坚定实施科教兴国战略，始终把教育摆在优先发展的战略位置，不断扩大投入，努力发展全民教育、终身教育，建设学习型社会。

2. 请谈谈你对劳动教育的认识与理解

【答案要点】

学校中的劳动教育是指由专职人员和专门机构承担的，有目的、有系统、有组织的劳动教育，它具有不同于其他教育活动的独特性。其基本内容包括：

（1）工农业生产劳动。工农业生产劳动有助于培养学生的劳动能力和形成新的精神品质。组织学生参加工农业生产劳动，其中包括一般性的工农业生产劳动和现代化的工农业生产劳动。

（2）社会公益劳动。社会公益劳动是直接服务于社会公益事业的，不计任何报酬的义务劳动。通过公益劳动可以培养学生的劳动观念和对劳动人民的感情，锻炼他们的意志和体力，培养社会责任感。

（3）服务性劳动。服务性劳动主要指料理个人、家庭、班级以及学校生活的劳动，它有利于培养学生独立生活能力和养成良好的生活习惯。

劳动教育的作用有：

（1）树立正确的劳动观。通过生产实践活动，可以使学生逐步养成良好的劳动习惯，树立正确的劳动观点。

（2）促进人的全面发展。在现代教育中，教学与劳动结合，一方面可以验证所学的书本知识的科学性，另一方面可以使学生获得关于自然科学和社会科学方面的感性认识，加深对自己所学知识的理解，而且还为学习新知识奠定比较好的基础。

（3）锻炼肌体，增进健康。通过参加适量的劳动可以协调身体器官的发育，锻炼体力和耐力，增强体质，培养意志，提高审美能力，形成健康向上的心理素质。

（4）发展学生个性，增进情趣和美感。

实施劳动教育的途径有：

（1）劳动教育与劳动课相结合。

（2）有效利用课堂，落实劳动教育。

（3）提供劳动实践机会，耐心指导劳动方法。

（4）体验教育。

（5）学校、家庭、社会劳动教育和谐统一。

3. 近年来，各地中小学校园欺凌事件频发，请分析其原因并给出解决的思路和方法

【答案要点】

校园欺凌指在校园内外学生间一方单次或多次蓄意或恶意通过肢体、语言及网络等手段实施欺负、侮辱，造成另一方身体和心理伤害、财产损失或精神损害等的事件。校园欺凌多发生在中小学。校园欺凌分为单人实施的暴力，少数人暴力，和多人实施暴力。实施环境地区多为校园周边或人少僻静处，甚至是明目张胆的在校园公共区域进行欺凌，对学生的身心造成伤害。

（1）关于校园欺凌的成因。

①从社会来看：当前互联网缺乏监管，某些影片对欺凌暴力过度渲染，强化了某些学生的霸凌

意识；在流动、留守儿童密集的地方，欺凌事件往往发生频繁，究其原因是由于流动、留守儿童的父母往往忙于生计，很少关心孩子的教育问题，使得这些孩子要么因缺少保护，成为被欺负的对象，要么走上歪路，成为校园"小霸王"；校园霸凌事件频发，反映出我国在青少年法制建设中存在一定滞后和不足；我国城乡之间教育机会不均等导致在教育资源相对匮乏的地区校园欺凌无法得到及时的干预和缓解。

②从学校来看：在应试教育背景下，某些学校忽视德育与心理健康教育，只追求升学，把德育作为软任务导致学生法制观念淡薄，价值取向混乱；不称职的班主任。个别班主任放任校园霸凌的现象不管，未能及时处理导致事件愈演愈烈。个别班主任自身素质差导致师生关系紧张，是出现霸凌现象的又一重要原因。

③从家庭来看：父母的观念，表现在对子女的过分溺爱、过度保护、过多照顾等易导致孩子养成极端个性，在学校里当欺凌者；父母经常吵架或离异等，使得父母未能及时察觉孩子的心理问题，从而诱发霸凌事件的发生；从学生自身来看，处在青春期的学生思考力不足，没有形成正确的是非善恶观念，心理健康出现问题等都容易引发霸凌事件。

（2）关于校园欺凌的应对。

①就社会而言，应该严格监控网络环境，优化教育资源配置，建立健全相关的法律制度，为学生营造健康的成长环境和社会氛围。

②就学习而言，应该完善学校的管理制度，提高德育的地位，增强对学生的法律教育和心理健康教育；作为教师应该提高自身素质，留心霸凌事件的征兆，采取温和的态度处理霸凌事件。培养融洽的师生关系。

③就家庭而言，家庭教育非常重要。作为孩子的父母在家中应该充分起到榜样作用，约束自身行为，通过自己的行为和语言影响孩子，促使孩子建立良好的品质。同时，家长应注重观察孩子，发现孩子一有不对劲的地方及时和教师进行沟通。

总之，面对校园霸凌事件，社会、学校、家庭各方面都要高度重视参与到问题解决中以此来保护学生健康成长。

4. 请说明教师的含义并谈谈强师计划实施的具体措施

【答案要点】

教师是履行教育教学职责的专业人员，承担着教书育人、培养社会建设者、提高民族素质的使命。从广义看，教师与教育者是同一语；从狭义上看，教师专指学校的专职教师。

强师计划实施的具体措施有：

（1）提升教师思想政治素质。全面加强中小学教师思想政治建设，落实意识形态工作责任制。

（2）加强和改进师德师风建设。常态化推进师德培育涵养，将各类师德规范纳入新教师岗前培训和在职教师全员培训必修内容。

（3）建设国家师范教育基地。重点支持建设一批国家师范教育基地，构建师范院校为主体、高水平综合大学参与、教师发展机构为纽带、优质中小学为实践基地的开放、协同、联动的现代教师教育体系。

（4）开展国家教师队伍建设改革试点。鼓励支持地方政府统筹，相关部门密切配合，高校、教师发展机构、中小学等协同，开展区域教师队伍建设改革试点，内容包括师范生培养、教师专业发展、教师人事管理制度改革、教育教学研究与改革等。

（5）建立教师教育协同创新平台。鼓励支持高水平师范院校建立教师教育协同创新平台，推动优质课程资源共享、学科建设经验分享、教育科研课题共同研究，整体提升我国教师教育的办学水平。

（6）实施高素质教师人才培育计划。持续实施卓越教师培养计划。推动本科和教育硕士研究生阶段整体设计、分段考核、连续培养的一体化卓越中学教师培养模式改革，推进高素质复合型硕士层次高中教师培养试点。

（7）实施中西部欠发达地区优秀教师定向培养计划。支持部属师范大学和高水平地方师范院校，根据各地需求，每年为中西部欠发达地区定向培养一批高素质教师，发挥示范带动作用，推进各地进一步加大县域普通高中和乡村学校教师补充力度。

（8）深化精准培训改革。聚焦基础教育课程改革的理念、要求和教育教学方法变革，以中西部欠发达地区农村教师校长培训为重点，充分发挥名师名校长辐射带动作用，实施五年一周期的"国培计划"，示范引领各地教师全员培训开展。

（9）改进师范院校评价。推进师范类专业认证工作，明确师范院校教育教学评估和相关学科评估基本要求，探索建立符合教师教育规律的师范类"双一流"建设评价机制，切实推动师范院校把办好师范教育作为第一职责，将培养合格教师作为主要考核指标，推动师范专业特色发展、追求卓越。

（10）进一步完善教师资格制度。严把教师入口关，全面推开中小学教师资格考试和定期注册制度改革。

（11）优化义务教育教师资源配置。深入推进县域内义务教育学校教师"县管校聘"管理改革，加大音体美、劳动教育、信息技术、心理健康教育等紧缺学科教师补充力度，重点加强城镇优秀教师、校长向乡村学校、薄弱学校流动，发挥优秀教师、校长的辐射带动作用，扩大优质资源覆盖面，整体提升学校育人能力。

（12）优化教职工编制配置。切实落实关于进一步挖潜创新加强中小学教职工管理有关政策精神，在总量内盘活用好现有事业编制资源，按照标准及时核定教职工编制，优先满足中小学教育发展需要。

（13）深化教师职称改革，完善岗位管理制度。充分考虑不同地域、不同学段、不同学科的特点和要求，进一步完善教师职称评价标准，实行分类评价。

（14）加强教师工资待遇保障。加大经费保障力度，切实解决拖欠义务教育教师工资和欠缴社会保险费、职业年金、住房公积金等问题，全面落实义务教育教师平均工资收入水平不低于当地公务员平均工资收入水平要求，落实好公办幼儿园教师工资待遇政策，确保及时足额发放，民办幼儿园参照公办幼儿园合理确定教师工资收入水平。提高教龄津贴标准。

（15）推进教师队伍建设信息化。建设师范生管理信息系统，加快完善教师管理信息系统和教师资格管理信息系统，提升管理服务支撑功能。

第二部分

中国教育史

第一章

夏、商、西周的教育

一、名词解释

1. "六艺"教育
2. 学在官府
3. 官师合一
4. 乡学
5. 瞽宗

二、简答题

1. 简述西周教育的特点
2. 简述西周的大学与小学
3. 简述六艺教育的内容及其影响

三、论述题

1. 试述西周的教育制度
2. 试述学校的萌芽与商代的学校

四、材料分析题

1. 材料：理大物博，不可殚也。圣人为之立官分守，而文字亦从而纪焉。有官斯有法，故法具於官；有法斯有书，故官守其书；有书斯有学，故师传其学；有学斯有业，故弟子习其业。官守学业皆出於一，而天下以同文为治，故私门无著述文字。

材料中描绘的是哪个时期、哪种历史现象，并分析其产生的原因

参考答案

一、名词解释

1. "六艺"教育

【答案要点】

西周的教育内容总称为"六艺"教育。"六艺"即礼、乐、射、御、书、数。礼包括政治、伦理、道德、礼仪各个领域；乐包括诗歌、音乐和舞蹈；射指射箭的技术训练；御指驾驭马拉战车的

技术训练；书指文字书写；数指算法。其中，"礼、乐、射、御"为"大艺"，是大学的课程；"书、数"为"小艺"，是小学的课程。

2. 学在官府

【答案要点】

西周在文化教育上的特征就是"学在官府"。为了国家管理的需要，西周奴隶主贵族制定法纪规章，并将其汇集成专书，由当官者来掌握。这种现象历史上称之为"学术官守"，并由此造成"学在官府"。"政教合一，官学一体"是"学在官府"的重要标志。

3. 官师合一

【答案要点】

"师"最初是军官的称号，后来任教的职官也都可以称"师"。西周时期教育机构与行政机关不分，当时的教师由职官兼任，总体情况是官师合一。

4. 乡学

【答案要点】

设在王都郊外六乡行政区中的地方学校，总称为乡学。入学对象为一般奴隶主和部分庶民子弟，由司徒负责领导，教育内容为"乡三物"，即"六德""六行"和"六艺"。乡学实行定期的考察和推荐，把贤能者选送司徒，经司徒再择优选送至国学。

5. 瞽宗

【答案要点】

瞽宗是商代大学的名称，大学以乐教为重，乐教的教师也就是乐师。乐师在学中祀其先祖为乐祖，大学也就是成为乐师的宗庙，故称为瞽宗。瞽宗是当时贵族子弟学习礼乐的学校。

二、简答题

1. 简述西周教育的特点

【答案要点】

西周官学的基本特征即"学在官府"。奴隶主贵族建立国家机构，设官分职，从事管理。为了管理的需要，制定法纪规章，有文字记录，汇集成专书，由当官者来掌握。这种现象，历史上称之为"学术官守"，并由此而造成"学在官府"。

由于只有官府有学，民间私家无学术，所以要学习专门知识，只有到官府之中才有可能。"学在官府"这种历史现象，有其客观原因：

（1）唯官有书，而民无书。朝廷为了政治需要，将书册交由官府主管，士人若要学习，只有到官府，求之主管书册的官司才能读到。

（2）惟官有器，而民无器。民间不具备学习礼、乐、舞、射的器具，只有官府才具有备集这些器具的物质条件，因此学习礼、乐、舞、射，也只有在官府的人才具有条件。

（3）惟官有学，而民无学。只有为官的人掌握学术，以官府为传授基地，教其子弟；只有官学，没有私学；只有贵族子弟有受教育的权利，庶人和平民没有受教育的权利。

2. 简述西周的大学与小学

【答案要点】

西周的学校按照学生的年龄与程度，分为大学与小学。

（1）小学。贵族子弟入小学的年龄与学生家庭的政治地位直接有关，小学的学习年限约为7年，教学内容是德、行、艺、仪几个方面，实际上是关于奴隶主贵族道德行为准则和社会生活知识技能的基本训练。

（2）大学。进入大学接受教育有一定限制，只有少数符合资格的人才能享受大学教育。一类是贵族子弟，他们按照身份入学；一类是平民中的优秀分子，经过一定程序的推荐选拔，方能进入大学。入学资格的限制，体现了西周教育的等级性。大学的学程为9年。天子设的大学叫辟雍，诸侯设的大学叫泮宫。大学的教学，服从于培养统治者的需要，学大艺，履大节，以礼乐为重，射御次之。

3. 简述六艺教育的内容及其影响

【答案要点】

（1）教育内容。

西周的教育内容总称为"六艺"教育，它是西周教育的特征和标志。"六艺"即礼、乐、射、御、书、数。其中，"礼、乐、射、御"为"大艺"，是大学的课程；"书、数"为"小艺"，是小学的课程。

①礼乐。礼乐教育是"六艺"的中心。礼的内容极广，包括政治、伦理、道德、礼仪各个领域。乐教是当时的艺术教育，包括诗歌、音乐和舞蹈。

②射御。"射"指射箭的技术训练，"御"指驾驭马拉战车的技术训练。

③书数。"书"指文字书写，"数"指算法。书、数是文化基础技能，安排在小学学习。

（2）影响。

"六艺"教育包含多方面的教育因素，它既重视思想道德，也重视文化知识；既注意传统文化，也注意实用技能；既重视文事，也重视武备；既要符合礼仪规范，也要求内心情感修养。"六艺"教育有符合教育规律的历史经验，对其后的教育家的思想产生了重要影响，对整个封建社会的教育也影响至深。

三、论述题

1. 试述西周的教育制度

【答案要点】

奴隶主根据贵族专政的需要确定教育目的，培养具有贵族政治道德思想和军事技能的未来统治者，他们必须受礼、乐、射、御、书、数"六艺"的专门训练。先经过家庭教育，然后才进行学校教育。

（1）家庭教育。西周的贵族子弟从小在家中接受家庭教育，其主要内容包括：基本的生活技能和习惯教育、初步的礼仪规则、初级的数的观念、方位观念和时间观念的教育。在男尊女卑思想的支配下，7岁开始进行男女有别的教育，要求男治外事，女理内事。女子受女德的教育，为将来成为贤妻良母做准备，其教育局限在家庭内，相对受到轻视。

（2）小学教育。贵族子弟入小学的年龄与学生家庭的政治地位直接有关，小学的学习年限约为7年，教学内容是德、行、艺、仪几个方面，实际上是关于奴隶主贵族道德行为准则和社会生活知识技能的基本训练。

（3）大学教育。进入大学接受教育有一定限制，只有少数符合资格的人才能享受大学教育。一类是贵族子弟，他们按照身份入学；一类是平民中的优秀分子，经过一定程序的推荐选拔，方能进入大学。入学资格的限制，体现了西周教育的等级性。大学的学程为9年。天子设的大学叫辟雍，诸侯设的大学叫泮宫。大学的教学，服从于培养统治者的需要，学大艺，履大节，以礼乐为重，射御次之。

（4）乡学。设在王都郊外六乡行政区中的地方学校，总称为乡学。入学对象为一般奴隶主和部分庶民子弟，由司徒负责领导，教育内容为"乡三物"，即"六德""六行"和"六艺"。乡学实行定期的考察和推荐，把贤能者选送司徒，经司徒再择优选送至国学。

（5）考核与奖惩。小学的考核制度，未见史籍记载。大学的考核制度，第一、三、五、七、九学年定期考核，既要考核德行一面，也要考核道艺一面，达到"大成"才算合格，合格者奖励官职、爵位、俸禄，不合格者采取严正的措施。乡学合格者报送司徒，再择优选入大学，升于大学的，可免除本人赋役。

（6）官师合一。"师"最初是军官的称号，后来任教的职官也都可以称"师"。西周时期教育机构与行政机关不分，当时的教师由职官兼任，总体情况是官师合一。这种"政教合一"是官府办学条件下的必然结果，当时的教育与政治是紧密联系在一起的。

2. 试述学校的萌芽与商代的学校

【答案要点】

（1）原始社会学校的萌芽。

原始社会社会经济、政治的变革，推动着教育不断地发生变化，存在于社会生活中的教育逐渐分化出来，出现了学校的萌芽。

①成均，五帝时期实施乐教的场所。

②庠，是敬老养老之地，兼有养老与教育两方面的作用。氏族公社中教育年轻一代的任务通常由生活经验丰富的老人承担，一般在养老的地方进行，所以庠也兼为教育的场所。

成均和庠都是原始社会末期开展多种活动的机构，包括教育活动在内，他们只是学校的萌芽，还不是正式的学校。

（2）夏代的学校。

①序，起初是教"射"的场所，后来发展为奴隶主贵族一切公共活动的场所，也是奴隶主贵族教育子弟的场所。

②校，乡学，进行军事训练、习武的场所。

奴隶社会时期的教育为政治服务，突出表现在教育目的是培养奴隶主贵族的武士，教育内容重视军事训练和宗教教育。

（3）甲骨卜辞中的商代学校。

①大学与小学，也称左学和右学，根据不同年龄划分，这表明商代已根据不同年龄，提出不同的教育要求，实际划分了教育阶段。

②瞽宗，商代大学的名称，大学以乐教为重，乐教的教师也就是乐师。乐师在学中祀其先祖为乐祖，大学也就是成为乐师的宗庙，故称为瞽宗。瞽宗是当时贵族子弟学习礼乐的学校。

总之，殷墟甲骨的发掘，证明商代文字趋于成熟，并成为有效的教育工具。按年龄划分教育阶段，成为设立不同层次教育组织的依据，多方面的教育内容已具备了"六艺教育"的形貌。商代教育是一份重要的历史遗产，西周就是在此历史基础上进一步发展的。

四、材料分析题

1. 材料中描绘的是哪个时期、哪种历史现象，并分析其产生的原因

【答案要点】

上述材料中描绘的是西周时期"学术官守"的历史现象。西周在文化教育上的特征就是"学在官府"。为了国家管理的需要，西周奴隶主贵族制定法纪规章，并将其汇集成专书，由当官者来掌握。这种现象历史上称之为"学术官守"，并由此造成"学在官府"。

（1）根本原因：西周的生产水平和社会制度。

（2）客观原因：

①唯官有书，而民无书。朝廷为了政治需要，将书册交由官府主管。这些书册，仅有孤本，没有复制副本刊布民间。民间仅知书名，未见其书。士人若要学习，只有到官府，求之主管书册的官

司才能读到。

②惟官有器，而民无器。民间不具备学习礼、乐、舞、射的器具，只有官府才具有备集这些器具的物质条件，因此学习礼、乐、舞、射，也只有在官府的人才具有条件。

③惟官有学，而民无学。只有为官的人掌握学术，以官府为传授基地，教其子弟；只有官学，没有私学；只有贵族子弟有受教育的权利，庶人和平民没有受教育的权利。

第二章 私人讲学的兴起与传统教育思想的奠基

一、名词解释

1. 稷下学宫
2. 有教无类
3. 期会
4. 素丝说
5. 三纲领八条目
6. 《学记》
7. 四书五经
8. 藏息相辅
9. 以吏为师
10. 深造自得
11. 学而优则仕
12. 化性起伪

二、简答题

1. 简述私学兴起的原因及其意义
2. 简述稷下学宫的性质和特点
3. 简述孔子的教学思想
4. 简述孟轲的性善论及教育的作用
5. 简述荀况的教师观
6. 简述墨子的素丝说及其教育作用
7. 简述法家的教育思想
8. 简述《中庸》的学习过程和学习内容
9. 简述《学记》中的教学原则
10. 简述荀子的教学过程

三、论述题

1. 试比较孟子和荀子教育思想的异同
2. 试比较儒墨两家教育思想的异同
3. 试述孔子的教育思想

四、材料分析题

1. 材料:"玉不琢,不成器;人不学,不知道。是故古之王者建国君民,教学为先。《兑命》曰:'念终始典于学。'其此之谓乎!"

请问这段话出自哪本著作,并分析其包含的教育思想及贡献

参考答案

一、名词解释

1. 稷下学宫

【答案要点】

稷下学宫是战国时代齐国一所著名的高等学府,因其建立于齐国都城临淄的稷门附近而得名。它既是百家争鸣的中心与缩影,也是当时教育上的重要创造,稷下学宫对中国古代学术、文化和教育的发展产生过重大的历史影响。

2. 有教无类

【答案要点】

"有教无类"的本意是不分贵贱贫富和种族,人人都可以入学接受教育。孔子的教学实践切实地贯彻了这一办学方针。"有教无类"作为私学的办学方针与官学的办学方针相对立,打破贵贱、贫富和种族的界限,把受教育的范围扩大到平民,这是历史的进步。

3. 期会

【答案要点】

期会是稷下学宫的一种自由灵活的教学组织形式,指定期举行的讲演会或辩论会,是一种常规性的教学和学术活动,全校师生与四方游士都可以自由参加。期会实现了稷下之学中日常教学与学术研究的相互促进。

4. 素丝说

【答案要点】

墨子在人的教育方面提出"素丝说",他以素丝和染丝为喻来说明人性及其在教育下的改变和形成。他认为人性不是先天所成,生来的人性如同待染的素丝,下什么色的染缸,就成什么样颜色的丝,即有什么样的环境与教育就造就什么样的人。

5. 三纲领八条目

【答案要点】

三纲领八条目是《大学》的教育目的和具体步骤。《大学》开篇即"大学之道,在明明德,在亲民,在止于至善","明明德""亲民"和"止于至善"被称为"三纲领"。八条目即格物、致知、诚意、正心、修身、齐家、治国、平天下。

6. 《学记》

【答案要点】

《学记》是《礼记》的一篇,是中国古代最早的一篇专门论述教育、教学问题的论著,因此有人认为它是"教育学的雏形"。《学记》是先秦时期儒家教育和教学活动的理论总结,它主要论述教

育的具体实施，偏重于说明教学过程的各种关系。

7. 四书五经

【答案要点】

四书五经，是指"四书"与"五经"的合称，是历代儒客学子研学的核心书经，在中国的传统文化的诸多文学作品当中，四书五经占据着相当重要的位置。四书五经详细地记载了我国早期思想文化发展史上政治、军事、外交、文化等各个方面的史实资料以及孔孟等思想家的重要思想。四书包括《大学》《中庸》《论语》《孟子》；五经包括《诗经》《尚书》《礼记》《周易》《春秋》。

8. 藏息相辅

【答案要点】

藏息相辅是《学记》中教育、教学原则之一，其含义是指既有有计划的正课学习，又有课外活动和自习，有张有弛，让学生感到学习的乐趣，感受到老师、同学的可亲可爱，使学习成为学生的一种内在需要。

9. 以吏为师

【答案要点】

这是法家推行法治教育的一种手段。为了实行法治，选择那些知法的官吏来担任法令的解释者和宣传者。法家所谓"师"并非教师意义上的"师"。它还包含一层意思：理想的国家和社会是不需要许多人来从事文化、知识和教育工作的，这样的人一多，就会破坏社会秩序。妥善的做法，就是"以吏为师"。

10. 深造自得

【答案要点】

孟子提出人们学习的一个基本要求就是"深造自得"，即深入地学习与钻研，必须要有自己的收获和见解，如此才能形成稳固而深刻的智慧，遇事则能左右逢源，挥洒自如。据此他尤其主张学习中的独立思考和独立见解。

11. 学而优则仕

【答案要点】

孔子提出由平民中培养德才兼备的从政君子，这条培育人才的路线，可简称为"学而优则仕"。"学而优则仕"包含多方面的意思：学习是通向做官的途径，培养官员是教育最主要的政治目的，而学习成绩优良是做官的重要条件。如果不学习或虽经学习而成绩不优良，也就没有做官的资格。

12. 化性起伪

【答案要点】

化性起伪源于荀子的"性恶论"。"性"指人的先天素质、人的自然状态，它完全排除任何后天人为的因素。"伪"与"性"相对，指人为，泛指一切通过人为的努力而使人发生的变化，即后天获得的品质。荀子认为教育的作用在于"化性为伪"，即人的成就是环境、教育和个体努力共同作用的结果。

二、简答题

1. 简述私学兴起的原因及其意义

【答案要点】

（1）兴起的原因。

①生产力的发展。春秋时期，铁器牛耕的使用大大提高了农业生产力，土地私有制代替了土地

国有制，促进了奴隶制的瓦解，为私学产生提供了物质基础。

②官学衰废。世袭制度导致贵族不重视教育，王权衰落导致学校荒废，这些都反映了"官学"教育已经不适应新的要求，客观上酝酿着教育上要有新的变革和发展。

③文化下移。"天子失官，学在四夷"导致打破了"学在官府"的局面，使原来由贵族垄断的文化学术向社会下层扩散，这种历史现象称为"文化下移"。

④士阶层的出现。春秋时期的士是自由民，位居四民之首。在社会激烈变动时期，新兴地主阶级需要士来扩大自己的经济利益和政治势力，养士之风开始形成。而想要成为士，首先要学习文化，从师受教。这种情况，推动了私学的兴起。

（2）兴起的意义。

①打破了"学在官府"的传统，使文化知识传播于民间。教育过程与政治活动有所分离，培养了不少有贡献的学者和治术人才。

②私学扩大了教育对象。教育对象由少数贵族扩大到平民，使学校教育和人才成长的社会基础更为广阔了，也为学术的广泛传播拓宽了道路。

③私学使教育内容和教育方式得到了新发展。在教育内容上，突破了"六艺"教育范围；在教育方式上，以教师为中心，以学生主动求学为基础，办学具有相当大的灵活性。

④私学在教育理念和教育经验方面有光辉的成就，不仅在中国教育史上有重要贡献，而且在世界教育史上也有很高的地位。

⑤在特定的历史条件下，私学依靠自由办学、自由就学、自由讲学、自由竞争发展教育事业，不仅符合历史潮流，也开辟了中国教育史的新纪元。

2. 简述稷下学宫的性质和特点

【答案要点】

（1）性质。

①稷下学宫是一所由官家举办而由私家主持的特殊形式的学校。从主办者和办学目的来看，稷下学宫是官学；在教学和学术活动方面由各家各派自主，官家不多方干预，统治者只为学术活动提供物质条件，这又体现了其私学性质。

②稷下学宫是一所集讲学、著述、育才活动为一体并兼有咨议作用的高等学府。

（2）特点。

①学术自由。这是稷下学宫的基本特点。容纳百家是学术自由的一种表现，来者不拒，包容百家是稷下学宫的办学方针。各家各派的学术地位平等；相互争鸣与吸取是学术自由的又一种表现。

②待遇优厚。"不治而议论"是齐国君主给予学者们很高的政治待遇，因为学者所看重的是自己的思想主张能否被接受，人格是否受尊重；在物质待遇上也很丰厚，对稷下先生优越的物质待遇甚至惠及其弟子，这是稷下学宫能长期兴盛的重要原因之一。

③管理规范。在学生管理上，稷下学宫制定了历史上第一个学生守则——《弟子职》。

3. 简述孔子的教学思想

【答案要点】

（1）因材施教。孔子是我国历史上首倡因材施教的教育家。实行因材施教的前提条件是承认学生间的个体差异，并了解学生特点。孔子了解学生最常用的方法是谈话和个别观察，主张在了解学生的基础上，根据学生的具体情况，有针对性地进行教育。

（2）启发诱导。孔子是世界上最早提出启发式教学的教育家，比苏格拉底的"助产术"早几十年。他认为，不论学习知识或培养道德，都要建立在学生自觉需要的基础上，应充分发挥学生的主动性、积极性。他主张"不愤不启、不悱不发，举一隅不以三隅反，则不复也。"；"由博返约"和"叩其两端"是训练学生思考的方法。

（3）学思行结合。"学而知之"是孔子进行教学的主导思想，学是求知的途径，也是求知的唯一手段；孔子提倡学习知识面要广泛，在学习的基础上认真深入地进行思考，把学习与思考结合起来。在论述学与思的关系时，他说"学而不思则罔，思而不学则殆"；孔子强调学习知识还要"学以致用"。由学而思进而行，这是孔子所探究和总结的学习过程，也就是教育过程，与人的一般认识过程基本符合。这一思想对后来的教学理论和实践产生了深远的影响。

（4）好学求是的态度。孔子认为，教学需要师生双方配合协作，学生端正学习态度，是教学成功的重要条件。首先要有好学、乐学的态度；其次要有不耻下问的态度；最后还要有实事求是的态度。

4. 简述孟轲的性善论及教育的作用

【答案要点】

（1）"性善论"。

①"性善论"说明了人性是人类所独有的、区别于动物的本质属性。人之需要社会伦理与政治，这是为人的内在本质所决定了的。

②人性本质上的平等观。孟子认为人性的善，即"我固有之"的仁义礼智是人类学习的结果，不是由人的先天决定的，因此每个人都可以通过后天的学习达到理想的境界，即"人皆可以为尧舜"。

③"性善论"揭示了人之"故"。人性之"故"就是"人性之善也"。人性表现为"四心"，即恻隐之心、羞恶之心、恭敬之心、是非之心，也叫"四端"，分别是仁、义、礼、智的基础。孟子肯定人性本善。

（2）教育作用。

①对人：扩充"善性"。"善端"是指事物的开头或缘由，是人的某种可能性。通过教育、物质生活条件、社会环境等多方面的因素，将其变成现实。教育的作用就是在于引导人保存、找回和扩充其固有的善端。

②对社会："得民心"。"得民心"是"仁政"的关键，教育是"得民心"最有效的措施。

5. 简述荀况的教师观

【答案要点】

在先秦儒家诸子中，荀子是最为提倡尊师的，表达了与孔孟颇为不同的见解。

（1）教师的地位。荀子将教师视为治国之本，将国家兴亡与教育联系在一起，进而把师提到与天地、祖宗并列的地位。

（2）教师的作用。教师与师法有着治理国家的作用，教师通过施教参与国家的治理。

（3）师生关系。在教师与学生之间，荀子片面强调学生对教师的服从，主张"师云亦云"，教师在教学中应处于绝对的主导地位。

（4）对教师的要求。有尊严而令人起敬，德高望重；讲课有条理而不违师法，见解精深而表述合理。

6. 简述墨子的素丝说及其教育作用

【答案要点】

（1）教育对人的作用：墨子在人的教育方面提出"素丝说"，他以素丝和染丝为喻来说明人性及其在教育下的改变和形成。他认为人性不是先天所成，生来的人性如同待染的素丝，下什么色的染缸，就成什么样颜色的丝，即有什么样的环境与教育就造就什么样的人。

（2）教育的社会作用：主张通过教育建立一个民众平等、互助的"兼爱"社会。

（3）评价：这一思想从人性平等的立场出发认识和阐述教育作用，较之孔子的人性论，在社会意义方面有所进步。

7. 简述法家的教育思想

【答案要点】

（1）"人性利己说"与教育作用。

法家的人性观表现为绝对的"性恶论"。法家认为人性是自私的，趋利避害是人的本性。基于此，法家强调治国必须靠高压政治、法制手段，无须用温情脉脉的教育感化。

（2）禁私学。

法家认为，私家学派的存在造成思想的纷乱和不统一，导致了"乱上反世"。韩非将私家学派称为"二心私学"，并立法废除私学，对易于导致"二心"的私学和学派就应"禁其行""破其群""散其党"。为了达到政治强权、实现国家富强进而实现统一各国的愿望，法家采取的一大措施就是不准人思想和禁止人说话，而定法家思想于一尊。

（3）"以法为教""以吏为师"。

推行法治教育的内容：以法为教。它要求对社会实行普遍的法治教育，使维护封建统治的政治、经济、思想、文教等法令妇孺皆知，深入人心。

推行法治教育的手段：以吏为师。即为了实行法治，选择那些知法的官吏来担任法令的解释者和宣传者。它还包含一层意思：理想的国家和社会是不需要许多人来从事文化、知识和教育工作的，这样的人一多，就会破坏社会秩序。妥善的做法，就是"以吏为师"。

8. 简述《中庸》的学习过程和学习内容

【答案要点】

《中庸》是《礼记》中的一篇，主要阐述先秦儒家的人生哲学和修养问题，提出了"中庸之道"，即一种道德修养，为人处世的准则与方法，具有较强的理论色彩和思辨性。

（1）"尊德性"与"道问学"。

《中庸》开篇指出："天命之谓性，率性之谓道，修道之谓教。"意谓：天所赋予人的就叫做"性"，循性而行叫做"道"，修治此道叫做"教"。

由此可见，人们可以从两条途径得到完善：①发掘人的内在天性，进而达到对外部世界的体认，这就是"尊德性"或"自诚明，谓之性"；②通过向外部世界的求知，以达到人的内在本性的发扬，这就是"道问学"或"自明诚，谓之教"。无论是"尊德性"还是"道问学"，都说明人是通过向外求知以完其本性和向内省察以有助于求知来完善自身的。

（2）学问思辨行。

《中庸》把学习过程具体概括为学、问、思、辨、行五个先后相继的步骤，即"博学之，审问之，慎思之，明辨之，笃行之"。这一表述概括了知识获得过程的基本环节和顺序，是对从孔子到荀子先秦儒家学习过程思想——学、思、行的发挥和完整表述。《中庸》强调，这五个步骤是一个完整的过程，只有每个步骤的充分实现，才能有个人学习的进步。

9. 简述《学记》中的教学原则

【答案要点】

（1）豫时孙摩。

①预防性原则：要求事先估计学生可能会产生的种种不良倾向，预先采取预防措施。

②及时施教原则：要求掌握学习的最佳时机，适时而学，适时而教。

③循序渐进原则：教学必须遵循一定的顺序，包括内容的顺序和年龄的顺序。

④学习观摩原则：学习要相互观摩，取长补短。同时，借助集体的力量进行学习。

（2）长善救失。长善救失原则要求教师懂得并掌握教育的辩证法，坚持正面教育，善于因势利导，利用积极因素，克服消极因素，将缺点转化为优点。

（3）启发诱导。君子的教育在于诱导学生，靠的是引导而不是强迫服从，是启发而不是全部讲解。只有这样，才能调动学生学习和思考的积极性、主动性，使学生的思维能力得到锻炼和发展。

（4）藏息相辅。既有有计划的正课学习，又有课外活动和自习，有张有弛，让学生感到学习的乐趣，感受到老师、同学的可亲可爱，使学习成为学生的一种内在需要。

10. 简述荀子的教学过程

【答案要点】

荀子对于学习过程的分析相当完整而系统，把学习过程具体化为闻、见、知、行四个基本环节。

（1）闻见。荀子认为闻见是学习的起点、基础和知识的来源，人的学习开始于感官对外物的接触，不同的感官与不同种类的事物或事物的不同属性相接触后就形成了不同的感觉，又使进一步的学习活动成为可能。

（2）知。①学习并善于运用思维的功能去把握事物的本质与规律，就能自如地应对前所未遇的事变，措施对于事变的合宜一如符节相吻合，这就是知——思维这一阶段的意义。②荀子重视思维的作用，还提出了发挥"心"的功能的方法：对事物作全面、广泛的比较、分析、综合，如实地把握事物及其关系；"虚壹而静"，即"心"是藏与虚、两与一、动与静的统一。

（3）行。荀子认为行是学习必不可少的也是最高的阶段。在他看来，由学、思而得的知识还带有假设的性质，它的最终是否切实可靠，唯有通过行方能得到验证。荀子所谓的行也指人的社会实践，如个人的品德修养、教人、从政治国等。

三、论述题

1. 试比较孟子和荀子教育思想的异同

【答案要点】

（1）不同点。

①教育实践。孟子受业于孔子之孙子思的门徒，一生崇拜孔子，自称"乃所愿，则学孔子也"。子思、孟子之学，后世称为思孟学派；荀子被称为"六经传人"，孔子整理的"六艺"后来多经荀子传授。在儒家经典的传授方面，其作用远过于孟子。

②人性论。孟子主张"性善论"，他认为，人性是人类所独有的、区别于动物的本质属性，是一个类的范畴。人性的善，是人类缓慢进化的结果，"我固有之"的仁义礼智是人类学习的结果；荀子提出"性恶论"，他认为人之所以能为善，全靠后天的努力，"人之性善，其善者伪也"。

③教学方法。孟子尤其主张学习中的独立思考和独立见解。学习中特别重要的是由感性学习到理性思维的转化，提出了因材施教、深造自得、盈科而进、专心致志的教学思想；荀子对于学习过程的分析相当完整而系统，他把教学过程具体化为"闻、见、知、行"四个基本环节。在荀子看来，由学、思而得的知识还带有假设的性质，它最终是否切实可靠，唯有通过行才能得到验证。

（2）相同点。

①派别。二者都是儒家学派的代表人物，其思想也有一定的共性。

②教育的作用。二者都重视教育对个人和社会的作用。

在孟子看来，教育对个人的作用就是在于引导人保存、找回和扩充其固有的善端；教育对社会的作用是"得民心"。"得民心"是"仁政"的关键，而教育是"得民心"的最有效的措施。

荀子认为教育对个人的作用在于"化性为伪"，即人的成就是环境、教育和个体努力共同作用的结果；教育对社会的作用是教育能够统一思想，统一行动，使兵劲城固，国富民强。这也反映了战国末期要求集权统一的历史发展趋势。

③教育目的。二者都认为教育是为统治阶级培养人才。

孟子第一次明确地概括出中国古代学校的教育目的是"明人伦",又说明教育就是通过实现"明人伦"来为政治服务的。

荀子认为教育应当以大儒作为理想目标。荀子认为教育应当培养推行礼法的"贤能之士",或者说具有儒家学者身份且长于治国理政的各级官僚。

④教学内容。二者的教学内容都是儒家经典。荀子重视文化知识特别是古代典籍的学习,认为各经有不同的教育作用。在诸经中,荀子尤重《礼》,以之为自然与社会的最高法则。

2.试比较儒墨两家教育思想的异同

【答案要点】

（1）儒家教育思想。

儒家代表人物主要有孔子、孟子和荀子等,其思想主要体现在孔子的教育思想中。具体表现在:

①教育的作用。对社会认为教育对社会发展有重要作用,是立国治国的三大要素之一,教育事业的发展要建立在经济发展的基础上;对个人提出"性相近也,习相远也"的思想,认为教育在人的发展过程中起关键性作用。

②教育的对象。提倡"有教无类"作为办学方针,"有教无类"的本意是:不分贵贱贫富和种族,人人都可以入学受教育。

③教育的目标。"学而优则仕",提出由平民中培养德才兼备的从政君子,这条培育人才的路线,可简称为"学而优则仕"。

④教育内容。孔子教学的"六艺"即其编撰的"六经",其中作为对弟子普遍传授的主要教材是《诗》《书》《礼》《乐》四种。

⑤教学方法。提倡因材施教、启发诱导、学思行结合、好学与实事求是的态度的教学方法。

⑥道德教育。主张以"礼"为道德规范,以"仁"为最高道德准则。凡符合礼的道德行为,都要以仁的精神为指导。因此,"礼"与"仁"成为道德教育的主要内容。以仁的精神对待伦理关系时,孔子提出最重要的两项道德规范,即忠与孝。忠要求对人尽心竭力、诚实负责;孝要求尊敬和顺从父母。

⑦对教师的要求。学而不厌、诲人不倦、温故知新、以身作则、爱护学生、教学相长。

（2）墨家的教育思想。

①"素丝说"与教育作用。墨子提出"素丝说",以素丝和染丝为喻,来说明人性及其在教育下的改变和形成。他认为人性不是先天所成,生来的人性如同待染的素丝,下什么色的染缸,就成什么样颜色的丝,也就是有什么样的环境与教育就造就什么样的人。

②以"兼士"为培养目标。墨家的教育目的是培养"兼士"或"贤士"。兼士或贤士的三条具体标准是"博乎道术""辩乎言谈""厚乎德行",即知识技能的要求、思维论辩的要求和道德品行的要求。

③以科技知识和思维训练为特色的教育内容。包括政治和道德教育、科学和技术教育、文史教育和培养思维能力的教育。

④主动说教、善述善作、合其志功的教育方法。

（3）二者的异同。

①在教育作用上。儒家认为教育的社会作用在于"庶、富、教",教育的个人作用在于"性相近也,习相远也";墨家认为教育的作用在于"素丝说",主张通过教育建设一个民众平等、互助的"兼爱"社会。

②在教育目的上。儒家提出"学而优则仕",确定了培养统治人才这一教育目的;墨家"兼相爱,交相利"的社会理想决定了墨家的教育目的就是培养"兼士"或"贤士"。

③在教学内容上。儒家以"六艺"为教育内容，教学的特点为偏重社会人事、偏重文事、轻视科技与生产劳动；墨家的教育内容以科技知识和思维训练为特色。

④在教学方法上。儒家主张因材施教、启发诱导、学思行结合和好学与实事求是的态度等教学方法；墨家主张主动说教、善述善作、合其志功的教学方法。

3. 试述孔子的教育思想

【答案要点】

孔子名丘，字仲尼，鲁国人，中国古代伟大的思想家、教育家，儒家学派的创始者，儒学教育理论的奠基人。

（1）创办私学与编订"六经"。

孔子大约在他30岁正式招生办学，开始他的教育生涯。他创办的私学产生了广泛的社会影响，是春秋时期规模最大、持续时间最长、影响最深远的学校。

孔子于晚年完成了《诗》《书》《礼》《乐》《易》《春秋》的编纂和校订工作，整理和保存了我国古代文化典籍，奠定了儒家教育内容的基础。后世将其称为"六经"。

（2）"庶、富、教"：教育与社会发展。

孔子认为教育对社会发展有重要作用，是立国治国的三大要素之一。教育事业的发展要建立在经济发展的基础上。治国的三个重要条件，首先是"庶"，是要有较多的劳动力，其次是"富"，要使人民群众有丰足的物质生活；再次是"教"，要使人民受到政治伦理教育，知道如何安分守己。"庶"与"富"是实施教育的先决条件，只有在"庶"与"富"的基础上开展教育才会取得成效。

（3）"性相近也，习相远也"：教育与人的发展。

孔子对教育在人的发展过程中起关键性作用持肯定态度。他在中国历史上首次提出"性相近也，习相远也"。"性"指的是先天素质，"习"指的是后天习染，包括教育与社会环境的影响。孔子认为人的先天素质没有多大差别，只是由于后天教育和社会环境的影响作用，才造成人的发展有重大的差别。从"习相远"的观点出发，孔子认为人要发展，教育条件是很重要的，认为人的生活环境应当受到重视，要争取积极因素的影响，排除消极因素的影响。

（4）"有教无类"与教育对象。

"有教无类"的本意是不分贵贱贫富和种族，人人都可以入学接受教育。孔子的教学实践切实地贯彻了这一办学方针，他的弟子来自各个诸侯国，分布地区广泛；弟子成分复杂，出身于不同的阶级和阶层，大多数出身于平民。

（5）"学而优则仕"与教育目标。

孔子提出由平民中培养德才兼备的从政君子，这条培育人才的路线可简括称之为"学而优则仕"。"学而优则仕"包含多方面的意思，学习是通往做官的途径，培养官员是教育最主要的政治目的，而学习成绩优良是做官的重要条件；如果不学习或虽经学习而成绩不优良，也就没有做官的资格。

（6）以"六艺"为教育内容。

孔子继承西周贵族"六艺"教育传统，吸收采择了有用学科，又根据现实需要创设新学科，虽袭用"六艺"的名称，但对所传授的学科都作了调整，充实了内容。孔子教学的"六艺"即其编撰的"六经"。

（7）教学方法。主要有因材施教、启发诱导、学思行结合、好学求是的态度。

（8）论道德教育。

孔子的教育目的是培养从政的君子，而成为君子的主要条件是具有道德品质修养，因此，道德教育居首要地位。孔子主张以"礼"为道德规范，以"仁"为最高道德准则。凡符合"礼"的道德行为都要以"仁"的精神为指导，因此，"礼"和"仁"成为道德教育的主要内容。道德修养的原则与方法：立志、克己、力行、中庸、内省和改过。

（9）论教师品格。教师要学而不厌、温故知新、诲人不倦、以身作则、爱护学生、教学相长。

（10）深远的历史影响。孔子是全世界公认伟大的思想家和教育家，他毕生从事教育活动，建树了丰功伟绩。他在实践基础上提出的一些首创的教育学说，为中国古代教育奠定了理论基础。

四、材料分析题

1. 请问这段话出自哪本著作，并分析其包含的教育思想及贡献

【答案要点】

此段话出自《学记》，它是中国古代最早的一篇专门论述教育、教学问题的论著，是先秦时期儒家教育和教学活动的理论总结，主要论述教育的具体实施，偏重于说明教学过程的各种关系。

（1）教育的作用与教育目的。

①对个人的作用与目的：教育通过对人有目的、有计划地培养，使每个人都形成良好的道德和智慧，懂得去维护国家利益和社会安定。

②对社会的作用与目的：《学记》认为实现良好政治的最佳途径是"化民成俗"，即兴办学校，推行教育，作育人才，以教化人民群众遵守社会秩序，养成良风美俗。

（2）教育制度与学校管理。

①学制与学年。关于学制系统，提出了从中央到地方按行政建制建学的设想。关于学年，《把大学教育年限定为两段、五级、九年。第一、三、五、七学年毕，共四级，为一段，七年完成，谓之"小成"；第九年毕为第二段，共一级，考试合格，谓之"大成"。这也是古代年级制的萌芽。

②视学与考试。十分重视大学开学和入学教育，把它作为教育管理的重要环节。开学这天，天子率百官亲临学宫，参加开学典礼，祭祀"先圣先师"。还定期视察学宫，体现国家对教育的重视。学习过程中，规定每隔一年考查一次，以表示这一阶段学业的完成。

（3）教育、教学的原则。预防性原则、及时施教原则、循序渐进原则、学习观摩原则、长善救失原则、启发诱导原则、藏息相辅原则。

（4）教学方法。讲解法、问答法、练习法。

（5）尊师重教与"教学相长"。

①尊师重教。《学记》十分尊师。首先，社会上每个人，从君到民，都是教师教出来的，尤其是以教育为治术就离不开好老师。社会要尊师，君主应当带头。其次，把为师、为长、为君视为一个逻辑过程，使为师实际上成为为君的一种素质、一项使命。再次，没有教师的教育引导，五服之内的人们也不会懂的相亲相爱。

②对教师的要求。"记问之识，不足以为人师"。强调学识只是为师的条件，而非充分条件；"君子既知教之所由兴，又知教之所由废，然后可以为人师也"。指出懂得教育成败的原理可以为师；"君子知至学之难易，而知其美恶，然后能博喻，能博喻然后能为师"。指出善于在分析达成学习目标的难易程度和学生素质高下的基础上，采取各种有针对性的教学方法，可以为师；教师自我提高的规律：教学相长。

"教学相长"的本意并非指教与学双方的相互促进，而是仅指教这一方的以教为学。它说明了教师本身的学习是一种学习，而教导他人的过程更是一种学习，正是这两种不同形式的学习相互推动，使教师不断进步。后人在注释"教学相长"时作了引申，将其视为教学过程中教师、学生双方的互相促进、共同提高的过程。

第三章

儒学独尊与读经入仕教育模式的形成

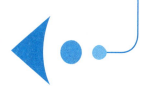

一、名词解释
1. 鸿都门学
2. 三纲五常
3. 太学
4. 章句之学
5. 《对贤良策》
6. 察举制
7. 文翁兴学
8. "性三品"说
9. 经学教育

二、简答题
1. 简述汉初三大文教政策
2. 简述秦代的教育政策与措施
3. 简述董仲舒的道德教育内容
4. 简述察举制与九品中正制的异同

三、论述题
1. 试述董仲舒的教育思想
2. 论述汉代的太学

四、材料分析题
1. 材料："养士之大者，莫大乎太学；太学者，贤士之所关也，教化之本原也。""臣愿陛下兴太学，置明师，以养天下之士，数考问以尽其材，则英俊宜可得矣。"

结合材料及所学知识，指出这段话的作者及产生背景，并分析其蕴含的思想

参考答案

一、名词解释

1. 鸿都门学

【答案要点】

鸿都门学创办于东汉灵帝时期,因校址位于洛阳的鸿都门而得名。其创办是统治集团内部各派政治力量的较量在教育上的反映,在性质上属于一种研究文学艺术的专门学校,为后代专门学校的发展提供了经验。同时,它也是世界上最早的文学艺术专门学校。

2. 三纲五常

【答案要点】

"三纲五常"是董仲舒伦理思想体系的核心,也是其道德教育的中心内容。董仲舒从先秦儒家概括出的五种基本关系即"五伦"——君臣、父子、夫妇、兄弟、朋友中突出强调君臣、父子、夫妇三种主要关系,他提出"王道三纲"即"君为臣纲,父为子纲,夫为妻纲",与"三纲"相配合的是"五常",即仁、义、礼、智、信。

3. 太学

【答案要点】

元朔五年,汉武帝采纳董仲舒的建议,为博士置弟子,标志着太学的正式设立。同时也意味着以经学教育为基本内容的中国封建教育制度的正式确立。太学的设立,是汉武帝实施"独尊儒术"政策的重要步骤。太学设立后,有了集中培养统治人才的教育机构。朝廷把握教育大权,利用教育这一有力手段控制着学术的发展方向,这是地主阶级在统治策略上走向成熟的表现。

4. 章句之学

【答案要点】

汉朝经学教育中多采用章句的形式教学,章句实际上是经师教学所用的讲义。古籍本无标点段落,经师依照经文的顺序,进行断句并划分章节,然后逐字逐句地进行解说,这样便形成了章句之学,也可称之为经说。

5.《对贤良策》

【答案要点】

由董仲舒编写,他在《对贤良策》中,向汉武帝提出了三大文教政策:一是"罢黜百家,独尊儒术";二是"兴太学以养士";三是"重视选举,任贤使能"。这三大文教政策,是董仲舒社会政治思想在文化教育领域的体现。

6. 察举制

【答案要点】

察举制是我国汉代选拔官吏的制度,由地方官根据朝廷所定科目和选拔标准,向朝廷荐举,经过考核,任以官职。察举的科目可分为两大类:一类为常科,另一类为特科。

7. 文翁兴学

【答案要点】

汉景帝时,蜀郡太守文翁到达成都后,积极兴办文化教育事业,发展儒家思想,改变了当地的风俗,促进了经济的发展。这就是教育史上所称颂的"文翁兴学",是封建国家兴办地方官学之始。

8. "性三品"说

【答案要点】

董仲舒明确将人性划分为三种不同的等级:"圣人之性、中民之性、斗筲之性"。"圣人之性"为上品,是天生的"过善"之性,指的是统治阶级最上层的比较少数的一些人;"中民之性"代表万民之性,即待君王教化后方能成"善",但却不可能成为圣人,他们是主要的教育对象;"斗筲之性"为下品,他认为下品无善质,教化无用,只能采用刑罚对付他们。

9. 经学教育

【答案要点】

汉武帝"罢黜百家,表彰六经"之后,儒学取得独尊的地位,带来了儒家经学教育与研究的繁荣局面,出现了众多传授儒学的经师。在教育和研究的过程中,由于经过不同的传授途径、不同的编定者,形成了不同的儒经传本,代表了经学大师们不同的学术和教育思想。汉代经学可分为今文经学和古文经学两大流派。

二、简答题

1. 简述汉初三大文教政策

【答案要点】

(1)"罢黜百家,独尊儒术"。这是文教政策的总纲领,董仲舒论证了儒学在封建政治中应居独一无二的统治地位。

(2)兴太学以养士。为了保证封建国家在统治思想上的高度统一,也为了改变统治人才短缺的局面,董仲舒提出了"兴太学以养士"的建议,即由国家设立学校,培养贤士。实际上,兴办太学,政府直接掌握教育大权,决定人才的培养目标,也是整齐学术、促进儒学独尊的重要手段之一。

(3)重视选举,任贤使能。针对汉初人才选拔和使用中的弊端,董仲舒提出了加强选举、合理任用人才的主张。董仲舒提出了一套严格的选士方案,同时强调"量材而授官,录德而定位"的用人思想。这里的"材""德"是以儒家的经术和道德观念为标准的。这些主张,对促进儒学取得独尊地位有重要的作用。

2. 简述秦代的教育政策与措施

【答案要点】

(1)统一文字。

秦统一六国以前,各国文字不统一。国家统一后,文字混乱的状况严重阻碍了统一政令的推行,也阻碍了各地区间的文化教育交流。为顺应客观需要,秦始皇采纳了李斯的建议,进行文字的整理和统一工作,下令"书同文字"。李斯总结出一种新的字体—小篆,编成字书颁发全国,即《仓颉篇》,成为儿童习字的课本。后来程邈又对小篆进行改进,将其简化成为隶书。

(2)禁止私学。

在中国教育史上,春秋战国时期是私学发展的鼎盛时期。秦始皇统一六国后,出于加强中央集权的君主专制政治的需要,对私学采取了严厉禁止的政策。讲学是传播学术思想的途径,书籍是知识的载体,李斯提出了"焚书"的主张。除秦国的历史、卜筮用书、农书、医书以外,其他文史书籍一律烧毁。

(3)实行吏师制度。

为了达到思想的高度统一,使法家思想深入人心,同时也是为了培养一大批知法、执法的封建官吏,实现以法治国的目的,秦采取了"以法为教,以吏为师"的教育政策。政府规定教育内容限于法令,其直接目的是使人成为知法守法、服从统治的驯民。政府机关附设"学室",由吏对弟子进行教训，以培养刀笔小吏。

3. 简述董仲舒的道德教育内容

【答案要点】

（1）德教是立政之本。董仲舒强调以道德教化为本为主，刑罚为末为辅。以道德教化作为实现仁政德治手段是儒家学说的传统，董仲舒更从"道之大原出于天"的神学目的论出发对其进行论证。

（2）德育内容。

①"三纲五常"是董仲舒伦理思想体系的核心，也是其道德教育的中心内容。董仲舒从先秦儒家概括出的五种基本关系即"五伦"——君臣、父子、夫妇、兄弟、朋友中突出强调君臣、父子、夫妇三种主要关系，他提出"王道三纲"即"君为臣纲，父为子纲，夫为妻纲"，与"三纲"相配合的是"五常"，即仁、义、礼、智、信。

②"三纲"是道德的基本准则，"五常"则是与个体的道德认知、情感、意志、实践等心理、行为能力相关的道德观念。"三纲"与"五常"结合的纲常体系成为中国封建社会道德教育的中心内容。

（3）道德修养的原则与方法。

①确立重义轻利的人生理想。董仲舒认为，对体现封建国家利益原则的道义的追求，应高于对个人利益的追求。只有这样，人生才能获得高度的和谐和最终的满足，也应是人生的基本取向。"正其义不谋其利，明其道不计其功"，正是对这一道德修养原则的总概括。

②"以仁安人，以义正我"。董仲舒认为个人修养中应该特别注意"以仁安人，以义正我"，他要求人们从尊重他人的价值与权利出发，以"仁者爱人"的情怀去爱护、关心他人，宽以容众，"躬自厚而薄责于外"。

③"必仁且智"。针对道德修养中情感与认知两种不同心理因素之间的关系，董仲舒提出"必仁且智"的命题，认为在道德修养中必须做到"仁"与"智"的统一，突出强调了道德修养中情感与认知的统一。

4. 简述察举制与九品中正制的异同

【答案要点】

察举制是我国汉代选拔官吏的制度，由地方官根据朝廷所定科目和选拔标准，向朝廷荐举，经过考核，任以官职。

九品中正制。九品中正制又称"九品官人法"，即郡设小中正，州设大中正，由地方上有声望的人充任，将士人按"才能"评定为九等，实际上是按门第高低列等，政府按等选用。

（1）相同点。察举制和九品中正制都是我国古代重要的选官制度。

（2）不同点。①察举制不问出身，但九品中正制限制庶族；②察举制提高了人们求学的积极性，九品中正制相反；③察举制设有"孝廉"等科目，但是九品中正无科目。

三、论述题

1. 试述董仲舒的教育思想

【答案要点】

（1）《对贤良策》与三大文教政策。

董仲舒在《对贤良策》中，向汉武帝提出了三大文教政策：一是"罢黜百家，独尊儒术"；二是"兴太学以养士"；三是"重视选举，任贤使能"。这三大文教政策，是董仲舒社会政治思想在文化教育领域的体现。

（2）论人性与教育作用。

①"性三品"说。

董仲舒认为人性就是指人天生的素质。人性可以分为"仁气"和"贪气"。仁气是指人性中那些有利于促进发展封建社会道德的先天因素，贪气是指人性中那些将导致与封建社会道德相抵触的先天因素，它们是人性中的两个对立物。

将人性与善区分开来。人性与善的关系是可能性与现实性、根据和结果的关系，性是善的可能性和内在依据，善是性所具有的可能性和内在根据在教育条件下向具备一定道德之善的现实人格转化的结果。

董仲舒明确将人性划分为三种不同的等级：即"圣人之性、中民之性、斗筲之性"。"圣人之性"为上品，是天生的"过善"之性，指的是统治阶级最上层的比较少数的一些人；"中民之性"为万民之性，即待君王教化后方能成"善"，但却不可能成为圣人，绝大多数人属于这一等级；"斗筲之性"为下品，下品无善质，教化无用，只能采用刑罚对付。

②教育的作用。

具备"圣人之性"者能够自觉控制自己的感情欲望，注定要向善的方向发展，不需要教育就可通过自我的修养为善；具有"中民之性"的中民，教育对他们的发展起决定性作用，因此他们是教育的主要对象；具备"斗筲之性"者很难进行自我节制，只有用刑罚制止他们作恶，虽经教育也很难转化为善，要用刑罚加以强制性的制约。

（3）论道德教育。

①德教是立政之本。董仲舒强调以道德教化为本为主，刑罚为末为辅。

②德育内容。"三纲五常"是董仲舒伦理思想体系的核心，也是其道德教育的中心内容。"王道三纲"即"君为臣纲，父为子纲，夫为妻纲"，"五常"即仁、义、礼、智、信。

③道德修养的原则与方法。确立重义轻利的人生理想；"以仁安人，以义正我"；"必仁且智"。

2. 论述汉代的太学

【答案要点】

（1）简介。

元朔五年，汉武帝采纳董仲舒的建议，为博士置弟子，标志着太学的正式设立。同时也意味着以经学教育为基本内容的中国封建教育制度的正式确立。太学产生以后，规模不断扩大，到东汉则盛极一时。以后太学随着社会政治、经济条件的变化，以及不同时期帝王对教育重视程度的不同而时有兴衰。

（2）太学教育的基本特点：

①教师与学生。太学的正式教师是博士，主要从事太学的教学工作，博士中通常推举出一位德高望重者为首领，博士首领在西汉称仆射，东汉改为博士祭酒；太学的学生称为"博士弟子""诸生""太学生"等，他们的来源有两条途径：太常于京师地方挑选年十八岁以上，仪状端正者；从地方郡国道邑等地选择"好文学，敬长上，肃政教，顺乡里，出入不悖者"。

②培养目标。主要为国家培养"经明行修"的官吏。"经明行修"是对官吏才能和道德的要求，即必须通晓一种或两种经书，并具备"三纲五常"的德行。

③教学内容。学习儒家经典，即《诗》《书》《礼》《易》《春秋》。

④教学形式。初期采用个别或小组教学，后来出现了一种称为"大都授"的集体上课形式，主讲的博士称为"都讲"。除此之外，次第相传的教学形式也在太学内出现，即以高业生教授低业生。

⑤考试制度。太学的考试基本上采用"设科射策"的形式。"策"是指教师所出的试题，"射"是以射箭的过程来形象描写学生对试题的理解和回答过程，"科"是教师用以评定学生成绩的等级标记。学生所取得的实际等级是授官的依据。

总之，汉代太学教育与汉代的政治经济相适应，对于巩固封建大一统的政权起了积极作用，它使孔子的"学而优则仕"思想逐步得到制度上的落实，儒家经学从此成为士人做官的"敲门砖"。此外，汉代太学的教育模式，也为汉以后历代封建王朝所继承和发展。

四、材料分析题

1. 结合材料及所学知识，指出这段话的作者及产生背景，并分析其蕴含的思想

【答案要点】

材料中反映了董仲舒"兴太学以养士"的文教政策。

（1）产生背景。

汉武帝即位后，下令举贤良，开始采用对策的方式选拔优秀人才，向他们咨询治国方略。他十分欣赏董仲舒在对策中阐发的思想主张，反复策问董仲舒有关治理国家的方针大计。董仲舒前后三次回答汉武帝的策问，其中三条建议后来成为政府实行的三大文教政策。

（2）三大文教政策。

①"罢黜百家，独尊儒术"。这是文教政策的总纲领，董仲舒论证了儒学在封建政治中应居独一无二的统治地位。

②兴太学以养士。为了保证封建国家在统治思想上的高度统一，也为了改变统治人才短缺的局面，董仲舒提出了"兴太学以养士"的建议，即由国家设立学校，培养贤士。实际上，兴办太学，政府直接掌握教育大权，决定人才的培养目标，也是整齐学术、促进儒学独尊的重要手段之一。

③重视选举，任贤使能。针对汉初人才选拔和使用中的弊端，董仲舒提出了加强选举、合理任用人才的主张。董仲舒提出了一套严格的选士方案，同时强调"量材而授官，录德而定位"的用人思想。这里的"材""德"是以儒家的经术和道德观念为标准的。这些主张，对促进儒学取得独尊地位有重要的作用。

（3）采取措施。

①专立五经博士。儒家的《诗》《书》《礼》《易》《春秋》"五经"皆置博士。对原先设立的传记、诸子等博士则历久不置，最后事实上归于废止。这样，就促成了独尊儒术的局面。

②开设太学。太学的设立，是汉武帝实施"独尊儒术"政策的重要步骤。太学设立后，有了集中培养统治人才的教育机构。朝廷把握教育大权，利用教育这一有力手段控制着学术的发展方向，这是地主阶级在统治策略上走向成熟的表现。

③确立察举制。武帝时期察举取士的范围扩大到布衣之士，增加了"孝廉""秀才"等新科目。另外，在选举考试中，儒家学者受到特别的优待，开创了察举制主要以儒士取士的新局面。

第四章

封建国家教育体制的完备

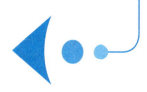

一、名词解释
1. 国子学
2. 九品中正制
3. 束脩礼
4. 《颜氏家训》
5. 《师说》
6. 四馆
7. 总明观
8. 皇宗学
9. 科举制
10. 道统说

二、简答题
1. 简述隋唐学校教育制度的特点
2. 简述科举制度考试的科目与方法
3. 简述颜之推的家庭教育思想
4. 简述科举制度与学校教育的关系
5. 试比较中国古代教育思想中的教学相长
6. 简述隋唐的学校教学和管理制度

三、论述题
1. 论述科举制度对传统中国学校教育的影响
2. 唐朝私学的演变
3. 论科举制度的全部发展过程及其对当代教育改革的启示

四、材料分析题
1. 材料：古之学者必有师。师者，所以传道受业解惑也。人非生而知之者，孰能无惑？惑而不从师，其为惑也，终不解矣。生乎吾前，其闻道也固先乎吾，吾从而师之；生乎吾后，其闻道也亦先乎吾，吾从而师之。吾师道也，夫庸知其年之先后生于吾乎？是故无贵无贱，无长无少，道之所存，师之所存也。

结合材料谈谈韩愈的教育思想

参考答案

一、名词解释

1. 国子学

【答案要点】

国子学是西晋专门创办培养贵族子弟的学校,是其教育制度的一个主要特点。规定官品第五以上的子弟方能入学。国子学设立初期隶属于太学,国子学的国子祭酒实由太学博士祭酒兼任。

2. 九品中正制

【答案要点】

九品中正制是魏晋南北朝时期重要的选官制度,又称"九品官人法",即郡设小中正,州设大中正,由地方上有声望的人充任,将士人按"才能"评定为九等,实际上是按门第高低列等,政府按等选用。

3. 束脩礼

【答案要点】

学生初入学,约定时日,穿好制服,隆重举行拜师礼,师生见面,表示建立师生关系,礼制还规定向学官敬献礼物:束帛一筐,酒一壶,脩一案,称为束脩礼。

4.《颜氏家训》

【答案要点】

颜之推写出了我国封建社会第一部系统完整的家庭教科书——《颜氏家训》,用以训诫其子孙。这部著作是了解颜之推教育思想的主要依据,有助于研究颜之推在儿童教育、学习方法等方面的见解。

5.《师说》

【答案要点】

《师说》是韩愈论师道的重要教育论著,是中国古代第一篇集中论述教师问题的文章,提倡尊师重道,集中体现了他的教育思想。韩愈在《师说》中提出有关教师的地位、教师的任务、教师的标准等观点。

6. 四馆

【答案要点】

四馆是南朝宋的中央官学,包括儒学馆、玄学馆、史学馆和文学馆,分别研究经学、老庄学说、古今历史、词章。四馆的建立打破了自汉代以来经学教育独霸官学的局面,使玄学、史学、文学和儒学并列,这是学制上的一大变革,反映了当时思想文化领域的实际变化。

7. 总明观

【答案要点】

南朝宋明帝设立总明观,置祭酒,设儒、玄、文、史四科,是藏书、研究、教学三位一体的机关,教学任务实际已退居次要地位。总明观的四科虽与元嘉时期的四馆分科相同,但它在四科之上以机构较完备的总明观作为总的领导机构,在管理上要更加完善,也使原来四个单科性质的大学发展为在多科性大学中实行分科教授的制度。

8. 皇宗学

【答案要点】

皇宗学是北魏的中央官学，太和九年，文明太后下令于闲静之所为皇子皇孙立学馆，设博士以教之，强调皇族的教育，建立起了皇宗学。皇宗学为北魏首创。

9. 科举制

【答案要点】

科举制即个人自愿报考，县州逐级考试筛选，全国举子定时集中到京都，按科命题，同场竞试，以文艺才能为标准，评定成绩，限量选优录取，是一种选官制度，以这种方式选拔国家官员。

10. 道统说

【答案要点】

道统说是韩愈的观点。韩愈在政治上反对藩镇割据，维护中央集权；在思想上不满宗教猖獗，主张复兴儒学。他认为儒学纲领是仁义道德，这就是先王之道，也是先王之教。在道德规范方面，他把仁义与道德并提，基本内容是仁义。韩愈排出儒家圣人的序列，以表示儒道的源远流长，有传承的系统，居于中国历史上正统地位。这就是韩愈的"道统说"。

二、简答题

1. 简述隋唐学校教育制度的特点

【答案要点】

（1）学校体系形成。私学与官学并存，私学承担基础教育与专业教育两层次教育任务。在教育行政上官学是教育的主干，私学是官学的重要补充。这一古代学校教育体系的形成对中国封建社会后期的教育产生了重要影响。

（2）教育行政体制分级管理的确立。从隋代开始实行分级管理的教育行政体制，中央官学由国子监祭酒负责管理，地方官学由州县长官负责管理。而专科性学校则归对口的行政部门管理，以利于专业教育的实施。

（3）学校内部教学管理制度及法规的完善。隋唐时期对过去学校教学的规定和惯例加以梳理，按现实需要做了新的规定，使对学校教学的管理有法可依。

（4）专业教育的重视。在国子监添设算学专科以培养算学的专门人才，还有其他一些专科教育，从教育制度发展过程来考察，这是实科教育的首创。

（5）学校教育与行政机构及事务部门的结合。一些事务部门，如天台司、太医馆等，负起双重任务，既为政府进行专业服务，又担负起培养专业人才的任务，学生在这种条件下学习，可以更好地把专业知识与专业实践密切结合起来。

2. 简述科举制度考试的科目与方法

【答案要点】

（1）科举考试大体有两种类型：一种是常科，每年定期举行；一种是制科，由皇帝根据需要下诏举行。常设科目有以下六种：

①秀才科。注重选拔博识高才、出类拔萃的人物，录取标准非常高。

②进士科。注重诗赋，参加考试的人比较多，但录取人数极少。

③明经科。即考试儒家经典，考试比较容易，只要熟读经文注疏就行。

④明法科。主要考律令，考生主要来自律学和州县的乡贡。

⑤明字科。主要考文字、训诂知识和书法，反映了唐代重视书法的风尚。

⑥明算科。主要考算术和术理，考生主要来自算学。

（2）考试的方法。

①口试。让考生当场口头回答问题，主要是问以经义。

②帖经。将所试经书任揭一页，把左右两边遮住，中间只开一行，再用纸贴盖住三字，令试者填出来。类似今天的填空法。

③墨义。简单的问答题，不需考生发挥自己的思想，只需熟记经文和注释就能答出。

④策问。要求考生针对政治、经济、教化等现实问题发表自己的看法或提出建议。

⑤诗赋。要求考生写一诗一赋，主要考察考生的文学修养和文字能力。

3. 简述颜之推的家庭教育思想

【答案要点】

《颜氏家训》以讨论家庭教育为主，而家庭教育基本是长辈对未成年人主要是儿童的教育。儿童教育应当注意一些基本的原则。

（1）及早施教。幼年时期是奠定基础的重要阶段，长辈应及早地对幼儿进行教育，早期教育甚至可以从胎教开始。

（2）严慈相济。善于教育子女的父母，能把慈爱与严格要求相结合，并能收到良好的教育效果。

（3）均爱原则。在家庭教育中应该切忌偏宠，不论子女聪慧与否，都应以同样的爱护与教育标准来对待。

（4）重视语言教育。语言的学习应成为儿童教育的一项重要内容，对儿童进行的语言教育应注意规范，重视通用语言，而不应强调方言。

（5）重视品德教育。道德的教育应包括以孝悌为中心的人伦道德教育和立志教育两方面。颜之推认为对儿童进行道德教育应该以"风化"的方式进行，这是一种通过长辈道德行为的示范，使儿童受到潜移默化的影响，从而形成所要求的德行的教育过程。立志教育即为生活理想的教育，颜之推要求士族应教育其后代以实行尧舜的政治思想为志向，继承世代家业，注重气节培养。

4. 简述科举制度与学校教育的关系

【答案要点】

（1）学校教育制度是培养人才的制度，成为国家社会人才的重要来源，学校不断输送人才供科举考试选拔，是科举赖以发展的基础；科举考试是国家选拔人才的重要渠道，也为学校培养的人才开辟了政治出路。

（2）科举考试受重视，居于主导地位，学校教育受轻视，居于次要地位。学校教育要适应科举考试的需要，成为科举的附庸，学校作为考试的预备场所，一切都受到科举考试的直接支配。科举考试对学校教育发挥着导向调控的作用，直接影响着学校教育。

5. 试比较中国古代教育思想中的教学相长

【答案要点】

（1）孔子的"教学相长"——师生双向的。孔子认为，教学过程中，教师对学生不是单方面的知识传授，而是可以教学相长的。他在教学活动中为学生答疑解惑，经常共同进行学问切磋。学生学习有疑难而请教，教师就答疑作说明，学生得到启发，思考问题更加有深度；教师于此反受启发，向学生学习而获益。

（2）《学记》中的"教学相长"——教师单向的。《学记》要求教师将"教学相长"作为自我提高的规律。教师本身的学习是一种学习，教导他人的过程也是一种学习，这两种不同形式的学习相互推进，使教师不断进步。

（3）韩愈思想中的"教学相长"——民主的师生关系。韩愈把师生的关系看作是可以相互转化的，闻道不以年龄大小定先后。学术业务是各有所长的，弟子如果有专长，也可以成为教师，教师也可以向有专长的弟子学习，教师与弟子相互学习，教学相长。

6. 简述隋唐的学校教学和管理制度

【答案要点】

（1）入学制度。唐代中央官学实行等级入学制度，贵族与官僚的子弟有优先入学的特权，学生按出身门第的高低、父祖官位的品级入相应的学校。申请入国子监的学生对年龄也有一定的限制，唯广文生不受年龄限制。

（2）学礼制度。束脩之礼、国学释奠礼等，通过这些定期性的隆重礼仪活动，使学生受到崇儒尊师、登科从政的教育，对学生进行思想熏陶。

（3）教学制度。各种类型的学校教学内容具有具体性和专业性，并规定了各门课程的修业时限。国子学、太学、四门学主要学习儒家经典；律学以学习唐律令为专业；算学以学习算经为专业；广文馆以进士科三场考试的帖经、杂文、时务策为学习内容。

（4）考核制度。国子监为了督促学生课业，每阶段都有考试，考试形成系列，发展过程有些演变，但考试始终作为考核的基本手段，主要有旬试、月试、季试、岁试和毕业试。

（5）惩罚制度。国子监主簿负责执行学规，督促学生勤学，保证国子监的教学和生活秩序。

（6）休假制度。学校常规的休假有旬假、田假、授衣假。这种休假制度，反映了农业社会的人性关怀。

三、论述题

1. 论述科举制度对传统中国学校教育的影响

【答案要点】

科举制度即个人自愿报考，县州逐级考试筛选，全国举子定时集中到京都，按科命题，同场竞试，以文艺才能为标准，评定成绩，限量选优录取，是一种选官制度，以这种方式选拔国家官员。科举制度对传统中国学校教育有积极影响和消极影响两个方面。

（1）积极影响。

①扩大了统治基础，有利于加强中央集权。通过科举考试，平民及中小地主阶层获得了参政的机会，打破了门阀士族地主垄断统治权力的局面，扩大了封建统治的统治基础。同时，通过科举考试，朝廷将选士大权收归于中央政府，强化了中央集权的统治。

②使选士与育士紧密结合。促进人们的思想统一于儒学，成为儒家"学而优则仕"原则的途径。刺激学校教育的发展，有利于教育的普及。

③使选拔人才较为客观公正。隋唐科举考试在发展的过程中逐步建立了较为完备的考试制度，同时逐步建立了一系列的考试防范措施，加强考试管理。

（2）消极影响。

①国家只重科举取士，而忽略了学校教育。学校成为科举考试的预备机构，一切教学活动都围绕着科举考试来进行，学校失去了相对独立的地位和作用。

②束缚思想，败坏学风。学校教学安排围绕科举进行，导致学校教育中重文辞少实学，重记诵而不求义理，形成了教条主义、形式主义的学习风气。在科举制的影响下，读书的目的不是求知求真，而是为了功名利禄，具有强烈的功利色彩。

③科举考试内容的狭隘也阻碍了中国文化的和谐发展，特别是科技文化的发展。

2. 唐朝私学的演变

【答案要点】

（1）唐朝私学发展的原因。

①社会民众的需要。由于地方官学设置限在州、县所在地各一所，名额也有严格限制，广大民众要求子弟入学受教育的愿望不能满足，只好从发展私学找出路。

②政府政策的倡导。隋文帝实行德治，重视教化民众，强调劝学行礼，对私学发展起了推动作用。唐初对私学也采取鼓励政策。

③隋唐经济的繁荣。隋唐都有政治较为安定的时段，和平时期利于农业经济的发展，导致经济繁荣，这是民间私学发展的基础。

（2）唐朝私学的分类。

①初级私学。根据办学主体的不同，初级私学分为乡学、村学、私塾、家塾、家学。初级私学没有成文的制度，遵守历史形成的习俗。对入学年龄没有统一的硬性规定；春季始业，无学习年限；单班学校，个别教学。教学内容包括读、写、算。主要进行启蒙的识字教育和一般的生活与伦理常识教育。

②高级私学。教育对象是已受过初级私学教育而具有一定文化基础，要求进一步提高而受专业教育的青年，各社会阶层出身的人都有。高级私学以教师为中心，自由设置。教师具备专门知识或广博学问，有一定的社会影响力，愿意从事教育工作即可开设私学，聚徒教授。高级私学主要进行专经传授或其他专业知识技术传授教育，主要有《三礼》学、《易》学、《春秋》学等。

（3）书院。书院是由私人读书藏书的场所演化为讲学授徒的场所而产生的，也是由于实行科举考试制度以选士之后，要求应试者必须博学广识这种现实需要推动而形成的。因此，书院兼备培育人才和传播中华文化的任务。书院产生于唐，发展于五代，而繁荣和完善于宋代。唐朝书院主要由民间私家设立，既有藏书，又有教学活动，学习内容适应科举考试的需要，不同于以前以单科学习为主的私学，形成知识面较广的新型教育机构。

3. 论科举制度的全部发展过程及其对当代教育改革的启示

【答案要点】

（1）科举制度的发展过程。

①科举制度的产生。科举制度是由察举制演化而来的。隋炀帝大业二年"始建进士科"是科举考试制度确立的标志。它产生于隋朝，发展于唐朝。

②唐代科举制度的发展。唐代选官，沿用隋代科举考试制度，但又不是全部照旧，而是有发展有创新，逐步调整，使科举考试制度趋于健全。主要改革措施集中在科目标准与贡举名额、科目设置与适时变化、考试内容与项目调整几方面。

③宋朝的科举制度。宋元时期的科举制度渐趋于完善和成熟，成为选拔各级官员的主要途径，对社会发展和学校教育产生了重要影响。宋朝科举制度的变化主要表现在以下几个方面：扩大科举科目、扩大科举名额、确定"三年一贡举"、殿试成为定制、建立新制，防止科场作弊。

④元朝的科举制度。元朝的科举考试分为乡试、会试和御试三级。将地方解送考试称之为乡试，即始于元朝。相对于其他朝代，元朝科举制度具有以下特点：民族歧视明显、规定从《四书》中出题、以《四书章句集注》为答案标准、科举制度日益严密。

⑤明朝的科举制度。明朝科举制是中国科举制度史上的鼎盛时期。它在继承宋、元科举制度的基础上，建立了称为"永制"的科举定式，将八股文作为一种固定的考试文体，并将学校教育纳入科举体系，这严重地影响和制约着学校教育的发展。

⑥清朝的科举制度。清朝的科举制度是国家人才选拔的根本制度，它在沿袭明制的基础上根据

自身的利益和实际需要进行损益，建立了更为严密的制度体系。但是清朝科场舞弊层出不穷，积重难返，学校成为科举的附庸，丧失了作为教育机构的独立性。突出表现在以下三个方面：学校以科举中式为目的、教学内容空疏无用、教学管理松弛。

科举制度在中国历史上延续了1300年，直到清末才废除，是我国封建社会中持续时间最长、影响范围最广的选士制度，对封建社会的政治、经济和文化产生了重大影响。

（2）对当代教育改革的启示。

①教育目标的影响：科举传统的教育目标，即读书、考试、做官一直根深蒂固在当代教育中，以清朝八股文取士多缺乏真才实干为鉴，当代教育要以培养创新创造力和实践应用能力的学生为目标。

②教育评价的影响：到了明清时期，科举范围缩小，受重视的只有进士，且考试内容受四书五经的限制，当代教育的评价应该从"目标取向的评价"向"过程取向的评价"转化。

③遵循开放原则，确保平等教育。宋朝的科举改革使大量的庶民子弟通过科举跨入仕途，科举考试变得更加"平民化"。当今教育要坚定贯彻平等理念，遵循开放性原则，尤其需要打破户籍地报考的限制，为教育公平提供一份有力的支持。

四、材料分析题

1. 结合材料谈谈韩愈的教育思想

【答案要点】

《师说》是韩愈论师道的重要教育论著，是中国古代第一篇集中论述教师问题的文章，提倡尊师重道，集中体现了他的教育思想。

（1）教师的地位。

由"人非生而知之者"出发，肯定"学者必有师"。强调后天学习的重要性，认为学习一定要有教师的指导，教师是社会所必需。

（2）教师的任务。

"传道、授业、解惑"是教师的基本任务。"传道"是儒家的仁义之道，"授业"是儒学的"六艺经传"与古文，"解惑"是解决学"道"与"业"过程中的疑问。三项最主要的是"传道"，"授业"和"解惑"都要贯穿"传道"，为"传道"服务。

（3）教师的标准。

以"道"为求师的标准，主张"学无常师"。韩愈认为教师教学的主要任务在于"传道"，学生求学的任务主要在于学道，能否当教师也就以"道"为标准来衡量。社会上有道的人不少，皆可为师，求学的范围不应受到限制，应当学无常师。

（4）师生关系。

提倡"相师"，确立民主性的师生关系。韩愈认为，士大夫应当矫正"耻学于师"的坏风气，形成相互学习的新风气，不限于同辈朋友之间，也要实行于教师学生之间。教师与学生年龄有差别，而闻道则不以年龄大小定先后，学术业务也可能各有专长。"弟子不必不如师，师不必贤于弟子"，教师与弟子相互学习，教学相长，是理所当然的事情。

韩愈既肯定了教师在传道、授业、解惑方面的主导作用，又强调了教师必须树立师生平等和教学民主的观念。这是对封建社会"师道尊严"传统的一大突破。在今天，韩愈关于师生关系的观点更具有现实意义。

第五章 理学教育思想和学校的改革与发展

一、名词解释

1. 三舍法
2. 苏湖教法
3. 监生历事制度
4. 社学
5. 六等黜陟法
6. 书院
7. 朱子读书法
8. 致良知
9. 《白鹿洞书院揭示》
10. 八股文
11. 积分法
12. 《四书章句集注》
13. 随人分限所及
14. 诂经精舍与学海堂
15. 熙宁兴学

二、简答题

1. 简述东林书院的讲会制度
2. 简述朱熹的道德教育方法
3. 简述王安石崇实尚用的教育思想
4. 简述宋朝为防止科场作弊所建立的科举新制
5. 简述中国古代书院教育的特点
6. 简述私塾教育的特点
7. 列举中国著名的五大书院
8. 简述王守仁的道德教育观
9. 简述《白鹿洞书院揭示》及其教育宗旨

三、论述题

1. 评述北宋的三次兴学及其结果

2. 论述蒙学教材的种类、特点

四、材料分析题

1. 材料：古之教者，教以人伦。后世记诵词章之习起，而先王之教亡。今教童子，惟当以孝弟忠信礼义廉耻为专务。其栽培涵养之方，则宜诱之歌诗以发其志意，导之习礼以肃其威仪，讽之读书以开其知觉。今人往往以歌诗、习礼为不切时务，此皆末俗庸鄙之见，乌足以知古人立教之意哉！

大抵童子之情，乐嬉游而惮拘检，如草木之始萌芽，舒畅之则条达，摧挠之则衰痿。今教童子，必使其趋向鼓舞，中心喜悦，则其进自不能已。

材料节选自王守仁《训蒙大意示教读刘伯颂等》一文，请结合材料谈谈王守仁的儿童教育思想

2. 材料：大抵观书先需熟读，使其言皆若出于吾之口。继以精思，使其意皆若出于吾之心，然后可以有得尔。至于文义有疑，众说纷错，则亦虚心静虑，勿遽取舍于其间。先使一说自为一说，而随其意之所之，以验其通塞，则其尤无义理者，不待观于他说而先自屈矣。复已众说互相诘难，而求其理之所安，以考其是非，则自是而非者，亦将夺于公论而无立矣。大率徐行却立，处静观动，如攻坚木，先其易者而后其节目；如解乱绳，有所不通则姑置而徐理之。

——《读书之要》朱熹

结合上述材料谈谈朱熹关于读书的观点和思想

参考答案

一、名词解释

1. 三舍法

【答案要点】

"三舍法"是王安石在"熙宁兴学"期间创立的一种改革太学最重要的措施。将太学分为外舍、内舍和上舍三个程度不同、依次递升的等级。太学生相应地分为三个部分，学员依学业程度考核，依次升舍。

2. 苏湖教法

【答案要点】

"苏湖教法"又称"分斋教学法"，是胡瑗在主持湖州州学时创立的新的教学制度，在"庆历兴学"时被用于太学的教学。其主要内容是在学校内设立经义斋和治事斋，经义斋学习儒家经义，以培养比较高级的统治人才为目标；治事斋分设治兵、治民、水利、算数等学科，学生可主修一科，副修另一科，以造就在某一方面有专长的技术、管理人才为目标。

3. 监生历事制度

【答案要点】

监生历事制度是明朝国子监在教学制度方面的主要特点，即国子监生学习到一定年限，分拨到政府各部门"先习吏事"，称为"监生历事"。监生历事制度的出现可以弥补明初官吏不足，让监生通过历事广泛地接触实际，获得从政的实际经验，但到后来，监生日多，历事冗滥，已徒具形式。

4. 社学

【答案要点】

社学始于元朝，是设在农村地区，利用农闲空隙时间，以农家子弟为对象的初等教育形式，它

对于发展农村地区文化教育事业有一定意义。元制五十家为一社，每社设学校一所。择通晓经书者为师，以学习《孝经》《论语》《孟子》等为内容。社学是元朝在教育组织形式上的一种创新，对后世产生了深远影响。

5. 六等黜陟法

【答案要点】

六等黜陟法是清朝地方官学生员资格等级的升降条例。地方官学生员分为三等，学生按岁、科考试成绩被分为六等，决定升降惩罚。六等黜陟法把生员的等级与学业成绩紧密挂钩，有助于调动他们的学习积极性，提高学校教育质量，是清朝在地方官学管理上的一个重要创新。

6. 书院

【答案要点】

书院是我国封建社会自唐以来一种重要的教育组织形式。"书院"的名称始出现于唐朝，当时有两种场所被称为书院。一种是由中央政府设立的主要用作收藏、校勘和整理图书的机构。另一种是由民间设立的主要供个人读书治学的地方。

7. 朱子读书法

【答案要点】

朱子一生酷爱读书，对于如何读书有深切的体会，并提出了许多精辟的见解。他的弟子将其概括为"朱子读书法"六条，包括循序渐进、熟读精思、虚心涵泳、切己体察、着紧用力、居敬持志。

8. 致良知

【答案要点】

"致良知"是王守仁的重要观点，"良知"不仅是宇宙的造化者，而且也是伦理道德观念。王守仁认为良知具有三个特点：它与生俱来，不学自能，不教自会；它为人人所具有，不分圣愚；良知不会泯灭。但是"良知"也有致命的弱点，即在与外物接触中，由于受物欲的引诱，会受昏蔽。

9.《白鹿洞书院揭示》

【答案要点】

《白鹿洞书院揭示》是中国书院发展史上的一个纲领性学规，在其中，朱熹明确了教育的目的，阐明了教育教学的过程，提出了修身、处事、接物的基本要求。朱熹把这些儒家核心思想汇集起来，用学规的形式固定下来，形成较为完整的书院教育理论体系，成为后世学规的范本和办学准则，使书院教育逐步走上制度化的发展轨道，也对后世官私学校的兴办产生了实际影响。

10. 八股文

【答案要点】

八股文又称时艺、时文、八比文、四书文，它在宋朝经义的基础上演变而成，是一种命题作文，有固定的结构。一般而言，每篇八股文的结构由破题、承题、起讲、入手、起股、中股、后股、束股八个部分组成。其中起股、中股、后股和束股四个部分，是文章的主体。这四个部分中各有两股，两股的文字繁简、声调缓急，都要对仗，合称八股。

11. 积分法

【答案要点】

积分法是元朝国子学的重要特点之一，是累积计算学生全年学业成绩的方法。它始于宋朝太学，至元朝国子学趋于完善，明清继承和发展了该方法。其基本内容为根据学生月考成绩，优等者加一分，中等者加半分，下等者不加分，年终积至八分以上则升上一等级，不能升级者来年积分归零。

12.《四书章句集注》

【答案要点】

《四书章句集注》是朱熹影响最深、最重要的一部著作，包括《大学章句》《中庸章句》《论语集注》《孟子集注》。元朝规定科举考试以《四书章句集注》取士，从此，《四书章句集注》成为科举考试的标准答案和各级学校必读教科书，其地位甚至高于"五经"，影响中国封建社会后期的教育长达数百年之久。

13. 随人分限所及

【答案要点】

随人分限所及是王守仁提出的教育原则，他认为儿童时期正处在一个重要的发展时期，儿童的精力、身体、智力等方面都处于发展过程，教学必须考虑儿童的接受能力发展到何种程度，便就在这个程度进行教学，不可躐等。他把这种量力施教的思想概括为"随人分限所及"。

14. 诂经精舍与学海堂

【答案要点】

诂经精舍和学海堂，均为清朝阮元创建的学院，培养了许多人才，成为当时浙江、广东重要的文化学术研究中心。这两所书院在办学宗旨、教学内容和方法等方面的特点有：反对当时书院的腐败之风，强调书院作为一种教育组织形式，其创立的初衷是专志于学术研究，而不事科举；各用所长，因材施教；教学和研究紧密结合，刊刻师生研究成果。

15. 熙宁兴学

【答案要点】

熙宁兴学是由王安石主持的北宋第二次兴学，其主要内容为改革太学，创立"三舍法"；恢复和发展州县地方学校；恢复和创设武学、律学和医学；编撰《三经新义》作为统一教材。"熙宁兴学"虽因王安石被逐出朝廷而半途夭折，但是它将北宋教育事业向前推进了一大步，并对后来的兴学运动产生了深刻影响。

二、简答题

1. 简述东林书院的讲会制度

【答案要点】

东林书院在江苏无锡城东南，原为北宋理学家杨时讲学之所，后在该地建书院。明朝万历年间顾宪成及其弟顾允成重新修复并讲学其中，形成著名的"东林学派"。东林书院的特点包括：

（1）东林书院是当时一个重要的文化学术中心，形成了一套完备的讲会制度。

（2）密切关注社会政治，将讲学活动与政治斗争紧密结合起来。

东林书院的讲会是明朝书院讲会制度的突出代表，集中反映在《东林会约》的"会约仪式"中。东林书院的讲会定期举行，讲会之日，举行隆重的仪式。讲学内容主要为"四书"，讲授时，与会者"各虚怀以听"，讲授结束，相互讨论，会间还相互歌诗倡和。此外，关于讲会组织的其他一些方面，如通知、稽察、午餐等，也都作了具体规定。

2. 简述朱熹的道德教育方法

【答案要点】

道德教育是理学教育的核心，也是朱熹教育思想的重要内容。朱熹十分重视道德教育，主张将道德教育放在教育工作的首位。

其根本任务："明天理、灭人欲"。天理即以三纲五常为核心的封建伦理道德，人欲即"心"的毛病，是为"嗜欲所迷"的心。道德教育的基本内容为以三纲五常为核心的封建伦理道德教育，主要方法有：

（1）立志。学者应该树立远大的志向。

（2）居敬。居敬即专心致志，谨慎认真。

（3）存养。即存心养性，通过存养来发扬善性，发明本心。

（4）省察。经常进行自我反省和检查。

（5）力行。将学到的伦理道德知识付之于自己的实际行动，转化为道德行为。

3. 简述王安石崇实尚用的教育思想

【答案要点】

王安石针对当时教育存在的严重弊病，从变法图强，兴利除弊的实际需要出发，提出了崇实尚用的教育思想，主要有以下两点：

（1）学校应该培养具有实际才能的治国人才。这种人才应该是"遇事而事治，画策而利害得，治国而国安利"，即应该具有实际的治国才能。王安石强调人才实际的治国才能，并不是只注重功利而忽视道德修养，事实上，他把人的道德修养置于人才培养的首要地位。

（2）教学内容应该是"为天下国家之用者"。包括三方面：经术，即儒家经典；朝廷礼乐刑政之事，这是为官从政的基本条件；武事，为扭转"重文轻武"有积极意义。

4. 简述宋朝为防止科场作弊所建立的科举新制

【答案要点】

（1）锁院制。即主考官一旦受命，立即住进贡院，与外界隔离，以避免请托。

（2）别头试。又称"别试"，最初出现于唐朝进士科的考试中。凡考生与考官有亲戚故旧关系的，另由吏部考功员外郎主持考试。别头试作为一种制度被确定下来，始自宋太宗雍熙二年，规定凡是省试主考官、州郡发解官和地方长官的子弟、亲戚、门生故旧等参加科举考试，都应另派考官，别院应试。

（3）糊名法。所谓"糊名"，即是将试卷上的姓名、籍贯等密封起来，以防止考官徇私舞弊，又称"弥封"与"封弥"。

（4）誊录制。在誊录官监督之下，由书吏用朱笔誊抄试卷，誊抄后的试卷称"朱卷"，原来的试卷称"墨卷"。

5. 简述中国古代书院教育的特点

【答案要点】

书院最初属于私学性质，尽管在发展的过程中有官学化倾向，但在培养目标、管理形式、课程设置、教学方法以及师生关系等方面都表现出与官学不同的特点。

（1）书院精神。自由讲学。书院注重讨论，学术风气浓厚，开辟了新的学风，推动了教育和学术的发展。

（2）书院功能。育才、研究和藏书。

（3）培养目标。注重人格修养，强调道德与学问并进，培养学生的学术志趣。

（4）管理形式。较为简单，管理人员少，强调学生遵照院规自我约束、自我管理为主。

（5）课程设置。灵活具有弹性，教学以学生自学、独立研究为主，师生、学生之间注重质疑问难与讨论。

（6）教学组织。教学与研究相结合，教学形式多样，注重讲明义理，躬亲实践。

（7）规章制度。书院作为一种教育制度得以确立，在教育目标、教学方法、教学顺序等方面用学规的形式加以阐明，最著名的是《白鹿洞书院揭示》，它说明南宋后书院已经制度化。

（8）师生关系。较之官学更为平等、学术切磋多于教训，学生来去自由，关系融洽、感情深厚。

（9）学术氛围。教学与学术研究并重，学术氛围自由宽松，人格教育与知识教育并重。

6. 简述私塾教育的特点

【答案要点】

私塾对学生的入学年龄、学习内容及教学水平等均无统一的要求和规定，但也积累了一些成功的经验，主要表现在以下几个方面：

（1）强调严格要求，打好基础。私塾教育是基础教育，在该阶段严格要求，打好基础，会对于儿童日后发展长期起作用。因此宋元私塾教育十分强调对儿童进行严格的基本训练。

（2）重视用《须知》《学则》的形式培养儿童的行为习惯。蒙学阶段的儿童可塑性大，为了培养儿童的行为习惯，宋元时期的教育家制定了各种形式的《须知》《学则》等，以此作为规范儿童行为的准则。

（3）注意根据儿童的心理特点，因势利导，激发学习兴趣。私塾阶段的儿童活泼好动，宋朝教育家已经注意到儿童的这个特点，并对儿童积极引导，唤起他们的学习兴趣。

7. 列举中国著名的五大书院

【答案要点】

（1）白鹿洞书院。白鹿洞书院位于江西，唐代洛阳人李渤与其兄李涉隐居庐山读书，"谓其所居曰白鹿洞"，白鹿洞遂盛闻于世。朱熹曾为该书院亲自制定《白鹿洞书院揭示》，是中国书院发展史上一个纲领性学规，不仅对于当时及以后的书院教育，而且对于官学教育都产生过重大影响。

（2）岳麓书院。岳麓书院位于湖南长沙，原为智璿等僧所建佛寺，后潭州太守朱洞在此基础上创建了书院。岳麓书院获得了朝廷的赐书后还曾被真宗亲书"岳麓书院"匾额以示褒奖。

（3）应天府书院。应天府书院位于河南，又名睢阳书院，为应天府民曹诚在名儒戚同文旧居旁所建，其后曹诚将所建学舍捐赠入官，书院改为应天府学，给学田十顷。

（4）嵩阳书院。嵩阳书院位于河南，北魏时为嵩阳寺，唐代为嵩阳观，五代后周时改为太室书院。仁宗时赐学田一顷，更名为嵩阳书院，名闻天下。

（5）东林书院。东林书院位于江苏，原为北宋理学家杨时讲学之所，后在该地建书院。东林书院有两个重要的特点：①它是当时一个重要的文化学术中心，形成了一套完备的讲会制度；②密切关注社会政治，将讲学活动与政治斗争紧密结合起来。

8. 简述王守仁的道德教育观

【答案要点】

在道德教育和修养的方法上，王守仁以"知行合一"思想为指导，针对程朱理学知而不行，知行脱节的"空疏谬妄"，强调道德践履和实际行动对于道德教育和修养的重要性。具体而言，他提出下列四个基本主张：

（1）静处体悟。这是王守仁早年提倡的道德修养方法。他认为道德修养的根本任务是"去蔽明心"。因而，道德修养无须"外求"，而只要做静处体悟的功夫。

（2）事上磨炼。这是王守仁晚年提出的道德修养方法。他认识到一味强调静坐澄心，会产生各种弊病。因此，他改而提倡道德修养必须在"事上磨炼"。他所说的"事上磨炼"，即是结合具体事物，"体究践履，实地用功"。

（3）省察克治。王守仁主张要不断地进行自我反省和检察，自觉克制各种私欲。这是对儒家传统的"内省""克己"修养方法的继承和发展，其中所包含的强调道德修养的自觉性和主观能动性的合理因素，是可以批判地吸取的。

（4）贵于改过。王守仁认为，人在社会生活中总会发生这样或那样一些违反伦理道德规范的过错，即是大贤人，也难以避免。故不贵于无过而贵于能改过。要能改过，首先必须对过错要有认识，表示悔悟，但悔悟并不就是改过。这种"贵于改过"的主张，体现了求实精神和向前看的态度，是可取的。

9. 简述《白鹿洞书院揭示》及其教育宗旨

【答案要点】

白鹿洞书院在江西庐山五老峰下，唐朝后期李渤和其兄李涉隐居庐山读书，"谓其所居曰白鹿洞"。南宋时期朱熹修复，征集图书，筹措经费并任洞主，亲自掌教，聘教师，亲自制定《白鹿洞书院揭示》。其主要内容有：

（1）五教之目：父子有亲，君臣有义，夫妇有别，长幼有序，朋友有信。

（2）为学之序：博学之，审问之，慎思之，明辨之，笃行之。

（3）修身之要：言忠信，行笃敬，惩忿窒欲，迁善改过。

（4）处事之要：正其义，不谋其利，明其道，不计其功。

（5）接物之要：己所不欲，勿施于人，行有不得，反求诸己。

《白鹿洞书院揭示》是中国书院发展史上的一个纲领性学规，在这个学规中，朱熹明确了教育的目的，阐明了教育教学的过程，提出了修身、处事、接物的基本要求。朱熹把这些儒家核心思想汇集起来，用学规的形式固定下来，形成较为完整的书院教育理论体系，成为后世学规的范本和办学准则，使书院教育逐步走上制度化的发展轨道，也对后世官私学校的兴办产生了实际的影响。

三、论述题

1. 评述北宋的三次兴学及其结果

【答案要点】

（1）"庆历兴学"。第一次兴学运动在宋仁宗庆历四年，由范仲淹主持，史称"庆历兴学"。其主要内容如下：

①普遍设立地方学校。要求诸路府州军皆立学，并规定必须接受一定时间的学校教育，才可以应科举。

②改革科举考试。规定科举考试先策，次论，次诗赋，罢帖经、墨义。

③创建太学。在太学中推行著名教育家胡瑗创立的"分斋教学"制度。

庆历兴学对完善中央官学和推进地方教育的发展具有一定积极作用。但不久由于统治集团内部斗争加剧，范仲淹被排挤出朝廷，兴学之举宣告失败。

（2）"熙宁兴学"。第二次兴学运动是在熙宁年间，由王安石主持，史称"熙宁兴学"。其主要内容如下：

①改革太学，创立"三舍法"。具体措施有：扩增太学校舍；充实和整顿太学师资；创立"三舍法"。

②恢复和发展州县地方学校。恢复地方学校，整顿教育教学工作。

③恢复和创设武学、律学和医学。使北宋的专科学校教育进入了一个新的发展阶段。

④编撰《三经新义》作为统一教材。为了统一思想，宋神宗下诏根据《诗经》《尚书》《周礼》编写《三经新义》，自此，《三经新义》不仅成为士子必须学习的官定统一教材，而且也是科举考试的基本内容和标准答案。

"熙宁兴学"也同样因为王安石被逐出朝廷而半途夭折，但是它将北宋教育事业向前推进了一大步，并对后来的兴学运动产生了深刻影响。

（3）"崇宁兴学"。第三次兴学运动是蔡京在崇宁年间主持的，史称"崇宁兴学"。其主要内容如下：

①全国普遍设立地方学校。

②建立县学、州学、太学三级相联系的学制系统。

③新建辟雍，发展太学。

④恢复设立医学，创立算学、书学、画学等专科学校。

⑤罢科举，改由学校取士。

以上三次兴学运动，虽然前两次均未能取得预期效果，但都不同程度地将宋朝教育事业向前推进了一大步。第三次兴学，对宋朝教育事业发展所起的作用最大。这三次兴学运动是宋朝"兴文教"政策最直接、也是最重要的体现。

2. 论述蒙学教材的种类、特点

【答案要点】

（1）宋元时期的蒙学教材按其内容的侧重点，大致可以分为五类：

①识字教学类。如《三字经》《百家姓》《千字文》等。主要目的是教儿童识字，掌握文字工具，同时也综合介绍一些基础知识。

②伦理道德类。如《童蒙训》《少仪外传》《性理字训》等，侧重于向儿童传授伦理道德知识以及为人处世、待人接物的准则。

③历史教学类。如《十七史蒙求》《叙古千文》《史学提要》《历代蒙求》《左氏蒙求》等。这类教材既向儿童传授历史知识，又对他们进行思想教育。

④诗歌教学类。如《训蒙诗》《小学诗礼》等，选择适合儿童的诗词歌赋供他们学习，对他们进行文辞和美感教育。

⑤名物制度和自然常识教学的教材。以《名物蒙求》为代表，内容涉及天文、地理、人事、鸟兽、草木、衣服、建筑、器具等。

（2）宋元明清时期的蒙学教材逐渐形成了鲜明的特点，具体表现在以下几个方面：

①按专题分类编写，使蒙学教材在内容和形式上呈现多样化。

②一些著名学者如朱熹等亲自编撰蒙学教材，对提高蒙学教材的质量起了重要作用。

③注意儿童的心理特点，采用韵语形式，文字简练，通俗易懂，并力求将识字教育、基本知识教育和伦理道德教育有机地结合起来。

四、材料分析题

1. 材料节选自王守仁《训蒙大意示教读刘伯颂等》一文，请结合材料谈谈王守仁的儿童教育思想

【答案要点】

王守仁十分重视儿童教育，在《训蒙大意示教读刘伯颂等》一文中比较集中地阐发了他的儿童教育思想。

（1）基本观点。

①揭露和批判传统儿童教育不顾儿童的身心特点。王守仁指出当时从事儿童教育的老师每天只是督促儿童读书识字，责备他们修身，对待儿童就像对付囚犯，这种不顾儿童的身心特点，把他们当作小大人是传统儿童教育的致命弱点。

②儿童教育必须顺应儿童的性情。王守仁认为，一般来说儿童的性情总是爱好嬉游而厌恶拘束，

因此他主张儿童教育必须顺应儿童的身心特点,这样儿童就能不断地长进。

③儿童教育的内容是"诗歌""习礼"和"读书"。王守仁认为对儿童进行诗歌、习礼和读书教育,是为了培养儿童的意志,调理他们的性情,在德育、智育、体育和美育诸方面都得到发展。

④要"随人分限所及",量力施教。教育必须根据儿童的接受能力水平来进行。

(2)评价。

王守仁的儿童教育思想的目的是为了向儿童灌输封建伦理道德,但他反对"小大人式"的传统儿童教育方法和粗暴的体罚等教育手段,要求顺应儿童性情、根据儿童的接受能力施教,使他们在德育、智育、体育和美育诸方面得到发展等主张,反映了其教育思想的自然主义倾向。

2. 结合上述材料谈谈朱熹关于读书的观点和思想

【答案要点】

朱熹一生酷爱读书,对于如何读书有深切的体会,并提出了许多精辟的见解。他的弟子将其概括为"朱子读书法"六条。

(1)循序渐进。朱熹主张读书要"循序渐进",意思是读书要按一定的次序,不要颠倒;应根据自己的实际情况和能力,安排读书计划,并切实遵守它;读书要扎扎实实打好基础,不可囫囵吞枣,急于求成。

(2)熟读精思。朱熹认为,读书既要熟读成诵,又要精于思考。熟读有利于理解,熟读的目的是为了精思。精思就是发现问题和解决问题的过程。

(3)虚心涵泳。所谓"虚心"是指读书时要虚怀若谷,静心思虑,仔细体会书中的意思,不要先入为主,牵强附会;所谓"涵泳"是指读书时要反复咀嚼,细心玩味。

(4)切己体察。强调读书不能仅仅停留在书本上和口头上,而必须要见之于自己的实际行动,要身体力行。

(5)着紧用力。包含两方面意思,其一,必须抓紧时间,发愤忘食,反对悠悠然;其二,必须抖擞精神,勇猛奋发,反对松松垮垮。

(6)居敬持志。既是朱熹道德修养的重要方法,也是他最重要的读书法。"居敬"是读书时精神专一,注意力集中;"持志"是要树立远大的志向和高尚的目标,并要以顽强的毅力坚持下去。

评价:

(1)进步性:朱熹的读书法是他对自己和前人长期的读书经验的概括和总结,比较集中地反映了我国古代对于读书方法研究的成果,朱子读书法反映了读书学习的基本规律和要求,在今天仍具有一定的参考价值和借鉴作用。

(2)局限性:朱子读书法也不可避免地存在时代和阶级的局限性,突出表现为:朱熹所提倡读的书主要是宣传封建伦理道德的"圣贤之书";他的读书法主要是强调如何学习书本知识,而未曾注意到与实际知识之间的联系。

第六章 早期启蒙教育思想

一、名词解释
1. 漳南书院
2. 公其非是于学校
3. "习行"教学法

二、简答题
1. 简述明末清初的启蒙思想家对理学教育思想的批判
2. 简述王夫之道德修养的方法
3. 简述黄宗羲的教师思想

三、论述题
1. 教育是立国之本、强国之基。我国提出要建设高质量教育体系,于2035年基本建成教育强国,由此可以看出党中央对教育工作的高度重视。王夫之也曾提出"教育是治国之本"的观点,认为教育对国家和人的发展都至关重要。请结合当前教育实际,论述王夫之关于教育作用的看法

四、材料分析题
1. 材料:颜元,清初思想家、教育家。颜元十分重视人才对于治理国家的重要作用,在他看来,"人才为政事之本,而学校尤为人才之本也",颜元认为,"令天下之学校皆实才实德之士,则他日列之朝廷者皆经济臣",若"令天下之学校皆无才无德之士,则他日列之朝廷者皆庸碌臣",因此,在其主持的漳南书院里,教学内容包含天文、地理、数学、兵法、水学、火学、工学等自然科学。颜元强调"习行"教学法,强调在教学过程中要躬行实践,惟有如此,学得的知识才是真正有用的。颜元重视农业知识的传授,注重劳动在培育人才中的作用。

(1)依据材料,概括颜元关于学校教育的主张
(2)颜元提出的"真学""实学"的教育内容是什么?有何积极意义?

参考答案

一、名词解释

1. 漳南书院

【答案要点】

漳南书院由颜元主持并亲自规划书院规模，在漳南书院设置六斋，规定了各斋教育内容，开展实学教育，并制定"宁粗而实，勿望而虚"的办学宗旨。颜元在漳南书院主持的时间不长，但办学宗旨比较集中地反映了他的教育主张。

2. 公其非是于学校

【答案要点】

公其非是于学校是黄宗羲提出的教育思想，该思想的基本精神，在于反对封建君主专制，改变国家政事的是非标准由天子一人决断的专制局面。这是对中国古代关于学校职能理论的创新，反映了他要求国家决策民主化的强烈愿望。"公其非是于学校"的思想，是近代议会思想的萌芽。

3. "习行"教学法

【答案要点】

"习行"教学法由颜元提出，强调在教学过程中要联系实际，要坚持练习和躬行实践，认为只有如此，学得的知识才是真正有用的。颜元强调"习行"，并非排斥通读和讲学习书本知识，而是主张读书、讲说必须与"习行"相结合，而且要在"习行"上下更多功夫。

二、简答题

1. 简述明末清初的启蒙思想家对理学教育思想的批判

【答案要点】

明清之际的中国社会，出现了一批以黄宗羲、王夫之、顾炎武、颜元等人为代表的启蒙思想家。他们提出了新的社会政治观、哲学观、历史观，同时对于传统的理学教育进行了深刻的批判，提出了具有初步民主思想的见解和主张，具体表现为：

（1）批判"存天理，灭人欲"，认为"理欲不可分离"。

（2）主张培养经世致用的人才。

（3）提倡实学，重视自然科学和技艺的学习。

（4）主张扩大学校的职权，使学校成为集教学、研究和议政的中心。

2. 简述王夫之道德修养的方法

【答案要点】

（1）强调立志。王夫之十分重视"志"在道德修养中的重要作用，甚至认为一个人的道德修养取决于立志是否远大坚定。他所说的立志是"志于道"，即志于封建伦理道德，这是他思想的局限性。然而他强调立志，主张把教育学生树立正确的志向作为教育之本，要求志向必须专一、执著，这是正确的。

（2）主张自得。王夫之认为道德修养的关键在于学生的自觉。他提出，首先，学生要能"自勉"，即学生应该对自己坚持高标准，严要求。其次，学生要有"自修之心"，他认为只有在学生产生了道德修养的自觉要求后，教师因势利导给予教育，才会取得好的效果。

（3）重视力行。王夫之指出，道德修养不能仅停留在知识阶段，还必须将道德知识变成实际行动。在他看来,"行"不仅有验证道德知识真假的功效,还是衡量道德心的标准。所以他认为,所谓道德,即是将道德知识转化成为自身的道德行为。

3.简述黄宗羲的教师思想

【答案要点】

(1)黄宗羲十分重视教师在人类文化知识传递和发展过程中的重要作用。他认为,古往今来,人的学问虽然有大小,水平有高低,但每个人的成长都离不开教师。

(2)他主张尊师,认为学生必须"重师弟子之礼"。他要求提高教师的社会地位。他提出中央太学祭酒的地位应该与最高行政官员宰相相当,地方郡县学官的地位应该与同级政府的行政官员相当,这确实极大地提高了教师的社会地位,在中国古代教育史上是空前的。

(3)他还认为,教师除了向学生进行传道、授业、解惑之外,还必须从事清议。黄宗羲关于教师议政的思想,发前人所未发,是对传统教师职责理论的拓展与深化。同时他主张教师不仅要有真才实学,而且还必须品行端正。

三、论述题

1.教育是立国之本、强国之基。我国提出要建设高质量教育体系,于2035年基本建成教育强国,由此可以看出党中央对教育工作的高度重视。王夫之也曾提出"教育是治国之本"的观点,认为教育对国家和人的发展都至关重要。请结合当前教育实际,论述王夫之关于教育作用的看法

【答案要点】

王夫之继承了我国儒家重视教育的传统。他认为,教育的作用主要表现在两个方面。

(1)教育是治国之本。

王夫之认为,治理国家不外乎政治和教育两大问题,其中教育最为根本。历史上许多王朝的败亡,并非"其政之无一当于利病也",而只是因为"言政而无一及于教也",即败在"失其育才"。他说明亡的重要原因,就是因为"教化日衰",学校教育名存实亡,培养不出国家可用之士,他告诫"谋国者"必须吸取这个历史教训,必须把教育置于重要地位。

在王夫之看来,教育的发展又离不开政治,只有政治清明,人民安居乐业,才能"学校兴"。在政治和教育的关系上,"语其先后,则政立而后教可施焉"。同时,教育的发展还必须以经济为基础,人民"衣食足"而"天下治"。王夫之正确地指出了教育对于治理国家的重要作用,但教育的发展又必须受制于政治与经济,他的这种认识是十分珍贵的。

(2)教育对人的发展起重要作用。

王夫之关于教育在人发展过程中作用的认识,是同其人性论紧密联系在一起的。王夫之认为,人性不是一成不变的,而是处在不断的变化发展过程之中。他提出人性"日生日成"的著名论断,明确提出人性不是天生的,而是在后天不断的生长变化过程中逐渐形成的。

从上述思想出发,王夫之十分重视教育对人的发展所起的作用。他认为,这种作用主要表现为两方面:一是继善成性,使之为善。这种继善成性的过程,即是教育的过程。二是可以改变青少年时期因"失教"而形成的恶习。不过,要改变人的恶习使之为善,必须花大气力才能成功。

总之,教育既对治国至关重要,又同人的发展密切相关,它或使人继善成性,或使人改恶为善,这就是王夫之关于教育作用思想的基本观点。

四、材料分析题

1.(1)依据材料,概括颜元关于学校教育的主张

(2)颜元提出的"真学""实学"的教育内容是什么?有何积极意义?

【答案要点】

（1）首先，颜元不仅重视人才，而且进一步指出人才主要依靠学校教育培养。

其次，颜元主张学校应该培养"实才实德之士"，即是品德高尚、有真才实学的经世致用人才。颜元称这种人才为"圣人"或"圣贤"。具体来说，颜元所谓的"实才实德之士"有两种：一种是"上下精粗皆尽力求全"的通才，另一种是"终身止精一艺"的专门人才。在颜元看来，能成为通才当然最好，那是"圣学之极致"，但专门人才只要能经世致用，同样"便是圣贤一流"。

颜元提出"实才实德之士"的培养目标，其根本目的还是为了维护封建统治。但是，该思想冲破了理学教育的桎梏，具有鲜明的经世致用特征，反映了要求发展社会生产的新兴市民阶层对于人才的要求，在当时具有很大的进步意义。

（2）为了培养"实才实德之士"，在教育内容上，颜元针对理学教育的虚浮空疏，提出了"真学""实学"的主张。他认为，尧舜周孔时代的学术便是"真学""实学"。他大力提倡当时的"六府""三事""三物"，其核心是强调"六艺"教育。颜元强调"六艺之学"并非是真的要回复到尧舜周孔时代，而是托古改制，在古代圣贤"六艺"教育的旗帜下宣扬自己的主张。

颜元晚年曾规划漳南书院并设置六斋，并规定了各斋的具体教育内容。这是他对"真学""实学"内涵最明确也最有力的说明。漳南书院的六斋及各斋教育内容为：

①文事斋：课礼、乐、书、数、天文、地理等科；

②武备斋：课黄帝、太公以及孙、吴五子兵法，并攻守、营阵、陆水诸战法，射御、技击等科；

③经史斋：课《十三经》、历代史、诰制、章奏、诗文等科；

④艺能斋：课水学、火学、工学、象数等科；

⑤理学斋：课静坐、编著、程、朱、陆、王之学；

⑥帖括斋：课八股举业。

颜元"真学""实学"的教育内容不仅同理学教育有本质的区别，而且无论是在广度上，还是在深度上，都大大超越了"六艺"教育。它除了经、史、礼、乐等知识之外，还把诸多门类的自然科技知识、各种军事知识和技能正式列进教育内容，并且实行分科设教。这在当时确实是别开生面的，已经蕴涵近代课程设置的萌芽，将中国古代关于教育内容的理论推进到一个新的发展阶段。

第七章

中国教育的近代转折

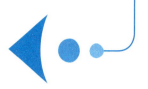

一、名词解释
1. 洋务学堂
2. 京师同文馆
3. 福建船政学堂
4.《劝学篇》
5. 幼童留美
6. 张之洞
7. 中体西用
8. 马礼逊学校
9. 英华书院
10. 中华教育会

二、简答题
1. 简述中国近代教会学校的性质与影响
2. 简述洋务学堂的特点
3. 简述京师同文馆
4. 简述福建船政学堂的特点及历史地位
5. 简述太平天国的教育改革措施

三、论述题
1. 论述洋务运动时期的教育改革措施
2. 论述张之洞"中体西用"教育思想及其作用和局限性
3. 论述洋务教育时期的两种留学

四、材料分析题
1. 材料1:"一、认识外国文字、通解外国言语之人,请饬广东、上海各派二人来京差委,以备询问也。查与外国交涉事件,必先识其性情。今语言不通,文字难辨,一切隔膜,安望其能妥协!从前俄罗斯馆文字,曾例定设立文馆学习,具有深意;今日久视为具文,未能通晓,似宜量为鼓舞,以资观感。闻广东、上海商人,有专习英、法、美三国文字语言之人,请饬各省督抚挑选诚实可靠者,每省各派二人,共派四人,携带各国书籍来京,并于八旗中挑选天资聪慧,年在十三四以下者各四五人,俾资学习……"

材料2:1868年4月6日,明治天皇发布了带有临时约法性质的《五条誓文》,内容如下:一、广兴会议，万机决于公论；一、上下一心，大展经纶；一、公卿与武家同心，以至于庶民，须使各遂其志，人心不倦；一、破历来之陋习，立基于天地之公道；一、求知识于世界，大振皇基。兹欲行我国前所未有之变革，朕当身先率众誓于天地神明，以大定国是，立保全万民之道。尔等亦须本斯旨趣齐心致力！

根据材料，试比较中国洋务教育与日本明治维新教育改革的异同。

参考答案

一、名词解释

1. 洋务学堂

【答案要点】

洋务学堂是随着洋务运动的展开而逐渐开办的，其目的在于培养洋务活动所需要的翻译、外交、工程技术、水陆军事等多方面的专门人才，教学内容以"西文"和"西艺"为主。主要分为外国语学堂、军事学堂和技术实业学堂三大类。

2. 京师同文馆

【答案要点】

京师同文馆是中国近代由官方设立最早的外国语学校，也是我国最早的官办新式学校。目的在于培养清政府所需要的外事专业人才，是近代中国被动开放的产物。1902年并入京师大学堂。

3. 福建船政学堂

【答案要点】

福建船政学堂又称"求是堂艺局"或"福州船政学堂"，是福建船政局的组成部分。福建船政局由左宗棠于1866年创办，是近代中国第一个、也是洋务运动时期最大的专门制造近代轮船的工厂。福州船政学堂由前学堂和后学堂两部分组成，学制五年。课程有基本课程和实践课程。

4.《劝学篇》

【答案要点】

张之洞的《劝学篇》是对洋务运动的理论总结，并试图为以后的中国改革提供理论模式。《劝学篇》分为内篇和外篇，内、外篇主旨分别为："内篇务本，以正人心；外篇务通，以开风气。"通篇主旨归为"中学为体，西学为用"。

5. 幼童留美

【答案要点】

幼童留美是洋务运动组织的留学教育之一，1872年出发的留美学生是近代中国政府派出的首批留学生，由我国早年留学美国的容闳指导。每年派遣幼童30名，分四年共120名，学习年限为15年。经费由海关洋税中指拨，学生到美国后除学习西学后，仍要兼讲中学，这些留美学生虽然没能完成学业计划，但后来仍然成为了近代中国科技、实业和管理领域的一支重要力量。

6. 张之洞

【答案要点】

张之洞是晚期洋务派的主要代表，对清末教育思想和实践都产生过重大影响。他在总结洋务实践和对时局走势进行思考的基础上，于1898年著成《劝学篇》，提出"中体西用"的理论体系，并按此思想路线进行湖北的教育改革。

7. 中体西用

【答案要点】

中体西用是洋务派关于中西文化关系的核心命题，也是洋务教育的指导思想。在回答解决"西学"与中国固有文明之间的关系问题时，洋务派提出"中体西用"，认为在突出"中学"主导地位的前提下，应肯定"西学"的辅助作用和器用价值。1898年初，张之洞发表《劝学篇》，围绕"旧学为体，新学为用"的主旨集中阐述，形成了一个比较完整的思想体系。

8. 马礼逊学校

【答案要点】

马礼逊学校是最早设立于中国本土的、比较正式的教会学校，也是一所专门为华人开办的学校。它按学生程度分为一至四班，课程包括中文科和英文科，中文科由华人任教，英文科由英美人任教。它以丰富的西学课程充实了在此求学的中国青年，开阔了他们的知识视野，形成了他们的近代社会观念的基础。

9. 英华书院

【答案要点】

英华书院是英国传教士罗伯特·马礼逊于1818年在马六甲建立的，并于1843年迁往香港，它是第一所主要面向华人的新式学校。该校毕业的部分华人学生，成为近代中国第一批西学的知情者。

10. 中华教育会

【答案要点】

1890年5月7日至20日，第二次"在华基督教传教士大会"在上海召开，将1877年成立的"学校与教科书委员会"改组为"中华教育会"。中华教育会标榜"以提高对中国教育之兴趣，促进教学人员友好合作为宗旨"，对整个在华基督教教育进行指导。通过对中国教育进行调查，办杂志和各种讲习会、交流会、演讲会，并鼓励个人之间以通信的方式推广教育经验，策划教育方针和具体措施，还在基督教教会学校推行公共考试计划。

二、简答题

1. 简述中国近代教会学校的性质与影响

【答案要点】

（1）教会学校是西方世界殖民扩张的产物。

传教士宣称要使中国完全基督教化，向中国传播西方的科学和文明。事实上，传教士的活动领域并不限于文化和宗教，而是与各宗主国的政治、经济甚至军事目的紧密结合的，带有强烈的殖民性质。

（2）教会学校是近代中国半殖民地的国家地位在教育上的反映。

教会学校是以武力开道，以不平等条约为保护伞的。清政府对于教会学校如何教育中国学生没有发言权，这是教育主权不能独立的表现。教育主权是国家主权的一部分，一个主权完整的国家不会允许其教育主权受到如此公然的侵犯。

（3）教会学校是中国传统教育向近代教育过渡的促进因素。

教会学校与洋务学堂被并称为新式学堂，其课程设置中的"西文"和"西艺"部分，都是当时中国人急需了解的西学成分，教会学校就成了中国人学习西方教育的"样本"。通过教会教育这个途径，中国人逐渐开阔了教育的视野。教会学校的毕业生成为洋务时期乃至维新时期、清末新政时期新式学堂教师的重要来源。

2. 简述洋务学堂的特点

【答案要点】

一方面，洋务学堂与中国传统学校有显著的差异，因此又被称为新式学堂，表现出"新式"的特点。另一方面，洋务学堂本质上还是套种在传统封建教育体制边上的幼苗，根植于半殖民地半封建社会的土壤，难脱其桎梏和影响，又表现出新旧杂糅的特点。

（1）"新式"特点。

①培养目标。洋务学堂的培养目标是造就各项洋务事业需要的专门人才，广泛分布于外交、律例、水陆军事等诸多领域。

②教学内容。洋务学堂以学习"西文""西艺"为主，注意学以致用。

③教学方法。洋务学堂能按照知识的接受规律由浅入深、循序渐进地安排教学内容，重视理解，注意教学中的理论与实践结合，很多学校安排有实践课程，有的还建立了实习制度。

④教学组织形式。洋务学堂均制定有分年课程计划，确定了学制年限，采用班级授课制。

（2）"新旧杂糅"的特点。

①洋务学堂是洋务大臣们各自为政办起来的，缺乏全国性的整体规划和学制系统。

②在"中体西用"的总原则下，在传授西文西艺的同时并未放弃对四书五经的学习。

③洋务学堂由封建官僚所举办，在管理上带有封建官僚习气。

总的来说，洋务学堂以西方近代科技文化作为主要课程，在形式上引入了资本主义因素，初步具备了近代教育的特征。在它产生之初，并未有意与以科举为核心的旧教育体制对抗，甚至还乞求后者的容纳，但它产生之后，逐渐动摇和瓦解了旧的教育体制，实际启动了近代中国教育改革的进程。

3. 简述京师同文馆

【答案要点】

（1）简介。

京师同文馆最初是作为外语学校设立的，是近代中国被动开放的产物。1898年，京师大学堂成立，同文馆的部分科技教育归于京师大学堂。1902年，京师同文馆并入京师大学堂。

（2）教学内容设置。

在外语学习方面，开办之初只设有英文馆，第二年添设俄文馆和法文馆。1871年增加德文馆。1895年设置日文馆。

在科学技术学习方面，京师同文馆设立不久，随着各地洋务事业的开展，洋务官员们越来越感到培养科技人才的重要。1866年添设了天文、算学馆。1876年，馆中正式规定除外语外，学生还要学习数学、物理、化学、天文测算、万国公法、各国历史、地理等课程，同年还建立了中国最早的化学实验室和博物馆。1888年增设翻译处、天文台、格致馆。

（3）历史地位。

就办学成效而言，京师同文馆不能列入洋务学堂的前列，也未表现出比其他洋务学堂更鲜明的特点。它在近代中国教育史上的地位和象征意义主要表现在：

第一，它是洋务学堂的开端，也是中国近代新教育的开端。京师同文馆的设立，表明近代以来向西方学习开始由观念变为现实。正是由于它的领头羊作用，才有紧随其后的一批外国语言学校的创立和众多其他类型的洋务学堂的涌现。

第二，京师同文馆位于帝都北京，位于全国的政治和文化中心，又由洋务中枢总理各国事物衙门直接统领,是社会关注的焦点。它的一些重要举措以及由此引起的争执能反映出各派关于教育改革的观点。

4. 简述福建船政学堂的特点及历史地位

【答案要点】

(1) 简介。福建船政学堂又称"求是堂艺局"或"福州船政学堂",是福建船政局的组成部分。福建船政局由左宗棠于1866年创办,是近代中国第一个、也是洋务运动时期最大的专门制造近代轮船的工厂。

(2) 教学内容。学堂由前学堂和后学堂两部分组成,学制五年。

前学堂专习制造技术,又称造船学堂。目标是培养能够设计制造各种船用零件并能进行整船设计的人才。课程有基本课程和实践课程,基本课程包括法文、算术、代数、画法几何和解析几何、三角、微积分、物理以及机械学等;实践课程包括船体建造、机器制造和操纵等。1868年,前学堂添设"绘事院"和"艺圃"。

后学堂学习驾驶和轮机技术。驾驶专业的基本课程有英文、算术、几何、代数、平面三角、球体三角、航海天文学、航行理论、地理等,实践课程主要是上船实习;轮机专业的基本课程有算术、几何、制图、发动机绘制、海上操纵轮机规则及指示计、盐重计和其他仪表应用,实践课程主要是岸上装配和安装发动机。

(3) 历史地位。

①福建船政学堂是洋务学堂中持续时间最久的一所学校,在近代中国各项科技事业中发挥了重要作用,尤其是在近代中国海军事业的发展中占有重要地位。

②它为近代中国海军输送了第一代舰战指挥和驾驶人才。在清末抗击外来侵略的两次重大海战中,福建船政学堂毕业生都是骨干力量。

③福建船政学堂为近代中国船舰制造业的发展写下了光辉的一页。1876年,第一届造船专业学生负责领头制造的"艺新号"下水试航。1880年代后,福建船政学堂留欧学生的回国将中国近代的船舰制造业推上了新的水平。

④福建船政学堂是当时同类学校的先驱,也是办得最久的一所。其培养的人才数量和层次是当时任何一所同类学校无法比拟的,是当之无愧的"中国近代海军人才的摇篮"。

5. 简述太平天国的教育改革措施

【答案要点】

(1) 对儒学的批判。

太平天国运动借以发动和组织农民的思想武器,是洪秀全等创立的"拜上帝教"教义。在教义中,只有上帝是唯一的真神,其余偶像和权威都被视为"邪神"。在被称为"邪神"的权威和偶像中,孔子及其所代表的儒家学说首当其冲,成为被推倒的第一尊偶像。

(2) 改革文字、文风和科举制度。

太平天国对文字、文风的改革表现出简易、通俗化的倾向。在考试内容上,废除从"四书""五经"中出题的做法,并突出"策论",以选择能经邦济世的人才;在考试对象上,废除了门第、出身、籍贯等方面的限制;对考试程序、日期、场次、科名及对应试者的要求都作了更加具体严格的规定。

(3) 改革教育内容。

太平天国教育内容主要是以宗教教义的形式组织起来的,把政治思想、道德教育融汇到宗教教育与宣传之中,也可达到初步读写和文化知识教育的目的。其基本材料主要有两类:第一类是群众性宗教、政治思想教育读物,第二类是儿童启蒙性读物。

三、论述题

1. 论述洋务运动时期的教育改革措施

【答案要点】

洋务运动时期的中国教育仍以传统的封建教育为主体，但在传统教育主体中萌生了近代新教育的萌芽。洋务派举办的新式学堂和留学教育，开辟了传统教育之外的另一番天地。

（1）创办洋务学堂。

洋务运动发生发展于19世纪60年代至90年代。兴办学堂是洋务运动的重要组成部分。其目的在于培养洋务活动所需要的翻译、外交、工程技术、水陆军事等多方面的专门人才，其教学内容以所谓"西文"与"西艺"为主。主要分为外国语学堂、军事学堂和实业技术学堂三大类。

（2）京师同文馆。

京师同文馆设立于北京，目的在于培养清政府所需要的外事专业人才，是近代中国被动开放的产物。它是中国现代由官方设立最早的外国语学校，也是我国最早的官办新式学校。同文馆的教师有外国人也有中国人，按职责可分为总教习、教习和副教习。同文馆的学生主要分为两种类型：一类为额内学生，享有津贴；另一类是额外学生，不享受津贴。学生有三种入学途径：咨传、招考和咨送。

（3）福建船政学堂。

福建船政学堂又称"求是堂艺局"或"福州船政学堂"，是福建船政局的组成部分。福建船政局由左宗棠于1866年创办，是近代中国第一个、也是洋务运动时期最大的专门制造近代轮船的工厂。福州船政学堂由前学堂和后学堂两部分组成，学制五年。课程有基本课程和实践课程。

（4）幼童留美与派遣留欧。

1872年出发的留美学生是近代中国政府派出的首批留学生，由我国早年留学美国的容闳指导。每年派遣幼童30名，分四年共120名，学习年限为15年。经费由海关洋税中指拨。留欧学生的派遣始于船政大臣沈葆桢的建议，并以福建船政学堂的学生为主。留洋期限为三年。

2. 论述张之洞"中体西用"教育思想及其作用和局限性

【答案要点】

（1）主要思想。

①"中学为体，西学为用"是洋务派关于中西文化关系的核心命题，也是洋务教育的指导思想。洋务运动的过程实质上是一场对近代西方文明成果的移植过程，由此引发了一个核心问题，即引入的西学与中国固有文化之间是怎样的关系？对此，洋务派提出的典型方案就是"中体西用"，认为在突出"中学"主导地位的前提下，应该肯定"西学"的辅助作用和器用价值。

②1898年初，张之洞发表《劝学篇》，围绕"旧学为体，新学为用"的主旨集中阐述，形成了一个比较完整的思想体系。《劝学篇》是对洋务运动的理论总结，并试图为以后的中国改革提供理论模式，通篇主旨归为"中学为体，西学为用"。

③"中学"包括四书五经、中国史事、政书、地图等。张之洞认为对"中学"的各方面都要通其大概，尤其是纲常名教。"西学"包括西政、西艺、西史，在这其中，张之洞着重强调西政和西艺。西政是指西方有关文教制度、工商财政、军事建制和法律行政等管理层面的文化；西艺即近代西方科技。对于中、西学的关系，可以概括为"旧学为体、新学为用，不使偏废。"

（2）历史作用。

①洋务派提出"中体西用"，在不危及"中体"的前提下侧重强调采纳西学，既体现了洋务派的文化教育观，也是洋务派应对守旧派的策略。

②在"中体西用"形式下,"西学"教育的规模不断扩大。两次鸦片战争中,"中体西用"的内涵被不断调整,"西用"的范围不断延伸,逐渐纳入新的成分。

③洋务运动时期,"中体西用"理论为"西学"教育的合理性进行了有效论证,促进了资本主义文化在中国的传播。在此原则下实施的留学教育和举办的新式学堂给僵化的封建教育体制打开了缺口,改变了单一的传统教育结构。

(3)历史局限。

①"中体西用"思想本质上还是为了维护封建专制统治,阻碍了后来维新思想的广泛传播,不利于近代刚刚开始的思想启蒙运动。

②"中体西用"作为一种文化整合方案和教育宗旨来说是粗糙的。它是在没有克服中西文化固有矛盾情况下的直接嫁接,必然会引起两者之间的排异反应。

3. 论述洋务教育时期的两种留学

【答案要点】

洋务派认识到要全面深入地学习西方的先进技术,国内的学堂存在诸多局限。于是,决定开始向国外派遣留学生。

(1)幼童留美。

近代中国政府派出的首批留学生,由我国早年留学美国的容闳指导。每年派遣幼童30名,分四年共120名,学习年限为15年。经费由海关洋税中指拨。同时派遣正、副委员和数名"中学"教师前往。学生到美国后除学习西学外,仍要兼讲中学,课以《孝经》、小学、"五经"及国朝律例等书。

由于新旧不同观念的管理人员的争执,加之国内守旧派的反对。1881年,清政府下令全数撤回留美学生。尽管留学生未能按计划完成学业,但他们仍成为近代中国科技、实业和管理等领域的一支重要力量。

(2)派遣留欧。

留欧学生的派遣始于船政大臣沈葆桢的建议,并以福建船政学堂的学生为主。1877年中国近代第一届留欧的学生赴欧。前、后学堂学生分别赴欧学习制造和驾驶,年限三年。第二届留欧学生于1881年底分赴英、法、德国,学习营造、枪炮、火药、轮机、驾驶、鱼雷等,年限三年。第三届留欧学生于1886年4月赴欧学习驾驶和制造,驾驶学习三年,制造学习六年。

这三届留欧学生,从1879年起陆续学成归国,在近代中国海军建设事业中发挥了重要的作用:把中国近代军舰制造技术推进到一个新水平,留欧学生成为近代海军重要将领的人选以及在近代海军教育事业上大显身手。留欧学生的影响不仅突出表现在海军领域,在外交、实业和其他科技领域也均有建树。

洋务留学教育虽然规模小、人数少,但是却是中国教育走向世界过程中最名副其实的一步。相比引入西学,派出留学生直接学习在学习成果上要更加彻底。归国留学生回国后在事业上取得突出成就,取得了一定的社会地位,有力地回击了守旧派"终鲜实效"的预言,也改变了人们的科举正途观念。洋务留学教育对中国近代化的推进具有巨大功劳。

四、材料分析题

1. 根据材料,试比较中国洋务教育与日本明治维新教育改革的异同

【答案要点】

(1)指导思想的异同。

明治维新时期教育改革的指导思想是"文明开化"与"和魂洋才";洋务教育的指导思想是"中

学为体，西学为用"。

相同点：两者都重视引进和兴办西式近代教育，又不希望丢掉本国文化传统的根本。

不同点：明治维新教育改革以否定封建教育为前提，兴办西式近代教育；洋务教育旨在保留封建教育的同时，兴办西式近代教育。

（2）改革措施的异同。

相同点：

①两者都采用了向海外派遣留学生的措施；②两者都聘请洋教员执教、办理西式近代学校。

不同点：

①明治维新教育将教育改革和社会改革同时进行；洋务教育未能使教育改革与社会改革同步进行。

②明治维新对教育进行了全面而系统的改革，涉及各级各类教育；洋务教育只是当时中国教育体系中的一小部分，且主要集中于专门教育。

③明治维新教育改革确立了以文部省为首的中央集权式的教育管理体制，是通过政府动员全国力量进行的，力量强大；兴办洋务教育的主体是部分具有危机和开放意识的官员，未能获得全国统一教育领导机构的有利支持，力量薄弱。

第八章

近代教育体系的建立

一、名词解释

1. 京师大学堂
2. 《大同书》
3. 壬寅学制
4. 庚款兴学
5. 癸卯学制
6. 《论教育之宗旨》

二、简答题

1. 简述维新派的教育实践
2. 简述百日维新中的教育改革
3. 简述清末新政中的教育改革措施

三、论述题

1. 论述早期改良派的教育思想
2. 论述梁启超的教育思想
3. 论述清末的主要学制及其意义

四、材料分析题

1. 阅读下面材料，请回答：

第由是而观之，则及今而图自强，非标本并治焉，固不可也。不为其标，则无以救目前之溃败；不为其本，则虽治其标，而不久亦将自废。标者何？收大权、练军实，如俄国所为是已。至于其本，则亦于民智、民力、民德三者加之意而已。果使民智日开，民力日奋，民德日和，则上虽不治其标，而标将自立。何则？争自存而欲遗种者，固民所受于天，不教而同愿之者也。……然则三者又以民智为最急也。

——《原强》

（1）该理论反映了什么样的教育思想？请详细论述
（2）该作者还有哪些教育思想？

参考答案

一、名词解释

1. 京师大学堂

【答案要点】

京师大学堂是清末维新变法时期维新派首次设立的全国最高教育行政机构兼最高学府。《京师大学堂章程》对于大学堂的性质、办学宗旨、课程、入学条件、学成出身、教习聘用、机构设置、经费筹措及使用都作了详细规定，其办学宗旨为"中学为体，西学为用"。

2.《大同书》

【答案要点】

《大同书》是康有为的代表作之一。在该书中，他描绘了一幅"大同"的社会蓝图，即无邦国、无帝王，人人平等，天下为公。《大同书》中教育理想的观念背景，是中国传统大同思想和近代空想社会主义的综合体，带有明显的未来乌托邦色彩。

3. 壬寅学制

【答案要点】

壬寅学制是中国近代第一个以中央政府名义制定的全国性学制系统，具体规定了各级各类学堂的性质、培养目标、入学条件、在学年限、课程设置和相互衔接关系，但公布后未曾实行即被"癸卯学制"取代。学制主系列划分为三段七级。

4. 庚款兴学

【答案要点】

为了美国的长远利益，1908年，美国国会通过议案，决定从1909年起，将美国所得庚子赔款的一部分以"先赔后退"的形式退还给中国，用以发展中国的留美教育。美国的举动被后来其他国家效仿，形成所谓的"庚款兴学"。

5. 癸卯学制

【答案要点】

癸卯学制是中国近代由中央政府颁布并首次得到施行的全国性法定学制系统。学制主系列分为三段七级：第一阶段为初等教育，包括蒙养院4年、初等小学堂5年和高等小学堂4年。第二阶段为中等教育，设中学堂5年。第三阶段为高等教育，分为高等学堂或大学预科3年、大学堂3—4年、通儒院5年。

6.《论教育之宗旨》

【答案要点】

《论教育之宗旨》是王国维于1903年发表的文章，他从受教育者的基本素质要素出发，提出以体育培养人的身体之能力，智、德、美三育培养人的精神之能力，相应发展出真善美之理想，以期培养"完全之人物"。这是中国近代教育史上第一次提出德、智、体、美四育并重的教育宗旨，对以后教育目标模式的设计产生了重大影响。

二、简答题

1. 简述维新派的教育实践

【答案要点】

（1）兴办学堂。

维新性质的学堂有两类：第一类是维新运动的代表人物为了培养维新骨干、传播新思想而设立的学堂，著名的有万木草堂、湖南时务学堂。第二类学堂在办学类型与模式、招生对象、教学内容等某些方面相较洋务办学有所突破，领风气之先。著名的北洋西学堂与南洋公学、经正女学。

（2）兴办学会与发行报刊。

维新派还通过创办各种学会和发行报刊来宣传新思想。较为有名的报刊有《万国公报》《强学报》《时务报》《国闻报》《广仁报》《湘报》《蒙学报》《无锡白话报》等。知名学会有北京强学会、上海强学会、广西的圣学会、湖南的南学会、上海的蒙学会。维新派通过学会联络和组织维新人才，形成维新变法的政治团体。

2. 简述百日维新中的教育改革

【答案要点】

（1）创办京师大学堂。

1896年李端棻首次向朝廷正式提出设立京师大学堂的建议；1898年，梁启超拟的《京师大学堂章程》得到光绪帝批准，并派孙家鼐负责管理京师大学堂；戊戌政变后，正在筹备中的京师大学堂由孙家鼐继续筹办，于当年11月正式开学。

《京师大学堂章程》对于大学堂的性质、办学宗旨等都作了详细规定。其中，《总则》中将京师大学堂定为全国最高学府和最高教育行政机关。办学宗旨为"中学为体，西学为用"，根据这一宗旨，大学堂的课程设置分为溥通学和专门学。

（2）书院改办学堂。

光绪帝在《明定国是诏》中宣示，从王公大臣到庶民百姓都要学习中、西学问。随后，光绪帝又命令官员将各省府厅州县的大小书院全部改为兼习中学、西学的新式学堂：省会的大书院改为高等学堂，郡城的书院改为中等学堂，州县的书院改为小学堂，地方自行筹办的社学、义学等一律中西学兼习。同时，民间祠庙不在祀典者也一律改为学堂，并鼓励绅民捐资兴学。中小学所用课本由官设书局统一编译印行，形成了"人无不学，学无不实"的局面。

（3）废除八股考试，开设经济特科。

1898年，光绪帝下诏废除八股文。八股废除后，人们不得不寻求新的学问，促进了西学的传播。同年七月，光绪帝又下诏催立经济特科，用来选拔维新人才。

3. 简述清末新政中的教育改革措施

【答案要点】

（1）"壬寅学制"和"癸卯学制"颁布。

①壬寅学制。壬寅学制是中国近代第一个以中央政府名义制定的全国性学制系统，但公布后未曾实行即被"癸卯学制"取代。

②癸卯学制。"癸卯学制"是中国近代由中央政府颁布并首次得到施行的全国性法定学制系统，较"壬寅学制"更为系统完备。

（2）废科举，兴学堂。1905年，光绪帝正式下令废除科举。科举制度废除后，出现了中国近代史上难得的兴办新学的热潮。

（3）建立教育行政体制。1905年，清廷批准成立学部，作为统辖全国教育的中央教育行政机关，并将原来的国子监并入。地方教育行政也相应作了改革。

（4）确定教育宗旨。1906年，学部针对民权思想的流行和资产阶级革命派的活动，拟订"忠君、尊孔、尚公、尚武、尚实"的五项教育宗旨，这是中国近代第一次正式宣布的教育宗旨。

（5）留日高潮与"庚款兴学"。在清末新政的激励下，近代留学教育在进入20世纪后骤然勃兴，首先是在1906年前后形成了规模盛大的留日高潮，其次是在1908年美国实行"退款兴学"政策后留美潮流逐渐兴起。

三、论述题

1. 论述早期改良派的教育思想

【答案要点】

（1）全面学习西学。

早期改良派将近代向西方学习的思想推进了一步，认为西学的内容非常丰富，要求扩大向西方学习的规模和领域，深化学习的层次。在一定程度上，早期改良派是用人类整体文化的观念来考虑中学和西学的关系。他们认为，一个国家的政教法度应该择善而从，不应该有古今、中外、华夷的区分，突破了民族文化本位的观念。

（2）改革科举制度。

鸦片战争前后，改革派对科举制度进行过激烈的批判。随着新式学堂的产生和发展，科举制度阻碍中国教育发展的弊端越来越明显。第一，中国教育近代化的主旋律是学习西学，而科举考试重经史和八股文，严重阻碍了西学的传播和课程化；第二，近代教育应以培养多种类型、多种层次的人才为目标，而科举考试是以选取单一的政治人才为目的。因此，科举制度必然受到早期改良派的批判。早期改良派虽然猛烈抨击科举制度，但并未彻底予以否定，仍主张保留科举制度的形态，甚至在他们设计近代学制时还考虑到与科举制度接轨。

（3）建立近代学制。

在早期改良派中，勾画出中国近代学制轮廓的是郑观应。郑观应提出仿照西方学制设立小学、中学、大学三级学制系统，均采用班级授课的形式，规定学习年限各为三年，以考试的结果作为升学的标准。鉴于当时的现实，他又提出了变通的办法，即将科举制的进士、举人、秀才三级科名与大、中、小三级学校相配合，并将各省、府、县的书院改为学堂。这种学制设想虽然还显得粗糙，且明显有与科举挂钩的痕迹，但它反映了早期改良派要求系统地改革封建教育体制的思想，也远远地超出洋务派教育实践的水平，克服了洋务学堂孤立、分散和应急性的特点。

（4）倡导女子教育。

中国封建社会的学校只对男性开放。在近代西方男女平权观念的影响下，早期改良派最早关注女性的社会地位。到甲午战争前夕，他们普遍发出重视女子教育的呼声。陈虬提出中国应该仿照西方"设女学以拔取其材，分等录用"的主张，并认为占人口半数的妇女不读书，不能服务于社会，是"无故自弃其半于无用，欲求争雄于泰西，其可得乎"？当时，出现了如郑观应的《盛世危言·女教》等几种讨论女子教育问题、倡导女子教育的专篇文章。

正是有早期改良派的教育思想启蒙，才会导致甲午战争后维新教育思潮一触即发，并迅速转化为维新教育运动。

2. 论述梁启超的教育思想

【答案要点】

（1）"开民智""兴民权"与教育作用。

梁启超是我国近代资产阶级思想启蒙的大师，维新运动的代表人物之一。其思想的突出之点是在维新变法期间明确地将"开民智"与"兴民权"联系起来，为"兴民权"而"开民智"。该思想在一定程度上揭示了专制与愚民、民主与科学的内在联系。他的"开民智"实质上具有科学与民主启蒙的内涵。

（2）培养"新民"的教育目的。

梁启超提出教育宗旨应建立在对民族文化的优点和缺点有所分析抉择，并广泛汲取世界各国文明的优秀成果的基础上；应包括德育、智育、体育，即"品行智识体力"三种基本要素；务使受教育者能"备有资格，享有人权"，具有自动、自主、自治、自立的品质，融民族性、现代性、开放性于一体。在同时期写成的《新民说》中，他将这种受教育者称为"新民"。

"新民"必须具有新道德、新思想、新精神、新的特性和品质，诸如国家思想、权利思想、政治能力、冒险精神，以及公德、私德、自由、自治、自尊、尚武、合群、生利、民气、毅力等。这种"新民"具有资产阶级政治信仰、思想观念、道德修养和适应资本主义社会生活的知识技能的新国民。

（3）倡导师范教育、女子教育和儿童教育。

①师范教育。1896年，梁启超于《时务报》上发表《变法通议·论师范》，在中国近代教育史上首次专文论述师范教育问题。文章对当时的新、旧学堂情况进行了分析，他认为当时传统学堂的教师既不通六艺、四史，也不了解西学基本常识。而新式学堂的外籍教师又存在语言不通、聘金昂贵、学问粗陋的问题。因此，中国急需普遍设立中、西学兼习的新式学堂，但不能依靠这两类教师，根本的解决办法是设立师范学校，培养符合时代要求的教师。

②女子教育。梁启超发表了《变法通议·论女学》，系统地阐述女子教育问题，从各方面揭示了女子教育的必要性。他还认为，接受教育是女子的天赋权利，也是男女平等的保障。而且，女子教育的发展水平反映国势的强弱，中国欲救亡图存，由弱转强，就必须大力发展女子教育。1898年，他积极参与筹办中国第一所女学——经正女学，以实际行动推动女子教育的发展。梁启超的女子教育思想内容广泛，有鲜明的近代特征。

③儿童教育。梁启超在《变法通议·论幼学》中倡导对中国儿童教育进行改革。他从学习顺序、学习兴趣、学习理解三个方面对中、西儿童进行了比较，建议中国应从编写儿童教学用书入手，对儿童教育进行改革，应编写的书包括识字书、文法书、歌诀书、问答书、说部书、门径书、名物书七类。

（4）论述近代学校制度。

梁启超根据当时西方心理学研究成果中的年龄与身心发展的关系理论，将受教育者划分为以下四个年龄阶段：幼儿期、儿童期、少年期、成人期。梁启超介绍了各个年龄阶段的学生在身体、知、情、意、自观力等方面的发展情况和基本特征。根据学生身心发展的阶段性特征来确定学制的不同阶段和年限，是近代西方教育心理学研究的成果，梁启超是中国近代最早系统接受和倡导这一理论的人物。

3. 论述清末的主要学制及其意义

【答案要点】

清末主要颁布了壬寅学制和癸卯学制。壬寅学制是中国近代第一个以中央政府名义制定的全国性学制系统，具体规定了各级各类学堂的性质、培养目标、入学条件、在学年限、课程设置和相互衔接关系，但公布后未曾实行即被癸卯学制取代。癸卯学制是中国近代由中央政府颁布并首次得到施行的全国性法定学制系统，较"壬寅学制"更为系统完备。清末学制的意义主要在于：

（1）积极意义。

清末学制的制定是近代以来学习西方教育的系统性成果，是近代中国教育改革的承前启后之作，在中国教育近代化发展中具有标志性意义。学制的制定反映了近代资本主义教育的诸多特点。学制的义务教育目标反映了对教育普及性和平等性的要求；阶段教育目标确定了德、智、体协调发展的"三育教育"；众多的实业学堂推动了近代资本主义工商业的发展；重视师范教育，加强了教师职业训练；教学管理方式和教学组织形式更加系统；尊重儿童个性发展；在课程比重上，西学占主体地位。

（2）消极意义。

清末学制是封建王朝垂亡时的自救措施，仍受到封建思想的支配，表现出浓厚的封建性。以"癸卯学制"为例，主要表现在以下六方面：①学制的指导思想是洋务教育"中体西用"思想的延续，强调对学生进行封建伦理道德知识的灌输，首要任务还是培养学生效忠封建王朝；②中西兼学，导致学制偏长；③客观上各级各类学堂无明确入学限制，但在实际实行过程中普通民众入学仍有一定程度的限制，无形中维护了教育的封建等级性；④妇女被排除在学校教育外；⑤用带有封建统治秩序的规定来约束教职工和学生；⑥根据学生表现和学业程度奖励相应的科举功名，说明该学制并未完全割断与旧教育体制的联系。

四、材料分析题

1. 阅读下面材料，请回答：

（1）该理论反映了什么样的教育思想？请详细论述

（2）该作者还有哪些教育思想？

【答案要点】

（1）该理论反映的是严复的三育论。

严复是中国近代从德、智、体三要素出发构建教育目标模式的先导性人物。严复的德、智、体"三育论"首次在《原强》中提出。

①"鼓民力"即提倡体育，包括禁止吸鸦片和女子缠足等陋习，使国民有强健的身体，体育和智育是相辅相成的。

②"开民智"就是要全面开发人民的智慧，提高人民的文化教育水平，但实际牵涉对传统教育体制、教育内容、学风和教学方法的改革，其核心是改革科举制度，废除八股取士和训诂词章之学，讲求西学。

③"新民德"主要是改变传统德育内容，用西方的民主自由平等取代封建伦理道德，培养人民忠爱国家的观念意识。"新民德"涉及上层建筑的意识形态领域，为三者之中最难。

严复提出的德、智、体三育兼备的教育目标体系，无论就其结构要素，还是各育的内容而言，都基本确立了中国教育目标体系的近代化模式。

（2）除三育论外，严复还提出了"体用一致"的文化教育观。

在确立中国未来文化教育发展的基本原则上，严复则以强调"体用一致"而独树一帜。甲午战争后，严复发表了《论世变之亟》《原强》《救亡决论》等文章。他通过对中西文化的比较，明确肯定西方文化的先进性和优越性，其中充满了颂扬民主、自由、平等的激昂文字。严复的"体用一致"思想倡导对西方的自然科学和社会政治学说要一体学习。此时，他的"体用一致"思想表现为"全盘西化"和西学自成体用的倾向。

严复的"体用一致"思想还包括对西学整体性和发展性的认识。他认为，西学是一个发展的体系，运用考察、实验、归纳等方法创造新知和验证学理，要不断更新、改进和发展。他批评洋务教育对西方的学习仅停留在技术和现有结论上，忽视了西学的整体性和发展性。

1902年，严复发表《与外交报主人论教育书》，鲜明地表达了其"体用一致"的观点，认为一个国家的政教学术是一个整体，文化的整合并不是简单的支解拼凑，他改变了过去全盘西化的倾向，提出要构建一种融会中西，兼备体用的新文化体系的设想。

第九章

近代教育体制的变革

一、名词解释
1. 壬子癸丑学制
2. 五育并举
3. 1922 "新学制"
4. 黄埔军校
5. 湖南自修大学

二、简答题
1. 简述民国初年的教育改革
2. 列举新文化运动时期的教育思潮
3. 简述蔡元培的教育独立思想
4. 简述壬戌学制的特点
5. 简述收回教育权运动
6. 简述蔡元培的"五育"教育

三、论述题
1. 新文化运动是如何抨击传统教育，推进教育变革的？
2. 论述新文化运动时期西方教学理论在中国的传播
3. 论述恽代英的教育思想

四、材料分析题
1. 材料：19世纪不仅是欧美国家高等教育机构扩张的黄金时期，同时也是大学教育本质发生革命性变革的关键时期。从柏林大学创办开始，大学进入一个崭新的发展时期。柏林大学主要体现了洪堡等人的大学理念：

（1）提倡纯粹科学研究，排斥职业性和功利性学科。柏林大学注重纯粹的科学，包括哲学、人文科学。直到20世纪初，柏林大学几乎所有的系都不开设有关技术或实用科学方面的课程。

（2）鼓励学习自由和教学自由。"学习自由"即学生在学习内容和大学生活方面的自由选择；"教学自由"即教师的教学和科学研究活动不受干涉，能自由地传授和研究知识，探索真理。

（3）教学与研究相结合。柏林大学借鉴了哥根廷大学的哲学"习明纳"这种师生共同参与、融教学与研究活动为一体的组织形式，并建立了众多研究所。

根据材料内容和所学知识，试比较洪堡的大学改革与蔡元培的大学改革的异同

参考答案

一、名词解释

1. 壬子癸丑学制

【答案要点】

1912年，民国教育部参照日本学制，制定和正式公布了民国学制系统的结构框架——壬子学制。随后至1913年，教育部又陆续公布了一系列教育法令法规，使得壬子学制得到充实和具体化，综合起来形成了壬子癸丑学制，又称1912—1913学制，这是中国近代第一个资产阶级性质的学制。

2. 五育并举

【答案要点】

1912年初，蔡元培发表《对教育方针之意见》一文，从"养成共和国民健全之人格"的观点出发，提出军国民教育、实利主义教育、公民道德教育、世界观教育和美感教育的"五育"并举教育思想，成为制定民国元年教育方针的理论基础。

3. 1922"新学制"

【答案要点】

1922年，教育部在北京专门召开了学制会议。同年11月以大总统令公布了《学校系统改革案》，颁布了新学制。该学制又被称为"新学制"或"壬戌学制"，由于采用的是美国式的六三三分段法，又称"六三三学制"。

4. 黄埔军校

【答案要点】

黄埔军校是第一次国共合作的产物，建立在新三民主义的思想基础上，是一所新型的军事干部学校，培养了大批高级军事政治人才。中国共产党在黄埔军校初期倾注了大量人力，为军校发展做出了巨大贡献。黄埔军校也为中国共产党培养了许多高级将领。

5. 湖南自修大学

【答案要点】

湖南自修大学于1921年由毛泽东、何叔衡发起创办，以办"平民主义的大学"为办学宗旨。为实现其办学宗旨，自修大学实行了独特的教学制度、方法和课程。由于办学模式新颖，自修大学广受赞誉，为中国共产党培养了大量的干部和革命的中坚力量，对中国人民的解放事业贡献巨大。

二、简答题

1. 简述民国初年的教育改革

【答案要点】

（1）制定教育方针。

1912年，全国临时教育会议召开。会议讨论通过了民国教育方针，于当年9月2日由教育部公布实施，其内容为："注重道德教育，以实利教育、军国民教育辅之，更以美感教育完成其道德。"

（2）颁布"壬子癸丑学制"。

1912年，民国教育部参照日本学制，制定和正式公布了民国学制系统的结构框架——壬子学制。随后至1913年，教育部又陆续公布了一系列教育法令法规，使得壬子学制得到充实和具体化，综合起来形成了壬子癸丑学制，又称1912—1913学制，这是中国近代第一个资产阶级性质的学制。

该学制主系列划分为三段四级。

（3）颁布中小学校课程标准。

在颁布教育法令法规的同时，教育部还颁布了各级各类学校的课程标准和课程表，更具体地对有关学校课程的设置、教学目标、授课时数都作出规定。

2. 列举新文化运动时期的教育思潮

【答案要点】

（1）平民教育运动。

平民教育思潮的共同点，在于批判传统的"贵族主义"的等级教育，破除千百年来封建统治者独占教育的局面，使普通平民百姓享有教育权利，获得文化知识，改变生存状况。由于政治立场和思想倾向的差异，在平民教育的具体实践中分化出两种类别：第一类是以共产主义为思想的平民教育；第二类是以资产阶级和小资产阶级知识分子在西方尤其是美国杜威民主主义教育思想的影响下实行的平民教育。

（2）工读主义教育运动。

工读主义教育思潮的基本主张有：以工兼学、勤工俭学、工人求学、学生做工、工学结合、工学并进，培养朴素工作和艰苦求学的精神，以求消除体脑差别。由于提倡和参加者思想立场的差异，工读主义也有不同主张，如"工学主义"、北京工读互助团等。

（3）职业教育思潮。

职业教育思潮是由清末民初的实利主义教育思想发展演变而来，且受到欧美职业教育思想传入中国的推波助澜。民国初期，蔡元培将"实利主义教育"列入资产阶级的教育方针，此后，职业教育思潮逐步形成。1917年，黄炎培发起成立了中华职业教育社，职业教育思潮由此达到高潮，并出现并出现全国性的职业教育运动。

（4）勤工俭学运动。

1915年，蔡元培等人在法国创立"勤工俭学会"，以"勤于工作，俭于求学，以进劳动者之智识"为宗旨，并规定了留法勤工俭学的程序、费用、求学、工作等细目，创造了半工半读的教育形式。

（5）科学教育思潮。

科学教育思潮在新文化运动期间形成并盛行一时。基本内涵为：一是"物质上之知识"的传授；二是应用科学方法于教育研究和对人的科学精神、科学态度的训练，而尤以后者为重。

（6）国家主义教育思潮。

国家主义教育思潮的内涵为：第一，以教育为国家的工具，教育目的对内在于保持国家安宁和谋求国家进步，对外在于抵抗侵略、延存国脉；第二，教育为国家的任务，教育设施应完全由国家负责经营、办理、国家对教育不能采取放任态度。其主旨在于以国家为中心，反对社会革命，通过加强国家观念的教育来实现国家的统一与独立。

3. 简述蔡元培的教育独立思想

【答案要点】

1922年，蔡元培发表《教育独立议案》，阐明教育独立的基本观点和方法，成为教育独立思潮中的重要篇章。教育独立的基本要求可以大致归结为：

（1）教育经费独立。政府指定固定的款项，专作教育经费，不能移做他用。建立独立的教育会计制度等。

（2）教育行政独立。设立专管教育的行政机构，不附设于政府部门，由懂教育的专业人士主持。教育总长不得因政局的变动而频繁变动。

（3）教育学术和内容独立。教育方针应保持稳定，不受政治的干扰。能自由编辑、出版、选用教科书。

（4）教育脱离宗教而独立。

教育独立思想在推进收回教育权运动、抵制殖民教育方面起到了积极作用。蔡元培关于教育脱离政治、脱离政党的主张，是一种历史唯心主义的观点，但反映了他反对军阀分子控制教育，希望按照教育规律办好教育事业的美好愿望；教育脱离宗教的主张更含有反对帝国主义文化侵略的革命意义。

4. 简述壬戌学制的特点

【答案要点】

（1）根据儿童身心发展规律划分教育阶段。

这是1922年新学制最显著的特点，也是中国近代学制发展史上第一次将学制阶段的划分建立在对我国儿童身心发展阶段的研究上。

（2）初等教育阶段趋于合理，更加务实。

它缩短了小学教育年限，改七年为六年，有利于初等教育的普及。另外，幼稚园也被纳入初等教育阶段，使幼、小教育得到衔接，确立了幼儿教育在中国教育史上的地位。

（3）中等教育阶段是改制的核心，是新学制中的精粹。

第一，延长了中学年限，改善了中学与大学的衔接关系；第二，中学分成初、高中两级，给了地方办学伸缩的余地，也增加了学生选择的余地；第三，中学开始实行选科制和分科制，使学生有较大发展余地，适应不同学生的发展需要。

（4）建立了比较完善的职业教育系统。

新学制建立了自成体系、从初级到高级的职业教育系统，用职业教育替代了清末民初的实业教育。这种改革既注意了普通教育与职业教育的沟通，又加重了职业教育在整个教育体制中的比重。

（5）改革师范教育制度。

新学制突破了师范教育自成系统的框架，使师范教育种类增多、程度提高、设置灵活。

（6）缩短高等教育年限，取消大学预科。

大学不再承担普通教育的任务，有利于大学进行专业教育和科学研究。此外，还有两条"附则"：一是注重天才教育，得变通修业年限及课程，使优异之智能尽量发展；二是注重特种教育。

5. 简述收回教育权运动

【答案要点】

随着中国人民的觉醒和国家观念、民族意识的增强，以及科学主义思想的广泛传播，教会教育日益激起人们的反对，向教会收回教育权已经成为不可避免之势。

民国初年，蔡元培以教育总长的身份曾提出以美育代宗教。

1922年，蔡元培发表《教育独立议》，进一步主张教育脱离宗教，举起反基督教教育的大旗。

1923年，余家菊发表《教会教育问题》一文，率先提出"收回教育权"的口号，要求对教会学校"施行学校注册法"。

1924年，广州学生收回教育权运动委员会成立。中华教育改进社在南京开会，讨论外人在华设学和收回教育权问题。同年十月，全国教育会联合会通过了《教育实行与宗教分离》和《取缔外人在国内办理教育事业》两个议案。

1925年，收回教育权运动在"五卅运动"中达到高潮。同年11月，北洋政府教育部颁布《外人捐资设立学校请求认可办法》，这个文件的颁布和执行，是收回教育权运动中最大的实际性成果。

6. 简述蔡元培的"五育"教育

【答案要点】

（1）军国民教育。

军国民教育指将军事教育引入到学校和社会教育之中，让学生和民众受到一定的军事教育和训练。在学校教育中，强调学生生活的军事化，特别是体育的军事化。

（2）实利主义教育。

实利主义教育即密切教育与国民经济生活的关系，加强职业技能的培训，使教育能发挥提高国家经济能力和改善人民生活水平的作用。

（3）公民道德教育。

蔡元培认为，公民道德的基本内容不外乎法国资产阶级革命所标榜的自由、平等、博爱，虽然与封建道德的专制等级性不相容，但他明确指出中国传统伦理特别是儒家伦理中的一些基本范畴，其内涵是与自由、平等、博爱的精神相通的。

（4）世界观教育。

世界观教育是蔡元培独创并被作为教育的最高境界。世界观教育就是要培养人们立足于现象世界但又超脱现象世界而贴近实体世界的观念和精神境界。

（5）美感教育。

蔡元培认为，美感介于现象世界和实体世界之间，是两者之间的桥梁。美感教育是世界观教育的主要途径。大力提倡美感教育是蔡元培教育思想和实践的一个重要特点。

三、论述题

1. 新文化运动是如何抨击传统教育，推进教育变革的？

【答案要点】

（1）抨击传统教育。

①对封建教育的危害和没落的抨击。新文化斗士大力批判儒学中的"三纲五常"及与之相联系的道德礼教，揭露了封建礼教对人性的迫害和阶级压迫的本质。要反对袁世凯的复辟倒退，就必须要反对尊孔读经，反对封建道德和专制统治，反对孔孟之道。

②对以"中体西用"为指导思想的教育的抨击。新文化运动的民主斗士们发现自鸦片战争以来，中国教育表面上看上去颇有改善，但就其实质而言，中国教育仍未进入现代社会，存在着三个弊端：第一，教育精神远离了民主与科学；第二，教育内容脱离社会发展的实际需要；第三，简单模仿，食洋不化。

（2）促进教育观念的变革。

在抨击封建传统教育的基础上，新文化运动促进了中国教育的变化，推进着中国教育观念朝着教育个性化、教育平民化、教育实用化、教育科学化的方向进行变革。

①教育的个性化。主要表现在四个方面：第一，在教育上"使个人享有自由平等之机会而不为政府、社会、家庭所抑制"；第二，教育要尊重个人，又从尊重儿童起，甚至"以儿童为中心"；第三，不能让社会淹没个性，要使人各尽其性，能够发挥个人潜能；第四，学校教育尤忌"随便教育"。教师要以合适的方法帮助学生，学生要充分发挥主观能动性，学会主动学习。

②教育的平民化。通过"庶民"教育可以保障普通民众受教育的权利，使他们的能力得到发展和发挥，这些能力不仅可以改善民众的个人生活，汇聚在一起更是改造社会的巨大潜力。

③教育的实用化。在新文化运动时期，提倡务实的教育成为共识。一方面，人们认识到教育对于个性生活能力的培养、对社会生产发展的适应的重要意义；另一方面，人们认识到学校内部必须

进行全面改革，强调从社会生活和学生生活的实际出发，沟通教育与生活、学校与社会的关系，强调对学生的主动学习、创造性学习和实际能力的培养，要求课程内容和教学组织形式均须适应生产和生活发展的需要。

④教育的科学化。对科学方法和观念的倡导是"五四"新文化运动思想启蒙的重要内涵与特点，表现出强烈的理性色彩，这是一种更深层次的启蒙和洗礼。民主斗士们认为学校进行科学教育，社会讲究科学，重要的是让科学内容和方法渗入社会各项事业，改变人的态度和观念。

新文化运动所促发的中国现代教育观念的转变是划时代的，表明中国人对教育传统、教育现状的反思和学习西方先进的教育进入到思想文化层面和自觉主动的阶段。教育观念的转变直接促成"五四"新文化运动时期教育的改革，尤其是带来20世纪二三十年代中国教育的繁荣，并使中国教育更为广泛和深入地融入世界性的现代教育发展潮流之中。

2. 论述新文化运动时期西方教学理论在中国的传播

【答案要点】

新文化运动掀起的思想解放潮流，加速了中国教育界对进步主义教育思想与方法的引进。由此，西方的各种教学理论迅速在中国传播开来。在近代，输入中国最早的是赫尔巴特教学法。从新文化运动到20世纪二三十年代，在中国广泛传播的各种教学理论和方法主要有：设计教学法、道尔顿制、文纳特卡制等。

（1）设计教学法。

设计教学法是由克伯屈依据杜威问题教学法和桑代克行为主义心理学而创造的一种方法，主张由学生自发地决定自己的学习目的和内容，在学生自己设计、自己实行的单元活动中获得有关的知识和形成解决实际问题的能力。它主张从实际生活中获取学习材料，打破教学科目的界限，摒弃教科书；强调教师的责任在于利用环境去引发学生的学习动机，并帮助学生选择活动所需要的材料。其一般程序为：确定目的、制定计划、实施完成、检查评价。

设计教学法的优点在于重视学生学习的主动性和独立性，强调学生的学习动机与兴趣，注重教学与学生生活紧密联系，摒弃传统教育的形式主义。其缺点也非常明显，它打破了系统的学科体系，使知识支离破碎，过于强调学生的主动性使得学生被放任自流。1924年后渐趋沉寂，30年代后近乎没落。

（2）"道尔顿制"。

"道尔顿制"是相对于班级授课制的一种个别教学制度，产生于美国进步主义教育家柏克赫斯特于1920年在马萨诸塞州道尔顿中学所进行的实验。其原则有三：一是自由，去除凡是阻碍学生自由学习和教师对学生的不合理规定，让学生自我计划、自我约束，借助自由手段养成学生自我支配的能力；二是合作，即学校成为实际社会组织，打破班级界限，在团体生活中，学生既为团体服务又保持个人独立性；三是计划，也称时间预算，在规定时间内，学生自订计划，自行学习。其实质是让每一个学生能够对自己的学习进度和学习方法更多地负责。

道尔顿制看到了整齐划一的班级授课制度的缺陷，注重因材施教和学生独立工作能力的培养，对改变机械、被动的学和呆板、划一的教有很好的用意，因此吸引了力图改变教学现状的中国教育界。但因其理论本身的缺陷和师资、设备等方面的困难，道尔顿制难以为继。

（3）文纳特卡制。

文纳特卡制也叫适应个性教学法，是比道尔顿制更为激进的一种个别教学制度，由美国教育实验家华虚朋创造。它有四个目标：第一，给儿童以优美快乐的生活；第二，充分发展儿童的个性；第三，个人的社会化；第四，养成儿童普遍需要的知识技能。依据这四个目标，它把课程分为两个部分：第一部分是儿童将来生活必须的知识技能；第二是创造的参与社会的活动，使儿童个人的能力和社交意识得到发展。文纳特卡制在学科教学上倡导个别化教学，对教师有很高的要求。在活动课程上，以学生的团体活动和创造性表演活动为主。

文纳特卡制完全打破班级教学，谋求彻底的个别化教学，且没有年级的编制。它既注重儿童的个性和自由，也强调儿童的团体意识和社会化过程。1928年，文纳特卡制传入中国，但它并没有像道尔顿制那样引起广泛的影响。其原因有两点：一是它对学生自学能力要求过高，缺乏教师的直接讲授导致学生不能获得系统扎实的基础知识；二是国内此前已经有过各类教学法的引进实验，人们的热情减退并开始反思。

3. 论述恽代英的教育思想

【答案要点】

（1）论教育与社会改造。

恽代英首先肯定了教育在改造社会方面的作用，但要使教育在这一方面发挥作用，关键在于要以社会改造的目的来办教育。他批判教育救国论，主张把改造教育与改造社会达成一片，认为教育与社会要有共同的改造理想，要把教育办成有计划、有目的的社会改造运动。他还强调，在当时的社会环境下，需要的是研究救国的革命人才而非纯粹的学术人才。

（2）论教育的改造。

恽代英以社会改造为其教育改造的根本目的和依据，提出教育改造的新构想，该构想主要集中在儿童教育和中等教育上。

①儿童教育的改造。恽代英认为，儿童初生时无善恶之分，儿童的培养就是要正确引导其本能向着有益于个人和社会方面发展，关键在于引导。另一方面，要充分利用好学龄前儿童的丰富求知欲，引导他们主动学习知识和技能，以为日后学校教育打好根基。为了教育好儿童，恽代英主张实行儿童公育，设立专门机构，使儿童刚出生就能受到良好的公共教育。但他也指出，儿童公育只有在社会彻底改造后才能真正实现。

②中等教育的改造。恽代英中学教育的思想，切中了当时中学教育的弊端，触及了不少中学教育的理论和实践问题，推动了20世纪20年代中国中学教育的进步。主要体现在以下四点：

中学教育的目的。中学教育应该培养一般国民必须的最低限度的独立生活的知识和技能，是养成一般中等国民应有的品格、知识、能力的教育，是养成健全公民的教育，中学教育要使毕业生升学就业两不误。

中学的课程。恽代英主张课程要让中学生有更多的时间学习读书、写字、算账等必要技能，自然科学常识和历史、地理、政治、经济概要。强调课程设置要以培养健全公民的需要为主，尤其强调学以致用。

中学的教科书。教科书的改革要遵循自学辅导的指导思想，叙述详明，附参考书目和思考题，便于自学；以归纳法编撰，通过提供事实，让学生自己得出结论；强调学科间的联系；讲究学以致用等原则。

中学的教学方法。恽代英提倡用自学辅导法取代传统的注入式教育。自学辅导法的要点是强调自学，在学生自学过程中培养自学习惯和自学能力。

四、材料分析题

1. 根据材料内容和所学知识，试比较洪堡的大学改革与蔡元培的大学改革的异同

【答案要点】

（1）洪堡的高等教育改革。

1810年，为了挽回普法战争时对普鲁士造成的影响，在洪堡、费希特等人的领导下，德国创

办了柏林大学。洪堡认为，大学的真正使命在于提高学术研究水平，为国家长远的发展开拓更广阔的前景。为实现这一理想，柏林大学着意在以下方面体现自己的特色。

①柏林大学拥有充分的办学自主权。教师与学生享有研究与学习的自由，即"教学自由"与"学习自由"。

②聘请一批学术造诣深厚、教学艺术精湛的教授到校任教，切实提高柏林大学的教学质量与学术声望。

③重视柏林大学的学术研究与培养学生的研究能力。

柏林大学是一所新型大学，注重开展哲学、科学和学术研究，提倡学习和教学自由，建立了讲座教授制度和习明纳制度，培养学生的研究能力，从而确立了以研究为核心的现代大学制度，成为现代高等教育的典范，影响了世界高等教育的发展。

（2）蔡元培北京大学改革。

民国成立后，京师大学堂改称北京大学。当时北大校政腐败、制度混乱、学生求官心切、学术空气淡薄、封建文化泛滥。为了改变这种风气，蔡元培赴任北大校长，对北大进行全面改革。

①抱定宗旨，改变校风。蔡元培明确大学的宗旨，认为大学应该成为"研究高尚学问之地"。他改革北大的第一步就是要为师生创造研究高深学问的条件和氛围。具体措施有：改变学生的观念；整顿教师队伍，延聘积学热心的教员；发展研究所，广积图书，引导师生研究兴趣；砥砺德行，培养正当兴趣。

②贯彻"思想自由，兼容并包"的办学原则。蔡元培明确声明，在学术上"循'思想自由'原则，取兼容并包主义"，这是他办理北京大学的基本指导思想。该思想不仅体现在学术上，也体现在教师的聘任上。蔡元培以"学诣为主"，罗致各类学术人才，使北大教师队伍一时呈现出流派纷呈的局面。

③教授治校，民主管理。1912年由蔡元培主持制定的《大学令》中，确立了教授治校、民主管理的大学校务管理原则，规定大学设立评议会，各科设立教授会。蔡元培到任北大后，当年即组织了评议会。1919年，评议会通过学校内部组织章程，决定：第一，设立行政会议，作为全校最高的行政机构和执行机构，负责组织实施评议会议决的事项，下设各种委员会分管各类事物；第二，设立教务会议及教务处，由各系主任组成，并互相推选教务长一人，统一领导全校的教务工作；第三，设立总务处，主管全校的人事和事务工作。

④学科与教学体制改革。在学科与教学体制改革方面，蔡元培主要有三个措施：第一，扩充文理，改变"轻学而重术"的思想；第二，沟通文理，废科设系；第三，改年级制为选科制，发展学生个性。

（3）相同点。

①在改革思想上。第一，都推崇教育独立思想。洪堡认为大学应该"独立于一切国家的组织形式"，但国家必须为大学提供必要的经费；蔡元培也提出了教育独立思想，认为教育应该做到经费独立、行政独立、学术和内容独立以及教育要脱离宗教而独立。第二，都认为大学应该以学术为重。洪堡认为大学的真正使命在于提高学术研究水平，为国家长远的发展开拓更广阔的前景；蔡元培认为大学是研究高尚学问之地。第三，都倡导教师和学生的学术自由，洪堡的柏林大学改革提倡"教学自由"与"学习自由"；蔡元培的北大改革提倡"思想自由，兼容并包"。

②在改革措施上。第一，都对教师队伍进行了整顿，柏林大学通过聘请一批学术造诣深厚的教授来提高教学质量和学术声望；蔡元培也聘请了一批兼具学识和声誉的专家学者到北大任教。第二，都重视学生的学术研究能力培养。洪堡在柏林大学各学院掀起了一股学术研究之风；蔡元培任北大校长后，也在北大内设立了各类研究所，鼓励学术研究。第三，都进行了管理体制的改革，实行了

选科制和教授治校。

（4）不同点。

①改革的具体实施上。第一，学科设置。洪堡重视哲学，认为哲学是一切自然科学的基础，将哲学课程和哲学院放在了核心位置；蔡元培的大学学科设置思想，有一个变化发展过程，经历了从偏重文理到沟通文理，再到废科设系的过程。第二，教学制度。两者都采用了选科制，但在具体实施上有所区别。柏林大学的学生可以自由选择任何课程内容和教师，拥有极大的自由完善发展的空间和机会；而北大为了防止学生纯粹从兴趣出发，忽视对基本理论和知识的学习。学生所选择的学科必须经教员审定，学生实际上只有相对的选择。

②对后世的影响。洪堡的高等教育改革影响是世界范围的，也影响到了蔡元培的北大改革；而蔡元培的北大改革教育影响更多的还是集中在国内。

第十章 南京国民政府时期的教育

一、名词解释
1. 党化教育
2. 大学院和大学区制
3. 戊辰学制
4. 训育制度
5. 导师制
6. 童子军训练

二、简答题
1. 简述国民政府时期"战时须作平时看"的教育方针
2. 简述抗日战争时期的学校西迁
3. 简述导师制的内容
4. 简述国民政府时期实行毕业会考的意义

三、论述题
1. 请论述国民政府时期各级学校教育的改革与发展的情况
2. 论述教科书审查制度

四、材料分析题
3. 材料：

初等教育：一、使儿童整个的身心融育于三民主义教育中；二、使儿童个性、群性在三民主义教育指导下，平均发展；三、使儿童于三民主义教导下，具有适合于实际生产之初步的知能。

中等教育：一、确定青年三民主义之信仰，并切实陶冶其忠孝仁爱信义和平之国民道德；二、注意青年个性及其身心发育状态，而予适当的指导及训练；三、对于青年，应予以职业指导，并养成其从事职业所必具之知能。

高等教育：一、学生应切实理解三民主义之真谛，并具有实用科学的智能，俾克实现三民主义之使命；二、学校应发挥学术机关之机能，俾成为文化的中心；三、课程应视国家建设之需要为依归，以收为国储材之效；四、训育应以三民主义为中心，养成德、智、体、群、美兼备之人格；五、设备应力求充实，并与课程训育相关联。

师范教育：一、应根据三民主义的精神，并参照社会生活之需要，施以最新式科学教育及健全的身心训练，以培养实施三民主义教育之师资；二、学校应与社会沟通，并造成"教""学""做"三者合一的环境，使学生对于教育事业有改进能力及终身服务的精神；三、乡村师范教育应注意改善农村生活，并适应其需要，以养成切实从事乡村教育或社会教育的人才。

社会教育：一、提高民众知识，使具备现代都市及农村生活的常识；二、增进民众职业知能，以改善家庭经济，并增加社会生产力；三、训练民众熟习四权，实行自治，并陶铸其忠孝仁爱信义和平之国民道德，以养成三民主义下的公民；四、注重国民体育及公共娱乐，以养成其健全的身心；五、培养社会教育的干部人才，以发展社会教育事业。

请根据上述材料论述"三民主义"教育

参考答案

一、名词解释

1. 党化教育

【答案要点】

党化教育就是在国民党指导下，求得教育的"革命化""民众化""科学化""社会化"，即把教育方针建立在国民党的根本政策之下，按国民党的党义和政策的精神重新改组学校课程，不仅造就各种专门人才，尤其要使学生走出学校后都能做党的工作。

2. 大学院和大学区制

【答案要点】

1927年，国民党中央设中华民国大学院主管全国教育，地方试行大学区。随后，国民政府任命蔡元培为大学院院长，公布了《中华民国大学院组织法》。根据大学院组织法规定，大学院为全国最高学术教育机关，隶属国民政府，管理全国学术和教育行政事宜。1928年，国民政府公布《修正大学区组织条例》，规定全国各地按教育、经济、交通等状况划分为若干个大学区，每区设大学1所，大学设校长1人负责大学区内一切学术和教育行政事务。

3. 戊辰学制

【答案要点】

戊辰学制以1922年新学制为基础并略加修改。该学制分为原则和组织系统两部分。第一部分提出七项原则，分别是：根据本国实情；适应民生需要；增高教育效率；提高学科标准；谋个性之发展；使教育易于普及；留地方伸缩之可能。第二部分为学校系统。

4. 训育制度

【答案要点】

训育制度是国民政府在学校里进行常规政治思想教育和实行管理的基本组织形式。1929年，国民政府颁布《中小学训育主任办法》，设立训育主任和训育人员，专事考查学生的思想、言论和行动，在全国中小学实现训育制度。

5. 导师制

【答案要点】

导师制是训育制度的一部分，其主要目的是为了进一步控制学生，强化训育。1938年，教育部公布《中等以上学校导师制纲要》，规定在中等以上学校中推行导师制度。其规定包括：中等以上学校每一年级学生分成若干组，由校长指定专任教师一人为导师，学校设主任导师或训育主任一人，总领全校训导等。

6. 童子军训练

【答案要点】

童子军是一种使儿童少年接受军事化教育、训练的组织形式。国民政府在小学和初中实行童子军训练，在高中以上学校实行军事教育和军事训练，以养成儿童青少年服从的意识、划一的习惯、团体的精神和军事的技能。

二、简答题

1. 简述国民政府时期"战时须作平时看"的教育方针

【答案要点】

抗日战争爆发后，国民政府提出了"战时须作平时看"的教育方针，颁布了"一切仍以维持正常教育"为主旨的《总动员时督导教育工作办法纲领》。他们一方面采取一些战时的教育应急措施，另一方面强调维持正常的教育和管理秩序。

国民政府还提出了战时教育的九大方针和十七项要求，具体规定了教育实施原则。"战时须作平时看"的教育方针不是一项短视的重要决策，它既顾及了教育为抗战服务的近期任务，也考虑了教育为战后国家建设和发展的远期目标，使得教育事业在艰苦卓绝的战争环境中仍能有所发展。

2. 简述抗日战争时期的学校西迁

【答案要点】

全面抗战爆发后，中、高等教育损失巨大。但国民政府在"战时须作平时看"政策的指导下，一定程度上维持了中、高等教育的稳定和发展。

在中等教育方面，由于沦陷区师生流亡到大后方日益增多，国民政府设立国立中学予以安置，前后创办国立中学34所，大多设置在西南、西北地区。

在高等教育方面，为保存国家教育实力，国民政府将沿海著名的大学西迁，高等教育的基本力量得到保存，还获得了一定的发展。一方面，一些原有著名大学经过合并组合，使各自的优良传统和学科优势得以发扬和互补，形成新的特色，如由北大、清华、南开合并而成的西南联合大学；另一方面，在西南、西北新设和改制了一些大学，如新设的江西中正大学、贵州大学等，由省立改国立的云南大学、广西大学等，由私立改国立的厦门大学、复旦大学等。至1938年底，共迁址调整大学55所，为中国教育保存了一批精英力量。

3. 简述导师制的内容

【答案要点】

（1）中等以上学校每一年级学生分成若干组，由校长指定专任教师一人为导师，学校设主任导师或训育主任一人，总领全校训导。

（2）导师对学生的思想、行为、学业和身体，均应体察，作详细记录，按月报告训导处和家长。

（3）训导方式除个别谈话外，还可有本组学生的谈话、讨论。

（4）学生不堪训导，由学校除名。

（5）学生毕业，必须有导师的"训导证明书"。

（6）导师授课时数可酌减，但不减待遇。

4. 简述国民政府时期实行毕业会考的意义

【答案要点】

1932年起，教育部开始整顿全国教育，重点在中等教育。中学毕业会考是整顿的重要措施与内容之一。1932年，教育部公布《中小学毕业会考暂行规定》，通令各省市县教育行政主管部门对所属公立及已立案的私立中小学应届毕业生，在经过所在学校考试合格后实行会考。1933年，教育部公布《中学毕业会考规程》并废除《中小学毕业会考暂行规定》，这实际上是取消了小学生的毕业会考。中学实行毕业会考后，国民政府继续将这种这种做法向其他教育领域推广，包括师范学校、专科学校。

作为一个区域辽阔、各地区经济、文化、教育发展极不平衡的国家，建立统一的会考制度，客观上对整齐各地各校的教学水平和教学质量有一定的作用。而且，通过会考建立一种中学教育阶段培养和学校办学的合格认定制度，也不是全无是处。但是，南京国民政府通过会考，使之成为对学生和学校的严格管控的手段，使之成为学生的羁绊而令其无暇无力旁顾，使之成为政府对学生求职就业的操控，这些目的才是最主要的。这种意图在师范学校和大专院校的总考制中体现得更为明显。

三、论述题

1. 请论述国民政府时期各级学校教育的改革与发展的情况

【答案要点】

（1）幼儿教育。

1929年，教育部颁发《幼稚园课程暂行标准》，成为指导全国各类幼稚园课程建设和实施的纲领性文件。在此基础上，1932年，教育部颁布《幼稚园课程标准》，规定幼稚教育的目的为："增进幼稚儿童身心的健康"，"力谋幼稚儿童应有的快乐和幸福"，"培养人生基本的优良习惯"。当时，幼稚园多采用西方的设计教学法，办园形式以半日制为主。随后教育部又颁布实施了一系列有关幼儿教育的法规，使得各级政府管理幼稚园有据可依、有章可循，保证了幼稚园的健康发展。

（2）初等教育。

国民政府时期的初等教育可以分为三个时期：

①稳定发展时期。该时期国民政府以"三民主义"为宗旨，加强对初等教育的控制，同时教育建设实行法制化，保障了教育发展，民国初等教育基本定型。

②抗日战争时期。由于国民政府提出"抗战建国"的口号，实施国民教育制度，初等教育在时局动荡中仍能维持一定发展。

③抗战胜利后。国民党悍然发动全面内战，国民教育的实施受到扼杀，初等教育同样走向衰败。

（3）中等教育。

国民政府时期的中等教育也先后经历三个发展阶段：

①统治的最初十年，通过一系列中等教育法规的颁布，保证了中等教育的发展。发展主要体现于中等教育内部结构的调整，而非数量的增加。

②抗战时期，由于采取"抗战建国"方针，中学数量增长较快。

③抗战胜利后，全国中学数量达到最高点。

（4）高等教育。

国民政府时期的高等教育也是先后分为三个阶段：

①统治的前十年，稳步发展，逐步定型。

②抗日战争爆发后的一段时间，开始下挫。

③抗战胜利后，高等教育进行了复原工作，大学学校和学生数量都达到最高点。

2. 论述教科书审查制度

【答案要点】

中华民国成立之初，南京临时政府教育部颁发的《普通教育暂行办法》规定，各种教科书必须合乎民主共和之精神，禁用清学部颁行的教科书，要求各书局删改教科书中涉及清政府教育精神和制度的有关内容，并于1912年颁布《审定教科用图书规程》，规定中、小学校和师范学校教科用书，允许人们自行编辑，但须经教育部审定，以供出版选用。这就是民国的教科书审定制度。

国民政府建立和完善教科书审查制度，贯穿了思想控制的意图，力图借助教科书贯彻国民党的党义和"三民主义"精神。但是，教科书编审制度的建立，也对全国教科书的编写、出版起到规范作用，尤其是在教授专家学者、富有实践经验的学校教师、校长和出版界有识之士的共同努力下，国民政府时期的确出版了为数不少的优秀教科书，提供了不少教材编纂经验。

四、材料分析题

1. 请根据上述材料论述"三民主义"教育

【答案要点】

由于"党化教育"受到进步人士的抨击，国民党内部对"党化教育"的解释也有分歧。1928年第一次全国教育会议上就"党化教育"一词的来源和含义发生了争执，大会决定以"三民主义教育"代替"党化教育"，通过了《三民主义教育宗旨说明书》，解释三民主义教育"就是以实现三民主义为目的的教育，就是各级教育行政机关的设施，各种教育机关的设备和各种教学科目，都是以实现三民主义为目的的教育"。

1929年由南京国民政府正式以《中华民国教育宗旨及其实施方针》通令颁行，其宗旨为："中华民国之教育，根据三民主义，以充实人民生活，扶植社会生存，发展国民生计，延续民族生命为目的；务期民族独立，民权普遍，民生发展，以促进世界大同。"

"三民主义"教育实施方针的要点包括：

（1）各级学校三民主义之教育，应与全体课程及课外作业相贯连。

（2）普通教育，必须根据总理遗教，以陶融儿童及青年忠孝仁爱信义和平之国民道德，并养成国民之生活技能，增进国民之生产能力为主要目的。

（3）社会教育，必须使人民认识国际情况，了解民族意义，并具备近代都市及农村生活之常识，家庭经济改善之技能，公民自治必备之资格，保护公共事业及森林园地之习惯，养老恤贫防灾互助之美德。

（4）大学及专门教育，必须注重实用科学，充实学科内容，养成专门知识技能，并切实陶融为国家社会服务之健全品格。

（5）师范教育，为实现三民主义的国民教育之本源，必须以最适宜之科学教育及最严格之身心训练，养成一般国民道德上学术上最健全之师资为主要之任务。在可能范围内，使其独立设置，并尽量发展乡村师范教育。

（6）男女教育机会平等。女子教育并须注重陶冶健全之德性，保持母性之特质，并建设良好之家庭生活及社会生活。

（7）各级学校及社会教育，应一体注重发展国民之体育。中等学校及大学专门学校，须受相当之军事训练。发展体育之目的，固在增进民族之体力，尤须以锻炼强健之精神，养成规律之习惯为主要任务。

（8）农业推广须由农业教育机关积极实施。

"三民主义"教育宗旨的颁行对教育的稳定发展起到了一定作用，但这一方针的本质是维护国民党的一党专政，在实际执行中也大打折扣。

第十一章

中国共产党领导下的革命根据地教育

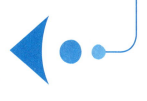

一、名词解释

1. 苏维埃文化教育总方针
2. 干部在职培训
3. 群众教育
4. 冬学
5. 解放区新大学

二、简答题

1. 简述"民族的、科学的、大众的"文化教育方针
2. 简述中国人民抗日军政大学
3. 简述苏维埃根据地的儿童教育
4. 简述根据地的小学教育

三、论述题

1. 论述中国共产党革命根据地的教育经验

四、材料分析题

1. 材料：根据"干部教育第一，国民教育第二"的方针，干部教育成为抗日民主根据地教育的重心。1940年12月，毛泽东在《论政策》中要求每个根据地都要尽可能地开办大规模的干部教育："越大越多越好！"遵其指示，根据地各级各类干部学校、干部在职补习学校蓬勃发展。

请根据材料论述除"抗大"之外抗日民主根据地的高级干部学校有哪些？

参考答案

一、名词解释

1. 苏维埃文化教育总方针

【答案要点】

1934年，毛泽东在第二次全国苏维埃代表大会的工作报告中，具体、明确地表述了苏维埃文化教育的方针："在于以共产主义的精神来教育广大的劳苦民众，在于使文化教育为革命战争与阶级斗争服务，在于使教育与劳动联系起来，在于使广大中国民众都成为享受文明幸福的人。"这一表述合乎苏区斗争的实际条件和实际需要，具有民族的、科学的、大众的和革命的基本特征，是中国共产党对新民主主义教育方针最初的、较为明确的表述。

2. 干部在职培训

【答案要点】

在职培训和干部学校是干部教育的两大基本形式。在职培训在苏维埃革命根据地时期就已经普遍开展，目的是提高在职干部的水平或训练某种专业人员，通过干部培训班、在职干部学校实施。

3. 群众教育

【答案要点】

苏区的成人群众教育分为军队和地方两种，教育形式不拘一格，灵活多样，将土地革命、马克思主义的宣传同普通群众性识字、学文化运动结合起来，利用生产闲暇时间进行文化教育活动。抗日根据地的教育继承了土地革命时期苏区教育的传统。群众教育的目的一方面是扫除文盲，另一方面让一般群众理解战争、配合战争、参与战争。

4. 冬学

【答案要点】

抗日根据地的社会教育重心在成人教育，冬学属于成人教育组织形式，是指利用冬闲对农民群众进行教育的组织形式。其适应分散的农村群众生产和生活实际，是最受欢迎、最普遍、最广泛的社会教育形式之一。

5. 解放区新大学

【答案要点】

创办新大学是对解放区高等教育的整顿与建设措施之一。高等教育的大规模整顿和创办新大学，最先从东北开始。整顿的形式主要是在旧大学的基础上，建立培养各类人才的新大学，如培养经济建设人才的沈阳工学院、培养中学师资的东北大学、培养行政干部的东北行政学院等。

二、简答题

1. 简述"民族的、科学的、大众的"文化教育方针

【答案要点】

1940年，毛泽东在《新民主主义论》中提出新民主主义文化教育方针，即民族的、科学的和大众的文化教育。

（1）"民族的"。指新民主主义教育是反对帝国主义压迫，主张中华民族的独立和尊严，带有民族特性的教育。

（2）"科学的"。指新民主主义教育是反对一切封建、迷信思想，主张实事求是，主张客观真理，主张理论与实践统一。对于中国传统教育，取其精华，去其糟粕。

（3）"大众的"。指新民主主义教育是为全民族百分之九十以上的工农劳苦民众服务的，并逐渐成为他们的教育，因而又是民主的。

新民主主义教育方针的提出，对抗日民主根据地和此后阶段新民主主义革命时期的教育产生了实际影响。抗日民主根据地和以后解放区的一系列行之有效的教育方针政策，都是新民主主义教育方针的具体化。

2. 简述中国人民抗日军政大学

【答案要点】

中国人民抗日军事政治大学简称"抗大",是在中国共产党和毛泽东直接领导和关心下创建和发展起来的。这是一所培养抗日军政干部的学校,是抗日民主根据地干部学校的典型。

(1)抗大的教育方针:坚持正确的政治方向,艰苦朴素的工作作风,灵活机动的战略战术。

(2)抗大的宗旨:训练抗日救国军政领导人才。

(3)抗大的校训:团结、紧张、严肃、活泼。

(4)抗大的学风:理论联系实际。

(5)抗大的政治思想教育:①帮助学生把握马克思列宁主义,克服小资产阶级思想;②教育学生有组织性、纪律性,反对无政府主义和自由主义;③教育学生要深入基层实际工作,反对轻视实际工作经验的态度;④教育学生接近工农、服务工农,反对看不起工农的意识。

(6)抗大的教学方法:抗大创造了一套从实际出发、生动活泼的教学形式和方法,包括启发式、研究式、实验式、"活"的考试。

3. 简述苏维埃根据地的儿童教育

【答案要点】

为了培养未来事业的接班人,苏区把"厉行全部的义务教育",使工农大众的子女都能享受到国家的免费教育,作为自己的教育任务和教育理想。在根据地建立之初,就已开始办小学,着手对儿童的教育;尽力拨出经费,结合民小公助的形式,广泛发展小学,努力实现失学儿童"一律免费入学"的理想。

实施儿童教育的机构是小学校,名称有劳动小学、列宁小学、红色小学,1934年2月后一律改称列宁小学。列宁小学的学制实行三二分段,前三年为初级列宁小学,后两年为高级列宁小学。还分为全日制和半日制两种,半日制列宁小学专为年龄较大、需要帮助家庭生产的儿童所办,具有半工半读性质。

列宁小学的教育目的"是要训练参加苏维埃革命斗争的新后代,并在苏维埃革命斗争中训练将来共产主义的建设者"。因此,列宁小学的教育教学是要把小学教育和政治斗争相联系,把教育与生产劳动相联系,要发展儿童的创造性。

4. 简述根据地的小学教育

【答案要点】

抗日根据地小学分为两类:第一类是巩固地区的小学。巩固地区是指在政治、军事、经济等各方面基本上都被我方控制的地区。在这类地区,一般都设有为抗战服务、在形式上比较正规的小学。第二类是近敌区和游击区的地区。在这些地方,为了反抗敌人的奴化教育,争夺下一代,办有抗日两面小学和抗日隐蔽小学。

抗日根据地的小学教育较之苏区时期发展得更为成熟。在办学思想、办学形式、教育内容等方面形成了不少经验和特点,成为革命老区的教育传统,影响了以后的教育。

三、论述题

1. 论述中国共产党革命根据地的教育经验

【答案要点】

(1)教育为政治服务。

在当时特定的时代环境下,最大的政治是以武装斗争的手段去夺取民族民主革命的胜利,而动员广大人民群众投入革命战争、支援革命战争,并最大限度地提高人民军队干部战士的觉悟,是中国共产党面临的中心任务。革命根据地的教育正是围绕着这一中心任务展开的,教育的功能得到了最大限度的发挥。主要表现在以下几方面:

①在安排各类教育的发展时，正确处理了特定环境下的轻重缓急，保证了最迫切需要的满足，将干部教育作为优先，国民教育作为次要。

②在教育内容的确定上，始终服从了战争的需要，注重形势教育、对敌斗争教育、阶级斗争教育、纪律教育、群众路线教育。

③在教育教学的组织安排上，也充分考虑到战争条件和政治需要。在学制方面，因时、因地制宜；课程安排少而精，以切合战争需要为主；教学形式和方法更强调教学内容的联系实际斗争和工作，并在战斗中工作和学习。

此外，根据地的干部学校、军事学校乃至一般中小学，均不同程度地采取军事化管理形式，强化教育工作和教育对象对战争环境的适应性。

（2）教育与生产劳动相结合。

根据地教育的基本任务是彻底改变建立在封建生产关系之上、以脱离农村生产生活实际为特征、以培养精神贵族为目的的文化教育。同时，根据地工作虽以战争为主，但也需要积极发展生产，以保障前线和后方基本的物质需求。因此，根据地学生将教育与生产劳动相结合，就有着特定的历史意义，主要体现在：第一，教育内容紧密联系当时当地的生产和生活实际，进行劳动习惯和观点、劳动知识和技能的教育；第二，教育教学的组织形式和时间安排注意适应生产需要；第三，要求学生参加实际的生产劳动，这不仅具有教育意义，也具有经济意义。

（3）依靠群众办教育。

根据地教育之所以能在严峻的战争环境中、困难的经济条件下办得生气勃勃，其重要原因就是依靠群众办学，发掘了蕴藏在人民群众中巨大的教育能量。

毛泽东总结出群众路线有两条原则，一是要满足群众的需要，二是要出于群众的自愿。依据群众需要，出于群众自愿，并实行民办公助的政策，成为根据地教育的巨大动力。依靠群众办教育加强了学校与群众的联系，争取了群众对学校的支持和监督，有利于学校在边区人民群众中生根，加强了学校的民主管理，大大提高了群众办教育的积极性，促进了根据地教育的发展。

四、材料分析题

1. 请根据材料论述除"抗大"之外抗日民主根据地的高级干部学校有哪些？

【答案要点】

抗日战争时期，陕甘宁边区是中共中央所在地，是根据地抗日战争的指挥中心。培养高级干部的学校大多集中在延安，在极端困难的条件下，这些学校为抗战培养了大批军政干部。除"抗大"外，其他高级干部学校有：

（1）中共中央党校。前身是1933年在江西成立的马克思共产主义大学，红军长征到达陕北后，于1935年11月在瓦窑堡复校，改名中央党校，校长董必武。中央党校先后经过两次改组，第一次着重提高学员用马列主义立场、观点与方法分析中国历史与当前的具体问题，总结中国革命经验的能力，第二次党校直属中央书记处，政治指导由毛泽东负责，组织指导由任弼时负责，校长邓发。中央党校经过改组和整风，在干部教育的指导思想、方针、任务、方法上创造了极其丰富的经验，为抗日战争和革命事业作出了重大贡献。

（2）陕北公学。1937年8月成立于延安东门外延河之滨，校长成仿吾，教务长邵式平。学员来自全国25个省市以及南洋、朝鲜、越南。国统区一批著名学者和文化人士曾在学校任教。学校分设普通班，学期4个月；高级研究班，学期1年。陕北公学的主要任务是培养抗日先锋队，第一、二队学员毕业就奔赴华北各抗日战场。

（3）鲁迅艺术文学院。又称鲁迅艺术学院，1938年4月由毛泽东、周恩来、林伯渠、徐特立等联名发起成立，旨在培养抗战艺术干部，研究革命艺术理论，整理中国文化遗产，建立中国的新艺术。学校最初规定学期为9个月，先入校学习3个月，后赴各根据地实习3个月，再回校理论提高3个月。初设戏剧、音乐、美术三系，后又增设文学系。鲁迅艺术学院共办了四期，培养了500余名学员，派赴八路军、新四军和各根据地，为抗战作出了特殊贡献，其中不少人后来成为人民共和国的文艺骨干。

（4）延安大学。1941年9月由陕北公学、中国女子大学、泽东青年干部学校合并而成，校长吴玉章。初设社会科学院、教育学院、法学院及俄文、英文两个专修科，是一所规模较大、学制正规的综合性大学。延安大学的教学方法有三个特点，即"学与用的一致""自学为主、教授为辅""在教学上发扬民主精神"。

（5）华北联合大学。1939年7月在延安成立，随即以战斗编制东渡黄河，突破重重封锁后，留驻晋察冀根据地首府阜平县办学，任务是训练各种干部，坚持华北敌后抗战。校训是"团结、前进、刻苦、坚定"。教育方针是为革命实际斗争需要而培养干部；注意理论同实际相结合；贯彻少而精和通俗化的原则。

第十二章 现代教育家的教育探索

一、名词解释

1. 《新教育大纲》
2. 全人生指导
3. 中华职业教育社
4. 定县实验
5. "化农民"与"农民化"
6. "小先生制"
7. 晓庄师范
8. 生活教育
9. "教学做合一"
10. 活教育
11. 五指活动
12. 山海工学团
13. 敬业乐群

二、简答题

1. 简述杨贤江的马克思主义教育理论
2. 简述黄炎培的职业教育思想
3. 简述晏阳初的"四大教育"和"三大方式"
4. 简述梁漱溟的乡农学校的组织原则与教育内容
5. 简述陶行知的儿童创造教育思想

三、论述题

1. 论述陶行知的"生活教育"理论及其现代启示
2. 论述陈鹤琴的"活教育"理论及其当代价值
3. 试分析陶行知"生活教育"理论与陈鹤琴"活教育"理论的共同点

四、材料分析题

1. 材料1：在乡村办教育若不去干建设工作，是没有用的，换句话说，在农村办教育，固然是重要的，可是破产的农村，非同时谋整个的建设不可，不谋建设的教育，是会落空的，是无补于目前中国农村社会的。

——晏阳初《中华平民教育促进会定县工作大概》

材料2：梁漱溟倡导的乡村建设，就总体而言，是一种企图在保留现存社会关系的基础上，通过乡村教育的方法，由乡村建设引发工商业，以实现国民经济改造和社会改良的运动。

——李华兴《国民教育史》

根据上述材料，试比较晏阳初和梁漱溟乡村教育的异同

2. 材料：在杜威看来，如果书本知识的传授脱离了实际社会生活，传统教育便如同一张空头支票，没有实质上的意义，教育也无法完成它应有的效应。陶行知在对杜威思想批判继承的基础上，于1922年提出"生活即教育""社会即学校"和"教学做合一"三个方面的内容，强调日常生活中的碰撞、摩擦及经历对人产生的教育作用，认为"拿全部生活去做教育的对象，然后教育的力量才能伟大，方不至于偏狭"。

根据材料试比较陶行知和杜威教育思想的异同

参考答案

一、名词解释

1.《新教育大纲》

【答案要点】

我国新民主主义革命时期，杨贤江于1930年以李浩吾的化名撰著的《新教育大纲》出版。这是我国第一本试图用马克思主义的观点论述教育的著作。该书论述了教育的本质和作用，认为教育是社会上层建筑之一，是营谋社会生活的手段，阶级斗争的工具，在教育理论上起到了一定的启蒙作用。

2. 全人生指导

【答案要点】

"全人生指导"是杨贤江的思想主张，就是对青年进行全面关心、教育和引导，即不仅关心他们的文化知识学习，同时对他们生活中各种实际问题给以正确的指点和疏导，使之在德、智、体诸方面都得以健康成长，成为一个"完成的人"，以适社会改进之所用。

3. 中华职业教育社

【答案要点】

1917年，黄炎培发起成立了中华职业教育社，这是中国近代第一个研究、倡导、实验和推行职业教育的专门机构，进一步从理论上探讨、在实践中推行职业教育，职业教育思潮由此达到高潮，并出现全国性的职业教育运动。

4. 定县实验

【答案要点】

定县的乡村平民教育实验是与晏阳初对平民教育认识的发展紧密联系的。晏阳初认为，农村建设的工作最重要的是必须有具体的方案，具体的方案又必须以事实为依据，必须靠有系统的精确调查。在定县乡村平民教育实验的基础上，晏阳初对于县范围内如何具体实施乡村教育总结了一套成功的经验。这集中体现为他所概括的"四大教育"和"三大方式"。

5. "化农民"与"农民化"

【答案要点】

"化农民"与"农民化"是晏阳初进行乡村建设试验的目标和途径。定县试验加强了知识分子和农民之间的沟通,在此基础上,晏阳初提出了"农民科学化,科学简单化"的平民教育目标,认为想要"化农民"必须先"农民化"。为此他号召知识分子深入农民,学习和了解农民生活,彻底地与广大农民打成一片,只有这样才能深切地了解农民和他们的需要,才能实实在在进行乡村改造。

6. "小先生制"

【答案要点】

"小先生制"由陶行知提出,指人人都要将自己认识的字和学到的文化随时随地教给别人,而儿童是这一传授过程的主要承担者。尤其重要的是"小先生"的责任不止在教人识字学文化,而是在"教自己的学生做小先生",由此将文化知识不断推广。

7. 晓庄师范

【答案要点】

1927年,陶行知在南京和平门外晓庄创办南京市试验乡村师范学校,后改名晓庄学校,计划培养一批有农夫的身手、科学的头脑、改造社会的精神、健康的体魄和艺术的兴趣的乡村教师。确立"生活即教育""社会即学校""教学做合一"的生活教育理论,并亲自实验,希望从乡村教育入手,寻找改造中国教育和社会的出路,从而成为中国现代教育史上提倡乡村教育、兴办乡村学校的先行者。

8. 生活教育

【答案要点】

"生活教育"是陶行知教育思想的核心,集中反映了他在教育目的、内容和方法等方面的主张,反映了陶行知探索适合中国国情和时代需要的教育理论的努力。包括生活即教育、社会即学校和教学做合一等思想。

9. "教学做合一"

【答案要点】"教学做合一"是生活教育理论的一个重要主张,是"生活即教育"在教学方法问题上的具体化。其涵义为:教的方法根据学的方法,学的方法根据做的方法。事怎样做便怎样学,怎样学便怎样教。教与学都以做为中心。

10. 活教育

【答案要点】

活教育由陈鹤琴所倡导。陈鹤琴提出"活教育"的目的是"做人,做中国人,做现代中国人";"大自然、大社会都是活教材"是陈鹤琴对"活教育"课程论的概括表述;"做中教,做中学,做中求进步"是"活教育"教学方法的基本原则。

11. 五指活动

【答案要点】

"活教育"的课程打破惯常按学科组织的体系,采取活动中心和活动单元的形式,即能体现儿童生活整体性和连贯性的"五指活动"形式。"五指活动"包括儿童健康活动、儿童社会活动、儿童科学活动、儿童艺术活动、儿童文学活动。按"五指活动"的设想,儿童活动代替课堂教学成为学校教育的基本形式,它追求的是完整的儿童生活。

12. 山海工学团

【答案要点】

陶行知于1931年回国，从事科学普及教育，开展"科学下嫁"活动，编辑了许多科普读物。1932年，在上海郊区大场创办山海工学团，提出"工以养生，学以明生，团以保生"，力图将工厂、学校、社会打成一片，以达到普及教育的目的。

13. 敬业乐群

【答案要点】

黄炎培把职业道德教育的要求概括为"敬业乐群"，并将其作为中华职业学校的校训。敬业是指热爱所业，尽职所业，有为所从事业和全社会作出贡献的追求；乐群是指有高尚情操和群体合作精神，有"利居众后，责在人先"的服务乃至奉献精神。

二、简答题

1. 简述杨贤江的马克思主义教育理论

【答案要点】

（1）论教育的本质。

杨贤江是中国最早的马克思主义教育理论家和青年教育家。他认为教育为观念形态的劳动领域之一，即社会的上层建筑之一。它与法律、政治、宗教、艺术、哲学等观念形态的领域一样，建立于经济基础之上，取决于经济基础，又反作用于经济基础。教育是上层建筑的同时，也是劳动力再生产的手段，具有双重属性。

（2）论教育的功能。

杨贤江批判了"教育神圣说""教育清高说""教育中正说""教育独立"等观点，并驳斥"教育万能说""教育救国论""先教育后革命论"。他认为要改革当时不合理的社会制度，只有进行革命。在革命中，教育应当作为革命武器之一；革命胜利后，教育便应当促进建设社会主义社会。

（3）"全人生指导"与青年教育。

杨贤江的青年教育体现在两方面，一是对青年问题的分析，二是对青年进行"全人生的指导"。

①对青年问题的分析。杨贤江认为，青年期是人的身心发展显著而重要变化的时期，对个体发展极其关键，或向上，或堕落，人生很大程度取决于此时。同时，青年问题也不仅是个体身心问题，更是社会问题最集中、最尖锐的反映。青年问题的产生是正常现象，只要正确教育和指导，完全可以将青年引上正途。

②对青年进行"全人生的指导"。"全人生指导"就是对青年进行全面关心、教育和引导，即不仅关心他们的文化知识学习，同时对他们生活中各种实际问题给以正确的指点和疏导，使之在德、智、体诸方面都得以健康成长，成为一个"完成的人"，以适社会改进之所用。具体体现在：第一，指导青年树立正确的人生观，这是杨贤江青年教育思想的核心；第二，旗帜鲜明地主张青年要干预政治，投身革命；第三，强调青年必须学习，这是青年的权利与义务；第四，对青年的生活也提出了指导性意见。

2. 简述黄炎培的职业教育思想

【答案要点】

（1）职业教育的作用与地位。

①作用：职业教育的功能就其理论价值而言，在于"谋个性之发展"；"为个人谋生之准备"；"为个人服务社会之准备"；"为国家及世界增进生产力之准备"。就其教育和社会影响而言，在于通过提高国民的职业素养，确立社会国家的基础。就其对当时中国社会的作用而言，在于有助于解决中

国最大、最重要、最急需解决的人民生计的问题,消灭贫困,并进而使国家每一个公民享受到基本的自由权利。

②地位:职业教育在学校教育制度上的地位是一贯的、整个的和正统的。

(2)职业教育的目的。职业教育的最终目的为"使无业者为有业,使有业者乐业"。

(3)职业教育的方针。①社会化。黄炎培强调职业教育必须适应社会需要;②科学化。科学化是指用科学来解决职业教育问题,开展职业教育需要遵循科学原则。

(4)职业教育的教学原则:"手脑并用""做学合一""理论与实际并行""知识与技能并重"。

(5)职业道德教育。黄炎培把职业道德教育的基本要求概括为"敬业乐群"。"敬业"是指热爱自己的职业,做到尽职,有为所从事职业和全社会做出贡献的追求。"乐群"是指有高尚情商和群体合作精神,有服务和奉献精神。

3. 简述晏阳初的"四大教育"和"三大方式"

【答案要点】

四大教育:晏阳初把中国农村的问题归结为"愚""穷""弱""私"四个方面,他认为,要解决这四点,就必须通过"四大教育"来进行。

(1)以文艺教育攻愚,培养知识力。具体做法是从文字及艺术教育着手,使人民认识基本文字,得到求知识的工具,以为接受一切建设事务的准备。其首要工作就是除净青年文盲,将农村优秀青年组成同学会,使他们成为农村建设的中坚分子。

(2)以生计教育攻穷,培养生产力。它从农业生产、农村经济、农村工业各方面着手,以达到农村建设的目标。

(3)以卫生教育攻弱,培养强健力。注重大众卫生和健康,及科学医药的设施,使农民在他们现有经济状况下,能得到科学治疗的机会,以保证他们最低程度的健康。

(4)以公民教育攻私,培养团结力。通过激起人民的道德观念,施加良好的公民训练,使他们有公共心,团结力,有最低限度的公民常识,政治道德,以立地方自治的基础。晏阳初认为,四大教育中,公民教育是最根本的。

"三大方式":在定县乡村平民教育实验中,针对过去教育与社会相脱节、与生活实际相背离的弊端,在强调发挥教育的整体功能作用时,晏阳初提出了在农村推行"四大教育"的"三大方式"。

(1)学校式教育。学校式教育以青少年为主要教育对象。包括初级平民学校、高级平民学校、生计巡回学校。

(2)家庭式教育。家庭式教育的目的在于:第一,解决家校矛盾,帮助年长的家庭妇女减少对青年妇女和儿童教育的阻挠或反对,增强学校教育的效益;第二,把学校课程的某一部分交由家庭承担,使家庭关心社区的利益,乐于承担社会责任。

(3)社会式教育。社会式教育是由平民学校毕业生从各个方面发挥示范作用,积极引导和帮助全村农民按照计划接受四大教育。

4. 简述梁漱溟的乡农学校的组织原则与教育内容

【答案要点】

(1)乡农学校的组织原则。

乡农学校分村学和乡学两级。从教育程度上分,文盲和半文盲入村学,识字的成年农民入乡学;从行政功能上分,村学是乡学的基础组织,乡学是村学的上层机构。其组织原则是:其一,"政教养卫合一""以教统政",即乡农学校是教育机构和行政机构的合一,乡村建设的政治、经济措施都通过乡农学校来实施;其二,学校式教育与社会式教育融合,在乡农学校中成立儿童部、成人部、妇女部和高级部。

（2）乡农学校的教育内容。

乡农教育的课程分为两大类：一类是各校共有的课程，包括识字、唱歌等普通课程和精神讲话，尤重后者。第二类是各校根据自身生活环境需要而设置的课程，如匪患严重的乡村，可成立农民自卫武装组织，进行自卫训练等。

总之，乡农学校的所有教育内容强调服务于乡村建设，密切适合农村生产、生活的需要。

5. 简述陶行知的儿童创造教育思想

【答案要点】

（1）创造教育的目的。

陶行知认为，创造的教育就是要以生活为教育、以社会为学校、学校和社会打成一片的教育。创造教育的理想和目的有两个：第一，为"老百姓造福利"，为"整个国家民族谋幸福"，为"整个人类谋利益"。第二，培养出具有真善美人格和创造力的人。

（2）创造教育的六大解放。

陶行知认为，"儿童是新时代的创造者"，应当解放和培养而不是压制甚至摧残儿童的创造力。因此创造教育必须从儿童抓起。为了培养儿童的创造力，他提出了儿童创造教育需要做到"六大解放"，把儿童从成人的束缚中解放出来。"六大解放"，即解放儿童的头脑、双手、眼睛、嘴、空间、时间。

"六大教育"具体内容：①解放儿童的眼睛，就是让学生多观察现实社会，多了解社会现实生活，才能发现新情况、新问题。②解放儿童的头脑，使学生的头脑从迷信、盲从、成见、曲解、幻想中摆脱出来，大胆想象，大胆思考，大胆探索，独立思考，让创造性思想"突围出来"。③解放儿童的双手，即让孩子亲自动手操作，参与实践，训练动手能力。④解放儿童的嘴巴，即鼓励儿童大胆开口说话。⑤解放儿童的空间，即让儿童接触大自然和社会现实，拓展学习范围。⑥解放儿童的时间，让儿童有更多的时间学习人生、学做事、去创造，利用空余时间谈国事，培养儿童对国家和人民的责任感。

三、论述题

1. 论述陶行知的"生活教育"理论及其现代启示

【答案要点】

（1）"生活即教育"。

"生活即教育"是陶行知生活教育理论的核心。其内涵包括：生活含有教育的意义；实际生活是教育的中心；生活决定教育，教育改造生活。

"生活即教育"所强调的是教育以生活为中心，所反对的是传统教育脱离生活而以书本为中心。尽管它在生活与教育的区别和系统的知识传授方面有所忽视，但在破除传统教育脱离民众、脱离社会生活的弊端方面，有十分重要的意义。

（2）"社会即学校"。

"社会即学校"是生活教育理论另一重要主张，是"生活即教育"思想在学校与社会关系问题上的具体化。"社会即学校"，是指"社会含有学校的意味"，或者说"以社会为学校"。由于到处是生活，到处都是教育，"整个的社会是生活的场所，亦即教育之场所"。

"社会即学校"，是指"学校含有社会的意味"。也就是说，学校通过与社会生活相结合，一方面运用社会的力量使学校进步，另一方面动员学校的力量帮助社会进步，使学校真正成为社会生活必不可少的组成部分。

"社会即学校"扩大了学校教育的内涵和作用，对于传统的学校观、教育观有所改变。传统学校与社会生活脱节，学生孤陋寡闻，而以社会为学校，使得教育的材料、教育的方法、教育的工具、教育的环境可以大大地增加，有利于拓展学生的知识，增强学生的能力。"社会即学校"，还可以使被传统学校拒之门外的劳苦大众能够受到起码的教育，贯穿了普及民众教育的苦心，同样也值得肯定。

（3）"教学做合一"。

"教学做合一"是生活教育理论的又一重要主张，是"生活即教育"在教学方法问题上的具体化。其涵义为：教的方法根据学的方法；学的方法根据做的方法。事怎样做便怎样学，怎样学便怎样教。教与学都以做为中心。包括以下四个要点："教学做合一"要求在"劳力上劳心"；"教学做合一"是因为"行是知之始"；"教学做合一"要求"有教先学"和"有学有教"；"教学做合一"还是对注入式教学法的否定。

（4）现实意义。

陶行知的生活教育理论是一种大众的、为人民大众服务的教育理论，且还是一种不断进取创造，旨在探索具有中国民族特色的教育道路的理论。

生活教育理论还在教育观念的改变方面颇有建树，无论是强调学校教育与社会生活、生产劳动相结合，还是要求手脑并用、在劳力上劳心，都是对学校与社会割裂、书本与生活脱节、劳心与劳力分离的传统教育的反动，显示出强烈的时代气息，至今都富于启示。

陶行知的生活教育理论是我国民族教育理论宝库中十分可贵的遗产，值得我们珍惜并认真研究汲取。

2. 论述陈鹤琴的"活教育"理论及其当代价值

【答案要点】

陈鹤琴是中国近代学前儿童教育理论和实践的开创者。他通过对长子陈一鸣的追踪研究，力行观察、实验方法，探索中国儿童心理发展及教育规律；同时创办了中国第一所实验幼稚园——鼓楼幼稚园，进行中国化、科学化的幼儿园实验，总结并形成了系统的、有民族特色的学前教育思想。

（1）"活教育"的目的论。

陈鹤琴提出"活教育"的目的是"做人，做中国人，做现代中国人。"

①"做人"是"活教育"最为一般意义的目的。"活教育"提倡学习如何做人，如何求社会进步、人类发展。学会"做人"，是个体参与社会生活、增进人类全体，同时也是个体幸福的基础。

②"做中国人"体现了"活教育"目的的民族特征，指要懂得爱护这块生养自己的土地，爱自己国家长期延续的光荣历史，爱与自己共命运的同胞。并且，应该与其他中国人团结起来共同谋国家发展。

③"做现代中国人"体现了时代精神，有五个具体方面的要求：要有健全的身体；要有建设的能力；要有创造的能力；要能够合作；要服务。

"活教育"目的论从普遍而抽象的人类情感和认识理性出发，逐层赋予教育以民族意识、国家观念、时代精神和现实需求等涵义，使教育目标逐渐具体，表达了陈鹤琴对人的发展、教育与社会变革的追求。

（2）"活教育"的课程论。

"大自然、大社会都是活教材"，是陈鹤琴对"活教育"课程论的概括表述。"活教材"是指取自大自然、大社会的"直接的书"，即让儿童在与自然、社会的直接接触中，在亲身观察中获取经验和知识。既然"活教育"的课程内容应该来源于自然、社会和儿童的生活，其组织形式也必须符合儿童的活动和生活的方式，符合儿童与自然、社会环境的交往方式。

"活教育"的课程打破惯常按学科组织的体系，采取活动中心和活动单元的形式，即能体现儿童生活整体性和连贯性的"五指活动"形式。"五指活动"包括儿童健康活动、儿童社会活动、儿童科学活动、儿童艺术活动和儿童文学活动。

（3）"活教育"的教学论。

"做中教，做中学，做中求进步"是活教育教学方法的基本原则。陈鹤琴认为，"做"是学生学习的基础，因此也是"活教育"教学论的出发点。它强调儿童在学习过程中的主体地位和在活动中直接经验的获取。陈鹤琴提出了"活教育"的17条教学原则，这些教学原则体现出的特点有：

①强调以"做"为基础，确立学生在教学活动中的主体性。陈鹤琴认为，"做"是学生学习的基础，因此，凡儿童自己能够做的，就应当让他自己做。在教学中鼓励儿童自己去做、去思想、去发现，是激发学生主体性的最有效的手段。

②鼓励学生在"做"的同时，教师要进行有效的指导。但指导不是替代，更不是直接告知结果，而是运用各种心理学、教育学规律予以启发、诱导。

陈鹤琴还归纳出"活教育"教学的四个步骤：实验观察、阅读思考、创作发表和批评研讨。这四个步骤体现了以"做"为基础的学生主动学习。

（4）价值和启示。

"活教育"吸取了杜威实用主义教育的合理内核，即批判传统教育忽视儿童生活和主体性，力图去除以学校和课堂为中心而脱离社会生活、以书本知识为中心而脱离实际和实践、以教师为中心而漠视学生的存在等弊端，同时也充分考虑到中国的时代背景和国情。这是一种有吸收、有创造、有创新的教育思想。"活教育"是对中国现代教育产生过重要影响的教育思想，其精神至今都未过时，不少观点对当今的教育改革仍然富有启发。

3. 试分析陶行知"生活教育"理论与陈鹤琴"活教育"理论的共同点

【答案要点】

（1）两种理论都是受杜威实用主义教育思想影响，并结合中国教育实际而形成的。陶行知认为自己的理论是受到杜威实用主义思想的影响，但在实践中感到行不通，而将杜威的理论翻了半个筋斗。陈鹤琴也不讳言"活教育受到杜威实用主义思想的影响，但更多是针对当时中国教育的实际情况而提出的，完全是一种新的试验。

（2）两种理论都反对传统书本教育，但并不忽视书本的地位。陶行知认为传统书本教育是以书本为教育，学生只是读书，教师只是教书，其结果是读死书、死读书、读书死。当然，在生活即教育的原则下，书是有地位的，但书不过只是工具，过什么生活就用什么书。陈鹤琴认为传统的书本教育是把书本作为了学校学习的唯一材料，把学校与社会、自然隔离了，培养的是五谷不分的书呆子。当然，将书恰当地作为参考材料，书还是有用的。

（3）两种理论都反对课堂中心和学校中心，强调教育与社会生活和大自然的联系。陶行知主张"生活即教育""社会即学校"，认为教育应以生活为中心，以社会为学校，把学校的一切都伸张到大自然里去。陈鹤琴提出"大自然、大社会都是活教材"，主张把大自然、大社会作为活教育课程的出发点，让学生直接向大自然、大社会去学习。

（4）两种理论都重视直接经验的价值，强调"做"在教学中的地位。陶行知提出"教学做合一"，主张事情怎样做就怎样学怎样教，"教"与"学"都以"做"为中心。陈鹤琴认为"做"是学生学习的基础，也是活教育教学论的出发点，主张"做中教，做中学，做中求进步。"

（5）两种理论都批判传统教育忽视儿童生活和主体性，提倡相信儿童、解放儿童、发展儿童。陶行知认为儿童生活是学校的中心，教育不能创造儿童，其任务只是帮助儿童发展，为此教育者应了解儿童、尊重儿童、解放儿童。陈鹤琴主张凡是儿童能够做的就应当教儿童自己做，凡是儿童自己能够想的就应当让他们自己想，鼓励儿童去发现他自己的世界。

四、材料分析题

1. 根据上述材料，试比较晏阳初和梁漱溟乡村教育的异同

【答案要点】

（1）相同点：

①相同的乡村教育思想出发点。他们都具有爱国主义精神，在当时的特定历史背景下，谋取和平改良的途径；他们都认为中国问题的实质是文化和教育问题；他们都认识到了中国农村农民问题的重要性，痛惜农村经济的惨状，试图在现有制度下，以农村为切入点，以教育为手段，通过社会组织的改进、生产技术的改良振兴农村，从而达到以乡村发展带动国家发展，解决中国问题的目的。

②相同的教育目的：改造乡村，再造民族。晏阳初与梁漱溟是乡村教育运动的领头人，希望通过各自的乡村建设活动达到改造乡村的目的。其活动的开展主要有以下特点：成立不同形式的教育社团作为组织机构；创办大量的实验区；形成特色各异的乡村教育思想，晏阳初把平民教育与乡村改造结合起来，梁漱溟则从文化伦理本位的高度谋求乡村建设的和谐统一，他们都抱着一个共同的信念和追求，即通过乡村教育达到改造乡村，再造民族的目的。

③相同的教育理念：大教育乡村观。晏阳初与梁漱溟在改造中都从教育入手，把政治、经济、文化、教育等因素综合起来进行整体改造，体现了"大教育乡村观"的共同教育理念。

④相同的结局：乡村教育实验的失败。晏阳初与梁漱溟的乡村建设实验最终都失败了，失败的最根本原因在于他们都没有认清中国社会的本质，因此在乡村建设运动中，不可能解决农民的实质问题，在动机与效果之间产生了巨大的反差。

（2）不同点：

①乡村教育思想的理论基础不同。晏阳初乡村教育思想的理论基础是现代民族政治观，他继承了传统儒家民本主义思想，并赋予其时代意义和实践价值，形成了现代民本政治观。梁漱溟的新儒学政治观是他反思资本主义弊端的结果，他从中国的传统出发，对中国的基本国情、社会性质等问题以儒家的理性伦理进行了深入的探索，以此寻求中国现代化的生长点。

②乡村教育的内容不同。晏阳初的乡村教育内容是"四大教育"，即以文艺教育治"愚"，培养知识力；以生计教育治"穷"，培养生产力；以卫生教育治"弱"，培养强健力；以公民教育治"私"，培养团结力。梁漱溟倡导的乡村教育的教学内容是实施两类课程，一类是各校共有的课程，包括普通课程和精神对话；另一类课程是各个学校根据各自生活环境需要而设置的课程，如成立农民自卫武装组织进行自卫训练等。

③乡村教育的实施形式不同。晏阳初乡村教育的实施形式是"三大方式"：学校式教育、社会式教育和家庭式教育。梁漱溟乡村教育的组织形式是通过设立乡农学校和乡学、村学贯彻实施乡村建设的各项工作。

2. 根据材料试比较陶行知和杜威教育思想的异同

【答案要点】

（1）共同点。

二者对教育与生活的关系的认识有许多相似之处。他们都是主张教育与生活的一致性，主张把教育与生活统一起来，以期解决一些有关的问题。

①两种思想都强调教育与生活是不可分割的。杜威与陶行知都极其看重教育与生活之间密不可分的关系，都想解决学校与社会严重脱节，学生课余及毕业后不能适应社会这一问题。

②杜威与陶行知都强调教育在社会改造中的作用。杜威希望通过教育改变社会的某些不合理的地方，他认为学校教育是社会建设强有力的工具，运用好这一工具可以对现有的某些不合理的体制

加以改良甚至改革。而陶行知作为教育救国运动的主力，更深信教育能影响中国社会变革，能拯救整个国家、改变民族命运，认为"改造了个人便是改造了社会"。

③杜威与陶行知都创办了学校支撑其教育理念。杜威于1896年创办了"芝加哥大学实验学校"作为其"理论源泉"，在第二年他就发表了他的代表作《我的教育信条》。陶行知于1927年创办了"晓庄师范"作为其教育理念的"实验基地"。

④两种思想都有着很强烈的民主性。杜威把学校教育看作传承民主理想、民主经验的首要工具。他倡导把学校生活变成一种简化的社团生活形式，在这种社团生活的形式中，孩子们作为社团的一分子，平等的分享人类或种族继承下来的文化资源，并用自己的力量为社会的变革服务。陶行知的教育理论是一种为人民大众服务的教育理论，即民主性之所在。

⑤两种思想都有着"终身教育"这一内涵。杜威认为，"生活就是发展；不断发展，不断生长，就是生活"。这就是杜威的终身教育思想之所在。人这一生都不应该停止发展，停止生长，停止学习，应该一直向前进。陶行知提出"要发展终身教育，培养求知欲"的主张。他认为只要活着就要学习，要做到"活到老，做到老，学到老"。

⑥两种思想都倡导"活的教育"。两种思想都反对灌输给学生知识，让学生成为记忆的机器，倡导让学生"自由生长"。杜威认为教育要契合儿童自己的生活，让他茁壮成长，为将来的生活做准备。陶行知主张通过生活来教育，他强烈批评以书本和文字为中心的"老八股"和"洋八股"教育，认为书本和文字不过是生活的工具，学校不能把学生当成笼中鸟，应把学生从牢笼中解放出来。

（2）区别。

①两种思想产生于不同的时代不同的背景。杜威与陶行知生于不同的时代、不同的国家，他们有着不同的人生经历，这就造成了他们所看到的现象、所要解决的问题都是不同的。杜威的理论产生于19世纪90年代，这是一个物质丰富但是精神文化贫乏的时代，对他来说，教育的任务是解决此二者的失衡的问题，然而在陶行知生活的年代，军阀混战，社会动荡不安，教育程度普遍低下，他的任务是使尽可能多的人接受教育，用教育来挽救中国，进一步通过发展教育、发展科学来使国家、民族变得强大。

②两种思想的重点不相同。杜威的侧重点放在改良国家教育体制上，通过学校教育来改观社会整体的有关教育的观念，从而改革或改良国家的教育体制；而陶行知注重的是作为整体的国民，他是站在人民大众尤其是劳苦大众的立场上思考和解决他们的教育问题，他侧重于广大劳苦大众接受教育，以教育来唤醒国民的爱国意识，通过教育改造社会生活，实现富民强国。

③两种思想有本质的差异。他们都倡导将生活和教育紧密结合，虽然是同一种信念，却有不同的内涵。杜威主张生活从属于教育，将学校办成一个小型的社会，是资产阶级实用主义。其教育原则是建立在经验论哲学观和生物化心理学基础之上的，具有主观唯心主义的性质。陶行知的思想是立足于国情，以生活为本位，以当代中国社会的实践为依靠，具有客观唯物主义的性质。

第三部分 外国教育史

第一章 古希腊教育

一、名词解释
1. 智者
2. 学园
3. 吕克昂
4. "七艺"
5. 学习即回忆
6. 埃佛比
7. "五项竞技"
8.《理想国》
9.《荷马史诗》

二、简答题
1. 简述智者的教育贡献
2. 简述产婆术
3. 简述苏格拉底"美德即知识"思想
4. 简述亚里士多德的灵魂论
5. 简述自由教育

三、论述题
1. 试比较斯巴达和雅典教育的异同并分析其成因
2. 论述柏拉图在《理想国》中的教育思想

四、材料分析题
1. 材料：子曰："不愤不启，不悱不发，举一隅不以三隅反，则不复也。"——《论语·述而》

   苏格拉底也像智者派那样，收徒讲学，以求提高学生的知识和道德。但苏格拉底并不直截了当地把学生所应知道的东西教给学生，而是通过讨论问答甚至辩论来揭露对方认识中的矛盾。他的根据是，哲学家和教师的任务，并不是要臆造和传播真理，而是做一个新生思想的"产婆"。

   试分析苏格拉底与孔子的启发式教学法的异同

参考答案

一、名词解释

1. 智者

【答案要点】

智者又称诡辩家,被用来专指以收费授徒为职业的巡回教师。这些人云游各地,积极参加城邦的政治和文化生活,以传播和传授知识获得报酬,并逐步形成了一个阶层。智者派的共同思想特征是相对主义、个人主义、感觉主义和怀疑主义。

2. 学园

【答案要点】

柏拉图创办的学园被视为雅典第一个永久性的高等教育机构。学园既开展了广泛的教学活动,培养各类人才,同时也进行了哲学和自然科学领域的学术研究,这些教学和研究活动极大地促进了古希腊科学和文化的发展。

3. 吕克昂

【答案要点】

吕克昂是亚里士多德于公元前335年创办的哲学学校。学校注重科学研究和相应的实验和训练,并兼有图书馆、实验室和博物馆,是实践亚里士多德教育观念的主要机构。后与学园等合并为雅典大学。

4. "七艺"

【答案要点】

"七艺"是西方教育史上对七种教学科目的总称,包含文法、修辞、辩证法、音乐、算术、几何、天文。西方教育史上沿用长达千年之久的"七艺"中的前"三艺"是由智者首先确定下来的。后来柏拉图将"四艺"作为教学科目详加论述,并认为"三艺"是高级课程,"四艺"是初级课程。三艺和四艺合称为"七艺"。

5. 学习即回忆

【答案要点】

学习即回忆是柏拉图的观点之一。柏拉图认为人在出生以前已经获得了一切事物的知识,当灵魂依附于肉体降生后,这些已有的知识被遗忘了,通过接触感性事物,才重新"回忆"起已被遗忘的知识。认识就是回忆,学习并不是从外部得到什么东西,它只是回忆灵魂中已有的知识。

6. 埃佛比

【答案要点】

埃佛比,即青年军事训练团,是一种广泛存在于斯巴达、雅典等古希腊城邦中的教育机构。它主要承担着对城邦子弟进行军事训练的职能,一般年满18岁的城邦男性青年均须进入埃佛比接受军事训练,为期两年。

7. "五项竞技"

【答案要点】

"五项竞技"是斯巴达人7—18岁教育的主要内容,"五项竞技"即赛跑、跳跃、摔跤、掷铁饼和投标枪。此阶段教育的主要任务是通过严格的军事体育训练和道德训练,使儿童养成健康的体魄、顽强的意志以及勇敢、坚忍、顺从、爱国等品质。

8.《理想国》

【答案要点】

《理想国》是一部讨论政治和教育的著作，被认为是西方教育史上最为重要和伟大的教育著作之一。在《理想国》中，柏拉图精心设计了一个他心目中理想的国家，在这个国家中，执政者、军人、工农商服从各自的天性，各安其位，互不干扰，智慧、勇敢、节制、正义成为理想国的四大美德。

9.《荷马史诗》

【答案要点】

《荷马史诗》相传为生活在公元前8世纪的盲诗人荷马所作，包括《伊里亚特》和《奥德赛》两个部分。《荷马史诗》始终是希腊人乃至后世西方年轻一代的重要教材。荷马时代注重智慧、勇敢、节制和正义"四主德"教育，这一教育传统为后来希腊教育的发展奠定了重要基础。

二、简答题

1. 简述智者的教育贡献

【答案要点】

智者不仅在古希腊文化史上占有重要的地位，作为西方最早的职业教师，他们对古希腊教育实践和教育思想的发展，同样做出了重大的贡献。

（1）智者云游各地，授徒讲学，以钱财而不以门第作为教学的唯一条件，这既推动了文化的传播，又由于教育对象范围的扩大而促进了社会的流动。

（2）智者适应了时代对辩论、演讲的广泛需要，抱着实用的目的研究与辩论、演讲直接相关的文法、修辞、哲学等科目，并把这些知识传授给他人，因而拓展了学术研究的领域，又扩大了教育内容的范围。西方教育史中的"前三艺"，即文法、修辞学和辩证法，正是由智者派首先确定的。

（3）智者最关心的是道德问题和政治问题，并把系统的道德知识和政治知识作为主要教育内容。这样不仅丰富了教育的内容，而且提供了一种新型的教育——政治家或统治者的预备教育。

（4）作为职业教师，智者已经较为明确地意识到教育活动的特殊性，并开始自觉地把教育现象与政治现象、道德现象等社会现象相区分。另一方面，他们也认识到教育与政治、道德具有密切的相互联系，教育在国家生活中具有举足轻重的作用。

（5）正是由于智者的出现，古希腊教育思想才真正成型，智者们提出并在不同程度上探讨了希腊教育中的很多基本命题。简而言之，在智者的教育思想中，已经包含了全部古希腊教育思想发展的基本线索和方向。

2. 简述产婆术

【答案要点】

产婆术也称苏格拉底法、"问答法"，是由讥讽、助产术、归纳和定义四个步骤组成的独特的方法。这是苏格拉底探讨伦理哲学的研究方法，也是他的教学方法。

（1）讥讽。指就对方的发言不断提出追问，迫使对方自陷矛盾，最终承认自己的无知。

（2）助产术。指帮助对方自己得到问题的答案。

（3）归纳。从各种具体事物中找到事物的共性或本质，通过对具体事物的比较寻求"一般"。

（4）定义。指把个别事物归入一般概念，得到关于事物的普遍概念。

3. 简述苏格拉底"美德即知识"思想

【答案要点】

苏格拉底"美德即知识"的观点内容：苏格拉底认为道德不是天生的，正确的行为基于正确的判断，做坏事的人按照错误的判断行事，没有人会明知故犯，所以教人道德就是教人智慧，教人辨别是非、善恶，正确地行事，智慧就是道德。正确行为基于正确认识，对人进行道德教育就是可能的，道德是可教的。

评价：这个观点是近代教育性教学原则的雏形，"美德即知识"对于破除贵族阶级的道德天赋的理论，具有明显的进步意义。但是这一观念也是不完善的，它忽略了道德的其他方面，如情感、行为等。

4. 简述亚里士多德的灵魂论

【答案要点】

亚里士多德将人的灵魂分为三部分：一是植物的灵魂，灵魂中的低级部分，它主要表现在营养、发育、繁殖、生长等生理方面；二是动物的灵魂，灵魂中的中级部分，它主要表现在本能、感觉、情感、欲望等方面；三是理性的灵魂，灵魂的高级部分，它主要表现在认识与思维方面。

亚里士多德认为，在人的发展过程中，身体、情感和理智三者应有一个发展的顺序。儿童是身体先发育，然后才有本能、感觉、情感，进而才出现思维、理解和判断。因此，与灵魂的这三个部分的区分相适应，对儿童应实施从体育到德育再到智育的全面和谐发展的教育。

5. 简述自由教育

【答案要点】

自由教育是亚里士多德总结的古希腊教育传统。它是指对自由公民所施行的，强调通过自由技艺的学习进行非功利的思辨和求知，从而免除无知愚昧，获得各种能力全面完美的发展以及身心和谐自由状态的教育。

其教学内容为不受任何功利目的影响的自由知识，也称为自由学科，即"七艺"，包括文法、修辞学、辩证法、算术、几何、天文、音乐等。自由教育成为西方经典的教育模式之一，对于西方教育传统的形成具有重要作用。

三、论述题

1. 试比较斯巴达和雅典教育的异同并分析其成因

【答案要点】

（1）地理环境。

①斯巴达地处高山平原，适合发展农业，地理位置较为封闭，与外界交通不便；

②雅典三面临海，地理位置优越，有利于工商业的发展。

（2）政治背景。

①斯巴达为保守的军事贵族寡头统治，为了镇压和奴役土著居民，举国皆兵；

②雅典是奴隶主民主政体。经济的繁荣发展与政治上的民主倾向为雅典形成独特的公民民主意识提供了宽松的社会环境和稳固的经济基础。

（3）教育体制。

①斯巴达的教育完全由城邦负责，公民子女出生后，由长老代表国家检查新生儿的体质情况；

②雅典的城邦重视教育，但并不绝对控制，公民子女出生后，由父亲进行体格检查。

（4）教育方法。

①斯巴达是武士教育，教育方法野蛮鞭笞；

②雅典是公民教育，教育方法温和民主。

（5）教育目的。

①斯巴达的教育目的是培养英勇果敢的战士。教育的任务是要使每一个斯巴达人在经过长期而严肃的训练后，成为一个坚韧不拔的战士和绝对服从的公民；

②雅典教育的主要目的是培养青少年勇敢、强健的体魄以及理智、聪慧和公正的品质，使其既能够担负保卫城邦的重任，更能够履行公民参政议政的职责，即培养身心和谐发展的合格公民。

（6）教育内容。

①斯巴达教育只重军事体育训练和道德教育，轻视知识学术，鄙视思考和言辞，生活方式狭隘，除了军事作战外，不知其他。

②雅典人注重对青少年儿童进行多方面的教育，包括道德熏陶、体格训练、文化教育以及音乐、舞蹈等，但又反对专业化或职业化。

（7）女子教育。

①斯巴达人非常重视女子教育。女子通常和男子接受同样的军事、体育训练，其目的是造就体格强壮的母亲，以生育健康的子女；当男子出征时，妇女能担任防守本土的职责。

②雅典忽视女子教育，妇女社会地位低下，深居简出，女孩子只是在家庭中受教育。

2. 论述柏拉图在《理想国》中的教育思想

【答案要点】

《理想国》是一部讨论政治和教育的著作，被认为是西方教育史上最为重要和伟大的教育著作之一。在《理想国》中，柏拉图精心设计了一个他心目中理想的国家，在这个国家中，执政者、军人、工农商服从各自的天性，各安其位，互不干扰，智慧、勇敢、节制、正义成为理想国的四大美德。他还为这个理想国家的实现，提出了完整的教育计划。

（1）教育目的：《理想国》中教育的最高目标是培养哲学家兼政治家——哲学王；教育的最终目的是促使"灵魂转向"。

（2）教育对象：女子和男子应受同样的教育，从事同样的职业，受同样的体操训练和军事教育。在承担国家和社会事务方面，女子与男子是平等的。

（3）教育阶段：国家公民子女为国家所有，由国家负责教育和养育，分五个阶段：①学前教育阶段（0—6岁）；②初等教育阶段（7—16岁、17岁）；③军人教育阶段（17—20岁）；④哲学家预备教育阶段（30—35岁）；⑤哲学家教育阶段（30—35岁）。学生受完这一阶段教育后成为哲学家，就可以执政，执政后还要继续学习，到了50岁，确实能治国，就成为哲学王。

（4）评价。

积极因素：①国家重视教育，教育与政治结合；②高度评价教育在人的塑造中的作用；③将算术、几何、天文、音乐理论四门课程列入教学科目；④第一次提出以考试作为选拔人才的手段之一；⑤强调身心协调发展，提倡男女教育平等；⑥注意早期教育，主张课程学习与实际锻炼结合；⑦净化教育内容，反对强迫学习，以理性指导欲望作为道德教育的中心任务。

消极因素：《理想国》的教育过于强调一致性，忽视个性发展。此外，它拒绝变革，"不让体育和音乐翻新"，这些思想是有局限性的。

四、材料分析题

1. 试分析苏格拉底与孔子的启发式教学法的异同

【答案要点】

（1）孔子的启发式教学。

孔子是世界上最早提出启发式教学的教育家，比苏格拉底的"助产术"早几十年。他主张"不愤不启、不悱不发，举一隅不以三隅反，则不复也。"意思是教学时必先让学生认真思考，已经思考相当时间但还想不通,然后可以去启发他;虽经思考并已有所领会,但未能以适当的言辞表达出来,此时可以去开导他。

(2)苏格拉底的启发式教学。

苏格拉底的启发式教学法是由讥讽、助产术、归纳和定义四个步骤组成的独特的方法。这种教学方法强调不将现成的结论硬性灌输或强加于对方。

(3)二者的比较。

相同之处:都采用互动式交谈,即教师和学生进行一系列的对话,在对话中对学生进行启发。

不同之处:

①启发方式上:孔子更加强调学生本人对知识的思考,不追问,给学生思考的空间;苏格拉底则是单纯地提问,用一系列的问题进行追问,让对方无言以对从而推导出结论。

②启发顺序上:孔子是从一般到特殊;苏格拉底是从特殊到一般。

③目的上:孔子强调温故知新;苏格拉底则强调探索新知。

第二章 古罗马教育

一、名词解释
1. 修辞学校
2. 初级学校
3. 奥古斯丁
4. 《论演说家的教育》
5. 西塞罗

二、简答题
1. 简述昆体良的教学理论
2. 简述帝国时期的罗马教育
3. 简述昆体良对教师的要求
4. 根据昆体良的观点，学校教育具有哪些优势？
5. 简述罗马共和后期的三种学校

三、论述题
1. 论述昆体良的学前教育思想并进行评价

四、材料分析题
1. 材料："在我看来，有资格享有这种神圣称号的雄辩家是这样的人，不论在讲话中突然出现什么论题，他都能就这个论题以渊博的知识、巧妙的方法、诱人的魅力和很强的记忆力以及落落大方的文雅举止发表演说。"
（1）材料中关于雄辩家的观点由谁提出？请简要介绍该教育家
（2）请论述该教育家关于雄辩家的教育思想内容

参考答案

一、名词解释

1. 修辞学校

【答案要点】

修辞学校又称雄辩术学校，准备担任公职的贵族子弟，在读完文法学校后进入该类学校。16

岁入学，学习两到三年；课程有修辞学、哲学、希腊文、法律、数学、天文、音乐等；这种学校的教育目的主要是培养学生的雄辩、演说才能。雄辩术学校的目标是培养演说家或雄辩家。

2. 初级学校

【答案要点】

初级学校是罗马共和后期的初等教育学校。教育对象是7—12岁的男女儿童；学校是私立的、收费的；教学内容是读、写、算，其中包括学习道德格言和《十二铜表法》；小学教师的收入菲薄，社会地位低下。

3. 奥古斯丁

【答案要点】

奥古斯丁是罗马帝国后期著名的神学家和哲学家，创立了基督教宗教哲学体系。他在《忏悔录》这部著作中，结合自己的经历，阐述了对教育的一系列看法。他的教育哲学成为中世纪基督教教育的理论基础。

4.《论演说家的教育》

【答案要点】

《论演说家的教育》是古代罗马帝国时期著名的雄辩家、教育家昆体良的代表作。该书全面阐述了教育教学的基本原理和方法，是西方第一部专门以教育为题材的教育学著作，也是系统的教学方法著作。

5. 西塞罗

【答案要点】

西塞罗是古罗马共和后期最杰出的演说家、教育家，古罗马文学黄金时代的天才作家。他根据当时罗马社会的政治需要，在其教育著作《论雄辩家》中论证了培养雄辩政治家的教育思想。

二、简答题

1. 简述昆体良的教学理论

【答案要点】

（1）班级授课制思想的萌芽。昆体良认为大多数的教学可以用同样大小的声音传达给全体学生，根据一些教师的实践，把儿童分成班级，依照他们每个人的能力，指定他们依次发言。在他看来，实行集体教学有利于学生的学习，并易于接受良好的影响。

（2）专业教育应该建立在广博的普通知识基础上。昆体良极力主张雄辩家的教育应建立在尽可能广博的普通知识的基础上。他不仅认为雄辩家应学习包括文法、修辞学、音乐、几何、天文学、哲学等课程，并且对每门学科在培养雄辩家的各种素质、能力、技能等方面的作用和意义做了充分的论述。

（3）改进教学方法。昆体良主张采用赞许和表扬以及激励学生的方法，同时强调使用启发诱导和提问解答的教学方法，反对体罚。

（4）倡导因材施教。昆体良主张教师根据学生天赋才能的差异来组织和指导他们的学习，倡导教学要能培植各人的天赋特长，沿着学生的自然倾向最有效地发挥他们的能力。

（5）教学要"适度"。昆体良认为，教师所传授的知识的分量与深度要适应儿童的天性，符合他们的接受能力，而不能使他们的学习负担过重。学习和休息应该交替进行，休息时应发挥游戏的作用。

（6）注意培养学生的能力。昆体良认为，教师在教学中应该结合教材、作业和演讲来培养学生的判断力、想象力和创造力。为适应实际的社会生活，学生应具有独立工作能力。

2. 简述帝国时期的罗马教育

【答案要点】

进入帝国时期，国家把学校作为统治工具，加强对教育的控制，对学校进行了一些改革：

（1）改变了教育目的，从培养演说家变为培养效忠于帝国的顺民和官吏。

（2）建立统一的国家教育制度。对当时一般都是私立的初等学校实现国家监督，把部分私立文法学校和修辞学校改为国立，以便于国家对教育的严格控制。

（3）提高教师的地位和待遇，改教师的私人选聘为国家委派。

（4）加强宗教教育。

3. 简述昆体良对教师的要求

【答案要点】

昆体良对教师提出了很高的要求，主要有下列几点：

（1）教师应该是德才兼备的，既教学生学习基础知识和雄辩术，又教学生做人。

（2）教师对学生应宽严相济。

（3）教师对学生的教育要有耐心，对学生要多勉励，少斥责；在实行奖惩时要注意分寸。

（4）教师应当懂得教学艺术，教学应当简明扼要，明白易懂，深入浅出。

（5）教师要注意儿童之间在能力、资质、心性等方面的差异，因材施教。

4. 根据昆体良的观点，学校教育具有哪些优势？

【答案要点】

昆体良认为，学校是儿童最好的学习场所，认为学校教育比家庭教育优越得多。原因在于：

（1）许多儿童在一起学习不会产生孤独与世隔绝的感觉，并有助于克服儿童唯我独尊、自命不凡的状态。

（2）在学校里可培养发展儿童间友谊、合群的品性，养成适应和参加社会公共生活的习惯和能力，在大庭广众之下能态度自然，举止大方。

（3）学校教育能激励学生趋善避恶。

（4）学校能给儿童提供多方面的知识。

5. 简述罗马共和后期的三种学校

【答案要点】

（1）初级学校。7—12岁的男女儿童入小学，学校是私立的、收费的；教学内容是读、写、算，其中包括学习道德格言和《十二铜表法》；小学教师的收入菲薄，社会地位低下。

（2）文法学校。贵族及富家子女12—16岁入文法学校；学校教育内容包括拉丁文、希腊文、修辞学等；教师多由希腊人担任；教学方法是讲解、听写和背诵。

（3）修辞学校。准备担任公职的贵族子弟，在读完文法学校后进入修辞学校或雄辩术学校。16岁入学，学习两到三年；课程有修辞学、哲学、希腊文、法律、数学、天文、音乐等；这种学校的教育目的主要是培养学生的雄辩、演说才能。雄辩术学校的目标是培养演说家或雄辩家。

三、论述题

1. 论述昆体良的学前教育思想并进行评价

【答案要点】

昆体良十分重视学前教育，认为在幼儿能说话的前后就应该对他进行智育，但在7岁前每次的学习量应当很少。

昆体良主张教幼儿认识字母、书写和阅读，他在教育史上第一次提出了双语教育问题。希望儿童先学希腊语，然后学拉丁语。最后，两种语言的学习同时并进。

关于学前教育的方法，昆体良认为应注意要进行快乐教育，使儿童热爱学习。

昆体良的教育思想既是对自己长期以来教学工作实践经验的总结，又是对古罗马教育理论和教育实践的梳理，是古罗马教育理论的最高成就。昆体良强调专业教育和普通教育相结合，为文法学校制定的课程体系以及对文法学校的深刻见解，对教学理论的真知灼见，都对后世欧洲教育产生了深远的影响。

四、材料分析题

1. （1）材料中关于雄辩家的观点由谁提出？请简要介绍该教育家
   （2）请论述该教育家关于雄辩家的教育思想内容

【答案要点】

（1）材料中关于雄辩家的观点由西塞罗提出。西塞罗是古罗马共和后期最杰出的演说家、教育家，古罗马文学黄金时代的天才作家。他根据当时罗马社会的政治需要，在其教育著作《论雄辩家》中论证了培养雄辩政治家的教育思想。

（2）西塞罗认为，一个名副其实的雄辩家必须能就眼前任何需要用语言艺术阐述的问题，以规定的模式，脱离讲稿，伴以恰当的姿势，得体而审慎地进行演说。

要想成为一个名副其实的雄辩家，必须具备下列条件。这些条件也就是雄辩家的教育内容：

①广博的学识。西塞罗要求雄辩家拥有全部自由艺术和各种重要的知识。全部自由艺术是指文法、修辞学，以及柏拉图所主张学习的算术、几何、天文、音乐等学科；各种重要知识则是指政治、各国政治制度、法律、军事和哲学等。

②在修辞学方面具有特殊的修养。因为决定演讲水平高低的重要方面是遣词造句以及整个演说词的文体结构，所以在修辞方面要求表达正确，通俗易懂，优美生动，语言与主题相称。

③优美的举止与文雅的风度。西塞罗指出"演说是由身体、手势、眼神以及声音的调节及变化等加以控制的，它们对于演说本身所产生的作用是巨大的。"要达到具有优美的举止和文雅的风度，必须付出很大的努力。

关于雄辩家的培养方法，西塞罗强调练习和模仿在雄辩家教育中的重要地位。他主张要进行经常的模拟演说，同时要勤于写作，用写作来磨炼演说。他认为写作可以训练人的思维能力和表达能力。这种能力可以转移到演说能力中去。

第三章 西欧中世纪教育

一、名词解释
1. 修道院学校
2. 骑士教育
3. 城市学校
4. 中世纪大学
5. 昆它布
6. 宫廷学校
7. 堂区学校
8. 经院哲学
9. 牛津大学

二、简答题
1. 简述基督教教育的特点
2. 简述中世纪大学的特权
3. 简述拜占庭教育的特点及历史影响
4. 简述骑士教育的阶段和内容
5. 简述城市学校的兴起、发展特征及其影响
6. 古代阿拉伯的教育有何特点？对世界文化教育有何影响？

三、论述题
1. 试比较中国的书院与欧洲的中世纪大学

四、材料分析题
1. 材料：西欧封建制度在11—12世纪进入发展的顶峰时期。王权日渐强固，社会趋于稳定，农业生产稳步上升，手工业逐渐成为专门的职业。工商业者所居住的城市开始在西欧的一些地区出现。新兴的城市市民阶层成为推动社会向前发展的主要力量，他们不仅提出了新的经济、政治要求，也提出了新的文化要求，这种要求从十字军东征后重新在欧洲出现的古希腊罗马文化遗产中找到了依据。追求新学问成为一种时尚，无论是教会学校还是宫廷学校，传统的教育机构不能满足这种需要，因此，新的教育机构和形式开始出现。

（1）材料中新的教育机构是指什么？这种新的教育机构出现的原因是什么？
（2）这种教育机构的特点和历史地位是什么？

参考答案

一、名词解释

1. 修道院学校

【答案要点】

修道院学校又称僧院学校或隐修院学校，最早是教徒集体修行的场所，后发展成为培养神职人员和为普通世俗人士传授文化知识的机构，是中世纪基督教主要的教育机构之一。早期的修道院学校主要强调宗教信仰的培养，知识学习的内容最初不过是简单的读、写、算，随后课程逐渐加多加深，"七艺"成为主要课程体系。

2. 骑士教育

【答案要点】

骑士教育是中世纪世俗教育的一种主要形式，以培养当时封建制度中骑士阶层的成员为目的。它是一种特殊形式的家庭教育，并无专设的教育机构，也没有专职的教育人员。它在骑士生活和社交活动中进行。训练骑士的标准是剽悍勇猛、虔敬上帝、忠君爱国、宠媚贵妇。

3. 城市学校

【答案要点】

城市学校是为新兴市民阶层子弟开办的学校的总称，包含不同种类、不同规模的学校。例如由手工业行会开办的学校被称为行会学校，由商人联合会设立的学校被称为基尔特学校。

4. 中世纪大学

【答案要点】

中世纪大学是12世纪左右兴起的一种自治的教授和学习中心。一般由一名或数名在某一领域有声望的学者和他的追随者自行组织起来，形成类似于行会的师生团体进行教学和知识交易。最早的中世纪大学包括萨莱诺大学、波隆那大学、巴黎大学等。

5. 昆它布

【答案要点】

昆它布是阿拉伯的初级教育场所，通常是教师在家招收少量学生，教授简单的读写，教学内容主要是《古兰经》、语法、诗歌、算术等，教学重背诵。

6. 宫廷学校

【答案要点】

宫廷学校是一种设在国王或贵族宫中，主要培养王公贵族后代的教育机构。其学习科目与当时的教会学校一样，主要是七艺，教学方法也采用教会学校盛行的问答法，以此来让学生掌握有关宗教、自然和社会的各种知识。

7. 堂区学校

【答案要点】

堂区学校又称教区学校，是由教会举办的面向一般世俗群众的普通学校，12世纪中期成为中世纪欧洲最普遍的学校教育形式。一般由教士或其他指定的教会人员负责，招收7—20岁男青年入学，少数学校也招收女生。学校的课堂以灌输宗教知识为主，也同时进行读、写、算及简单世俗知识的教学。

8. 经院哲学

【答案要点】

经院哲学产生于9世纪，是最初在查理曼帝国的宫廷学校以及基督教的大修道院和主教管区的附属学校发展起来的基督教哲学。这些学校是研究神学和哲学的中心，学校的教师和学者被称为经院学者，故他们的哲学就被称为经院哲学。

9. 牛津大学

【答案要点】

牛津大学是西欧中世纪著名的大学之一，在牛津大学创办前，英国学生曾远涉重洋到巴黎大学求学，1167年英王召回了在巴黎求学的学生和学者，大批学生汇集牛津，遂创办了牛津大学。12世纪末，牛津大学获正式承认，被称为"师生大学"。

二、简答题

1. 简述基督教教育的特点

【答案要点】

（1）教育目的宗教化。主要是为了培养教会人才，扩大教会势力，巩固封建统治。

（2）教学内容神学化。主要课程是神学和"七艺"。神学包括《圣经》、祈祷文、教会的礼仪等；"七艺"是从古希腊内容演变而来的，经基督教改造，为神学服务。

（3）教育方法原始、机械、烦琐。为了维护教会、神学的绝对权威，教会学校强迫学生服从《圣经》和教师，学校个别施教，纪律严格，体罚盛行。

总的来说，基督教教育在培养僧侣和其他为教会服务人员的同时，向群众宣传宗教，使劳动群众服从教会和封建统治。因此，西方教育发展中一个重要主题是教会和学校的分离，即教育的世俗化和国家化。但是，在中世纪早期世俗学校普遍消亡、文化衰落的情况下，教会教育在保持、传播古代文化、发展封建文化方面，客观上起了一定的作用。

2. 简述中世纪大学的特权

【答案要点】

中世纪大学在与教会、城市当局以及市民等的斗争中获得了许多特权，主要包括以下几个方面：

（1）居住权。大学的师生们可以在大学所在地平安而不受干扰地居住。

（2）司法自治权。大学的成员不受城市普通司法体系的管辖。

（3）罢教权和迁徙权。如果大学师生与城市当局或教会发生矛盾，或者教学、学习活动受到干扰时，可以进行罢教；如果问题得不到满意的解决，大学可以迁校。

（4）颁发教学许可证的特权。

（5）免税、免役权。大学师生具有免税和免服兵役的权利等等。

3. 简述拜占庭教育的特点及历史影响

【答案要点】

（1）特点。直接继承了古希腊和古罗马的文化教育遗产；存在着因世俗生活需要而得到发展的世俗教育体系；教会的文化教育体系与世俗的文化教育体系长期并存。

（2）历史影响。总的来说，拜占庭的教育起了保存和传播古希腊罗马文化的作用，并对文艺复兴、阿拉伯教育都产生了重大影响。

4. 简述骑士教育的阶段和内容

【答案要点】

骑士教育是中世纪世俗教育的一种主要形式，以培养当时封建制度中骑士阶层的成员为目的。它是一种特殊形式的家庭教育，并无专设的教育机构，也没有专职的教育人员。它在骑士生活和社交活动中进行。训练骑士的标准是剽悍勇猛、虔敬上帝、忠君爱国、宠媚贵妇。

骑士教育主要有三个阶段：

（1）家庭教育阶段（0—7、8岁）。儿童在家庭中接受母亲的教育，主要内容是宗教知识、道德教育和身体的养护与锻炼。

（2）礼文教育/侍童教育阶段（7、8—14岁）。贵族之家按其等级将儿子送入高一级贵族的家中充当侍童，侍奉主人和贵妇。同时学习上流社会的各种礼节和行为规范。

（3）侍从教育阶段（14—21岁）。这一阶段的重点是学习"骑士七技"，即骑马、游泳、投枪、击剑、打猎、弈棋和吟诗；同时要侍奉领主和贵妇。贵族子弟在这种教育过程中年满21岁时要通过授职典礼，正式获得骑士称号。

5. 简述城市学校的兴起、发展特征及其影响

【答案要点】

（1）城市学校的产生。

产生。自11世纪开始，西欧城市中新兴市民阶层出于本阶级的特殊经济利益和政治斗争的需要，产生了教育需求，从而促使新型城市学校的诞生。

含义。城市学校是为新兴市民阶层子弟开办的学校的总称，包含不同种类、不同规模的学校。例如，由手工业行会开办的学校被称为行会学校，由商人联合会设立的学校被称为基尔特学校。

（2）城市学校的特点。

在领导权上，最初的城市学校大多由行会和商会开办，以后随着城市的发展和管理的加强，这些学校逐渐由市政当局接管；由市政府决定学费金额、选聘教师、支付工资、确定儿童入学资格等。

在归属上，尽管城市学校与教会还有着千丝万缕的联系，但它基本上属于世俗性质。这就打破了教会对学校教育的垄断，这是欧洲中世纪教育的一个很大的进步。

从内容上看，城市学校强调世俗知识，特别是读、写、算的基础知识和与商业、手工业活动有关的各科知识的学习。这扩大了学校教育的内容，使学校教育为人们的现实生活服务。

从培养目标上看，城市学校主要满足新兴城市对从事手工业、商业等职业人才的需要，因此城市学校虽然主要是初等学校，但也具有一定的职业训练性质。

（3）城市学校的影响。

城市学校是适应生产发展和市民阶层的利益需要而出现的新型学校。它具有很强生命力，在教会的多方反对和阻挠中成长起来。到15世纪，几乎西欧所有大城市都办起了城市学校。城市学校的兴起和发展对处于萌芽阶段的资本主义生产方式的成长起了促进作用。

6. 古代阿拉伯的教育有何特点？对世界文化教育有何影响？

【答案要点】

（1）特点。尊师重教、教育机会比较均等；教学组织形式多样，神学与实用课程并存；多方筹集教育资金以保证发展教育的物质条件；开明的文化教育政策。

（2）历史影响。

①阿拉伯人由于实施开明的文教政策，广泛吸取被占领地区各民族的文化教育遗产，在融合东、西方文明的基础上，形成了具有自己特点的伊斯兰文化教育体系。

②阿拉伯人在数学、天文学、医学、哲学和文学的学术研究和教育方面对西方世界产生了重要影响。他们保存的古希腊典籍对西欧重新认识古希腊文化产生了重要影响。他们在文化教育上取得的辉煌成就对西欧中世纪教育的发展和文艺复兴做出了不可磨灭的贡献。

三、论述题

1. 试比较中国的书院与欧洲的中世纪大学

【答案要点】

（1）相同点。

①出现的必然性。二者不仅与各国的思想文化源流密切相关，而且与各自封建经济的相对发展方向及其独特的政治结构有很大关系。

②类型。都是教学组织学术研究机构。

③地位变化。都逐渐失去自治地位，被朝廷或教会控制。

④办学精神。有相应的独立性、开放性和研究性。

⑤教学方法。都重视学术演讲、研究探讨和学术问难。

⑥学术研究。都没有从根本上突破封建社会制度的束缚。

（2）不同点。

①产生的环境。中世纪大学产生于商业城市，而书院则出现在远离城市的名山胜水中。

②思考问题的角度。中世纪大学从经济发展的层面思考社会问题，设立实用科目，是为了城市的新兴市民阶级，而书院则从伦理政治角度，以新儒学的面目出现，旨在为封建社会长治久安寻找理论依据。

③与官方的关系。中世纪大学与教会斗争，为大学的独立生存和自由研究争取特权，而中国的书院得到政府支持。

④办学目的。中世纪大学的目的是职业训练，培养专门人才，书院以伦理为本，培养圣贤人格。

⑤课程。中世纪大学主要传授专业知识，注重传统七艺的继承和发扬以及亚里士多德著作的传授，而书院主要是五经，即原典的复归与阐发，传统儒学伦理教条的哲理化改造。

⑥学位制度。中世纪大学已建立学位制度，而中国的书院没有。

⑦管理体制。中世纪大学领导体制分"学生"大学和"先生"大学，而书院机构简单，管理人员少。

四、材料分析题

1.（1）材料中新的教育机构是指什么？这种新的教育机构出现的原因是什么？

（2）这种教育机构的特点和历史地位是什么？

【答案要点】

（1）新的教育机构主要是指中世纪大学。中世纪大学是12世纪左右兴起的一种自治的教授和学习中心。一般由一名或数名在某一领域有声望的学者和他的追随者自行组织起来，形成类似于行会的师生团体进行教学和知识交易。最早的中世纪大学包括萨莱诺大学、波隆那大学、巴黎大学等。其出现的原因有以下几个方面：

①经济上：中世纪中后期，经济的复苏和城市的复兴，为中世纪大学的产生提供了物质条件，同时也为师生组合在一起共同研讨学问提供了必要的场所。

②政治上：经济的发展和城市的复兴带来了市民阶层的兴起，原有的基督教学校及其教育内容已经无法满足这种新兴阶层的需要，他们迫切需要一种能满足其自身需要的、新型的和世俗的教育机构和教育内容。

③文化上：十字军东征带来了东方的文化，开拓了西欧人的视野；经院哲学的产生及其内部的论争，繁荣了西欧的学术氛围。在这种背景下，西欧出现了文化教育的复兴，从而为中世纪大学的产生奠定了重要的知识基础。

④组织基础：基督教的教育机构尤其是修道院学校以及中世纪城市的行会组织，为中世纪大学的产生奠定了组织基础，有的大学甚至就是从教会的主教学校和修道院学院发展而来的。

（2）中世纪大学的特点：

①教育目的。中世纪大学的基本目的是进行职业训练，培养社会所需要的专业人才。因此大学教育往往分文、法、神、医等专业学院来进行。

②领导体制。中世纪大学按领导体制分为两种，一种为"学生"大学，一种为"先生"大学。前者由学生主管校务，教授的选聘、学费的数额、学期的时限和授课时数等，均由学生决定；后者由教师掌管校务，学校诸事均由教师决定。

③课程设置。大学的课程开始并不固定，各大学甚至各教师自己规定开设的课程。13世纪以后，课程趋向统一。文学院属大学预科，一般课程六年。学生结束学习后分别进入法学院、神学院、医学院，学习有关专业课程。

④教学方法。中世纪大学最常用的教学方法是演讲，由阅读、评注和介绍作业等部分构成，同时穿插不同程度的讨论。此外，还采用辩论的方法。

⑤学位制度。中世纪大学已经有了学位制度。学生学习3—7年，修完规定的课程，考试及格便可以获得"硕士""博士"学位。最初这两种学位并无程度上的差别，以后分化成表示不同学术水平的独立学位。

（3）中世纪大学的历史地位：

①中世纪大学的产生在当时是进步现象，有积极意义。它打破了教会对教育的垄断，促进了教育普及。它一开始是世俗性教育团体，不受教会统治，使较多的人可以不受封建等级限制而得到教育，符合当时新兴的市民阶级对世俗教育的要求。

②对于后世高等教育的发展具有重要意义。现代意义的大学基本上直接起源于欧洲中世纪大学，现代大学的一系列组织结构和制度原则都与欧洲中世纪大学有着直接的历史联系。

③中世纪大学还培养了一大批人才，促进了古希腊罗马文化、阿拉伯文化等多种科学文化的保存、交流和发展。

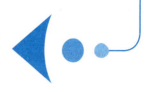

第四章 文艺复兴时期的教育

一、名词解释
1. 文雅教育
2. 快乐之家
3. 人文主义教育
4. 维多里诺
5. 《乌托邦》
6. 弗吉里奥
7. 《巨人传》

二、简答题
1. 简述文艺复兴时期弗吉里奥的教育贡献
2. 简述维多里诺的教育实践与影响
3. 简述蒙田的教育思想
4. 简述人文主义世界观
5. 简述欧洲文艺复兴时期全人教育理想及其影响

三、论述题
1. 试论述人文主义教育的特征、影响和贡献

四、材料分析题
1. 材料1：从12、13世纪起，意大利北部的一些城市就逐渐兴旺发达起来。航海和贸易给这些城市带来了活力，经济的发达使它们逐渐成为独立的政治实体，形成城市国家，如威尼斯、米兰等，成为文学、艺术和科技发展的摇篮。从14世纪的彼特拉克开始，意大利的人文主义者就把古典著作看成一切知识的来源。进入16世纪，意大利的社会经济、政治和文化等方面都发生很多变化。随着印刷术的出现，人文主义者的社会地位下降了，古代经典著作的印刷本及编撰质量较好的参考书和字典的流传，大大减少了人们对人文主义者的依赖和交往。

材料2：16世纪以后意大利人文主义教育趋于衰落之时，北方的人文主义教育却方兴未艾，一方面，北方人文主义者大都去过意大利，他们部分继承了意大利早期的人文主义教育传统，另一方面，随着教育经验的积累，北方人文主义教育家在学校组织管理以及学校制度方面有所创新。

根据上述材料，试分析比较意大利人文主义教育与北欧人文主义教育的异同

参考答案

一、名词解释

1. 文雅教育

【答案要点】

文雅教育又称自由教育、通才教育、博雅教育，源于古希腊，其理想为文艺复兴时代的人文主义者所普遍接受。这是唯一适合于自由公民的教育，其目的不是进行职业准备，而是发展人的各种能力达到一种完美的卓越，使人从无知愚昧状态的束缚中解放出来。只有当人将其原有的理性发展起来，人才真正具有了自由。

2. 快乐之家

【答案要点】

"快乐之家"是由维多里诺于1432年创办的一所宫廷学校，是当时欧洲最好的宫廷学校，成为欧洲大陆人文学校的范例，被认为是人文主义学校的发源地。"快乐之家"学校环境优美，师生关系融洽，招收贵族子弟和部分天才贫苦学生，修业15年。实施体育、德育、智育并重的方针，开设以古典学科为中心的内容十分广泛的人文主义课程。

3. 人文主义教育

【答案要点】

人文主义教育是欧洲文艺复兴时期新兴资产阶级思想家所提倡的新文化、新教育思潮。它代表资产阶级的利益和要求，以资产阶级个人主义为核心，提倡以"人"为中心，肯定人的价值和力量。

4. 维多里诺

【答案要点】

维多里诺是文艺复兴时期意大利著名的人文主义教育家，他热衷于古希腊身心和谐发展的教育理想，并积极进行着教育实践，开办了宫廷学校并将其称为"快乐之家"，主张以古典学科为中心的通才教育，重视学生品德的培养。

5.《乌托邦》

【答案要点】

《乌托邦》是欧洲文艺复兴时期英国人文主义者莫尔的著作。在《乌托邦》中，莫尔要求实行公共教育制度；所学知识应是古代作家尤其是古希腊作家的哲学、历史、戏剧等作品；要求培养儿童仁慈、公正、勇敢等品质，培养儿童对神的虔敬。此外，莫尔还重视劳动教育。

6. 弗吉里奥

【答案要点】

弗吉里奥是率先阐述人文主义教育思想的学者，其思想大大受益于昆体良。曾为昆体良的《雄辩术原理》做注释，使之风行于意大利内外。他发表了《论绅士风度与自由学科》一文，全面概括了人文主义的教育目的和方法。

7.《巨人传》

【答案要点】

《巨人传》是文艺复兴时期法国人文主义作家和教育家拉伯雷创作的长篇讽刺性小说，抨击了封建统治、教会权威、经院哲学及其腐朽教育，提出了人文主义政治、道德和教育思想，其核心思想是尊重人的价值，追求个性解放。

二、简答题

1. 简述文艺复兴时期弗吉里奥的教育贡献

【答案要点】

弗吉里奥是率先阐述人文主义教育思想的学者，其思想大大受益于昆体良。曾为昆体良的《雄辩术原理》做注释，使之风行于意大利内外。他发表了《论绅士风度与自由学科》一文，全面概括了人文主义的教育目的和方法。他的主要观点有：

（1）人文主义的教育目的在于对青少年施以通才教育，以培养身心全面发展的人。

（2）在教育方法上，必须使所教内容适合学生的个人爱好和年龄特征。

（3）在教育内容上，他最推崇的三门科目是历史、伦理学和雄辩术，认为这三门课程最能体现人文主义精神。

（4）在道德教育上，特别重视道德品质的培养，把学识和品行结合起来作为教育的共同目标，并认为德行重于学问。

2. 简述维多里诺的教育实践与影响

【答案要点】

（1）简介。维多里诺是弗吉里奥教育理想的实践者。他对西塞罗的《论雄辩术》颇有心得，深谙西塞罗精神的内蕴，并热衷于古希腊身心和谐发展的教育理想。

（2）教育实践。维多里诺创办了一所宫廷学校，名为"快乐之家"。这所宫廷学校是当时欧洲最好的宫廷学校，成为欧洲大陆人文学校的范例，被认为是人文主义学校的发源地。"快乐之家"学校环境优美，师生关系融洽，招收贵族子弟和部分天才贫苦学生，修业15年。实施体育、德育、智育并重的方针，开设以古典学科为中心的内容十分广阔的人文主义课程。

（3）教育贡献。"快乐之家"的教育实践体现了维多里诺人文主义教育思想，其教育贡献如下：

①倡导"自由教育"，培养全人。维多里诺接受了亚里士多德关于培养和谐发展的人的思想，认为教育的目的在于培养身心和谐发展的人。

②开设以古典语文为中心的内容十分广泛的人文主义课程。课程范围从初步的读写算、拉丁文、希腊文到传统的"七艺"、古代教义著作乃至骑士技艺。

③发展了新的教学方法体系。维多里诺强调尊重儿童的身心特征和个性差别，反对机械背诵，提倡启发学生的学习兴趣和主动性。另外，维多里诺反对惩戒，禁止体罚。

3. 简述蒙田的教育思想

【答案要点】

蒙田是16世纪法国具有人文主义思想的作家和教育家，其代表作为《论学究气》和《论儿童教育》。其主要教育观点如下：

（1）对经院哲学的批判。蒙田认为经院主义教育不能使儿童的智慧和能力得到长进，他认为教育的真正意义在于使儿童获得智慧、实际判断能力和认识事物本质的能力，使之成长得更聪明。

（2）教育目的——培养完人。教育的目的在于造就一个有能力、有本领的事业家。蒙田心中的"完人"是身心都得到发展的人。

（3）重视实行。知识的用处在于能够指导人的行动，增长人的判断力。他不反对获取书本知识，但反对过度沉溺于书本。

（4）教学方法。蒙田主张学习的彻底性，强调学生要把所学知识变为自己的东西，提倡学习的独立性，反对死记硬背。

（5）教师的作用。教师要根据学生的能力施教，采用谈话、练习、旅行等多种方法进行教学。

4. 简述人文主义世界观

【答案要点】

人文主义文化是文艺复兴运动的重要成就。人文主义是文艺复兴时代不同国家、不同领域、不同时期的人文主义者所共有的世界观，这种世界观主要体现为以下数端：

（1）歌颂赞扬人的价值和尊严。人文主义文化的核心是提倡人道，肯定人的价值、地位、尊严。

（2）宣扬人的思想解放和个性自由。人文主义与这种权威主义做法相对立，要求把人从教会的教义、教规和其他教条的束缚中解放出来。

（3）肯定现世生活的价值和尘世的享乐。肯定现世享乐是对中世纪禁欲主义和来世说宗教教条的背离。人文主义者将天国的幸福和欢乐移至人间，认为不言今生的幸福，就根本谈不上来世的欢乐。

（4）提倡学术，尊崇理性。文艺复兴带来了学术的繁荣，知识受到尊崇，理性得以弘扬。

5. 简述欧洲文艺复兴时期全人教育理想及其影响

【答案要点】

（1）全人教育理想。文艺复兴时期人文主义思潮的核心是关于人的理论。许多人文主义者在对基督教神学和封建专制制度的批判中，提出了种种崭新的关于人的看法。

①反对禁欲主义，肯定人的自然本性和现实生活。

②追求人的个性解放，实现个人理想。

③主张人生而平等，批判等级制度。

（2）影响。

①文艺复兴时期的人文主义是全面的文化运动，这场运动以古典人文科学的研究与学术为基础，以人和人的现实生活为中心，以培养多才多艺和全面发展的人为理想，以促进和实现人类幸福的现实生活为目的。

②在这种思潮的影响下，人文主义教育的根本目的就是追求文化和智力的统一，即塑造拥有最高智慧的全才。这种人应该是受传统陶冶而变得文明，受文学训练而能明晰地表达，他是社会生活的充分参与者，并且充当政治和社会领袖的角色。

③在欧洲历史上，文艺复兴发挥了解放思想的重要作用，致使涌现出了大批著名的文学家、艺术家、思想家和教育家，促进了欧洲文学、艺术、科学、哲学和教育的巨大变革。

三、论述题

1. 试论述人文主义教育的特征、影响和贡献

【答案要点】

（1）人文主义教育的特征。

①人本主义。人文主义教育在培养目标上注重个性发展，在教育教学方法上反对禁欲主义，尊重儿童天性，坚信通过教育这种后天的力量可以重塑个人、改造社会和自然，这些都表现出人本主义内涵，人的力量、人的价值被充分肯定。

②古典主义。人文主义教育思想吸收了许多古人的见解，人文主义教育实践尤其是课程设置亦具有古典性质，但这种古典主义绝非纯粹的"复古"，实则含有古为今用、托古改制的内涵，这在当时是进步的。

③世俗性。不论从教育目的还是从课程设置等方面看，人文主义教育洋溢着浓厚的世俗精神，教育更关注今生而非来世，这是人文主义教育与中世纪教育的根本区别。

④宗教性。人文主义教育仍具有宗教性，几乎所有的人文主义教育家都信仰上帝，他们虽然抨击天主教会的弊端，但不反对宗教更不打算消灭宗教，他们希冀以世俗和人文精神改造中世纪陈腐专横的宗教性以造就一种更富世俗色彩和人性色彩的宗教性。

⑤贵族性。这是由文艺复兴运动的性质所决定的。人文主义教育的对象主要是上层子弟，教育的形式多为宫廷教育和家庭教育而非大众教育，教育的目的主要是培养上层人物如君主、侍臣、绅士等。

（2）人文主义教育的影响和贡献。

①教育内容发生变化。对古希腊罗马的热情使其知识和学科成为教学主要内容，导致美育和体育复兴并关注自然知识的学习。

②教育职能发生变化。从训练、束缚自己服从上帝到使人更好地欣赏、创造和履行地位所赋予人的职责。

③教育价值观发生变化。重新发现人，重新确立了人的地位，强调人性的高贵，复兴了古希腊的个人主义价值观。

④复兴了古典的教育理想。形成了全面和谐发展的完人的教育观念，从中世纪培养教士的目标转向文艺复兴时期培养绅士的目标。

⑤复兴了自由教育的传统。教育推崇理性，复兴古希腊的自由教育。

⑥自然主义教育思想兴起。用自然来取代《圣经》作为引证，按照人的天性来生活，按照人的需求和本性来设置课程，尊重受教育者的兴趣、爱好、欲望和天性，出现了直观、游戏、野外活动等教育新方法。

⑦出现了新道德教育观。以原罪论为中心的道德教育已开始解体。人道主义、乐观、积极向上、热爱自由、追求平等和合理的享乐等新的道德观在人文主义的学校中开始取代天主教会的道德观。尊重儿童，反对体罚，已成为某些教育家的强烈要求。

⑧教育与劳动相结合及共产主义的教育思想。在某些空想社会主义教育思想中，首次提出教育与生产劳动相结合的思想以及成人教育的思想。人文主义者莫尔和康帕内拉还提出共产主义的理论以及所实行的教育制度。

⑨建立了新型的人文主义教育机构。

⑩促进了大学的改造和发展。

⑪教育理论不断丰富。

⑫推动了教育世俗化的历史进程。

四、材料分析题

1. 根据上述材料，试分析比较意大利人文主义教育与北欧人文主义教育的异同

【答案要点】

（1）相同点：

①均将古典科目作为课程的基础和主体，重视古典语言教育，忽视本民族语言教学。

②均强调教育与社会的联系，重视治人治世之学，力图通过教育改造社会。

③均在后期发展中表现出形式主义的弊端。

（2）不同点：

①意大利人文主义教育具有较强的世俗性，北欧人文主义教育具有则十分强调宗教与道德的价值。

②意大利人文主义教育重视通过教育培养富于自由、平等精神的公民；北欧人文主义教育则关注通过教育培养理想的朝臣和君主。

第五章

宗教改革时期的教育

一、名词解释
1. 因信称义
2. 耶稣会学校
3.《教学大全》
4. 日内瓦学院
5. 基督教学校兄弟会

二、简答题
1. 简述加尔文的教育主张
2. 简述耶稣会学校的教育内容和教师培训
3. 简述路德的宗教主张
4. 简述斯图谟的中学教育体系及影响

三、论述题
1. 试比较人文主义教育、新教教育和天主教教育

四、材料分析题

1. 材料1：勿轻视此问题，因为青年的教养乃是基督以及全世界所关心的问题。……即使没有灵魂及天国，亦无地狱，但是为了地上俗世，仍应有学校之必要……为求男人们之善以治理国家，与妇女之善能养育其子女、照料家人与治理家务，世界上亦须有教育的男女。……国家的安宁有赖于公民之智慧与美德，因此，创办基督教学校乃是各城市市长与镇长的职责。

——《为基督教学校致日耳曼各市郡长书》

材料2：我认为，世俗政权有责任迫使老百姓送其子女入学，这是有益的。我们的统治者理应完成教俗任务和天职，这样才能始终有讲道师、律师、牧师、书记员、医生等类似的人物。

——《遣送子弟就学之职责》

上述材料反映了谁的教育思想，其主要内容是什么？

参考答案

一、名词解释

1. 因信称义

【答案要点】

因信称义是路德的宗教与政治主张的其中一个方面，指人因真诚的信仰而获新生，而使灵魂得救，使一切罪得以赦免，而不是因为斋戒、施舍、朝圣和买赎罪券。

2. 耶稣会学校

【答案要点】

耶稣会把兴办教育视为实现其宗教和政治目的的重要手段，集中全力兴办中等和高等教育。耶稣会设立的学校统称为学院，分为初级部与高级部。初级部相当于中等教育和大学预科，高级部包括哲学部和神学部，属高等教育。

3.《教学大全》

【答案要点】

耶稣会学校的组织管理一切以《耶稣会章程》和《教学大全》这两个纲领性文件为标准和尺度。《教学大全》由耶稣会第五任会长阿奎瓦拉主持制定，试行八年后正式颁行，该文件完全讨论教育问题，以权威的形式明确规定了耶稣会学校的教学内容和方法的一切细节。

4. 日内瓦学院

【答案要点】

日内瓦学院是由加尔文于1558年创办的一所以培养传教士、神学家和教师为目的的高等学府，是日内瓦大学的前身。由于管理有方，该校成为了欧美许多著名大学的办学样板，该学院毕业的传教士也被派往各地进行加尔文新教的传教工作，影响甚巨。

5. 基督教学校兄弟会

【答案要点】

基督教学校兄弟会是所有致力于推动民众初等教育的天主教教团中规模最为庞大、影响最为广泛的贫民教育团体，由法国人拉萨尔神父创设。

二、简答题

1. 简述加尔文的教育主张

【答案要点】

加尔文的思想与路德类似，不过更为重视个人在宗教生活中的地位。其教育主张包括：

（1）强调教育对个人生活、社会生活和宗教生活的意义。他认为：人与生俱来带有"原罪"，需接受教育才能不致堕落；人为了信仰，为了能直接阅读《圣经》，也须受教；人的知识和能力在社会生活中具有重要价值，应不断追求新知，不断完善自身，这也须受教；为具备一个真正的基督徒所具有的勤奋、俭朴、效率、责任感等道德品质，人也须受教。

（2）提出普及、免费的教育的主张。他要求国家开办公立学校，实行免费教育，使所有儿童都有机会受到教育，学习基督教教义和日常生活所必须的知识技能。

（3）重视人文学科的价值，将宗教科目与人文科目结合起来。

（4）学习古典文科中学的管理模式，并创立了相对完整的教育体系以及日内瓦学院，影响了西方高等教育发展。

2. 简述耶稣会学校的教育内容和教师培训

【答案要点】

（1）教育内容。耶稣会设立的学校统称为学院，分为初级部与高级部。

①初级部5—6年，相当于中等教育和大学预科。学习内容以拉丁语、希腊语、希伯来语、文法和古典文学等人文学科为主，意在为进一步的学习奠定基础。

②高级部包括哲学部和神学部，属高等教育。哲学部学习年限一般为三年，内容包括逻辑学、形而上学、心理学、伦理学、数学、物理学、天文学等。神学部是最高一级的教育，学习时限为4—5年，学习《圣经》和经院哲学。

（2）教师培训。耶稣会十分重视师资的培养和训练。主要有三个方面的内容：

①宗教训练。通过这种训练，使受训者忠于上帝、教皇和天主教会，成为虔诚的天主教徒。

②知识训练。这种训练持续很长时间，学习内容因将来所从事教育的对象的程度不同而有差异。

③有关教育和教学方法方面的训练。包括不同科目的教学方法、班级管理方法、运用谈话和竞赛等手段调动学生积极性的方法等。

3. 简述路德的宗教主张

【答案要点】

路德的宗教与政治主张主要表现在四个方面：

（1）主张因信称义。人因真诚的信仰而获新生，而使灵魂得救，使一切罪得以赦免，而不是因为斋戒、施舍、朝圣和买赎罪券。

（2）主张众信徒皆教士。人只要是为了信仰，在上帝面前就享有平等的权利和义务。只要大家同意，任何信徒都可像教士一样主持圣礼。这种平等观念彻底否定了教阶制度和教士的各种特权。

（3）提倡新的善功与天职观念。中世纪教会所推崇的生活方式是禁欲主义的修道生活，认为人只有独身禁欲、忍受饥寒才能变得圣洁，路德则认为修道是逃避尘世的责任，凡凭信仰从事的各种职业和日常生活皆属善功。上帝所能接受的唯一的生活方式是每个人完成其在尘世的义务。

（4）主张政教分离。教会和世俗政权各自分管精神生活和世俗生活，互不干涉，各得其所，教会不应干涉世俗事务。

4. 简述斯图谟的中学教育体系及影响

【答案要点】

斯图谟是宗教改革运动中的路德派教育家，他把三所旧的拉丁中学改造成一所新教性质的中学，在创建和完善新教式中学方面的成就突出。其中学的特点包括以下几点。第一，强调教育的宗教性目的，教育内容以古典拉丁文、希腊文为主。第二，建立了严格的分级教学制度。斯图谟受比利时一所人文主义性质的学校的分级制影响，在他改造的这所古典文科中学中采用了非常严格的分级教学制度，将学生分为十个年级、每级依固定的课程进行教学，最后一级的课程与大学课程相衔接。学生只有完成了所在级别的教学要求后，才能升至高一级。第三，采用仪式教学。学校每年都举行隆重的升级仪式，奖励品学兼优的学生，通过仪式来激励和促进学生的成长。

三、论述题

1. 试比较人文主义教育、新教教育和天主教教育

【答案要点】

人文主义教育、新教教育、天主教教育三种教育势力之间既有相互冲突的方面，也有相互融会

吸收的方面。

新教教育与天主教教育都是宗教教育，尽管人文主义教育也带有一定的宗教性，尽管所有的人文主义者都信仰上帝，但新教和天主教还是共同反对人文主义教育中尤其是意大利人文主义教育中的异教因素，宗教改革运动"压制了人文主义运动的种种世俗倾向"，而反宗教改革运动则想把当时的社会和教育带回宗教性更强的中世纪。

人文主义教育具有贵族性，新教教育则具有较强的群众性和普及性，天主教教育尤其是耶稣会的教育出于其控制社会精英的政治目的而重视上层社会子女的教育因而带有强烈的贵族性。人文主义教育的贵族性是由人文主义运动的性质所决定的，与耶稣会教育的贵族性在性质上是不同的，后者的目的在于通过教育使社会精英或未来的社会精英为天主教服务。

这三种教育的根本差异在于它们所服务的目的不同。新教教育为新教服务，天主教教育为天主教服务，教育在新教和天主教那儿主要是作为一种宗教的工具而被运用，渗透于新教教育和天主教教育中的古典人文主义教育主要是作为一种技术性的语言工具而被利用，对个人发展的考虑、对世俗利益的考虑，一直被放在次要地位。

尽管如此，三种教育也有一些共同点。三者都很重视古典人文学科。人文主义教育重视古典人文学科自不待言，新教教育和耶稣会教育也以古典人文学科为学校课程的主干。此外，在教育教学的管理方面，三种教育也有很多相通之处。

四、材料分析题

1. 上述材料反映了谁的教育思想，其主要内容是什么？

【答案要点】

这两则材料都反映了路德的教育思想。1524年，路德在《为基督教学校致日耳曼各市郡长书》中提到了论普及教育的必要性，强烈呼吁德意志各邦和城市统治者关心教育，兴办学校，担当起教育组织者的职责。1530年，路德宣讲了《遣送子弟就学之职责》，阐释了国家建立学校并在必要时强制入学的责任。这两篇文章也是他关于教育的主要论述，其教育思想包括：

（1）教育目的。提出普及义务教育及其目的。强调教育具有宗教目的的同时也具有世俗目的。宗教目的是使人虔信上帝，灵魂得救；世俗目的使教育有利于国家的安全、兴旺和人才培养。

（2）教育原则。提出国家在普及义务教育中的责任。强调教育权由国家而不是教会掌握，要求国家普及义务教育。

（3）教育体系。要求建立包含初等、中等和高等教育的国家学校教育新体系。

（4）教育内容。教育上除了进行《圣经》教育之外，还吸收了人文主义教育的方法和内容。要求学习历史、音乐、体育等其他科目和古典学科。

（5）教学方法。废除体罚，满足儿童求知和活动的兴趣，主张运用直观的方法。

虽然马丁·路德并不是西方教育史上第一个提出国家管理文化教育事业、实施强迫义务教育的思想家，其普及义务教育的主张在很大程度上也超出了当时教育发展的实际可能，但借助于宗教改革的推动，路德的教育主张得到了许多封建公国君主以及接受路德教信仰的学者的热烈而迅速的反应。由于行政当局和宗教界以及知识界的合作，教育的重建工作得到一定程度的发展。路德阐释的建立公共教育制度、普及义务教育的理念随后在中欧和北欧的新教国家的学校教育实践中被不断体现出来。

第六章

欧美主要国家和日本的教育发展

一、名词解释

1. 公学
2. 泛爱学校
3. 《莫里尔法》
4. 《国防教育法》
5. 贝尔—兰开斯特制
6. 实科中学
7. 初级学院运动
8. 功利主义教育思想
9. 教育万能论
10. 统一劳动学校
11. 公立学校运动
12. 文实中学
13. "六三三"制
14. 生计教育
15. 《学制令》
16. 大学区制

二、简答题

1. 简述英国《初等教育法》的主要内容
2. 简述《1944年教育法》的主要内容
3. 简述彼得一世的教育改革
4. 简述《费里教育法》的主要内容
5. 简述《巴尔福教育法》的主要内容
6. 简述美国"返回基础"教育运动
7. 简述贺拉斯·曼的教育思想
8. 简述洪堡的教育改革
9. 简述《哈多报告》的主要内容
10. 简述《国家在危机中：教育改革势在必行》主要内容
11. 简述美国《中小学教育法》的主要内容

三、论述题

1. 试论述《郎之万—瓦隆教育改革方案》的主要内容及对民主化教育的影响
2. 谈谈第二次世界大战后发达国家在普及义务教育方面进行了哪些改革
3. 试论述法国启蒙运动时期的国民教育思想
4. 论述苏联《统一劳动学校规程》的主要内容及影响
5. 试论20世纪60年代美国中小学的课程改革
6. 论述福泽谕吉的教育思想

四、材料分析题

1. 材料：1868年，以下级武士为首的倒幕派推翻德川幕府的封建统治，在"王政复古"的口号下，宣布废除幕府制和将军制，成立天皇亲戚下的明治政府。明治政府推行资产阶级改革运动，史称"明治维新"。从此，日本走上了发展资本主义的道路，日本教育也步入了近代化轨道。

（1）试论述日本明治维新时期的教育改革

（2）试从指导思想和改革措施两方面比较中国洋务教育与日本明治维新教育改革

2. 材料：1957年10月4日，发生了一件让美国朝野上下万分震惊的事件——苏联发射了世界上第一颗人造地球卫星，消息一经传出，美国举国惊慌。苏联人造卫星发射成功带给美国人的冲击甚至超过了1949年苏联打破美国原子弹垄断时的程度，被称为是美国科学技术史上的"珍珠港事件"。"人造卫星事件"的意义在于，它标志着美国科技领先神话的破灭，同时也意味着苏联既然有能力把人造卫星送上天，也就有能力造出强大威力的火箭来发射带核弹头的洲际导弹，这绝对是对美国国家安全的巨大威胁和挑战。此时，媒体也出现了铺天盖地的文章和各式各样的报道，几乎众口一词地把矛头对准了学校教育的失败上，抨击学校的课程、破败的校舍、短缺的师资……

冷战中的科技竞争和军备竞赛使美国政府和企业产生了要学校培养更多的科学家和工程师的要求，"人造卫星事件"让美国人更加清醒地认识到科学技术是美国军事力量和国家安全所依靠的基础，而教育则是从根本上提高科技水平的关键，举国上下的目光重新投向了教育。

联系材料论述"人造卫星事件"后美国进行教育改革的原因和举措

3. 材料：20世纪80年代以来，随着全球化和信息化进程的加快，国际间的竞争日趋激烈。为了提高教育质量，增强综合国力，世界各国都加快了教育改革的步伐，试图通过改革，寻找教育发展的出路，更好地促进经济的发展。英国也不甘示弱，积极地投身于这场教育改革的洪流之中。

结合材料谈谈"英国投身于这场教育改革的洪流之中"颁布的最重要的法案的基本内容

参考答案

一、名词解释

1. 公学

【答案要点】

公学是一种私立教学机构,相对于私人延聘家庭教师的教学而言,这种学校是由公众团体集资兴办,其教学目的是培养一般公职人员,其学生是在公开场所接受教育。它较之一般的文法学校师资及设施设备条件好、收费更高,是典型的贵族学校。

2. 泛爱学校

【答案要点】

泛爱学校由巴西多创办,强调适应自然的教育原则和让儿童主动地学习的教学方式,提出培养博爱、节制、勤劳等美德,注重实用性和儿童兴趣,寓教育于游戏之中。泛爱学校的课程主要有实科知识、体育、音乐和劳动等;注重实物教学,反对经院主义、古典主义教育,禁绝体罚。

3. 《莫里尔法》

【答案要点】

1862年,林肯总统批准实施《莫里尔法》。该法规定:联邦政府按各州在国会的议员人数,按照每位议员三万英亩的标准向各州拨赠土地,各州应将赠地收入用于开办或资助农业和机械工艺学院。此类农业或机械工艺学院的设立与发展,确立了美国高等教育为工农业生产服务的方向,在一定程度上改善了高等教育发展与社会需要联系不够密切的状况。

4. 《国防教育法》

【答案要点】

1958年美国总统批准颁布了《国防教育法》,内容包括加强普通学校的自然科学、数学和现代外语的教学;加强职业技术教育;强调天才教育和增拨大量教育经费。

5. 贝尔—兰开斯特制

【答案要点】

贝尔—兰开斯特制又称导生制,指教师在学生中选择一些年龄较大、学习成绩较好的学生充任导生,教师先对导生进行教学,然后由他们去教其他学生。通过这种教学方式,学生的数额得以大大增加,也在一定程度上缓解了教师奇缺的压力,因而一度广受欢迎,但因其难以保证教育质量而最终被人们所抛弃。

6. 实科中学

【答案要点】

实科中学是18世纪在德国兴起并得到发展的一种既具有普通教育性质,又具有职业教育性质的新型学校。它排除课程内容的纯古典主义的倾向,注重自然科学和实科知识的学习,适应了德国资本主义经济逐渐发展起来的需要。

7. 初级学院运动

【答案要点】

美国初级学院运动是一种从中等教育向高等教育过渡的教育,招收高中毕业生,传授比高中稍广一些的普通教育和职业教育方面的知识。初级学院由地方社区以及私人团体和教会开办,不收费或收费较低。学生就近入学，可以走读，无年龄限制，也无入学考试。初级学院课程设置多样，办学形式灵活，学生毕业后可以直接就业，也可以转入四年制大学的三年级继续学习。

8. 功利主义教育思想

【答案要点】

功利主义教育思想出现于19世纪20—30年代的英国，是由当代英国工业资产阶级和工人阶级共同掀起的激进主义运动发展起来的，其主要代表人物有杰里米·边沁、詹姆士·穆勒、约翰·穆勒和斯宾塞。

9. 教育万能论

【答案要点】

教育万能论是爱尔维修的教育思想，他认为个人的成长归因于教育和环境，通过教育可以改变社会制度，解放思想，造就人才。教育万能论否定了遗传因素的作用，陷入了唯心主义的社会历史观。

10. 统一劳动学校

【答案要点】

根据《统一劳动学校规程》的规定，凡属教育人民委员部管辖的俄罗斯苏维埃社会主义共和国的一切学校，除高等学校外，一律命名为"统一劳动学校"。统一劳动学校分为两个阶段，两级学校均是免费的，并且是相互衔接的，这显然是试图实现党纲规定的普及义务教育目标，但这在当时的条件下是无法完全实现的。

11. 公立学校运动

【答案要点】

19世纪30年代，美国出现了公立学校运动。公立学校运动主要是指依靠公共税收维持，由公共教育机关管理，面向所有公众的免费的义务教育运动。19世纪上半期，美国公立学校运动的进行主要是在小学；19世纪后期至20世纪初期，主要是在中学。

12. 文实中学

【答案要点】

第一所文实中学是富兰克林于1751年在费城创办。到19世纪上半期，文实中学成为中等教育的主体，19世纪下半叶，公立中学逐渐取代文实中学。文实中学的出现扩大了中等教育机会，促进中等教育从古典向现代发展。

13. "六三三"制

【答案要点】

"六三三"制即初等教育阶段为6年，以满足6—12岁学生的需要；中等教育由初级和高级两个阶段组成，每个阶段三年，以满足12—18岁学生的需要，中等教育应在包容所有课程的综合中学进行。

14. 生计教育

【答案要点】

生计教育是美国教育总署署长马兰于1971年倡导的一种教育。他提出，生计教育的实质在于以职业教育和劳动教育为核心，引导帮助人们学会许多新的知识和技能，以在适应瞬息万变的社会的过程中，实现个人生存与社会发展的双重目的。这种教育要求以职业教育为中心重新建立教育制度。

15. 《学制令》

【答案要点】

《学制令》是1872年日本明治维新时期颁布的教育法案，在确立教育领导体制的基础上，建立全国的学校教育体制。规定实行中央集权式的大学区制。

16. 大学区制

【答案要点】

大学区制是在19世纪法兰西第一共和国时期开始实行的一种教育行政体制。为牢固掌握教育管理权，拿破仑授意颁布了一系列教育法令，其中就有关于设置大学区的内容。1927年，国民党教育行政委员会仿照法国，设立了中华民国大学院主管全国教育，地方试行大学区。

二、简答题

1. 简述英国《初等教育法》的主要内容

【答案要点】

1870年《初等教育法》，又称《福斯特法》，是英国政府在1870年颁布的关于推行普及义务教育的法令。其主要内容包括：

（1）国家对教育有补助权与监督权。

（2）将全国划分为数千个学区，设立学校委员会管理地方教育。

（3）对5—12岁儿童实施强迫的初等教育。

（4）在缺少学校的地区设公立学校，每周学费不得超过9便士，民办学校学费数额不受限制。

（5）学校中世俗科目与宗教科目分离。

这是英国第一个关于初等教育的法令，其中最有意义的是强迫初等教育，它标志着国民初等教育制度正式形成。该法颁布后，英国初等教育发展迅速，到1900年，基本普及了初等教育。

2. 简述《1944年教育法》的主要内容

【答案要点】

1944年，英国政府通过了以巴特勒为主席的教育委员会提出的教育改革方案，即《1944年教育法》，又称《巴特勒教育法》。该法案的主要内容为：

（1）加强国家对教育的控制和领导。法案废除教育委员会，设立教育部，统一领导全国的教育。同时，设立中央教育咨询委员会，负责向教育部长提供咨询和建议。

（2）加强地方行政管理权限，设立由初等教育、中等教育和继续教育组成的公共教育系统。地方当局负责为本地区提供初等、中等和继续教育。其中，初等教育包括幼儿园、幼儿学校和初等学校。小学生毕业后根据11岁考试结果，按成绩、能力和性向分别进入文法中学、技术中学和现代中学。初等学校和中等学校实行董事会制。

（3）实施5—15岁的义务教育。父母有保证子女接受义务教育和在册学生正常上学的职责。地方教育当局应向义务教育超龄者提供全日制教育和业余教育。

（4）要求改革宗教教育、师范教育和高等教育等。

《1944年教育法》在英国现代教育发展中占据极其重要的地位。它结束了第二次世界大战前英国教育制度发展不平衡的状况，形成了初等教育、中等教育和继续教育相互衔接的公共教育制度，对以后英国教育的发展产生了重要影响。

3. 简述彼得一世的教育改革

【答案要点】

17世纪末沙皇彼得一世匿名考察欧洲各国，回国后立即进行了多方面的社会改革，拉开了俄国近代化的序幕。其教育改革主要包括以下内容：

（1）专门教育。彼得一世为了尽快培养俄国改革和发展所需的专门人才，创建了诸多具有实科性质的学校，特别是有关军事技术的专门学校。

（2）初等义务教育。彼得一世下令开办俄语学校、计算学校，并把各地开办学校的责任委于当地教会，促进了初级主教学校、堂区学校的发展。

（3）中等和高等教育。彼得一世为了培养本国的高级人才，提出了建立俄国科学院的设想，并附设文科中学和大学，以肩负科研和教学的双重职能。

彼得一世的改革是为了强化国力，以大规模引进西方先进科学技术为主要特征的，因此在改革中强化了教育的实科倾向，扩大了普及面，向教育近代化迈出了一步。但因改革缺乏广泛的社会基础，改革取得的成果也就难以保持。

4. 简述《费里教育法》的主要内容

【答案要点】

1881年和1882年法国先后颁布的《第一费里法案》和《第二费里法案》，不但确立了国民教育义务、免费、世俗化三大原则，而且把这些原则的贯彻实施予以具体化。其主要内容包括：

（1）义务化。6—13岁为法定义务教育阶段，接受家庭教育的儿童须自第三年起每年到学校接受一次考试检查。对不送儿童入校学习的家长予以罚款。

（2）免费化。免除公立幼儿园及初等学校的学杂费，免除师范学校的学费、膳食与住宿费用。

（3）世俗化。废除教会监督学校及牧师担任教师的特权，取消公立学校的宗教课，改设道德课与公民教育课。

《费里教育法》的颁布与实施为这一时期初等教育的发展提供了必要的法律保障，指明了进一步努力的方向，标志着法国初等教育步入了一个新的历史发展阶段。

5. 简述《巴尔福教育法》的主要内容

【答案要点】

1902年，为了公平分配教育补助金和加强对地方教育的管理，英国通过了《巴尔福教育法》。其主要内容有：

（1）设立地方教育当局，以取代原来的地方教育委员会。其主要职责是：保证初等教育的发展，享有设立公立中等学校的权力，并为中等学校和师范学校提供资金。

（2）地方教育当局有权对私立学校和教会学校提供资助和控制。

《巴尔福教育法》是英国进入20世纪后所制定的第一部重要的教育法。它促成了英国中央教育委员会和地方教育当局的结合，形成了以地方教育当局为主的英国教育行政体制。该法首次强调初等教育和中等教育的衔接，并把中等教育纳入地方教育部门管理，为建立统一的国家公共教育制度奠定了基础。

6. 简述美国"返回基础"教育运动

【答案要点】

在美国基础教育委员会倡导和推动下，"返回基础"实施于1976年，并发展成为20世纪70年代后期美国教育改革的主流。"返回基础"主要针对中小学基础知识教学和基本技能训练薄弱问题而开展。其主要内容有：

（1）要求在小学阶段加强阅读、写作和算术教学。

（2）确定中学阶段的教育重点在于英语、自然科学、数学和历史等科目的教学。

（3）强调教师在教学过程中发挥主导作用。

（4）经过考试证明学生确已掌握规定的基本技能和知识后，学生方可升级或毕业。

（5）取消选修课，增加必修课。

"返回基础"教育运动实质上是美国的一种恢复传统教育的思潮，它否定了"进步教育"运动的基本主张，强调严格管理，提高教育质量，但是这一教育运动遭到了许多指责，认为它过分赞赏和重振传统教育，所以"返回基础"的呼声在80年代以后又逐渐消沉。

7. 简述贺拉斯·曼的教育改革

【答案要点】

贺拉斯·曼是美国著名的教育实践家，在推动美国公立学校发展上做出了重要贡献，被称为"美国公立学校之父"。贺拉斯·曼十分注重教育理论的探索，最终形成自己的教育理论体系。

（1）教育作用。①实施普及教育是共和政府存在的保证；②教育是维持社会安定的重要工具，教育可以减少罪恶，可以减少社会遭受不良行为的损害；③教育还是人民摆脱贫穷的重要手段。

（2）教育目的。培养社会需要的各类专业工作者。

（3）教育内容。体育、智育、政治教育、道德教育以及宗教教育诸方面。

（4）师范教育。贺拉斯·曼将师范教育视为提高公立学校教育的重要手段；倡议创设师范学校来培养教师；要求在师范学校开设公立学校所开设的全部科目。此外，未来的教师还要学习各科教学法、心理学、哲学、人体生理学、卫生学等科目。

8. 简述洪堡的教育改革

【答案要点】

洪堡在1809—1811年担任普鲁士内务部文教总管期间，实行了教育改革，史称"洪堡教育改革"。

（1）初等教育：洪堡注重提高基础教育的质量，加强小学师资的培训，促进师范教育的发展，初步构建了师范教育体系。

（2）中等教育：洪堡对文科中学进行了多方面的改革，消减了古典学科，使文科中学更接近实际生活；并由国家进行中学师资的考核与选择，保证了中学教师的质量。

（3）高等教育：洪堡重视创新型大学，主张把大学办成哲学、科学和学术研究的中心。1810年，他在任期间创建的柏林大学提倡自由学习和自由教学，建立讲座教授制度和习明纳制度，强调科学研究，从而一举建立现代大学制度。

洪堡教育改革虽然历时较短，但帮助德国完善了近代教育制度，为德国教育的发展奠定了坚实的基础，尤其是在高等教育方面，德国大学成为现代高等教育的经典模式之一。

9. 简述《哈多报告》的主要内容

【答案要点】

1924年，工党政府任命了以哈多爵士为主席的调查委员会，负责研究英国的全日制初等后教育。该委员会在1926—1933年提出了三份《关于青少年教育的报告》，一般称为《哈多报告》。

（1）小学教育应当重新称为初等教育。儿童在11岁以前所受到的教育称为初等教育。其中5—8岁入幼儿学校，8—11岁入初级小学。

（2）儿童在11岁以后所受到的各种形式的教育均称为中等教育。中等教育阶段设立四种类型的学校：以学术性课程为主的文法学校、具有实科性质的选择性现代中学、相当于职业中学的非选择性现代中学、略高于初等教育水平的公立小学高级班或高级小学。

（3）为了使每个儿童进入最合适的学校，应当在11岁时进行选拔性考试。同时规定，义务教育的最高年龄为15岁。

《哈多报告》第一次从国家的角度阐明了初等教育与中等教育衔接，中等教育面向全体儿童的思想。并从儿童发展的角度，明确提出了初等教育后教育分流的主张，以满足不同阶层人们的需要。但报告把中等教育分为四种轨道，又反映了英国教育传统的影响。

10. 简述《国家在危机中：教育改革势在必行》主要内容

【答案要点】

20世纪80年代初期，美国中小学教育质量问题成为社会关注的中心。1983年，美国中小学教育质量调查委员会提出《国家在危机中：教育改革势在必行》的报告。该报告成了美国80年代中期开始的教育改革的纲领性文件，改革的中心是提高教育质量。

（1）加强中学五门"新基础课"的教育。中学必须开设数学、英语、自然科学、社会科学、计算机课程。这些课程构成了现代课程的核心。

（2）提高教育标准和要求。小学、中学、学院和大学都要对学生的学业成绩和行为表现采取更严格的和可测量的标准。

（3）改进师资培养。提高职前教师教育的专业标准和执教能力，使他们既有从教的倾向，又具备从教的专业素质和专业能力，同时提高他们的社会地位和物质待遇。

（4）联邦政府、州和地方官员以及学校校长和学监，都必须发挥领导作用，负责领导教育改革的实施。各级政府、学生家长以及全体公民都要为实现教育改革的目标提供必要的财政资助。

虽然有人批评美国在重视教育质量的同时，又出现了忽视灵活性、忽视情感培养等问题，但总体而言，《国家在危机中：教育改革势在必行》产生的效应是积极的。

11. 简述美国《中小学教育法》的主要内容

【答案要点】

20世纪60年代，为了继续改善教育机会不平等问题，美国进行了教育改革。1965年，美国国会通过了《中小学教育法》。

（1）提出了中小学的教育目标，指出小学生更应加强文化教育，为将来接受专业教育打好基础，中学的目标则应是为培养未来的学者、专家打基础，学会钻研科学的方法。

（2）要求政府拨款奖励推动黑人、白人学生合校的工作，规定凡自动而认真合并的学校可以领取大量的补助费。

（3）制定了一系列对处境不利儿童的教育措施和帮助政策。

《中小学教育法》要求政府拨巨款奖励推动黑人和白人学生合校的工作，这在一定程度上改变了黑人教育的面貌，也促进了整个中小学教育的发展。该法对于中小学教育质量的提高和教育公平的实现具有重要作用。

三、论述题

1. 试论述《郎之万—瓦隆教育改革方案》的主要内容及对民主化教育的影响

【答案要点】

1947年，以法国著名物理学家郎之万和著名儿童心理学家瓦隆为主席的教育改革委员会提交了《教育改革方案》，又称《郎之万—瓦隆教育改革方案》。《方案》批评了法国教育的弊端，就各级各类学校的组织、制度、教育内容和方法提出了具体改革意见。

该法案的主要内容为：

（1）提出了二战后法国教育改革的六条原则：①社会公正；②社会上一切工作价值平等，任何学科价值平等；③人人都有接受完备教育的权利；④在加强专门教育的同时，适当注意普通教育；⑤

各级教育实行免费；⑥加强师资培养，提高教师地位。

（2）实施6—18岁学生的免费义务教育。这种教育可划分为如下三个阶段：第一阶段为基础教育；第二阶段是方向指导阶段；第三阶段为决定阶段。之后分别进入学术型、技术型、艺徒制学校学习。学生在18岁时结束免费义务教育。

（3）该方案还对高等教育进行了设计。在义务教育第三阶段之后，在学术型学校结业的学生可进入一年制大学预科接受教育，然后进入高等学校学习。

受第二次世界大战后初期历史条件的影响，郎之万—瓦隆的教育改革方案并未付诸实施。但在它的影响下，法国开始大力扩充初等教育，同时把较好的初等学校升格为中学，极大地促进了中等教育的普及，基本实现了初等和中等教育的衔接。

《郎之万—瓦隆方案》对教育民主化的影响在于其突出了"民主""正义""平等"与"多样化"等原则，具有教育改革的积极意义，是对传统等级性与宗教性教育的一次重大改革。

2. 谈谈第二次世界大战后发达国家在普及义务教育方面进行了哪些改革

【答案要点】

战后主要发达国家都用立法的形式保障其普及义务教育的措施。

（1）美国，1958年《国防教育法》颁布规定，增拨大量教育经费，作为对各级学校的财政援助。20世纪60年代，美国的教育改革主要在于中小学的课程改革及继续改善教育机会不平等问题。

（2）英国，《1944年教育法》，规定实施5—15岁的义务教育，地方教育当局应向义务教育超龄者提供全日制教育和业余教育。《1988年教育改革法》规定实施全国统一课程，确定在5—15岁的义务教育阶段开设核心课程、基础课程和附加课程三类课程。

（3）法国，《郎之万—瓦隆教育改革方案》实施6—18岁的免费义务教育，主要通过基础教育阶段、方向指导阶段和决定阶段进行。1959年，戴高乐政府颁布的《教育改革法》规定，义务教育年限由战前的6—14岁延长到16岁。

（4）德国，1964年《关于统一学校教育事业的修正协定》规定，联邦各州的所有儿童应接受九年义务教育，义务教育阶段应是全日制学校教育。

（5）日本，1947年《教育基本法》规定全体国民接受九年义务教育。

3. 试论述法国启蒙运动时期的国民教育思想

【答案要点】

启蒙运动时期，法国出现了诸多思想家。他们基于平等、自由等启蒙精神，提出了国民教育设想。主要的代表人物有爱尔维修、狄德罗和拉夏洛泰等人。

（1）爱尔维修的教育思想。

①追求教育民主化，提出了教育万能论。他认为个人的成长归因于教育和环境，通过教育可以改变社会制度，解放思想，造就人才。教育万能论否定了遗传因素的作用，陷入了唯心主义的社会历史观。

②国民教育思想。鉴于教育对个人和国家的重大影响，爱尔维修要求彻底改造旧学校。他主张由国家创办世俗教育，论述并倡导人们关心现实的利益，认为顺应"自爱"并以公共利益作为行为的指南，才是高尚的道德。

③强调学习科学知识的重要性。爱尔维修指出知识的学习依赖于感官的发展和教育，而且人的终生都是在学习和受教育。他还主张爱护身体，重视体育。

（2）狄德罗的教育思想。

①教育的作用：狄德罗否认了爱尔维修的"教育万能"论，认为教育可以发展人的优良的自然

素质，抑制不良的自然素质，进而启发人的理性，认识社会中的罪恶现象，唤起对正义、善行和新秩序的爱。

②国民教育：狄德罗主张剥夺教会的教育管理权，把教育交由新的国家政府管理，教会人员不得在新学校中担任职务。国家应当推行强迫义务教育。中学和大学应当向一切人开放。

③科学教育：狄德罗强调科学知识的学习和科学方法的应用，指出研究和学习的主要方法是观察、思考、实验，认为思维能力的培养也是教育的一项重要任务。

（3）拉夏洛泰的教育思想。

①拉夏洛泰的国家办学思想基于对教会教育特别是对耶稣会教育的批判之上形成的；②他还从知识和教育的巨大作用角度说明了国家办教育的必要性；③认为法国国民教育目的应该是培养良好的法国公民，教育应该首先考虑的是国家；④教育最终要达到使人民心智完善、道德高尚、身体健康的目标。

4. 论述苏联《统一劳动学校规程》的主要内容及影响

【答案要点】

1918年，经全俄教育工作者第一次代表大会讨论通过，正式公布了《统一劳动学校规程》和《统一劳动学校基本原则》。

（1）内涵。根据《统一劳动学校规程》的规定，凡属教育人民委员部管辖的俄罗斯苏维埃社会主义共和国的一切学校，除高等学校外，一律命名为"统一劳动学校"。所谓"统一"是指所有的学校，即从幼儿园到大学，是一个不间断的阶梯，所有儿童都应进同一类型的学校，全都有权沿着这个阶梯升入高一级学校学习；所谓"劳动"是针对旧的"读书学校"而言，强调"新学校应当是劳动的"，并且把劳动列入学校课程，使学生通过劳动能"积极地、灵活地、创造性地去认识世界"。

（2）阶段。统一劳动学校分为两个阶段：第一级学校招收8—13岁的儿童，学习期限5年；第二级学校招收13—17岁的少年和青年，学习期限4年。两级学校均是免费的，并且是相互衔接的，这显然是试图实现党纲规定的普及义务教育目标，但这在当时的条件下是无法完全实现的。

（3）评价。

①积极影响。它是苏联教育史上第一个重要的立法，在世界教育史上第一次贯彻了非宗教的、民主的和社会主义的教育原则；尖锐地批判了旧学校的形式主义、脱离实际的倾向，要求把教育与生产劳动紧密地结合起来；强调全面发展儿童个性，充分发挥儿童学习的主动性和创造性等。这一切不仅对苏联教育、教学工作的发展起过积极的作用，而且在国外也引起了强烈的反响。

②消极影响。《统一劳动学校规程》错误地取消了一切必要的、合理的教学制度，取消教学计划，完全废除考试和家庭作业，不正确地解释教师的作用，过高地估计了劳动在学校中的地位。

5. 试论20世纪60年代美国中小学的课程改革

【答案要点】

随着《国防教育法》的颁布和实施，美国中小学进行了二战后第一次以课程改革为中心的教学改革。1959年9月，美国科学院召开关于改进中小学的自然科学教育问题的会议，对20世纪60年代美国中小学的课程改革有重大影响。会议邀集35位科学家、学者和教育家参加。会议由著名心理学家布鲁纳担任大会主席，他以在会议上的总结发言为基础，结合会议上学者专家发表的各种意见，于1960年发表《教育过程》一书。该书阐述了结构主义课程改革思想，促成所谓的"学科结构运动"。布鲁纳主张探讨和确定每门主要学科的基本结构要素以设计最佳课程，主张各个主要知识领域的专家全面地参加课程的设计、教科书的编写和教学大纲的拟定工作。

在"学科结构运动"的推动下，从20世纪50年代末开始，"物理科学教学委员会""生物科学课程研究会""化学教材研究会""普通学校教学研究会"和"小学科学规划会"等编写了大量新的教材,其中小学科学常识 3 套,中学数学 2 套,高中物理 2 套,高中化学 2 套,高中生物 1 套,高中地理 2 套。

20 世纪 60 年代的中小学课程改革加强了数学、自然科学和现代外语等学科的教学,新编的教材内容丰富、新颖,注重阐明该学科的基本概念、知识结构和科学系统,有利于开发学生的智力。

这次课程改革基本符合教学内容必须适合科学技术和生产力发展状况的要求,最初得到了很高的评价和极大的欢迎。但由于新编的各种教材片面强调现代化和理论化,忽视应用知识和基本技能的训练,大大增加了教材内容的难度,忽视了大多数教师和学生"教"与"学"的实际能力,因而并未达到预期的效果,还导致学生负担过重,大多数学生难以接受和消化所学内容,学业成绩大面积下降。

6. 论述福泽谕吉的教育思想

【答案要点】

福泽谕吉是日本明治时代杰出的启蒙教育家、思想家,有"日本的伏尔泰"之称。代表学术著作有《劝学篇》和《文明论概略》等。

(1)教育的作用:知识富人,教育立国。福泽谕吉认为,只有教育才可消除贵贱,才可培养富有学识的国民,才可缔造一个文明、独立、富强的国家。为此,他主张大力普及学校教育,以最终实现教育立国的主张。

(2)智育:修习学问,唯尚实学。

①学问包括有形学问和无形学问,并且修习学问时应分清主次,应主要学习那些能够解决实际问题的学问。

②在研究学问时必须确立远大的志向,切忌舍难就易,浅尝辄止。研究学问的最终目的在于追求独立不羁和自由自主。

③学者绝不可满足于普通的学校教育,其志趣要远大,要力求通晓科学的本质,要有独立不羁的精神。即便单枪匹马,也要有担负国家兴旺重责的气魄。

(3)德育:培养国家观念与独立意识。福泽谕吉认为,道德"就是内心的准则。也就是指一个人内心真诚。"这种内心真诚首先体现在个人所拥有的国家观念与天赋民权意识。他认为培养日本国民的爱国之心是德育的首要任务。道德教育在个人身上还体现为独立意识的培养。

(4)体育:造就健康国民。福泽谕吉认为,健康的国民必须先具有健康的身体,健康的体魄是任何智慧和道德观念培养和形成的基础。开展体育活动必须首先端正体育目标,在福泽谕吉看来,体育锻炼的目标旨在使人健壮无病,精神活泼、愉快,从而能够克服社会上的各种艰难以独立生活。

作为新兴资产阶级的代言人,福泽谕吉积极投身于文明开化、思想启蒙运动,大力发展教育,提高日本国民整体素质。福泽谕吉的教育思想对当时及后来的日本教育改革与发展产生了显著的影响。

四、材料分析题

1.(1)试论述日本明治维新时期的教育改革
(2)试从指导思想和改革措施两方面比较中国洋务教育与日本明治维新教育改革

【答案要点】

(1)日本明治维新时期的教育改革内容包括:

①建立中央集权式的教育管理体制。1871 年,明治政府在中央设立文部省,统一管理全国的文化教育事业并兼管宗教事务。1872 年颁布的《学制令》,在确立教育领导体制的基础上,建立全

国的学校教育体制。规定实行中央集权式的大学区制。

②初等教育的发展。1886年颁布的《小学令》规定初等教育年限为八年，分两个阶段实施。前4年为寻常小学阶段，实施义务教育；后4年为高等小学阶段，实施收费制。

③中等教育的发展。1886年颁布的《中学校令》规定，中学承担实业教育及为学生升入高等学校做准备的基础教育两大任务；中学类型分为寻常中学与高等中学两类，前者修业五年，由地方设置及管理，每府县设立一所，属普通教育学校；后者修业两年，每学区设一所，属大学预科性质，直接接受文部大臣的领导。

④高等教育的发展。日本近代高等教育的发展始于明治维新时期的教育改革，这一改革既吸取借鉴了欧美发展高等教育的经验，同时又较好地利用了本国已有的教育基础。新大学的创办以1877年东京大学的成立为肇端。1886年颁布《帝国大学令》，改东京大学为帝国大学，明确其任务为适应国家发展需要，讲授学术及技术理论，研究学术及技术的奥秘，培养大批管理干部及科技人才。

⑤师范教育的发展。明治时期大规模教育改革的推行及学校的兴办，尤其是初等义务教育运动的开展，客观上要求充分发展师范教育以提供必要的师资保障。1886年颁布的《师范学校令》为日本师范教育的规范发展提供了政策支撑。

（2）指导思想的异同：洋务教育的指导思想是"中学为体，西学为用"；明治维新教育改革的指导思想是"文明开化"与"和魂洋才"。

①相同点：都重视引进和兴办西式近代教育，又希望不丢掉本国文化传统的根本。

②不同点：洋务教育旨在保留封建教育的同时，兴办西式近代教育；明治维新教育改革以否定封建教育为前提，兴办西式近代教育。

改革措施的异同：

①相同点：都采用了向海外派遣留学生的措施；都聘请洋教员执教、办理西式近代学校。

②不同点：

第一，洋务教育未能使教育改革与社会改革同步进行；明治维新则使教育改革与社会改革同步进行。

第二，洋务教育只是当时中国教育体系中的一小部分，且主要集中于专门教育；明治维新则对教育进行了全面而系统的改革，涉及各级各类教育。

第三，兴办洋务教育的主体是部分具有危机和开放意识的官员，未能获得全国统一教育领导机构的有力支持，力量薄弱；明治维新教育改革确立了以文部省为首的中央集权式的教育管理体制，是通过政府动员全国力量进行的，力量强大。

2. 联系材料论述"人造卫星事件"后美国进行教育改革的原因和举措

【答案要点】

1957年，苏联卫星上天后，美国朝野震惊，开始反思自身的教育问题，并将教育提高到保卫国家国防的高度，要求对教育进行改革。在此背景下，1958年美国总统批准颁布了《国防教育法》。

《国防教育法》的主要内容包括：

（1）加强普通学校的自然科学、数学和现代外语，即"新三艺"的教学。

（2）加强职业技术教育。要求各地区设立职业技术教育领导机构，有计划地开展职业技术训练。

（3）强调"天才教育"。鼓励有才能的学生完成中等教育，攻读考入高等教育机构所必需的课程并升入该类机构，以便培养拔尖人才。

（4）增拨大量教育经费。作为对各级学校的财政援助。

《国防教育法》是作为改革美国教育、加快人才培养的紧急措施推出的，其颁布与实施，为第二次世界大战后美国教育改革提供了坚实的法律保障，促进了美国教育事业的发展，有利于教育质量的提高和科技人才的培养。

3. 结合材料谈谈"英国投身于这场教育改革的洪流之中"颁布的最重要的法案的基本内容

【答案要点】

"英国投身于这场教育改革的洪流之中"颁布的最重要的法案是《1988年教育改革法》，其具体内容包括：

（1）规定实施全国统一课程。确定在5—16岁的义务教育阶段开设三类课程：核心课程、基础课程和附加课程。核心课程和基础课程合称为"国家课程"，为中小学必修课程。

（2）设立全国统一考试制度。规定在整个义务教育阶段学生要参加四次全国性考试。分别在7、11、14、16岁时举行，作为对学生进行甄别和评估的主要依据。此外，对学生的评估还要结合教师对学生的平时考查。由学校考试委员会负责的全国性考试的结果，还将作为对学校工作进行评价的依据。

（3）实施摆脱选择政策。即规定地方教育当局管理下的所有中学和规模较大的小学，在多数家长要求下可以摆脱地方教育当局的控制，直接接受中央教育机构的指导。这一政策表明英国开始打破过去中央、地方两级分权管理教育的传统，而走向中央集权制管理。此外，该法还赋予学生家长为子女自由选择学校的权利。

（4）建立一种新型的城市技术学校，以培养企业急需的精通技术的中等人才。

（5）废除高等教育的"双重制"。"双重制"是指英国各类学院由地方管理，而大学则由中央管理的体制。根据新规定，包括多科技术学院和其他学院在内的高等院校将脱离地方教育当局的管辖，成为"独立"机构，并获得与大学同等的法人地位。同时成立"多科技术学院基金委员会"，负责多科技术学院的发展规划和拨款事务。

第七章 欧美教育思想的发展

一、名词解释

1. 泛智教育
2. 《大教学论》
3. 《教育漫话》
4. 绅士教育
5. 自然主义教育
6. "白板说"
7. 《爱弥儿》
8. 要素教育
9. 《普通教育学》
10. 四段教学法
11. 恩物
12. 教育准备说
13. 德可乐利教学法
14. 昆西教学法
15. 文纳特卡制
16. 设计教学法
17. 《民主主义与教育》
18. 做中学
19. 儿童中心论
20. 教育即生长
21. 教育即生活
22. 学校即社会
23. 新教育运动
24. 儿童之家
25. 《儿童的世纪》
26. 进步主义教育运动
27. 葛雷制
28. 道尔顿制
29. 五步教学法

30. 改造主义教育

31.《教育诗》

32. 终身教育思潮

33. 结构主义教育

34. 自然后果律

35. 平行教育影响原则

二、简答题

1. 简述夸美纽斯的教育教学原则
2. 简述夸美纽斯关于班级授课制的设想
3. 评述夸美纽斯教育适应自然原则的主张
4. 简述洛克的绅士教育
5. 简述卢梭的公民教育理论
6. 简述卢梭在西方教育史上的地位和贡献
7. 简述裴斯泰洛齐的要素教育
8. 简述裴斯泰洛齐的"教育心理学化"思想
9. 简述赫尔巴特的教育性教学原则及其在教学中的应用
10. 简述赫尔巴特教学形式阶段理论
11. 简述恩物与作业的联系与区别
12. 简述斯宾塞的科学教育思想
13. 简述斯宾塞的生活准备说
14. 简述斯宾塞的课程论
15. 简述乡村寄宿学校的特征
16. 简述19世纪末20世纪初的实验教育学的主要观点
17. 简述凯兴斯泰纳的劳作学校理论
18. 简述进步主义教育的特征
19. 简述终身教育思潮
20. 简述马卡连柯的集体主义教育
21. 简述凯洛夫的教学原则
22. 简述赞科夫的发展性理论的教学原则
23. 简述美国进步教育的发展历程
24. 简述结构主义教育的基本观点

三、论述题

1. 试述夸美纽斯的教育思想及其贡献
2. 试论述西方教育史上教育与生产劳动相结合的主张
3. 试述赫尔巴特的课程理论和教学理论，并分析其对现实的借鉴意义
4. 论述裴斯泰洛齐的教育思想和历史贡献
5. 福禄培尔的幼儿教育理论
6. 论述马克思和恩格斯的教育思想
7. 论述蒙台梭利的教育思想
8. 论述永恒主义教育思潮的主要观点及意义

9. 论述苏霍姆林斯基全面和谐教育理论的主要内容
10. 论述杜威的教育本质观
11. 试述杜威与赫尔巴特教育思想的异同
12. 论述20世纪前期的教育思潮
13. 论述教育心理学化运动的形成、发展与影响

四、材料分析题

1. 材料：法国教育家卢梭曾写道："……问题不在于教他各种学问，而在于培养他有爱好学问的兴趣，而且在这种兴趣充分增长起来的时候，教他以研究学问的方法。毫无疑问，这是所有一切良好的教育的一个基本原则。"

请结合这段话评述卢梭的自然教育理论，并联系实际谈谈这一理论的现实意义

2. 根据以下材料，请回答：

我们要提醒自己，教育本身并无目的。只是人，即家长和老师等才有目的；教育这个抽象概念并无目的。所以，他们的目的有无穷的变异，随着不同的儿童而不同，随着儿童的生长和教育者经验的增长而变化，即使能以文字表达的最正确的目的，如果我们没有认识到他们并不是目的，而是给教育者的建议，在他们解放和指导他们所遇到的具体环境的各种力量时，建议他们怎样观察，怎样展望未来和怎样选择，那么这种目的，作为文字，将是有害无益的。

——《民主主义与教育》

（1）该思想由谁提出，请阐述其具体内容
（2）请论述该作者的其他教育思想

参考答案

一、名词解释

1. 泛智教育

【答案要点】

基于教育的崇高目的，夸美纽斯提出"将一切事物教给一切人"的泛智主义教育观，并由此大力主张普及教育于全体儿童和民众。内容主要包括教育内容的泛智化和教育对象的普及化两个方面。

2.《大教学论》

【答案要点】

《大教学论》是夸美纽斯的教育代表作，标志着独立形态的教育学的开端，论述了教育的目的和任务、教育适应自然的原则、学校制度及各阶段的教育任务、班级授课制、教学原则和教学方法等，成为近代教育理论的奠基之作。

3.《教育漫话》

【答案要点】

《教育漫话》集中反映了欧洲文艺复兴时期新兴资产阶级的教育观，是英国教育家洛克的代表作。本书以"绅士教育"为主题，分为体育保健、道德教育、智育三个部分，阐明了如何才能培养出符合时代需要的、有理性、有德行、有才干的绅士或者有开拓精神的事业家。

4. 绅士教育

【答案要点】

洛克认为教育的最高目的在于培养绅士。所谓绅士教育，就是培养既具有封建贵族遗风，又具有新兴资产阶级特点的新式人才的教育。他主张把社会中上层家庭的子弟培养成为身体强健、举止优雅、有德行、智慧和实际才干的事业家。

5. 自然主义教育

【答案要点】

卢梭自然主义教育的核心是"回归自然"。一方面，善良的人性存在于纯洁的自然状态之中，只有"回归自然"、远离喧嚣社会的教育，才有利于保持人的善良天性。另一方面，每个人都是由自然的教育、事物的教育、人为的教育三者培养起来，只有三种教育圆满地结合才能达到预期的目的。三者之中，应以自然的教育为基准，才能使教育回归自然达到应有的成效。

6. "白板说"

【答案要点】

洛克反对天赋观念论，认为人出生后心灵如同一块白板，一切知识是建立在由外部而来的感官经验之上的。"白板说"是洛克教育思想的主要理论基础，他高度评价教育在人的形成中的作用，认为人之好坏，十分之九都是由他们的教育所决定。

7.《爱弥儿》

【答案要点】

《爱弥儿》是卢梭的教育哲理小说，通过论述主人公爱弥儿及其未婚妻苏菲的教育过程，批判了经院主义教育，提倡自然主义教育；认为人生来具有自由、理性和良心的秉赋，顺乎天性发展可以成为善良的人并达致善良社会，故教育应受天性指引，以培养"自然人"为目的；论述了儿童身心发展的四个时期的特点、教育内容和方法；论述了女子教育。该书反映了新兴资产阶级改革教育的要求，在西方教育史上首次系统提出新的儿童教育观，在教育史上掀起一场"哥白尼式的革命"。

8. 要素教育

【答案要点】

裴斯泰洛齐提出要素教育论，其基本思想是：初等学校的各种教育都应该从最简单的要素开始，然后逐渐转到日益复杂的要素，循序渐进地促进人的和谐发展。要素教育既要求初等学校为每个人在德、智、体几方面都能受到基本的教育而得到和谐的发展，又要求在德育、智育、体育的每一个方面都通过"要素方法"获得均衡的发展。

9.《普通教育学》

【答案要点】

《普通教育学》是一本自成体系的教育学著作，它标志着教育学已经成为一门独立学科。在此书中，赫尔巴特全面、系统地阐述了其教育理论：由儿童的管理、教学和道德教育构成的教育过程，兴趣的多方面性，教学形式阶段，教育性教学原则，由单纯提示的教学、分析教学和综合教学构成的教学进程等等。

10. 四段教学法

【答案要点】

赫尔巴特提出了教学形式阶段理论，即"四段教学法"，包括明了、联合、系统和方法四个阶段，四段教学法在一定程度上揭示了教学过程方面的某些规律，反映了人类对教学过程和教学活动本质认识的发展，具有广泛的实践意义是值得充分肯定的；但是，该理论认为任何一堂课都必须遵循这样一个阶段，既限制了学生学习的积极主动性和创造精神，也束缚了教师教学的主动性和灵活性。

11. 恩物

【答案要点】

恩物是福禄培尔创制的一套供儿童使用的教学用品，其教育价值就在于它是帮助儿童认识自然及其内在规律的重要工具。恩物作为自然的象征，能帮助儿童由易到难、由简及繁、循序渐进地认识自然，发展儿童的想象力和创造力。

12. 教育准备说

【答案要点】

斯宾塞提出教育准备说，主张教育的目的是为完满生活做准备。为实现此目的，教育应从当时古典主义的传统束缚中解放出来，应该切实适应社会生活与生产的需要。

13. 德可乐利教学法

【答案要点】

德可乐利创办的生活学校也称隐修学校，教育对象为4—18岁的儿童，学校从幼儿园到中学形成一体化。学校不仅仅是教育教学机构，还是一个实验室、活动室甚至是工厂车间，目的是使儿童通过实践活动把学习和日常生活相结合。学校以儿童的本能需要和兴趣为中心设置课程，打破分科。组成教学单元，从而形成了德可乐利教学法。

14. 昆西教学法

【答案要点】

昆西教学法是指帕克在昆西学校和芝加哥库克师范学校进行的教育改革实验所采取的新的教育方法和措施。主要特征是强调儿童应处于学校教育的中心；重视学校的社会功能；主张学校课程应尽可能与实践活动相联系；强调培养儿童自我探索和创造的精神。

15. 文纳特卡计划

【答案要点】

文纳特卡制是美国进步主义教育家华虚朋在芝加哥的文纳特卡镇所实施的个别教学实验，也称"文纳特卡计划"。主要内容包括重视使学校的功课适应儿童的个别差异。将个别学习和小组学习结合起来，个性发展与社会意识的培养相联系。将课程分为两个部分：共同知识或技能和创造性的、社会性的作业。前者主要按照学科进行，并以学生自学为主，教师适当进行个别辅导，以考试来检验学习成果；后者则以小组为单位展开活动或施教，不考试。

16. 设计教学法

【答案要点】

设计教学法是美国进步主义教育家克伯屈提出的新的教育方法。他将设计教学法定义为在社会环境中进行有目的的活动，重视教学活动的社会的和道德的因素。强调有目的的活动是设计教学法的核心，儿童自动的、自发的、有目的的学习是设计教学法的本质。

17.《民主主义与教育》

【答案要点】

《民主主义与教育》是杜威的教育代表作，依杜威自己的划分，该书包含3个部分：论述了教育的智能，指出了当时学校教育的严重缺陷及改革方向；阐述了民主社会的教育性质，明确教育即生长、生活和经验改造的意义，并通过对过去各种教育理论的批判来反证民主教育的正确性和优越性；以实用主义教育哲学来调和教育理论中长期存在的各种二元论问题，并阐述了对于课程、教材和教法的新观点。最后，杜威论述了实用主义的真理观和道德论。

18. 做中学

【答案要点】

杜威以其经验论为基础，要求从做中学、从经验中学，要求以活动性、经验性的主动作业来取代传统书本式教材的统治地位。在杜威看来，这种活动性、经验性课程既能满足儿童的心理需要，又能满足社会性的需要，还能使儿童对事物的认识具有统一性和完整性。

19. 儿童中心论

【答案要点】

杜威在批判传统教育的基础上提出了儿童中心论，他在《学校与社会》中分析、批判了旧教育忽视儿童本能的弊病，并明确提出以儿童为教育中心的主张。他认为传统学校的重心在教师、教科书或其他地方上，不在儿童，教育的变革是重心的转移，儿童将变成教育的重心，教育的一切措施要围绕儿童。杜威提出要重视儿童本身的能力和主动精神在教育过程中的地位，把他们看成教育的素材和出发点。

20. 教育即生长

【答案要点】

杜威针对当时教育无视儿童天性，消极对待儿童，不考虑儿童的需要和兴趣的现象，提出了"教育即生长"的观念。杜威要求摒除压抑、阻碍儿童自由发展之物，使教育和教学适应儿童的心理发展水平和兴趣、需要的要求。他所理解的生长是机体与外部环境、内在条件与外部条件交互作用的结果，是一个持续不断的社会化的过程。

21. 教育即生活

【答案要点】

杜威认为教育是生活的过程，学校是社会生活的一种形式，那么学校生活也是生活的一种形式。学校生活应与儿童自己的生活相契合，满足儿童的需要和兴趣，使校园成为儿童的乐园，使儿童在现实的学校生活中得到乐趣。学校生活应与学校以外的社会生活相契合，适应现代社会变化的趋势并成为推动社会发展的重要力量，校园不应是世外桃源而应积极参与社会生活。

22. 学校即社会

【答案要点】

杜威"学校即社会"意在使学校生活成为一种经过选择的、净化的、理想的社会生活，使学校成为一个合乎儿童发展的雏形的社会。而要将此落于实处，就必须改革学校课程，从分科课程转变为活动课程。

23. 新教育运动

【答案要点】

新教育运动也称新学校运动，是指19世纪末20世纪初在欧洲兴起的教育改革运动，初期以建立不同于传统学校的新学校作为新教育的"实验室"为其特征。第二次世纪大战以后，新教育运动逐步走向衰落。

24. 儿童之家

【答案要点】

儿童之家由蒙台梭利于1907年创办。她认为，新教育的基本目的就是发现和解放儿童，教育方法的根本就是为儿童身心的发展提供适宜的环境和条件。儿童之家正是体现这种思想的实验环境。通过儿童之家的实验，蒙台梭利形成了蒙台梭利教育方法。

25.《儿童的世纪》

【答案要点】

《儿童的世纪》是瑞典作家爱伦·凯的著作，被视为新教育的经典作品。她在《儿童的世纪》中预言"20世纪将成为儿童的世纪"，强调教育者应了解儿童，保护儿童纯真天真的个性。这本书被译成多种文字出版，在推动20世纪欧美的教育改革中发挥了重要作用。

26. 进步主义教育运动

【答案要点】

进步主义教育运动是指19世纪80年代至20世纪50年代在美国出现的以杜威教育哲学为主要理论基础、以进步主义教育协会为组织中心、以改革美国学校教育为宗旨的教育革新思潮和实践活动。

27. 葛雷制

【答案要点】

葛雷制也称"双校制""二部制"或"分团学制"，是美国教育家沃特推行的一种进步主义性质的教育制度。葛雷制曾被认为是美国进步教育思想的最卓越的例子，它的课程设置能保持儿童的天然兴趣和热情，管理方式经济而有较高的效率。

28. 道尔顿制

【答案要点】

道尔顿制是美国进步主义教育家帕克赫斯特针对班级授课制的弊端在道尔顿中学实施的一种个别教学制度，也称"道尔顿计划"，主要内容包括在学校废除课堂教学、课程表和年级制，代之以"公约"或"合同式"的学习；将教室改为作业室或实验室，用表格法来了解学生的学习进度等。

29. 五步教学法

【答案要点】

杜威根据科学的实验主义探究方法和反省思维方式，提出了五步教学法，具体包括以下五个阶段：创设疑难的情境、确定疑难所在、提出问题的种种假设、推断哪种假设能解决这个困难、验证这种假设。

30. 改造主义教育

【答案要点】

改造主义教育是实用主义教育的一个分支，产生于20世纪30年代的美国，影响于50年代。改造主义教育是一种把"社会改造"作为教育的主要目标，强调学校成为"社会改造"的主要工具的教育思潮，代表人物是布拉梅尔德。

31.《教育诗》

【答案要点】

《教育诗》是苏联教育学家马卡连柯的著作，是他对高尔基工学团和捷尔任斯基公社的成长和发展过程的真实写照，采用小说、文艺作品的形式写成，反映了工学团和公社的整个教育过程，也反映了它们的全部教育成效。

32. 终身教育思潮

【答案要点】

终身教育思潮产生于20世纪50年代的法国，是现代欧美国家一种强调把教育贯穿人的一生的教育思潮，现已成为一种被视为未来教育战略的国际性教育思潮，代表人物是保罗·朗格朗。

33. 结构主义教育

【答案要点】

结构主义教育产生于20世纪50年代末，是现代欧美国家一种强调认知结构的研究和认知能力的发展的教育思潮。它以结构主义心理学为理论基础，侧重研究课程教学改革问题，代表人物有皮亚杰、布鲁纳等。

34. 自然后果律

【答案要点】

自然后果律是卢梭的自然教育的方法原则之一。其含义是当儿童犯了错误和过失后，不必直接去制止或处罚他们，而让他们在同自然的接触中，体会到自己所犯的错误和过失带来的自然后果，使儿童服从于自然法则，结合具体事例让他们从自己的直接经验中受到教育。

35. 平行教育影响原则

【答案要点】

由马卡连柯提出，它是教育和影响个人的一种形式，是以集体为教育对象，通过集体来教育个人。教育者对集体和集体中每一个成员的教育影响是同时的、平行的。在给个人一种影响的时候，这影响必定同时应当是给集体的一种影响。相反的，每当我们涉及集体的时候，同时也应当成为对于组成集体的每一个人的教育。

二、简答题

1. 简述夸美纽斯的教育教学原则

【答案要点】

（1）论教育适应自然的原则。

教育适应自然的原则是贯穿夸美纽斯整个教育理论体系的一条根本的指导性原则，他的"自然"包括两个方面的含义：自然界及其普遍法则、人的与生俱来的天性。

（2）主要教学原则。

①直观性原则。应该把通过感官所获得的对外部世界的感觉经验作为教学的基础，教学应从观察实际事物开始；不能进行直接观察时，可以使用图片或模型；呈现直观教具时要将它们直接放到学生的眼前，放在合理的范围内；要让学生先看到实物或模型的整体，然后再分辨各个部分等。

②激发学生求知欲望原则。应该用一切可能的方法去激发孩子的求知欲和主动学习的意愿。

③巩固性原则。夸美纽斯认为只有巩固的知识储备才能帮助学生随时随地加以运用。此外，经常地练习和复习，把自己所掌握的知识交给别人等，都是巩固知识的有效方法。

④量力性原则。教学要适合儿童的年龄特征和学习能力，不应加给儿童过重的学习负担。

⑤系统性和循序渐进性原则。教材的组织应具有系统性和逻辑性；教学过程要循序渐进，教学应遵循从已知到未知、从易到难等规则。

⑥因材施教原则。教师在教学过程中应注意学生的个别特征和个体差异，有针对性地施教。

2. 简述夸美纽斯关于班级授课制的设想

【答案要点】

（1）目的：为实现普及教育、提高教学效率，改变教师只对学生进行个别教学和指导的状况，夸美纽斯总结新旧各教派学校中实行班级授课的经验，提出并全面系统地论述了班级授课制度。

（2）具体措施：①根据儿童年龄及知识水平分成不同班级，每个班级一间教室，由一个教师对一个班级的学生同时授课；②为每个班级制定统一的教学计划，编写统一的教材，规定统一的作息时间，使每年、每月、每日、每时的教学计划都有计划地进行；③把全班学生分成若干小组，每组十人，委托一个优秀学生做组长，协助教师管理学生，考察学业。

（3）评价：夸美纽斯关于班级授课制的论述，为彻底改革个别教学提供了理论基础，在实践中对普及教育的发展起了推动作用，这是他对世界教育的贡献。采取班级授课制，可以扩大教育对象，提高教学效率，促进学生集体的形成，锻炼学生的交往能力，也为学校教学管理的制度化、标准化提供了可能；不过夸美纽斯过分强调集体教学，忽视了个别指导，而且认为每班的学生越多越好，这是不科学的。

3. 评述夸美纽斯教育适应自然原则的主张

【答案要点】

教育适应自然的原则是贯穿夸美纽斯整个教育理论体系的一条根本的指导性原则，他的"自然"包括两个方面的含义：

（1）自然界及其普遍法则。夸美纽斯认为在宇宙万物和人的活动中存在着一种"规则"，它保证了宇宙万物的和谐发展。所以人的各种活动包括教育活动也都应该遵循这些自然的、普遍的规则。在此基础上，夸美纽斯提出要改革学校，要使学校教育符合自然的规则和秩序。

（2）人的与生俱来的天性。夸美纽斯认为，人是自然界的一部分，人的发展也有其本身的规则。据此，夸美纽斯提出要依据人的自然本性和儿童年龄特征进行教育，使每个人的智力都得到充分的发展。

夸美纽斯不仅将以往零散的教育经验上升为系统化的理论论述，引导人们注意遵循教育规律办教育，而且使得教育理论研究从神学束缚中初步解放出来，在走向科学的道路上跨出了一大步，实现了教育理论的突破性进展。当然，他引证自然，采用与自然或社会现象类比的方法论述教育问题，不免存在片面、呆板的问题，一些结论显得有些牵强附会。

4. 简述洛克的绅士教育

【答案要点】

（1）绅士教育的含义。

洛克认为教育的最高目的在于培养绅士。所谓绅士教育，就是培养既具有封建贵族遗风，又具有新兴资产阶级特点的新式人才的教育。他主张把社会中上层家庭的子弟培养成为身体强健、举止优雅、有德行、智慧和实际才干的事业家。

（2）绅士教育的内容。

①体育。洛克把健康的身体看作绅士事业成功、生活幸福的首要条件。他注重年轻绅士的身体保健和健康教育，并把游泳、骑马、击剑当作绅士教育的重要内容之一。

②德育。洛克认为绅士应该具备三种品德：有远虑，富有同情心或仁爱之心，有良好的教养或礼仪。德育目标就是要造就能按这些道德规范行事的、有绅士风度的人。

③智育。洛克尤其强调品德重于学问；学问的内容必须是实际有用的广泛知识。洛克认为，教育必须使人适合于生活、适合于世界，而非只是适合于学校；教育在本质上是一种性格的训练，知识只能起到辅助品德的作用。

5. 简述卢梭的公民教育理论

【答案要点】

（1）公民教育的目标。

公民教育的具体目标是培养忠诚的爱国者，也是适应当时社会发展的资产阶级创业者。这种教育是建立在对旧有的制度和教育进行改革的基础上的，是新的社会制度的教育目的。

（2）具体措施。

①改变现有制度及其教育。

②卢梭主张国家掌管学校教育，设立专门的教育管理机构来管理和考核校长和教师。

③教育对象和教育内容不应有贫富和等级之分，儿童应该享受同样的教育。

④公立教育应该完全免费或尽量做到让贫苦家庭也能负担得起，以保证公民的受教育权。

⑤教师应是已婚男子且必须是本国公民，兼备良好的识见、智慧和品行。

⑥提拔优秀教师。

⑦体育是教育中最重要的部分，不仅能使儿童的身体变得强健，还能影响儿童的道德发展。

6. 简述卢梭在西方教育史上的地位和贡献

【答案要点】

卢梭是西方教育史上具有划时代意义的教育思想家，他对封建社会进行了猛烈的抨击，提出了反映新兴资产阶级利益的教育思想，是现代教育思想的重要来源。

（1）卢梭提出的自然主义教育思想是教育思想史上由教育适应自然向教育心理学化过渡的一个重要环节。在封建社会压制人性的情况下，提倡性善论，尊重儿童天性具有历史进步意义。他呼吁培养身心调和发展的自然人和自由人也反映了对人的发展的合理要求。

（2）卢梭论证了自然主义教育的内容和方法。如重视感觉教育的价值；反对古典主义和教条主义，要求人们学习真实有用的知识；反对向儿童灌输道德教条，要求养成符合自然发展的品德等。这些观点既是在前人的基础上的发展，也反映了近代教育的发展方向。

（3）卢梭的教育理论对欧美教育产生了深远影响。德国的泛爱教育运动、瑞士的裴斯泰洛齐的教育实验、美国进步主义教育运动等，无不受到卢梭自然教育理论的启发。

7. 简述裴斯泰洛齐的要素教育

【答案要点】

裴斯泰洛齐提出要素教育论，其基本思想是：初等学校的各种教育都应该从最简单的要素开始，然后逐渐转到日益复杂的要素，循序渐进地促进人的和谐发展。要素教育既要求初等学校为每个人在德、智、体几方面都能受到基本的教育而得到和谐的发展，又要求在德育、智育、体育的每一个方面都通过"要素方法"获得均衡的发展。

（1）德育。道德教育最基本的要素是儿童对母亲的爱。随着孩子的成长，便由爱母亲发展到爱双亲，爱兄弟姐妹，爱周围的人。进入学校后，又把爱逐步扩大到爱所有人，爱全人类。具体方法：唤起儿童富有生气的和纯洁的道德情感；教导儿童练习自我控制，关心一切公正和善良的东西；帮助儿童形成应有的道德权利和义务的正确观念。

（2）智育。智育的基本要素是数目、形状和语言。教育就是在这些要素的基础上来进行教学和设计课程，从而促进儿童的心理发展。所对应的科目分别是算数、几何和语文。具体方法：教学过程心理学化；改进初等学校的教学科目和教学内容；教师在教学中应引导和组织学生进行各种思维练习。

（3）体育。体育的基本要素是关节活动。儿童的体育训练就是要从各种关节活动的训练开始，并随着年龄的增长逐渐进行较复杂的动作训练，以发展他们身体的力量和各种技能。具体方法：体育训练要从基本动作开始，循序渐进；体育应从儿童早期开始；学校体育活动应多样化，以激发儿童活动兴趣和需求。

8. 简述裴斯泰洛齐的"教育心理学化"思想

【答案要点】

在西方乃至世界教育史上，裴斯泰洛齐是第一个明确提出"教育心理学化"的教育家。教育心理学化就是要把教育提高到科学的水平，将教育科学建立在人的心理活动规律的基础上。

（1）教育目的心理学化。要求将教育的目的和理论指导置于儿童本性发展的自然法则的基础上。只有认真探索和遵循儿童的心理活动和心理发展的规律性，才能有效地达到应有的教育目的。

（2）教学内容心理学化。必须使教学内容的选择和编制适合儿童的学习心理规律。裴斯泰洛齐力图从客观现象和人的心理过程探索教育和教育内容中普遍存在的基本要素，并以此为核心来组织各科课程和教学内容，提出"要素教育"理论。

（3）教学原则和教学方法的心理学化。教学要遵循自然的规律，要使教学程序与学生的认识过程相协调。在此原则下，提出了直观性教学原则、循序渐进原则。

（4）要让儿童成为他自己的教育者。教育者不仅要让儿童接受教育，还要使儿童成为教育中的动因，要适应儿童的心理时机，尽力调动儿童的能动性和积极性，使他们懂得自我教育。

9. 简述赫尔巴特的教育性教学原则及其在教学中的应用

【答案要点】

（1）内涵：教育性教学原则是指以教学来进行教育的原则。赫尔巴特指出，不存在"无教学的教育"，也不存在"无教育的教学"。即教育是通过，而且只有通过教学才能真正产生实际作用，教学是道德教育的基本途径。

（2）措施：首先要求教学的目的与整个教育的目的保持一致。因此教学工作的最高目的在于养成德行。为了实现这个最终目的，教学还必须为自己设立一个近期的、较为直接的目的，即"多方面的兴趣"。

（3）在教学中的应用：在赫尔巴特以前，教育家们通常是把道德教育和教学分开进行研究的，教育和教学通常被规定了各自不同的任务和目的。在这个问题上，赫尔巴特的突出贡献在于，运用其心理学的研究成果，具体阐明了教育与教学之间存在的内在的本质联系，使道德教育获得了坚实的基础。

10. 简述赫尔巴特教学形式阶段理论

【答案要点】

赫尔巴特认为，兴趣活动可以划分为四个阶段：注意、期待、要求和行动。儿童在学习活动中的思维方式有两种：专心与审思。在此基础上，他提出了教学形式阶段理论，即"赫尔巴特四段教学法"。

（1）明了：当一个表象由自身的力量突出在感官前，兴趣活动对它产生注意；这时，学生处于静止的专心活动；教师通过运用直观教具和讲解的方法，进行明确的提示，使学生获得清晰的表象，以做好观念联合，即学习新知识的准备。

（2）联合：由于新表象的产生并进入意识，激起原有观念的活动，因而产生新旧观念的联合，但又尚未出现最后的结果；这时，兴趣活动处于获得新观念前的期待阶段；教师的主要任务是与学生进行无拘无束的谈话，运用分析的教学方法。

（3）系统：新旧观念最初形成的联系并不是十分有序的，因而需要对前一阶段由专心活动得到的结果进行审思；兴趣活动处于要求阶段；这时，需要采用综合的教学方法，使新旧观念间的联合系统化，从而获得新的概念。

（4）方法：新旧观念间的联合形成后需要进一步巩固和强化，这就要求学生自己进行活动，通过练习巩固新习得的知识。

11. 简述恩物与作业的联系与区别

【答案要点】

恩物是福禄培尔创制的一套供儿童使用的教学用品，其教育价值就在于它是帮助儿童认识自然及其内在规律的重要工具。作业主要体现福禄培尔关于创造的原则，实际上，作业是要求将恩物的知识运用于实践。

（1）联系：恩物和作业是两种相互连接的幼儿游戏活动的形式，是儿童认识自然和社会、满足其内心冲动的必要手段。

（2）区别：

①从幼儿活动次序来看，恩物在先，作业在后。恩物为作业的开展提供基础，作业是幼儿利用恩物进行游戏后的更高发展阶段。

②从活动的材料看，恩物的材料是固定的，作业的材料是可以改变的。

③从性质来看，恩物是活动的材料。作业既包括活动，也包括活动的材料。

④从儿童的内心需要来看，恩物主要反映模仿的本能，作用在于接受或吸收，而作业主要反映创造的本能，作用在于发表和发现。

12. 简述斯宾塞的科学教育思想

【答案要点】

（1）主要观点。

①科学教育的必要性。提出"教育预备说"，为未来完满生活做预备，学校应进行科学教育，学生应学习科学知识。

②科学知识的价值。斯宾塞认为，知识的价值取决于知识给人带来的功利大小、给人带来幸福的程度和为人的完满生活做准备的效果。最有价值的知识就是科学。

③以科学知识为核心的课程体系。斯宾塞认为，学校要进行五种类型的教育：健康教育、职业教育、养育子女的教育、公民教育、休闲教育。他为每一种教育设计了课程，形成了以科学知识为核心的课程体系。

（2）影响。

斯宾塞的教育理论主张以科学知识为中心，兼顾个人和社会生活的双重需要，是教育思想上的一次变革。斯宾塞及其他提倡科学教育的思想家们不仅对英国中学和大学冲破古典教育传统的禁锢产生了深刻的影响，而且影响到欧美其他国家，极大地推动了科学教育的发展。

13. 简述斯宾塞的生活准备说

【答案要点】

斯宾塞主张教育的目的是为完满生活做准备。为实现此目的，教育应从当时古典主义的传统束缚中解放出来，应该切实适应社会生活与生产的需要。

针对古典主义者就古典学科价值所做的辩解，斯宾塞提出最重要的问题并不在于某些知识是否有价值，而在于它们的比较价值。比较的尺度在于各类知识与生活、生产和个人发展的关系。为此，斯宾塞提出按照重要的程度把人类生活的几种主要活动加以分类。它们可以自然地排列成为：直接有助于自我保全的活动；从获得生活必需品而间接有助于自我保全的活动；目的在抚养和教育子女的活动；与维持正常的社会和政治关系有关的活动；在生活中的闲暇时间用于满足爱好和感情的各种活动。

14. 简述斯宾塞的课程论

【答案要点】

斯宾塞按照重要程度把人类活动分为五个部分：①直接有助于自我保全的活动；②从获得生活必需品而间接有助于自我保全的活动；③目的在于抚养和教育子女的活动；④与维持正常的社会和政治关系有关的活动；⑤在生活中的闲暇时间用于满足爱好和情感的各种活动。为促使个人有能力从事上述五类活动，斯宾塞提出学校应开设以下五种类型的课程：

（1）生理学与解剖学。此类知识属于直接保全自己的知识，应成为合理教育中最为重要的部分。

（2）逻辑学、数学、力学、化学、天文学、地质学、生物学和社会科学，属于间接保全自己的知识，是文明生活得以维持的基础知识。

（3）生理学、心理学与教育学。此类知识能够保证父母们成功履行自己的责任，进而促使家庭稳定和睦，社会文明进步。

（4）历史学。历史知识有利于人们自己调节自己的行为，成功履行公民的职责。

（5）文学、艺术等。这类知识能够满足人们闲暇时休息与娱乐的需要。

15. 简述乡村寄宿学校的特征

【答案要点】

（1）新学校都设在远离城市、自然环境优美的乡村，利于儿童了解自然、在自然中得到智慧和体力的发展。

（2）新学校在管理、教育和教学上具有民主和自由的色彩，学校一般采用家庭式教育管理方式，师生拥有自治权，师生之间、学生之间相互关心，亲密无间。

（3）学校把学生的各种活动与学习融为一体，把德育寓于民主生活之中，使儿童得到全面的发展。

（4）教学内容注重与社会实际生活紧密相连，教学强调以儿童的兴趣和需要为基础。

（5）办学目的是为资产阶级培养新一代领导人，招收对象仅限于中上层阶级的子女，规模小，学费昂贵，学校完全独立于国民教育系统之外。

16. 简述19世纪末20世纪初的实验教育学的主要观点

【答案要点】

实验教育学是19世纪末20世纪初兴起的一种具有重要影响的新教育思潮，代表人物是德国心理学家、教育家梅伊曼和德国教育家拉伊。其主要观点有：

（1）反对以赫尔巴特为代表的强调概念思辨的教育学。

（2）提倡把实验心理学的研究成果和方法运用于教育研究，从而使教育研究真正"科学化"。

（3）把教育实验分为三阶段：就某一问题构成假设；根据假设制定实验计划，进行实验；将实验结果应用于实际，以证明其正确性。

（4）认为教育实验与心理实验的差别在于心理实验是在实验室里进行的，而教育实验则要在真正的学校环境和教学实践活动中进行。

（5）主张用实验、统计和比较的方法探索儿童心理发展过程的特点及其智力发展水平，用实验数据作为学制、课程和教学方法改革的依据。

17. 简述凯兴斯泰纳的劳作学校理论

【答案要点】

凯兴斯泰纳认为，劳作学校是一种最理想的学校组织形式，是为国家培养有用公民的重要教育机构。"劳作"在教育学上的定义是：首先，"劳作"不只是体力上的，而且是一种身心并用的活动；其次，"劳作"与游戏、运动和活动不同，"劳作"既有客观目的，又须经受艰辛，所以富有教育意义；再次，"劳作"应能唤起个人客观兴趣，使学生有内心要求，照自己的计划想方设法去完成，并检验自己的劳动成果。

（1）基本精神：让学生在自动的创造性的劳动活动中，得到性格的陶冶。

（2）三项任务。

①职业陶冶的预备。即帮助学生将来能在国家的组织团体中担任一种工作或一种职务。

②职业陶冶的伦理化。要求把所任的职务看作郑重的公事，要把个人的工作与社会的进步联系在一起，把职业陶冶与性格陶冶结合起来。

③团体的伦理化。要求在学生个人伦理化的基础上，把学生组成工作团体，培养其互助互爱、团结工作的精神。

（3）教学内容和方法以及教育教学的管理。

①必须把"劳作学校"列为独立科目，并聘请专门的技术教员。

②改革传统科目的教学，着重培养和训练学生逻辑思考的本领和自主自动的能力。

③发展学生的公民和社会技能，以团体工作为基本原则，发展利他主义，强调社会利益。

18. 简述进步主义教育的特征

【答案要点】

（1）对儿童的重新认识和对儿童地位的强调。在批判传统教育忽视儿童的基础上，进步主义教育进一步发扬了儿童中心论，并提出了"整个儿童"的概念，关注儿童的一切能力或力量。

（2）对教师地位和作用看法的改变。进步主义不再认同以前教育中对教师的看法，而是认为教师的作用是鼓励，而不是监督，教师仅仅是用他的高明和丰富的经验分析当前的情景。

（3）关于学校观念的变化。学校不再是被动传授知识的场所，而应当是积极的、主动的，并通过解决问题进行教育；学校也不应通过记忆和推论进行教育；反对教育是生活的准备的观念；主张教育是实际生产过程的组成部分。

（4）对教学、课程、课堂等观念的变化。进步主义教育强调互助的、热情的和人道的教室气氛；强调让儿童获得更多的活动空间；课程应适应每个儿童的成熟水平，并根据儿童的兴趣、创造力、自我表现和人格发展实现个别化教学；为儿童提供丰富的教学材料，以便他们探索、操作和运用；鼓励建立促进合作、共同经验的组织模式；反对强制和严厉的惩罚。

19. 简述终身教育思潮

【答案要点】

终身教育思潮产生于20世纪50年代的法国，是现代欧美国家一种强调把教育贯穿人的一生的教育思潮，现已成为一种被视为未来教育战略的国际性教育思潮，代表人物是保罗·朗格朗。

（1）终身教育的缘由：终身教育是应对人类在现代社会中所面临各种新挑战的需要，是一种能够使人在各方面做好准备并应付新的挑战的教育模式和教育观念。

（2）终身教育的含义：终身教育包括了教育的各个方面、各项内容，从一个人出生的那一刻起一直到生命终结时为止的不间断的发展，也包括了在教育发展过程中的各个阶段之间的内在联系。它并不是传统教育的简单延伸，而是包括一切正规教育、非正规教育以及非正式教育。其基本特点是具有连续性和整体性。此外终身教育没有固定的教育内容和方法，强调人的个性发展。

（3）终身教育的目标：实现更美好的生活，使人过一种更和谐、更充实和符合生命真谛的生活。具体目标包含两方面：培养新人；实现教育民主化。

终身教育理论自20世纪60年代中期兴起以后，在教育领域中引起了一场广泛而深刻的革命。终身教育已成为建立一个学习化社会的象征。许多国家把终身教育作为教育改革和发展的战略重点，但终身教育的具体实施规划仍需进一步探讨。

20. 简述马卡连柯的集体主义教育

【答案要点】

集体主义教育是马卡连柯教育思想的核心。他认为，在社会主义社会里，每一个人都不能离开集体而单独存在，同时每一个人的创造性和力量也只有在集体中才能得到充分发挥。因此，苏维埃教育的任务只能是培养集体主义者，而要培养集体主义者就必须在集体中通过集体并为了集体来进行教育。马卡连柯在多年的教育实践中，创立了一整套集体教育的原则和方法，具体如下：

（1）平行教育影响原则。它是教育和影响个人的一种形式，是以集体为教育对象，通过集体来教育个人。教育者对集体和集体中每一个成员的教育影响是同时的、平行的。在给个人一种影响的时候，这影响必定同时应当是给集体的一种影响。相反的，每当我们涉及集体的时候，同时也应当成为对于组成集体的每一个人的教育。

（2）前景教育。要求教师在教育过程中经常给学生指出美好的前景，即给学生提出一个或好几个需要经过一定努力才能完成的新任务，吸引学生集体和集体中的每一成员，为完成新的任务，实现新的前景，由近及远、由易到难地开展活动。

（3）优良的作风与传统。培养优良的作风和传统，既是苏维埃教育的主要任务，又是进行集体主义教育的重要方法，对于美化集体和巩固集体具有非常重要的意义。

（4）纪律教育。马卡连柯认为，纪律是达到集体目的的最好方式，它可以使集体更完善，更迅速地达到自己的目的；同时也是良好的教育集体的外部表现形式，还是每一个人充分发展的保障。

（5）尊重与要求相结合的原则。这是马卡连柯基于社会主义人道主义思想而确立的一条基本原则。从这个原则出发，他要求教育工作者最大限度地尊重儿童的人格，相信儿童，对儿童的要求应建立在对他们关怀和信任的基础上。

21. 简述凯洛夫的教学原则

【答案要点】

（1）直观性原则。其目的是为了使学生在知觉具体事物的基础上形成观念和概念。教学活动的安排应该适合学生尤其是低年龄儿童的年龄特征。

（2）自觉性与积极性的原则。旨在保证儿童通过积极的思维活动，对已感知到的外部具体事物及其特征进行对比、甄别、分析、归纳，并最终得出概念性及规律性的认识。

（3）巩固性原则。其重要性在于把知识保持在记忆中，并能在必要的时候想起这些知识并以它作为凭借。

（4）系统性与连贯性原则。要求按照严格的逻辑编写系统的教学大纲与教材，要求教师系统讲述其任教学科，要求学生进行系统的学习。

（5）通俗性与可接受性原则。主要指教材所涵盖的知识范围、复杂程度及深度应符合特定年龄段儿童的年龄特征，要照顾到学生的知识水平、领会科学问题所达到的程度及智力水平等。

22. 简述赞科夫的发展性理论的教学原则

【答案要点】

（1）以高难度进行教学的原则。这一原则在实验教学论体系中起决定性作用。难度的含义是要求学生通过努力克服障碍。但高难度并不意味着越难越好，困难的程度要控制在学生的"最近发展区"的范围内。

（2）以高速度进行教学的原则。这一原则要求教学不断地向前运动，以各方面内容丰富的知识来充实学生的头脑，为学生深入地理解所学知识创造有利的条件。要克服多余的重复烦琐的讲解以及机械的练习，以节约时间、加快进度。要善于利用一切手段提高学习质量。

（3）理论知识起主导作用的原则。这一原则不贬低学龄初期儿童掌握技巧的重大意义，而是要求学生在一般发展的基础上，尽可能深入领会有关概念和规律性的知识。

（4）使学生理解学习过程的原则。实验教学不仅要求学生会背，而且要求学生学会分析、比较、综合、归纳，了解所学知识之间的联系等等。这样做有利于发展学生的思维能力，提高他们学习的主动性与创造性，教会他们学习。

（5）使班上所有的学生都得到一般发展的原则。这条原则的本质在于让优、中、差三类学生都以自己现有的智力水平为起点，按照自己最大的可能性得到理想的一般发展。

23. 简述美国进步教育的发展历程

【答案要点】

进步主义教育运动经历了四个时期，即形成期、拓展期、转变期和衰落期。

（1）形成期。帕克的库克师范学校的实习学校、约翰逊的有机教育学校、沃特的葛雷制学校等进步主义学校的建立；进步主义教育理论初步形成；儿童中心论观念的确立。代表人物：帕克、约翰逊、沃特、杜威。

（2）拓展期。进步主义教育协会建立；进步主义教育原则形成；《进步主义教育》杂志创刊；儿童中心论延续。代表人物：博德、克伯屈、拉格、杜威。

（3）转变期。实验的重心从初等教育转到中等教育；关注的重心从儿童中心转移到社会改造；进步主义教育内部开始分裂。代表人物：博德、杜威、拉格。

（4）衰落期。进步主义教育协会更名为美国教育联谊会；1955年协会解散；1957年《进步主义教育》杂志停办，标志着美国教育史上一个时代的结束。代表人物：克伯屈、巴格莱、杜威。

24. 简述结构主义教育的基本观点

【答案要点】

结构主义教育产生于20世纪50年代末，是现代欧美国家一种强调认知结构的研究和认知能力的发展的教育思潮。它以结构主义心理学为理论基础，侧重研究课程教学改革问题，代表人物有皮亚杰、布鲁纳等。其主要观点包括以下几个方面：

（1）教育和教学应重视学生的认知能力发展。教育是教育者引导学习者实现知识的转化，并使学习活动内化的构造过程。其主要任务就是促使学生的认知能力得到发展。

（2）注重掌握各门学科的基本结构。学科的基本结构是指一门学科的基本概念、定义、原理、原则和方法。掌握学科的基本结构有助于理解和把握整个学科的内容。

（3）主张学科基础的早期学习。任何一门学科的基础知识都能以一定的形式教给任何阶段的任何儿童，因此，尽早让儿童掌握学科的基本结构是有效和便捷地进行教学的主要途径。

（4）倡导发现法和发现学习。发现学习就是引导儿童从事物表面现象去探索具有规律性的潜在结构的一种学习途径。

（5）认为教师是结构教学中的主要辅导者。教师应从儿童的心理能力出发，考虑一门学科的基本结构在学习中的作用以及如何使学生理解和掌握该门学科的基本结构。

结构主义教育思想为心理学研究和教育研究的相互协作提供了一个范例，对现代西方课程论影响很大，并成为20世纪60年代美国课程改革的指导思想。但是结构主义教育有些观点过于天真和理想化，导致课程教材改革的难度偏大，引起了人们不同的评论和争议。

三、论述题

1. 试述夸美纽斯的教育思想及其贡献

【答案要点】

夸美纽斯是17世纪捷克伟大的爱国者、教育改革家和教育理论家,他继承了文艺复兴以来人文主义教育思想的成果,总结了自己丰富的教育实践经验,系统地论述了教育的理论和实际问题,代表作有《大教学论》《世界图解》《母育学校》等。

(1)教育的目的。包括两方面:①宗教性目的:认为人生的最终目的是为达到"永生",教育的目的是使人为来世生活做好准备。②现实性目的:通过教育使人认识和研究世界上一切事物,培养和发展他们的各种能力、德行和信仰,以便享受现世的幸福,并为永生做好准备。

(2)教育的作用。夸美纽斯认为教育是改造社会、建设国家的手段。人都是有一定天赋的,而这些天赋发展得如何,关键在于教育。只要接受合理的教育,任何人的智力都能够得到发展。

(3)泛智主义教育观。基于教育的崇高目的,夸美纽斯提出了"将一切事物交给一切人"的泛智主义教育观,并由此大力主张普及教育于全体儿童和民众。内容主要包括教育内容泛智化和教育对象普及化。

(4)普及教育。夸美纽斯认为普及教育就是"人人都可接受教育",其核心是泛智论。实现普及教育的可能性一方面在于人自身具有接受教育的先天条件,另一方面在于教育可以改进社会和塑造人,社会和人的进步离不开教育。

(5)统一学制。为了使国家便于管理全国的学校,使所有儿童都有上学的机会,夸美纽斯提出建立全国统一学制的主张。他把人的学习期划分为四个阶段,并按这种年龄分期设立相应的学校。各级学校均按照适应自然的原则,采取班级授课制和学年制开展工作,分别开设不同的课程来教育和培养儿童。

(6)管理实施。夸美纽斯强调国家对教育的管理职责,认为国家应该设立督学对全国的教育进行监督,以保证全国教育的统一发展。

(7)学年制。为改变当时学校教学活动缺乏统一安排的无序状况,夸美纽斯制定了学校教学活动的学年、学日制度。

(8)班级授课制。为实现普及教育、提高教学效率,改变教师只对学生进行个别教学和指导的状况,夸美纽斯总结新旧各教派学校中实行班级授课的经验,提出并全面系统地论述了班级授课制度。

(9)论教育和教学的基本原则。

①论教育适应自然的原则。教育适应自然的原则是贯穿夸美纽斯整个教育理论体系的一条根本的指导性原则,他的"自然"包括自然界及其普遍法则和人的与生俱来的天性。

②主要教学原则,包括直观性原则、激发学生求知欲望原则、巩固性原则、量力性原则、系统性和循序渐进性原则和因材施教原则。

(10)夸美纽斯教育思想的影响。

夸美纽斯是教育史上第一位系统地总结教学原则的教育家,他的教育理论包含了大量宝贵的教学经验,在一定程度上反映了教学工作的客观规律性,具有普遍的指导意义。夸美纽斯是一位杰出的教育革新家,他的教育思想具有明显的民主主义、人文主义色彩。在继承前人经验的基础上,夸美纽斯提出了系统的教育思想。他论述了教育的作用,呼吁开展普及教育,试图使所有人都能接受普及教育,并详细制定了学年制度和班级授课制度,提出了各级学校课程设置,编写了许多教科书,且系统地阐述了教育的基本原则和方法等。

2. 试论述西方教育史上教育与生产劳动相结合的主张

【答案要点】

（1）空想社会主义教育者。

在某些空想社会主义教育思想中，首次提出教育与生产劳动相结合的思想以及成人教育的思想。

（2）裴斯泰洛齐的教育与生产劳动相结合的思想。

裴斯泰洛齐是西方教育史上第一位将教育与生产劳动相结合付诸实践的教育家，并在自己的教育实践活动中，推动和发展了这一思想。

早期在新庄"贫儿之家"时，他主要重视生产劳动的经济价值，因此教育与生产劳动相结合，只是一种单纯的、机械的外部结合，教学与劳动之间并无内在意义的联系。后期，即斯坦兹时期，他关注生产劳动的教育价值，不仅把学习与劳动相结合视为帮助贫苦人民掌握劳动技能从而改变贫困状况的手段，而且将其与体育、智育、德育联系起来，肯定其对人的和谐发展的教育价值。

虽然受时代的限制，未能真正找到教育与生产劳动相结合的内在联系，更未能对两者之间的关系做出全面的历史分析，只是一种理想。但在西方教育史上依旧产生了重要影响，对19世纪初的空想社会主义者关于教育与生产劳动相结合的设想也有很大启示。

（3）马克思、恩格斯的教育与生产劳动相结合的思想。

马克思、恩格斯揭示了教育与生产劳动相结合的客观规律性，科学地论证了教育与生产劳动相结合的历史必然性和重大意义。从实践的观点阐明了遗传因素、环境、教育和革命实践对人的发展以及教育对社会发展的作用。从对现代生产、现代科学与现代教育的内在联系以及人类社会未来发展的分析中，论述了教育与生产劳动相结合以及人的全面发展的必然性和必要性。

3. 试述赫尔巴特的课程理论和教学理论，并分析其对现实的借鉴意义

【答案要点】

赫尔巴特的课程论：

（1）课程必须与儿童的经验和兴趣相适应。

①经验与课程。一方面，儿童在日常生活中可以获得经验和同情。另一方面，儿童的经验并非完美无缺，需要教学加以补充和整理。因此，课程的内容必须与儿童的日常经验保持联系，通过使用直观教材使得儿童的经验变得更加丰富、真实和确切。

②兴趣与课程。只有与儿童经验相联系的内容，才能引起儿童的兴趣；只有能够引起兴趣的教学内容，才能使儿童保持意识的警觉状态，从而更好地接受教材。

（2）课程要与统觉过程相适应。

根据统觉原理，新的知识总是在原有的理智背景中形成的，以原有知识为基础。因此，课程安排应当使儿童能够不断地从熟悉的材料逐渐过渡到密切相关但还不熟悉的材料。为此，赫尔巴特提出"相关"和"集中"两项原则，目的是保持课堂教学的逻辑结构和知识的系统性。

（3）课程必须要与儿童发展阶段相适应。

赫尔巴特认为，儿童在一定发展阶段上最理想的学习内容应当是种族发展在相应阶段上所取得的文化发展。以此为基础，他将儿童发展分为婴儿期、幼儿期、童年期和青春期。每个时期对应不同的心理特征，应开设不同的课程。

赫尔巴特的教学理论：

（1）教学进程理论。统觉过程的完成大体上具有三个环节：感官的刺激、新旧观念的分析和联合、统觉团的形成。与此相应，赫尔巴特提出了三种不同的教学方法：单纯提示的教学、分析教学和综合教学。这三种教学方法的联系，就产生了所谓的"教学进程"。

（2）教学形式阶段理论。赫尔巴特的教学形式阶段，实际上就是课堂教学的完整过程，是一个包括教学方法、教学形式等内在的规范化的教学程序。他认为，兴趣活动可以划分为四个阶段：注意、期待、要求和行动。儿童在学习活动中的思维方式有两种：专心与审思。在此基础上，他提出了教学形式阶段理论，即"赫尔巴特四段教学法"。

对现实的借鉴意义：

（1）贡献：赫尔巴特在历史上首次提出了心理学是一门科学并将其作为教学论的基础，在当时具有非常积极的意义。他最重要的贡献是教育性教学的理论与实践。其思想深刻影响了近代教育科学的形成与各国教育事业的发展。

（2）局限性：其理论受到其社会政治观点的影响，带有明显的保守色彩。其哲学观点使教育思想带有思辨特征。他主要关注文科中学的教育和教学，把性格形成作为教育目的，带有旧时代贵族教育色彩。其儿童管理思想主要反映了普鲁士集权教育压制儿童的特征。其心理学仍属于科学心理学诞生前的哲学心理学范畴，建立在这种心理学基础上的教育理论的合理性与先进性还有待商榷。

总之，赫尔巴特的教学理论与课程论仍有很大的借鉴意义，但是由于时代局限，其思想具有保守色彩、思辨特征及贵族教育色彩，在今天的教育教学中当取其精华去其糟粕。

4. 论述裴斯泰洛齐的教育思想和历史贡献

【答案要点】

（1）论教育目的。

裴斯泰洛齐认为，教育的首要功能应是促进人的发展，尤其是人的能力的发展。教育的最终目的是发展各人天赋的内在力量，使其经过锻炼，使人能尽其才，能在社会上达到他应有的地位。其基本内涵有以下几个方面：

①教育可以使人的"心、脑、手"的潜能得到充分发展。

②教育的措施既要适合儿童的天性，也要符合他们所处的社会条件，使人能够遵守社会秩序，让人达到道德状态，成为对社会有用的人。

③教育要使人的德、智、体得到全面发展，因为只有这样，人才能成为个性完整的人。

④教育可以使人成为人格得到发展的真正独立的人。

（2）论教育心理学化。

教育心理学化就是要把教育提高到科学的水平，将教育科学建立在人的心理活动规律的基础上。主要包括教育目的心理学化、教育内容心理学化、教学原则和教学方法的心理学化、要让儿童成为他自己的教育者。

（3）论要素教育。

要素教育论的基本思想是：初等学校的各种教育都应该从最简单的要素开始，然后逐渐转到日益复杂的要素，循序渐进地促进人的和谐发展。要素教育既要求初等学校为每个人在德、智、体几方面都能受到基本的教育而得到和谐的发展，又要求在德育、智育、体育的每一个方面都通过"要素方法"获得均衡的发展。

（4）初等学校各科教学法。

裴斯泰洛齐根据教学心理学化和要素教育的理念，具体地研究了初等学校各科教学法。裴斯泰洛齐是现代初等学校各科教学法的奠基人。其内容涉及到语言教学、算术教学、测量教学、地理教学。

（5）教育与生产劳动相结合。

在新庄"贫儿之家"时，裴斯泰洛齐便开始了教育与生产劳动相结合的初步试验。裴斯泰洛齐主要重视生产劳动的经济价值，因此教育与生产劳动相结合，只是一种单纯的、机械的外部结合，教学与劳动之间并无内在意义的联系。

斯坦兹时期，裴斯泰洛齐关注生产劳动的教育价值，将两者在人的内部结合起来，深信教育与生产劳动相结合对培养人的重大教育意义，并认为这是基于教育心理学化的教育途径。因此，他不仅把学习与劳动相结合视为帮助贫苦人民掌握劳动技能从而改变贫困状况的手段，而且将其与体育、智育、德育联系起来，肯定其对人的和谐发展具有重要的教育价值。

（6）历史贡献。

①裴斯泰洛齐的教育思想具有鲜明的民主性和革新性，反映了时代对教育的要求，反映了一定的教育自身的规律。

②他的教育实践和国民教育理论，对欧美国家的教育和19世纪上半期的许多著名教育家都产生了很大的影响。

③在他的教育思想体系中，也存在缺陷和不足。如，在他的基本教育观中，具有一定的唯心主义色彩；在论述要素主义以及教学原则、教学方法时，又表现出一些机械主义和形式主义。

5. 福禄培尔的幼儿教育理论

【答案要点】

福禄培尔，19世纪德国著名的教育家、幼儿园的创立者、近代学前教育理论的奠基人。他对世界幼儿教育的发展有着深刻的影响，被誉为"幼儿教育之父"。

（1）幼儿园工作的意义和任务。

①意义：福禄培尔重视家庭尤其是母亲在早期教育中的作用。他把幼儿园作为家庭教育的补充而非替代，强调幼儿园是家庭生活的继续和扩展。两者的一致性，是完善教育的首要条件。

②任务：通过各种游戏和活动，培养儿童的社会态度和民族美德，使他们认识自然与人类，发展他们的智力与体力以及做事或生产的技能，尤其是运用知识与实践的能力，从而为下一阶段的发展做好准备。此外，幼儿园还应负担起训练幼儿园教师、推广幼儿教育经验的任务。

（2）幼儿园教育方法。

①基本原理：自我活动或自动性。福禄培尔认为，自我活动是一切生命最基本的特征，也是人类生长的基本法则。自我活动帮助个体认识自然、认识人类，最终认识上帝的统一。

②游戏。福禄培尔高度评价了游戏的教育价值，把游戏看作儿童内在本质向外的自发表现。游戏不等于儿童的外部活动，而更多地指向儿童的心理态度。他主张为儿童建立公共游戏场所，以培养儿童的社会的民族的美德。

③社会参与。福禄培尔也把社会参与作为重要的幼儿园教育方法，要求教育儿童使之充分适应小组生活，并重视家庭和邻里生活之复演。

（3）幼儿园课程。

依据感性直观、自我活动与社会参与的思想，福禄培尔建立起一个以活动与游戏为主要特征的幼儿园课程体系，包括游戏与歌谣、恩物游戏、手工作业、运动游戏、自然研究，以及唱歌、表演和讲故事等，其中最重要的是恩物与作业。

（4）评价。

①贡献：幼儿教育领域，他首创了"没有书本的学校"，即幼儿园，并在长期的幼儿教育实践中摸索、总结出一套教育幼儿的新方法，建立起近代学前教育的理论体系。他的幼儿教育方法深刻地影响了其他各国的幼儿教育，福禄培尔因此被誉为"幼儿园之父"。

②局限性：福禄培尔的世界观带有唯心主义倾向，使其教育学说也有浓厚的神秘主义色彩；其教育理论受到当时条件的限制，对于自己理论的解说在一些方面略显牵强附会；他的活动和思想在很大程度上受到当时德国一般政治、社会条件的限制。

6. 论述马克思和恩格斯的教育思想

【答案要点】

马克思和恩格斯凭借他们创立的辩证唯物主义和历史唯物主义世界观与方法论，基于对人类社会发展规律的综合考察，紧密结合无产阶级革命的理念与实践，论述了一些重要的教育问题，从而形成一种独特的教育观。

（1）对空想社会主义教育思想的批判继承。

①对资本主义社会教育的批判。空想社会主义者批判资本主义社会的教育违反儿童的本性，教育方法单一，压抑儿童的需求和兴趣，理论脱离实际，使儿童成为片面发展的人。马克思、恩格斯继承了这种批判，并深入地揭示这种批判背后的社会根源和资产阶级本质，为解决教育问题指明了方向。

②环境和教育对人的发展的影响。空想社会主义者反对"先天决定论"，强调人的发展的社会制约性，重视教育作用。马克思、恩格斯既批判其重蹈了旧唯物主义的错误，将人视为完全是环境的消极产物，忽视了人的主观能动性，但又肯定这一学说强调人的发展的社会制约性和高度重视教育的作用。

③关于人的全面发展。空想社会主义者批判资本主义社会的教育造成人的片面发展，提出了全面发展的理想。马克思、恩格斯扬弃了其中人性论的观点，从现代工业生产的本性对劳动者的要求以及社会向共产主义发展的必然趋势和人的彻底解放之间的内在联系，对人的全面发展做了详细的论述。

④关于教育与生产劳动相结合。空想社会主义者提出了教育与生产劳动相结合的主张。马克思、恩格斯在此基础上，揭示了教育与生产劳动相结合的客观规律性，科学地论证了教育与生产劳动相结合的历史必然性和重大意义。

（2）论人的全面发展与教育的关系。

①人的全面发展的内涵。人的全面发展，既意味着劳动者智力和体力两方面，以及智力和体育的各方面都得到发展，达到体力劳动和脑力劳动相结合，这是人的全面发展的基础。从更深层次来看，人的全面发展也是指一个人在志趣、道德、个性等方面的发展，即作为一个真正完整的、全面性的人的发展，而且是每个社会成员得到自由的、充分的发展，即人的彻底解放。

②人的全面发展的实现。人的全面发展及其实现只能依据现实的社会条件。根本变革资本主义方式，废除生产资料的私有制，消灭阶级划分，全面占有生产力，是实现人的全面发展的前提条件。必须向全体社会成员施以普遍的全面教育，包括智育、综合技术教育、体育和德育，以及实行教育与真正自由的生产劳动相结合。马克思、恩格斯指出，实现每个人的全面发展，是一个历史发展过程。实现人的全面发展和彻底消灭私有制、建立共产主义社会是互为条件的。

（3）论教育与生产劳动相结合的重大意义。

①教育与生产劳动相结合不仅是提高社会生产力的一种方法，而且是造就全面发展的人的唯一方法，是改造现代社会的最强有力的手段之一。

②由于大工业的本性需要尽可能多方面发展的工人，于是客观上一方面要求将生产劳动与教育结合起来，使工人尽可能受到适应劳动职能变更的教育，另一方面要求将教育与生产劳动相结合，以培养能多方面发展的劳动者。

③由于机器大工业生产是建立在现代科学技术基础上的，这就为通过科学这一中介，将教育与生产劳动有机地相结合提供了基础。

④综合技术劳动使儿童和少年了解生产各个过程的基本原理，同时使他们获得运用各种生产最简单工具的技能的现代教育内容，为教育与生产劳动相结合提供了重要的纽带。

教育与生产劳动相结合尽管是现代社会发展的客观要求，但在资本主义社会，这种"结合"会受到资本主义基本经济规律的制约。因此，只有彻底变革旧的生产方式，在合理的社会制度下，才能实现教育与生产劳动相结合，实现人的全面发展。

（4）马克思、恩格斯教育思想的评价。

①马克思、恩格斯批判地继承了历史上有价值的教育思想遗传。

②以无产阶级和全体劳动人民的根本利益为着眼点，同当时工人运动中各种错误的教育思想进行了争论。

③从对教育同社会生产和社会关系的关系的考察中，揭示了教育的社会本质及其职能。

④从实践的观点阐明了遗传因素、环境、教育和革命实践对人的发展以及教育对社会发展的作用。

⑤从对现代生产、现代科学与现代教育的内在联系以及人类社会未来发展的分析中，论述了教育与生产劳动相结合以及人的全面发展的必然性和必要性。

⑥马克思、恩格斯的教育学说，为揭示近代教育的基本特征，为建立社会主义教育体系，提供了科学的、基本的理论基础。

7. 论述蒙台梭利的教育思想

【答案要点】

蒙台梭利是20世纪意大利杰出的幼儿教育家，她毕生致力于探讨科学的幼儿教育方法，创立了蒙台梭利教学法，主要著作有《蒙台梭利方法》《童年的秘密》等。

（1）论幼儿的发展。

蒙台梭利的幼儿教育思想是建立在幼儿生命力学说之上的。她认为，儿童存在着内在的生命力，其生长是由于内在生命潜力的自发发展。因此，她强调遗传的作用，推崇内发论，但同时也重视环境的教育作用。她认为儿童心理发展存在以下特点：①具有独特的心理胚胎期；②心理具有吸收力；③发展具有敏感期；④发展具有阶段性。第一阶段为个性建设阶段，第二阶段为增长学识和艺术才能阶段，第三阶段为青春期阶段。

（2）论自由、纪律与工作。

①自由。蒙台梭利提出，真正的科学的教育学的基本原则是给学生以自由，即允许儿童按其本性个别地、自发地表现。允许儿童自由活动，是实施新教育的第一步。

②纪律。蒙台梭利认为儿童是要守纪律的。真正的纪律对儿童来说必须是主动的，只能建立在自由活动的基础上。

③工作。蒙台梭利所谓纪律赖以建立的自由活动指的是手脑结合、身心协调的作业。这种活动或作业被称为"工作"，工作是人类的本能与人性的特征。

④三者的关系。自由、工作和纪律这三者通过工作有机地联系起来，在自由的基础上培养纪律性；通过独立达到自由；在自由的练习活动中发展意志；在自由的活动中培养社会性，从而有助于学生手脑结合、身心全面和谐地发展。

（3）蒙台梭利教学法。

①组成成分：儿童敏感期的利用；教学材料；作为参观者的教师。这些成分以最佳的方式相互作用时，儿童能自由地参加自发的活动。

②具体实施内容：感官教育，主要包括视觉、听觉、嗅觉、味觉及触觉的训练，其中以触觉练习为主；读、写、算的练习，蒙台梭利将写字的练习先于阅读的练习，掌握了文字书写的技能之后，儿童再转入阅读练习；实际生活练习，主要包括日常生活技能的练习、园艺活动、手工作业、体操和节奏动作。

（4）蒙台梭利教育思想的评价。

蒙台梭利在医学、生理学、实验心理学的基础上，结合自己的实验所形成的新教育方法体系，有力地挑战了传统教育的模式，体现了新教育运动强调自由、尊重儿童的基本精神，对20世纪学前教育产生了很大影响。但由于她的教育方法脱胎于低能儿童的教育方法，因此不可避免地带有机械训练的性质和神秘主义的色彩。

8. 论述永恒主义教育思潮的主要观点及意义

【答案要点】

永恒主义教育亦称"新古典主义教育"，产生于20世纪30年代，是现代欧美国家一种强调理性训练以及人的理性和教育基本原则的永恒性的教育思潮，代表人物有美国的赫钦斯、艾德勒，英国的利文斯通和法国的阿兰等。其主要观点包括以下几个方面：

（1）发展人的理性是教育永恒不变的原则。存在主义教育家认为，同宇宙中实在具有永恒不变性一样，理性乃是人性中共同的最主要的永恒不变的特性，因此，他们认为，建立在这种永恒不变的人性基础上并为表现和发展这种人性的教育，在本质上也是不变的。每个时代的教育，每个地方的教育，对每个人的教育，在本质上是一样的。教育的性质是永恒不变的，人类社会两千多年来的教育基本特点也仍适合于我们的时代。

（2）教育的主要目的是培养永恒的理性。人类天性中存在共同要素，即以理性为特征的人性，教育的首要目的就应该是引出这种共同要素，对人施以"人性的教育"，关注那些"属于人之作为人的东西"及"人与人之间相通的东西"，使人的理性和精神力量得到充分的发展，达到人性的"自我实现"、人的进步与完善。

（3）永恒的古典学科应该在学校课程中占有中心地位。永恒主义教育家认为，教育应该传承永恒的真理。通过一些抽绎出我们人性的共同因素的永恒课程来传授永恒真理。这些永恒课程是由世界名著构成的。这样的课程应该成为普通教育的核心。这是培养永恒的理性的最好途径。

（4）学生通过教师的教学进行学习。为了培养永恒的理性，应当通过教师的教学来激发学生的思维活动和理智训练。学生的学习既然是为了开发他们内在的潜能，发展他们的理性，就应该通过教师的教学，激发学生的思维活动和理智训练。

永恒主义教育对进步教育的批判比要素主义更加激烈，但从整体上来看，它并未提出新的价值判断标准。永恒主义教育在教育理论上有一定影响，但在教育实践中的影响范围不大，主要限于大学和上层知识界中的少数人。

9. 论述苏霍姆林斯基全面和谐教育理论的主要内容

【答案要点】

苏霍姆林斯基是苏联著名的教育理论家和实践家，被誉为"教育思想的泰斗"。贯穿于他一生的教育实践主线是全面和谐发展的教育思想。主要著作有《给教师的一百条建议》《把整个心灵献给孩子》《帕夫雷什中学》等，被称为"活的教育学"和"学校生活的百科全书"。

（1）全面和谐教育的含义。

苏霍姆林斯基认为，为了培养全面和谐发展的人，就必须深入地改善整个教育过程，实施和谐的教育。全面和谐的教育包含两层含义：要把学生认识和改造世界的活动和谐地结合起来，要求学生的体力劳动与智力活动的结合、课堂教学与课外活动的结合、教育与自我教育的结合；要把德智体美劳诸育和谐地结合起来，强调的是诸育的相互渗透和交织，统一为一个完整的过程。

（2）全面和谐发展教育实施。

①德育，在全面和谐的教育中应占有主导的地位。德育贯穿于学校教学、教育工作的各个方面，德育任务的完成有赖于其他各育的实施，学校里所做的一切都应当包含深刻的道德意义。

②智育,是学校的主要任务。智育应当包括获得知识,形成科学世界观,发展认识和创造能力,养成脑力劳动文明等。

③体育,被视为一个人得以全面发展、和谐发展的最重要因素。苏霍姆林斯基认为体育工作首先要关注人的身体健康,其次要关注体育在培养道德、审美和智育等方面的重要作用,要保证人的身体发育、精神生活以及多方面的活动的协调一致。

④美育,苏霍姆林斯基对美育的重视以他对情感在人的个性形成中的重要作用的认识为基础,认为"美是心灵的体操",要通过各种活动潜移默化地培养学生的美感。

⑤劳动教育,苏霍姆林斯基认为脱离劳动就不可能有教育,应该尽早开始劳动教育。劳动既是学生认识和理解世界的手段,也是他们进行自我认识和自我教育的重要途径。劳动具有经济的价值;劳动能丰富学生的精神生活,提高他们的道德素养,完善审美情操;创造性劳动是道德修养的源泉和精神文明的基础。

(3)全面和谐发展教育的原则:全面与和谐不可分割;多方面教育的相互配合;个性发展与社会需要相适应;学生自由;尊重儿童,重视自我教育。

(4)苏霍姆林斯基教育思想的评价。

苏霍姆林斯基的教育理论与实践对20世纪70—80年代苏联教育理论的发展产生了很大的影响,如,苏联教育家巴班斯基就接受了苏霍姆林斯基关于教育和教学工作整体性的观点,将全面和谐发展学生的个性作为学校理想的观点。此外,他的教育理论与实践在中国教育界也受到了十分广泛的关注。

10. 论述杜威的教育本质观

【答案要点】

杜威对于"什么是教育"的问题,给出的回答是:教育即生活、教育即生长、教育即经验的持续不断的改造。

(1)教育即生活。

杜威认为教育是生活的过程,学校是社会生活的一种形式,那么学校生活也是生活的一种形式。

学校生活应与儿童自己的生活相契合,满足儿童的需要和兴趣,使校园成为儿童的乐园,使儿童在现实的学校生活中得到乐趣;学校生活应与学校以外的社会生活相契合,适应现代社会变化的趋势并成为推动社会发展的重要力量,校园不应是世外桃源而应积极参与社会生活。

杜威要做的就是改造不合时宜的学校教育和学校生活,使之更富活力,更有乐趣,更具实效,更有益于儿童发展和社会改造。

(2)学校即社会。

杜威"学校即社会"意在使学校生活成为一种经过选择的、净化的、理想的社会生活,使学校成为一个合乎儿童发展的雏形的社会。而要将此落于实处,就必须改革学校课程,从分科课程转变为活动课程。

"学校即社会"是对"教育即生活"这一命题的进一步引申,代表社会生活的活动性课程的引入是使学校与社会生活相联系的基本保证。杜威坚信教育是社会进步及社会改革的基本方法,通过教育改造社会生活,使之更完善、更美好。

(3)教育即生长。

杜威针对当时教育无视儿童天性,消极对待儿童,不考虑儿童的需要和兴趣的现象,提出了"教育即生长"的观念。

杜威要求摒除压抑、阻碍儿童自由发展之物,使教育和教学适应儿童的心理发展水平和兴趣、需要的要求。他所理解的生长是机体与外部环境、内在条件与外部条件交互作用的结果,是一个持续不断的社会化的过程。杜威要求尊重儿童但不同意放纵儿童，这也是杜威与进步主义教育实践的一个重要区别。

（4）教育即经验的改造。

教育即经验的改造是指构成人的身心的各种因素在外部环境和人的主动经验过程中统一的全面改造、发展、生长的连续过程，包含四个方面：

①经验是一种行为，涵盖认识的、情感的、意志的等理性、非理性因素，成为儿童各方面发展和生长的载体。在经验过程中，儿童不仅获得知识，而且形成能力、养成品德。

②经验是有机体与环境相互作用的过程，机体不仅受环境的塑造，同时也对环境加以改变。经验的过程就是一个实验探究的过程、运用智慧的过程、理性的过程。

③经验的过程是一个主动的过程，有机体既接受着环境塑造，也主动改造着环境。

④经验是一个连续发展的过程，不存在终极目的的发展过程，教育就是个人经验的不断生长。

（5）评价。

①积极性。杜威关于教育本质的这三个论点具有重要的意义：这些观点是杜威改革旧教育的纲领，他的意图是要使教育为缓和社会矛盾、完善美国社会制度服务，对于推动当时的教育改革有积极意义；杜威关于教育本质的观点是他的教育哲学的三个主要命题，内涵丰富并具有启发意义；杜威力图把教育的社会功能与个体发展功能统一起来，并把社会活动视为使两者得以协调的重要手段或中介。

②局限性。杜威对于教育本质的表述不够科学。如"教育即生长"给人以重视个体的生物性而回避社会性的印象，并且生长有方向、方式之异，有好坏优劣之别，所以仅说"教育即生长"是不严谨的；又如"教育即生活"的口号表述过于简要，也易使人不得要领，从而在理解上产生歧义；"学校即社会"的提法也存在着片面性，它忽视社会与个体发展的各自的相对独立性，进而导致抹杀学校与社会的本质区别。

11. 试述杜威与赫尔巴特教育思想的异同

【答案要点】

（1）不同点。

①教育目的：杜威反对外在的、固定的、终极的教育目的，认为教育无目的。他所追求的是过程内的目的，即"生长"。"教育的过程，在它自身以外没有目的，它就是自己的目的"；赫尔巴特认为教育的目的可以分为"必要的目的"和"可能的目的"，"必要的目的"是指教育所要达到的最高和最基本的目的，即养成内心自由、完善、仁慈、正义、公平五种道德观念。"可能的目的"是指与儿童未来所从事的职业有关的目的。这种目的是多方面的，教育的目的就是要发展这种多方面的兴趣，使人的各种能力得到和谐发展，即兴趣的多方面性。

②课程：以其经验论为基础，杜威要求从做中学、从经验中学，要求以活动性、经验性的主动作业来取代传统书本式教材的统治地位。在杜威看来，这些活动既能满足儿童的心理需要，又能满足社会性的需要，还能使儿童对事物的认识具有统一性和完整性。而赫尔巴特强调以系统知识为中心，重视学科知识的学习，重视学生的经验和兴趣。

③教学方法：杜威主张从做中学和从经验中学，注重学生的直接经验，提倡反省的思维方法，即对某个经验情境中的问题进行反复的、严肃的、持续不断的思考，其功能在于求得一个新情境，从而解决困难、排除疑虑、解答问题。赫尔巴特主张用讲授的方法进行教学。

④教学过程：杜威根据科学的实验主义探究方法和反省思维方式，提出了五步教学法，也是教学过程，即创设疑难的情境、确定疑难所在、提出问题的种种假设、推断哪种假设能解决这个困难、验证这种假设。赫尔巴特试图根据心理学来阐述教学过程，提出了明了、联想、系统和方法四个阶

段，发挥教师在教学过程中的主导作用。

⑤教师与学生地位：杜威提出"新三中心论"，即儿童、活动、经验。他强调儿童中心论，整个教育过程中要以儿童为中心，要求尊重儿童的天性。赫尔巴特强调"旧三中心论"，即教师、教材、课堂。他强调教师是中心，以教师为主，学生处于被动地位。

（2）相同点。强调教育培养的人为社会发展服务；都重视学生的道德教育；强调教学阶段，对教学过程进行分析。

12. 论述 20 世纪前期的教育思潮

【答案要点】

（1）改造主义教育。

改造主义教育是一种把"社会改造"作为教育的主要目标，强调学校成为"社会改造"的主要工具的教育思潮，代表人物是布拉梅尔德。其主要观点包括以下几个方面：教育应当以"改造社会"为目标；教育应当重视培养"社会一致"的精神；教育工作应当以行为科学为依据；课程教学应当以社会问题为中心；教师的主要职责是劝说教育。

（2）要素主义教育。

要素主义教育是现代欧美国家一种强调学校教育的任务主要是传授人类文化遗产共同要素的教育思潮。1938年在美国成立的"要素主义者促进美国教育委员会"，是要素主义教育形成的标志。代表人物有巴格莱、科南特等人。其主要观点包括以下几个方面：

①教育核心：传授给学生人类基本知识的要素或民族共同文化传统的要素。

②教育目的：强调人的心智或智力的发展，主张心智训练。

③教育内容：教授基础科目，开设以学科为中心的系统的学习科目。

④师生关系：教师中心，强调教师的权威地位。

⑤教育与社会的关系：教育要为社会服务。

⑥教育重心：基本技能和基础知识的学习。

（3）永恒主义教育。

永恒主义教育亦称"新古典主义教育"，产生于20世纪30年代，是现代欧美国家一种强调理性训练以及人的理性和教育基本原则的永恒性的教育思潮，代表人物有美国的赫钦斯、艾德勒，英国的利文斯通和法国的阿兰等。其主要观点包括以下几个方面：发展人的理性是教育永恒不变的原则；教育的主要目的是培养永恒的理性；永恒的古典学科应该在学校课程中占有中心地位；学生通过教师的教学进行学习。

（4）新托马斯主义教育。

新托马斯主义教育是现代欧美国家一种以托马斯·阿奎那宗教神学理论为思想基础的、提倡基督教教育和希望培养"真正的基督徒"的教育思潮。其主要观点包括以下几个方面：教育应当以宗教为基础；教育的目的是培养真正的基督教徒和有用的公民；学校课程以基督教精神为基础；教育应该处在教会的严密控制之下。

（5）新行为主义教育。

新行为主义教育是现代欧美国家一种运用有关人类行为及学习过程理论来阐释教育和教学问题的教育思潮。它以新行为主义心理学为理论基础，代表人物有美国的托尔曼、斯金纳、加涅等。其主要观点包括以下几个方面：教育就是塑造人的行为；学生的学习行为可以运用教学机器来强化；确立程序教学理论，其基本原则有积极反应、小步子、及时强化和自定步调；教育研究应该以教和学的行为作为研究的对象。

（6）结构主义教育。

结构主义教育是现代欧美国家一种强调认知结构的研究和认知能力的发展的教育思潮。它以结构主义心理学为理论基础，侧重研究课程教学改革问题，代表人物有皮亚杰、布鲁纳等。其主要观点包括以下几个方面：教育和教学应重视学生的认知能力发展；注重掌握各门学科的基本结构；主张学科基础的早期学习；倡导发现法和发现学习；认为教师是结构教学中的主要辅导者。

（7）终身教育思潮。

终身教育思潮是现代欧美国家一种强调把教育贯穿人的一生的教育思潮，现已成为一种被视为未来教育战略的国际性教育思潮，代表人物是保罗·朗格朗。其目标是实现更美好的生活，使人过一种更和谐、更充实和符合生命真谛的生活。具体目标包含两方面：培养新人；实现教育民主化。

（8）现代人文主义教育思潮。

现代人文主义教育思潮是现代欧美国家一种以人本主义心理学为基础、突出"以人为本"理念、以培养自我实现和完整的人为教育目的的教育思潮，代表人物有马斯洛、罗杰斯和弗洛姆等。其主要观点包括以下几个方面：教育的目的是培养自我实现的人；主张构建人本课程，即"课程人本化"；强调学校应创设自由学习和发展的氛围。

（9）存在主义教育思潮。

存在主义教育是现代欧美国家一种以存在主义哲学为价值取向的教育思潮，它以"人的存在"为研究的对象，强调品格教育的重要，并提倡个人自由选择。代表人物有海德格尔和雅斯贝尔斯等。其主要观点包括以下几个方面：教育的目的在于使学生实现自我完成；品格教育在人的自我发展中具有重要作用；学生应该能自由选择道德标准；采用个别教育的方法；教师是学生自我实现的影响者和激励者。

13. 论述教育心理学化运动的形成、发展与影响

【答案要点】

（1）教育心理学化运动的形成。

教育心理学化运动形成于18世纪末19世纪初，并于19世纪前期达到鼎盛。19世纪初，科学的发展进入了崭新的历史时期，迎来了科学时代，这些不同领域的科学发展以不同的方式作用于教育心理学化思想的演进，出现了教育心理学化运动。

（2）教育心理学化运动的发展。

①裴斯泰洛齐的教育心理学化思想。裴斯泰洛齐首次提出了教育心理学化的思想，认为教育应遵循自然法则，了解人的本性的发展进程；教育内容的选择和编排要适合儿童的学习心理规律。

②赫尔巴特的教育心理学化思想。赫尔巴特认为教育学作为一门科学必须以心理学为基础，提出教学过程应以"统觉"原理为基础，兴趣是形成统觉的条件，并赋予统觉以主动性；设置广泛的课程，培养儿童多方面的兴趣；儿童的管理、教学和训育应遵循儿童心理发展规律。

③福禄培尔的教育心理学化思想。德国教育学家福禄培尔是教育适应自然的倡导者之一，也是教育心理学化思想的促进者。他提出教育必须重视儿童个性的发展，人的心理不是固定和静止的，总是由一个阶段向另一个阶段前进，儿童心理发展具有"自动性"。

④第斯多惠的教育心理学化思想。第斯多惠深受卢梭和裴斯泰洛齐教育思想的影响，明确提出把心理学作为教育科学的基础，并力图运用当时心理学的研究成果深入揭示人的自然本性及其发展规律。首先，儿童的发展乃是他潜在的自然本性和力量的开展；其次，儿童心理的发展顺序潜存于天性之中，随着生理的成熟而自然地表现出来。

（3）教育心理学化运动的影响。

教育心理学化思想是自然主义教育思想的具体化，它成为人的和谐发展论、要素教育论、简化教学方法和初等教育各科教学法的理论基础，使教育家开始自觉地把教育教学建立在心理学基础之上。它不但成了19世纪欧洲教育心理学化运动，也为教育科学化提供了理论依据。

四、材料分析题

1. 请结合这段话评述卢梭的自然教育理论，并联系实际谈谈这一理论的现实意义

【答案要点】

（1）自然教育的基本含义。

卢梭自然主义教育的核心是"回归自然"。一方面，善良的人性存在于纯洁的自然状态之中。只有"回归自然"、远离喧嚣社会的教育，才有利于保持人的善良天性。因此15岁之前的教育必须在远离城市的农村进行。另一方面，每个人都是由自然的教育、事物的教育、人为的教育三者培养起来，只有三种教育圆满地结合才能达到预期的目的。三者之中，应以自然的教育为基准，才能使教育回归自然达到应有的成效。

（2）自然教育的培养目标。

自然教育最终目的是培养"自然人"，即身心调和发达、体脑两健、能力旺盛的新人，也就是摆脱封建羁绊的资产阶级新人。具有以下特征：自然人是能独立自主的人，他能独自体现出自己的价值；在自然的秩序中，所有的人都是平等的；自然人又是自由的人，他是无所不宜、无所不能的；自然人还是自食其力的人，可无须仰赖他人为生，这是独立自主的可靠保证。

（3）自然教育的方法原则。

卢梭猛烈抨击了当时向儿童强迫灌输旧的道德和知识、摧残儿童天性的做法，他提出以下几点原则和方法：

①树立正确的儿童观。自然教育的必要前提是要改变对儿童的看法。在人生的秩序中，儿童有他的地位，应当把成人看作成人，把孩子看作孩子。

②消极教育。教育要遵循自然天性，也就是要求儿童在自身的教育和成长中取得主动地位，无须成人的灌输、压制、强迫，教师只需创造学习的环境，防范不良的影响。它的作用是消极的，是对儿童的发展不横加干涉的教育。

③自然后果律。当儿童犯了错误和过失后，不必直接去制止或处罚他们，而让他们在同自然的接触中，体会到自己所犯的错误和过失带来的自然后果，使儿童服从于自然法则，结合具体事例让他们从自己的直接经验中受到教育。

④根据儿童天性的个体差异因材施教。卢梭要求教育者在进行教学之前必须先了解自己的学生。

（4）自然主义教育的实施。

卢梭根据自然教育的原则，根据人的自然发展的进程和不同年龄时期身心的特点，把自然教育分为婴儿期、儿童期、少年期和青春期。婴儿期主要进行体育；儿童期主要进行感官训练和身体发育，这个时期的儿童不宜进行理性教育，不应强迫儿童读书；少年期主要进行智育和劳动教育；青春期主要接受道德教育，包括宗教教育、爱情教育和性教育。

（5）现实意义。

卢梭是西方教育史上具有划时代意义的教育思想家，他对封建社会进行了猛烈的抨击，提出了反映新兴资产阶级利益的教育思想，是现代教育思想的重要来源。

①卢梭提出的自然主义教育思想是教育思想史上由教育适应自然向教育心理学化过渡的一个重要环节。在封建社会压制人性的情况下，提倡性善论，尊重儿童天性具有历史进步意义。他呼吁培养身心调和发展的自然人和自由人也反映了对人的发展的合理要求。

②卢梭论证了自然主义教育的内容和方法。如重视感觉教育的价值；反对古典主义和教条主义，

要求人们学习真实有用的知识；反对向儿童灌输道德教条，要求养成符合自然发展的品德等。这些观点既是在前人的基础上的发展，也反映了近代教育的发展方向。

③卢梭的教育理论对欧美教育产生了深远影响。德国的泛爱教育运动、瑞士的裴斯泰洛齐的教育实验、美国进步主义教育运动等，无不受到卢梭自然教育理论的启发。

2.根据以下材料，请回答：

（1）该思想由谁提出，请阐述其具体内容

（2）请论述该作者的其他教育思想

【答案要点】

（1）该思想由杜威提出。材料中体现了杜威关于教育目的思想，具体内容为：

①教育无目的论。

从教育本质论出发，杜威反对外在的、固定的、终极的教育目的，认为教育无目的。杜威所希求的是过程内的目的，这个目的就是"生长"。

杜威认为在非民主的社会里，教育目的是外在于并强加于教育过程的，包含权威与专制色彩。而在民主的社会里，教育目的应该内在于教育的过程之中，杜威主张以生长为教育的目的，其主要意图在于反对外在因素对儿童发展的压制，在于要求教育尊重儿童愿望和要求，使儿童从教育本身中、从生长过程中得到乐趣。

②教育的社会目的。

杜威强调过程内的目的不等于否定社会性的目的。杜威要求教育为社会进步服务，为民主制度的完善服务。他认为，教育是社会进步及社会改革的基本方法，学校是社会进步和改革的最基本和最有效的工具。在民主社会中，个人发展与社会进步是统一的。

教育要培养具有良好公民素质、民主思想和生活能力的人，要培养具有科学思想和精神，能解决实践问题的人，要培养具有道德品质和社会意识的人，要培养具有一定职业素养的人。

（2）该作者的其他教育思想：

①论教育的本质。杜威对于"什么是教育"的问题，给出的回答是：教育即生活、教育即生长、教育即经验的持续不断的改造。

②论课程与教材。

从做中学。杜威以其经验论为基础，要求从做中学、从经验中学，要求以活动性、经验性的主动作业来取代传统书本式教材的统治地位。

教材心理学化。"教材心理学化"是指把各门学科的教材或知识各部分恢复到它所被抽象出来的原来的经验。

③论思维与教学方法。

反省思维。杜威所力倡的反省思维是指对某个经验情境中的问题进行反复的、严肃的、持续不断的思考，其功能在于求得一个新情境，把困难解决、疑虑排除、问题解答。

五步教学法。杜威根据科学的实验主义探究方法和反省思维方式，提出了五步教学法，即创设疑难的情境、确定疑难所在、提出问题的种种假设、推断哪种假设能解决这个困难、验证这种假设。

④论道德教育。

杜威认为道德教育的主要任务是协调个人与社会的关系。他认为个人的充分发展是社会进步的必要条件，社会的进步又可以为个人的发展提供更好的基础。

教育的道德性和教育的社会性是相通的，道德教育应在社会性的情境中进行而不能只停留于口头说教；要求学校生活、教材、教法皆应渗透社会精神，视学校生活、教材、教法为"学校道德三位一体"，这三者都是道德教育的重要途径。

第四部分 教育心理学

第一章 教育心理学概述

一、名词解释
1. 教育心理学
2. 心理过程
3. 个性心理
4. 教育行动研究
5. 实验法
6. 量化研究
7. 质性研究

二、简答题
1. 简述教育心理学的研究任务
2. 简述教育心理学的研究对象
3. 简述教育心理学的发展趋势
4. 简述教育心理学的意义与作用

三、论述题
1. 试述教育心理学在研究内容上呈现的新趋势

四、材料分析题

1. 材料：1920年，华生从一所医院挑选了9个月大的孩子小艾伯特进行了实验。在实验开始之前，小艾伯特只是接触了一系列基础情感测试，比如说让他第一次接触白鼠、兔子、狗、猴子、有头发和无头发的面具、棉絮等。经过结果发现，小艾伯特并不会对这些物件感到恐惧。过了两个月后，华生和他的同事又开始了实验，他们先是把实验室白鼠放在靠近艾伯特处，允许他玩玩弄它。白鼠在他周围游荡，小艾伯特也开始触碰它。在后来的实验中，只要小艾伯特触碰到白鼠，华生就用铁锤敲击悬挂的铁棒，发现响亮的声音。小艾伯特不出所料的发出了哭声，过后华生又重复了几遍。经过几次恐吓后，不管华生用不用铁锤敲，只要看见小白鼠就会感到恐惧，会不自觉地向后爬。在实验的17天后，华生又将一只（非白色的）兔子待到了实验室，小艾伯特同样会感到不安。后来发现，只要是毛茸茸的东西，小艾伯特都会感到恐惧。

（1）材料中华生的"小艾伯特"实验违反了教育心理学研究的什么原则？

（2）试论述教学心理学研究应遵循的原则

参考答案

一、名词解释

1. 教育心理学

【答案要点】

教育心理学是一门通过科学方法研究学与教相互作用基本规律的科学,是心理学的一个分支学科。教育心理学的知识正是围绕学与教的相互作用过程而组织的,包括学生心理、学习心理、教学心理和教师心理四个部分的内容。

2. 心理过程

【答案要点】

心理过程是指人的心理活动发生、发展的过程。具体来说,它是指在客观事物作用下,在一定时间内大脑反映客观现实的过程。心理过程包括认知过程、情绪过程和意志过程。

3. 个性心理

【答案要点】

认知过程、情感过程和意志过程是人们所共有的心理过程,体现着人类心理活动的共同规律和一般特征。但是,当这些过程具体表现在不同人身上时确有较大的个体差异。这些个体差异的表现称为个性心理。

4. 教育行动研究

【答案要点】

教育行动研究是指教育工作者在教育实践中按照一定的操作程序,综合运用多种研究方法和技术,以解决教育实际问题和改进教育实践为首目标的一种研究模式。行动研究通常具有四个特点,即由行动者研究、在行动中研究、为行动而研究、对行动的研究。

5. 实验法

【答案要点】

实验法是一种创设一定的情境,对某些变量进行操纵或控制以揭示教育、心理现象的原因和发展规律的研究方法,其基本目的是揭示变量之间的因果关系。实验研究可以是在实验室情境下进行的实验室实验,也可以是在现场情境下进行的自然实验。

6. 量化研究

【答案要点】

量化研究又称定量研究、量的研究,研究者对事物可以量化的特性进行测量和分析,以检验研究者的理论假设。它有一套完备的操作技术,包括抽样方法,资料收集方法,数据统计方法等。其基本过程是:假设—抽样—资料收集—统计检验。

7. 质性研究

【答案要点】

质性研究又称质的研究,研究者参与到自然情境之中,采用观察、访谈、实物分析等多种方法收集资料,对社会现象进行整体性探究,采用归纳而非演绎的思路来分析资料和形成理论,通过与研究对象的实际互动来理解和解释他们的行为。

二、简答题

1. 简述教育心理学的研究任务

【答案要点】

（1）理论探索。

①教育心理学作为心理学的分支，其理论任务在于揭示教与学的基本心理规律，丰富和发展心理科学及教育心理学的理论和事实。

②教育心理学作为教育科学的分支，还应研究怎样遵循教与学的心理规律去设计教育内容、改革教育方式方法、优化教育资源、提高教育效能、培养高素质人才。

③作为应用理论科学的任务是探索教与学情境中主体获得知识、发展智能、形成健全人格的心理机制和规律，为构建科学合理的教育心理学理论体系服务，推动教育科学的发展。

（2）实践指导。教育心理学以研究教与学情境中主体的心理规律为己任，也需要为学校教育系统的确立和应用提供实施途径、策略和手段、方法等方面的具体指导。

2. 简述教育心理学的研究对象

【答案要点】

（1）研究教育心理学的科学学问题，建构学科基础和学科体系。

（2）研究主体心理发展的一般机制和规律，揭示教与学情境中主体心理活动的机制和规律。

（3）研究在教与学情境中促进主体心理发展变化的有效途径和策略。

（4）研究制约和影响主体顺利实现教与学的目标及主体发展的条件和因素。

3. 简述教育心理学的发展趋势

【答案要点】

（1）在研究取向上，从行为范式、认知范式向情境范式转变。

（2）在研究内容上，强调教与学并重、认知与非认知并举、传统领域与新领域互补。

（3）在研究思路上，强调认知观和人本观的统一、分析观和整体观的结合。

（4）在学科体系上，从庞杂、零散逐渐转向系统、整合、完善。

（5）在研究方法上，注重分析与综合、量性与质性、现代化与生态化、人文精神与科学精神的结合。

4. 简述教育心理学的意义与作用

【答案要点】

（1）提高教育工作者的理论素养，形成正确的教育观念。学习和研究教育心理学有助于教育工作者从根本上认识教育规律，提高教育理论水平，树立正确的教育观念，成为真正懂教育的人。

（2）完善教育工作者的知识结构，加速教师的专业化发展。教育心理学知识是教师知识结构中十分重要的组成部分。同时，教师的专业化发展主要取决于知识结构的完整和合规律、合目的的教育实践能力，这两者都与个体掌握教育心理学的理论和方法息息相关。

（3）认识教与学的特点，贯彻因材施教的原则，提高教育效益。教育心理学能为教育工作者提供系统的认识教与学主体特点的理论和方法，能明确有效解决教育教学问题的方向，找到提高教育效率的策略和方法。

三、论述题

1. 试述教育心理学在研究内容上呈现的新趋势

【答案要点】

教育心理学在研究内容上，强调教与学并重、认知与非认知并举、传统领域与新领域互补。

（1）教学心理与学习心理并重。

①教与学的心理动力的深入研究。主要包括成败归因、成就动机、自我效能感方面的研究。

②教与学的策略的研究。主要包括学习策略、教学策略、问题解决策略等方面的研究。

③专家系统及专家型教师研究。专家系统主要研究其特征方面。专家型教师的研究主要集中在：专家型教师的知识构成、教师教学专长的基本特点、教师教学专长的发展阶段、专家型教师的培养。

④阅读理解和写作教学研究。关于阅读理解的研究重点包括对阅读理解过程的解释、阅读诊断及诊断矫正性阅读教学、阅读理解教学策略。写作教学研究大多与阅读理解研究相结合。

⑤创造性及其培养研究。存在三种有关的研究取向：人格特质的研究取向、认知过程的研究取向、社会心理学的研究取向。

⑥教与学评价研究。发展出了多元化评价，多元化评价采用多种途径，在非结构化的情境中评价学生的学习结果。

（2）认知与非认知研究并举。

建构主义的兴起，使教育心理学的研究重新考虑非认知因素在学习和教学中的影响，特别是人本主义强调从完整的人的角度去研究教育问题，从而使教育心理学研究更趋全面化和合理化。

（3）新兴领域与传统领域互补。

①学校心理健康教育与学生健全心理素质培养研究。学校心理健康与学生心理素质培养是我国传统教育中长期忽视的，是当前素质教育实践中出现的新问题，所以教育心理学应该系统研究。

②网络教育心理学研究。如何根据网络教育的特点对网络教育进行研究，以使其发挥最大作用，这给教育心理学提出了新的挑战。

③现代教育技术的心理学研究。在教育信息技术时代，关于教育技术的研究是教育心理学亟待解决的问题。

④教育人性化与教育生态化的研究。教育人性化对教学理念、教学方法等都提出了新的要求，对传统的教育心理学中教与学的理论是一个冲击和挑战。未来的教育心理学研究将充分考虑研究的生态效度，使教育心理学的理论研究贴近教学实践，改变理论与实践脱节的现状。

四、材料分析题

1.（1）材料中华生的"小艾伯特"实验违反了教育心理学研究的什么原则？

（2）试论述教学心理学研究应遵循的原则

【答案要点】

（1）"小艾伯特"实验违背了教育性原则，这是所有关于人的心理学研究都应遵从的一个基本伦理道德原则。

（2）教育心理学研究应遵循以下几条原则：

①客观性原则。在教育心理学的研究中要遵循教育过程中的客观规律，主要体现在两个方面：一是在对学生和教师心理的研究过程中，要对影响学生与教师心理的外界环境、行为反应及其内心体验进行客观的分析。二是在对研究材料进行分析时，要将客观数据与主观的分析相对照，通过客观事实来验证主观判断的正确性，而不能掺杂研究者的主观臆测，应具体地、实事求是地研究学生与教师的心理现象。

②发展性原则。教育心理学所研究的对象主要是青少年大学生，他们要实现从儿童向成年人的转变。所以无论是他们的生理还是心理都有相当大的发展变化，这就要求研究者必须用发展的眼光去看待他们，必须坚持发展的原则，从发展的角度来分析影响学生心理发展的诸要素，才能得出合

乎实际的结论。

③系统性原则。系统性原则就是要求在研究心理现象时应把人作为一个开放的、动态的、整体的系统进行综合考察，以便把握心理现象各个要素之间的必然联系。

④理论联系实际的原则。教育心理学的研究必须为教育实践服务，因此，它的研究课题必须来源于教育实践，它的研究成果也必须能够付诸教育实践，并且保证科研成果的实际应用效能。

⑤教育性原则。教育性原则是教育研究中的一个特有原则。上述几个原则都不能违背这一原则。研究教育心理学的基本目的就是要更有效地提高教育教学质量，如果研究者违背了该原则，这一目标不但不能很好地实现，还会适得其反，给学生的身心健康带来不良的影响。

第二章 心理发展与教育

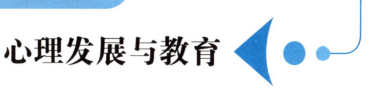

一、名词解释

1. 心理发展
2. 认知发展
3. 人格发展
4. 社会性发展
5. 图式
6. 认知风格
7. 最近发展区
8. 自我概念
9. 亲社会行为
10. 攻击行为
11. 学习风格
12. 同化
13. 顺应
14. 场独立型
15. 场依存型
16. 客体永久性
17. 守恒

二、简答题

1. 简述亲社会行为习得的途径
2. 简述埃里克森心理社会发展理论的主要观点
3. 简述科尔伯格的道德发展阶段理论
4. 简述人格发展的一般规律
5. 简述认知发展的一般规律
6. 简述维果茨基的理论中，低级心理机能向高级心理机能的转化主要表现在哪几个方面？
7. 塞尔曼提出的儿童友谊发展的五阶段
8. 简述学生心理差异的主要表现
9. 简述影响认知发展的因素

三、论述题

1. 试述皮亚杰的认知发展阶段理论及其对学校教育的启示
2. 联系实际谈谈攻击行为的分类及改变攻击行为的方法
3. 试论述同伴关系的作用以及在教学中如何促进学生同伴关系的良好发展
4. 联系实际阐述男女生的心理差异及教学建议
5. 试述亲社会行为的发展阶段和影响因素

四、材料分析题

1. 材料：李老师是四年级某班的数学老师。为了了解学生能否灵活地运用加法交换律，李老师在讲解完相关知识后宣布："同学们，下面进行智力抢答，看谁答得又快又准？"老师拿起粉笔，在黑板上写道：1+2+3+…+98+，最后一个加数（99）还没有列出来，小明已经举起了手，还不断地用肘腕碰击桌面，发出声音来吸引老师注意。小东则把手举得很高，大声嚷道"老师！老师！我会！"小刚则安静地坐在位置上，手托腮帮，静静地等待老师列出最后一个加数。

（1）小明、小东、小刚分别属于哪种解题风格？
（2）结合学生认知风格的差异，谈一谈在教学中教师如何进行教育？

2. 材料：小明在数学课的课堂练习环节有一道题不会做，李老师发现后并没有直接教他怎么做，而是引导小明让他一步一步地得出解题的思路，小明在李老师的引导下成功的解决了这道"难题"。

（1）请用教育心理学的理论分析李老师的做法
（2）试述教学与认知发展的关系，以及认知发展理论对教学的启示

参考答案

一、名词解释

1. 心理发展

【答案要点】

心理发展是指个体从胚胎期经由出生、成熟、衰老一直到死亡的整个生命过程中所发生的持续而稳定的内在心理变化过程，主要包括认知发展、人格发展和社会性发展三个方面。

2. 认知发展

【答案要点】

认知发展是指在个体与环境相互作用的过程中，其感知觉、注意、记忆、思维、言语等认知的功能系统不断发展，并趋于完善的变化过程。即认知发展是个体在心理上表征世界、思考世界的方式的发展。

3. 人格发展

【答案要点】

人格发展是指个体自出生经成年到老年的整个生命全程中人格特征或个性心理形成、发展和表现的过程，一般认为是遗传因素和环境因素相互作用的结果。

4. 社会性发展

【答案要点】

社会性发展是指个体在其生物特性基础上，与社会生活环境相互作用，掌握社会规范，形成社

会技能，学习社会角色，获得社会性需要、态度、价值，发展社会行为，并以独特的个性与人相互交往，相互影响，适应周围社会环境，由自然人发展为社会人的社会化过程。

5. 图式

【答案要点】

图式由皮亚杰提出，是指儿童用来适应环境的认知结构。从发展的角度来看，儿童最初的图式是遗传所带来的一些本能反射行为，如吸吮反射等。

6. 认知风格

【答案要点】

认知风格又叫认知类型，是人在信息加工的过程中所偏好的相对稳定的态度和方式。认知类型差异就是人们在感知、理解、记忆、思维等过程中采用的与众不同的方式。

7. 最近发展区

【答案要点】

维果茨基认为，在进行教学时必须注意到儿童的两种水平，一种是儿童现有的发展水平，另一种是即将达到的发展水平，维果茨基把这两种水平之间的差距称为最近发展区，即独立解决问题的真实发展水平和在成人指导下或与其他儿童合作情况下解决问题的潜在发展水平之间的差距。

8. 自我概念

【答案要点】

自我概念是"由个体对自身的观念、情感和态度组成的混合物"。许多研究假设自我概念是按等级组织的，总体自我概念位于等级的上层，下面是一些具体的自我概念，共同构成一个具有等级的多维结构。自我概念是个体在与环境相互作用而形成的经验的基础上建立的，主要受他人的强化和评价的影响。

9. 亲社会行为

【答案要点】

亲社会行为是指有益于他人和社会的行为，包括助人行为、安慰、分享、合作等。个体亲社会行为发展的过程就是他们道德认识水平提高、道德情感丰富的过程。

10. 攻击行为

【答案要点】

攻击行为是一种经常有意地伤害和挑衅他人的行为。这是儿童、青少年中比较常见的一种问题行为，对儿童、青少年的人格和品德的发展有着消极的影响，严重的甚至会导致儿童、青少年走向犯罪。

11. 学习风格

【答案要点】

学习风格是指学习者在完成学习任务时所表现出来的一贯的、典型的、独具个人特色的学习策略和学习倾向。学习风格的心理因素包括认知、情感和意动三方面。学习风格的认知因素就是心理学家倾向于使用的认知风格。

12. 同化

【答案要点】

同化由皮亚杰提出，是指儿童把新的刺激物纳入已有图式中的认知过程。同化是图式发生量变的过程，它不能引起图式的质变，但影响图式的生长。

13. 顺应

【答案要点】

顺应是皮亚杰认知发展中的概念，指儿童通过改变已有图式或形成新的图式来适应新刺激的认知过程。顺应是图式发生质变的过程，通过顺应，儿童的认知能力达到一个新的水平。

14. 场独立型

【答案要点】

根据知觉受外界环境影响的程度，知觉可分场依存型与场独立型。场独立型学习者不受或很少受环境因素影响，基本上倾向于依赖内在的参照，即"内部定向者"。场独立型的人善于分析和组织，在数学与自然科学方面更为擅长。

15. 场依存型

【答案要点】

根据知觉受外界环境影响的程度，知觉可分场依存型与场独立型。场依存型学习者受环境影响因素大，基本上倾向于依赖外在的参照，即"外部定向者"。场依存型的人不能将一个模式分解成许多部分，或者只能专注于情境的某一个方面，对人文学科和社会科学更感兴趣。

16. 客体永久性

【答案要点】

客体永久性是感觉运动阶段的显著标志，指当某一客体从儿童视野中消失时，儿童知道该客体并非不存在。客体永久性是更高层次认知活动的基础，表明儿童开始在头脑中用符号来表征事物。

17. 守恒

【答案要点】

守恒是指不论物体形态如何变化，其质量是恒定不变的。在皮亚杰的认知发展阶段理论中，前运算阶段的儿童还未获得守恒的概念，直到具体运算阶段才逐渐掌握守恒。

二、简答题

1. 简述亲社会行为习得的途径

【答案要点】

亲社会行为是指有益于他人和社会的行为，包括助人行为、安慰、分享、合作等。个体亲社会行为发展的过程就是他们道德认识水平提高、道德情感丰富的过程。

亲社会行为的习得途径包括：

（1）移情反应的条件化。亲社会行为使助人者感到愉快或减轻了移情的痛苦，因而强化了亲社会行为。

（2）直接训练。教师利用一切学习和游戏活动，引导并训练儿童在实践中表现出合作、谦让、共享等良好行为。

（3）观察学习。一方面，成人的亲社会行为会成为儿童学习的榜样，诱导出儿童相似的亲社会行为；另一方面，儿童经常受到榜样的引导，更有可能内化利他性原则，从而有助于利他倾向的发展。

2. 简述埃里克森心理社会发展理论的主要观点

【答案要点】

埃里克森把人的心理发展分为8个阶段：

（1）婴儿期（出生到18个月）。这一阶段的主要矛盾是信任对怀疑。如果婴儿得到较好的抚养并与母亲建立了良好的亲子关系，儿童将对周围世界产生信任感，否则将产生怀疑和不安。家长在这一时期应该积极地、始终如一地满足婴儿的需求。

（2）儿童期（18个月到3岁）。这一阶段的主要矛盾是自主对羞怯。儿童在这一时期开始表现出自我控制的需要与倾向，渴望自主并试图自己做一些事情，如吃饭、穿衣。如果父母给儿童过多的限制或者过度的保护，儿童就开始对自己的能力产生怀疑，产生羞愧感。

（3）学龄初期（3到6岁）。这一阶段的主要矛盾是主动对内疚。这个阶段的儿童开始想象自己扮演成年人的角色，并希望在活动中获得成年人的欢迎和赞赏。父母或教师需要对儿童提出的问题进行正面的鼓励，提出合理的建议，这样儿童的主动性会得到加强，反之则会降低儿童从事活动的热情，也影响他们的积极性。

（4）学龄期（6到12岁）。这一阶段的主要矛盾是勤奋对自卑。儿童在这一阶段进入学校，学习知识和技能。儿童开始发展勤奋感，形成一种成功感和对成就的认识。如果面临的任务太过困难，造成了失败，那么儿童能会产生自卑感。教师或父母如果对儿童在活动中表现出的勤奋视而不见，也会发展出自卑的人格。

（5）青春期（12到18岁）。这一阶段的主要矛盾是角色同一性对角色混乱。这一时期的个体开始考虑"我是谁"这一问题。个体尝试把自己的各个方面形成自我形象的整体评价。但是由于经验等的限制，个体难以对自己的各个方面形成明确的认识，也难以在实际生活中始终保持自我的一致性。

（6）成年初期（18到30岁）。这一阶段的主要矛盾是友爱亲密对孤独。婚姻问题和家庭生活是这一时期面临的重大问题。如果个体乐于与他人交往，不过分计较得失，能在交往中获得乐趣，可以形成一种亲密感。但如果一个人缺乏与朋友、配偶之间的亲密友爱关系，则会产生孤独感。

（7）成年中期（30到60岁）。这一阶段的主要矛盾是繁殖对停滞。这个阶段的个体已经成家立业，面临着抚育和关怀下一代的任务。如果个体事业有成、家庭美满，则表现出较大的创造力。但如果个体过于自我专注，满足私利，则容易产生颓废感，生活消极懈怠。

（8）成年晚期（60岁以后）。这一阶段的主要矛盾是完美无憾对悲观绝望。这个阶段的个体已经进入老年期。如果前几个阶段发展顺利，个体在这个时期会巩固自我感觉并完全接受自我，对自己的过去不再遗憾，获得自我完满感。反之，如果个体对过去有过多悔恨，但又感觉力不从心，则在绝望中度过余生。

3. 简述科尔伯格的道德发展阶段理论

【答案要点】

（1）0—9岁为前习俗水平。大约出现在幼儿园及小学低中年级阶段。该时期的特征是儿童遵守规范，但尚未形成自己的主见，着眼于人物行为的具体结果，关心自身的利害。

①阶段1：惩罚和服从的定向阶段。儿童缺乏是非善恶观念，只是因为恐惧惩罚而要避免它，而服从规范。认为免受处罚的行为都是好的，遭到批评指责的事都是坏的。

②阶段2：工具性的相对主义定向阶段。行为的好坏按行为的后果带来的赏罚来定，没有主观的是非标准，或是对自己有利就好，对自己不利就是不好。

（2）9—15岁为习俗水平。在小学中年级以上出现，一直到青年、成年。该时期的特征是个人逐渐认识到团体的行为规范，进而接受并付诸实践。

①阶段1：人际协调的定向阶段。个体按照"好孩子"的要求去做，以得到别人的赞许。如"偷"是不对的，"互助"是对的。

②阶段2：维护权威或秩序的定向阶段。服从团体规范，尊重权威，有了法制观念。

（3）15岁以后为后习俗水平。该阶段已经发展到超越现实道德规范的约束，达到完全自律的境界。这个水平是理想的境界，成人也只有少数人才能达到。

①阶段1：社会契约定向阶段。有强烈的的责任心与义务感，尊重法制，而且相信它是人制定的，不适应社会时理应修正。

②阶段2：普遍道德原则的定向阶段。此时个体有个人的人生哲学，对是非善恶有其独立的价值标准，对事有所为有所不为，不受现实规范的限制。

4. 简述人格发展的一般规律

【答案要点】

（1）连续性和阶段性并存。从人的一生来看，个体人格的发展是连续不断的。但是，在不同的阶段又有不同的表现，体现出阶段性的特点。

（2）发展具有定向性和顺序性。个体人格发展指向一定的方向并遵循一定的先后顺序，这种顺序是不可逆的，也是不可逾越的。

（3）发展表现出不平衡性。同一个体内，个体人格在不同时间段发展的快慢不同；同一时间段，个体人格的不同方面，发展的快慢也不同。

（4）共同性和差异性。个体人格发展表现出一些共有的特点，但是每个个体又都有自己的独特性，世界上没有完全相同的两个人。

5. 简述认知发展的一般规律

【答案要点】

（1）认知活动从简单、具体向复杂、抽象发展。

（2）认知活动从无意向有意发展。儿童最初的活动是不自觉的、无意识的，逐渐向有意识的心理活动发展，出现有意注意、有意记忆等。

（3）认知活动从笼统向分化发展。儿童认知活动的发展趋势是从笼统到分化和明确。

（4）认知活动具有顺序性、阶段性、差异性、连续性等特征。

6. 简述维果茨基的理论中，低级心理机能向高级心理机能的转化主要表现在哪几个方面？

【答案要点】

维果茨基认为，心理发展是指一个人的心理从出生到成年，在环境与教育影响下，通过掌握高级心理机能的工具——语言、符号这一中介，在低级心理机能的基础上，逐渐向高级心理机能转化的过程。心理机能由低级向高级发展的标志有四个方面：

（1）随意机能的不断发展。随意机能是指心理活动的主动性、有意性，是由主体按照预定的目的自觉引发的心理活动。儿童心理活动的随意性越强，心理水平越高。

（2）抽象—概括机能的提高。随着词汇、语言的发展，随着知识经验的增长，儿童的各种心理机能的概括性和间接性得到发展，最后形成了最高级的意识系统。

（3）高级心理结构的形成。各种心理机能之间的关系不断变化、重组，形成间接的、以符号为中介的心理结构。儿童的心理结构越复杂、越间接、越减缩，心理水平越高。

（4）心理活动的社会文化历史制约性。随着年龄的增长，儿童不断地社会化，其心理发展才能趋向成熟，儿童才能成为社会的人。

（5）心理活动的个性化。个性的形成是高级心理机能发展的重要标志，个性特点对其他机能的发展具有重要的作用。

7. 塞尔曼提出的儿童友谊发展的五阶段

【答案要点】

儿童友谊的发展表现在亲密性、稳定性和选择性等方面。塞尔曼通过研究，提出了儿童友谊的发展要经历五个阶段。

（1）阶段1：尚不稳定的友谊（3—7岁）。儿童还没有形成友谊的概念。儿童间的关系还不能称为友谊，而只是短暂的游戏同伴关系。

（2）阶段2：单向帮助关系（4—9岁）。儿童要求朋友能够服从自己的愿望和要求。如果顺从自己就是朋友，否则就不是朋友。

（3）阶段3：双向帮助关系（6—12岁）。儿童能相互帮助，但还不能共患难。儿童对友谊的交互性有一定的了解，但带有明显的功利性。

（4）阶段4：亲密的共享（9—15岁）。儿童发展了朋友的观念，认为朋友之间可以分享，朋友之间应相互信任和忠诚，同甘共苦。但此阶段朋友关系存在明显的排他性和独占性。

（5）阶段5：友谊发展成熟（12岁以后）。随着年龄的增长，儿童对朋友的选择性逐渐增强。由于选择朋友更加严格，所以一旦建立起来的朋友关系持续时间都比较长。

8. 简述学生心理差异的主要表现

【答案要点】

心理差异是指人在认识、情感、意志等心理活动中表现出来的相对稳定而又不同于他人的心理特征方面的差异。

（1）认知差异。

①认知水平的差异。认知水平的差异主要表现为智力水平的差异，而智力水平的差异又表现为智力发展水平的差异和智力发展速度的差异。

②认知类型的差异。认知类型差异就是人们在感知、理解、记忆、思维等过程中采用的与众不同的方式。

（2）人格差异。人格差异又称个性差异，是指个人在稳定的心理特征方面的差异，反映的是人格特征在个体之间所形成的不同品质。

①性格差异。主要表现为性格类型的差异，是指在某一类人身上共同具有的某些性格特质的组合，主要有以下两种：根据心理活动的倾向，可分为外向型和内向型；根据个人独立性的程度，可分为独立型和顺从型。

②气质差异。气质就是平常所说的脾气秉性，是表现在心理活动的强度、速度、灵活性与指向性的一种稳定的心理特征。心理学家把人的气质分为多血质、胆汁质、抑郁质和粘液质四种类型。一般认为，气质无好坏之分，每种气质都有其长处和短处。

（3）性别差异。性别差异是指男女两性的生理差异及在智力、人格和成就等方面的心理差异。

9. 简述影响认知发展的因素

【答案要点】

（1）成熟，指机体的成长，特别是大脑神经系统和内分泌系统的成熟。借助于成熟，个体才能获得发展的可能性，但要使这种可能性变为现实，还必须通过机能的练习与习得经验。

（2）练习和习得经验，是指个体对物体施加动作过程中的练习和习得的经验，它包括两类：①物理经验，指个体作用于物体，抽象出物体的特性；②逻辑—数理经验，指个体作用于物体，目的在于理解动作间相互协调的结果。

（3）社会性经验，是指社会环境中人与人之间的相互作用和社会文化的传递，主要涉及教育、学习和语言等方面。

（4）平衡化，是指个体在自身不断成熟的内部组织与环境相互作用过程中的自我调节，是心理发展的决定因素。通过调节同化与顺应的关系，使个体的认知不断发展。

三、论述题

1. 试述皮亚杰的认知发展阶段理论及其对学校教育的启示

【答案要点】

（1）皮亚杰是瑞士著名的发展心理学家，终身致力于个体认知发展的研究，提出了认知发展的阶段理论。

①0—2岁：感知运动阶段。这一时期为儿童思维的萌芽期。在这一阶段，儿童主要通过探索感知觉与运动之间的关系来获得动作经验，其中，手的抓取、嘴的吮吸是他们探索世界的主要手段。这个阶段的一个显著标志是儿童渐渐获得了客体永久性。

②2—7岁：前运算阶段。这一时期是儿童表象思维阶段。在这一阶段，儿童能运用语言或较为抽象的符号来代表他们经历过的事物，凭借表象思维，他们可以进行各种象征性活动或游戏、延缓性模仿以及绘画活动等。这一阶段的儿童具有具体形象性、泛灵论、自我中心主义等特点。

③7—11/12岁：具体运算阶段。这一阶段相当于小学阶段。此阶段儿童的认知结构已经发生了重组和改善，思维具有一定的弹性，可以逆转，已经获得长度、体积、质量和面积等方面的守恒，能凭借具体事物或从具体事物中获得的表象进行逻辑思维和群集运算。但其思维仍然需要具体事物的支持。这一阶段的儿童具有去集中化、去自我中心等特点。

④11岁至成年：形式运算阶段。此阶段儿童的思维已经超越了对具体事物的可感知的事物的依赖，能以命题的形式进行，并能发现命题之间的关系，能理解符号的意义，能进行一定的概括。思维已经接近成人的水平。这一阶段的儿童具有抽象思维获得发展、青春期自我中心的特点。

（2）根据皮亚杰的认知发展理论，教育教学应注意以下几点：

①提供活动。教师既应为学生创设大量的物理活动，也应为他们提供相应的心理活动机会。在形式运算阶段前，教师应为学生提供从现实物体和事件中学习的机会。

②创设最佳的难度。皮亚杰认为认知发展是通过不平衡来促进的。因而，教师要通过提问来引起学生认知的不平衡，并提供有关的学习材料或活动材料，促使学生的认知发展。

③关注儿童的思维过程。在教学中，教师必须认识到儿童思考问题的方式与成人不同，并根据儿童当前的认知水平提供适宜的学习活动，这样才能真正促进儿童的认知发展。

④认识儿童认知发展水平的有限性。教师需要认识各年龄阶段儿童认知发展所达到的水平，遵循儿童认知发展顺序来设计课程，这样在教学中就会更加主动。

⑤让儿童多参与社会活动。儿童在参与社会活动的过程中，能够逐渐认识到他人的观点与自己的不同，引发认知发展。

2. 联系实际谈谈攻击行为的分类及改变攻击行为的方法

【答案要点】

（1）攻击行为的分类。

①按攻击行为的表现形式，可分为身体攻击、言语攻击和间接攻击。

②按攻击行为的起因，可分为主动型攻击和反应型攻击。

③按攻击行为的目的，可分为敌意性攻击和工具性攻击。

（2）改变攻击行为的方法。

①消退法。对儿童的攻击行为用不加理睬的方法，使它们得不到强化而逐渐减少。

②暂时隔离法。为了抑制某种特定行为的发生，而让行为者在一段时间内得不到强化或远离强化刺激的一种行为干预方法。

③榜样示范法。利用榜样示范去改变儿童攻击行为有两种做法：将有攻击行为的儿童置于无攻

击行为的榜样当中，减少他们的攻击行为；让有攻击行为的儿童观察其他儿童的攻击行为如何受到禁止或处罚。

④角色扮演法。利用该方法时要注意让他们扮演不同的角色。首先，让他们扮演攻击者的角色，并说出自己扮演此角色的心理感受；其次，让他们扮演被攻击者的角色，然后让他们说出自己扮演此角色的心理感受。多次互换角色，能够提高他们自我控制冲动的能力。

3. 试论述同伴关系的作用以及在教学中如何促进学生同伴关系的良好发展

【答案要点】

同伴关系是指个体在交往过程中建立和发展起来的一种个体之间的，特别是同龄人之间的一种人际关系。同伴关系存在于整个人类社会。

（1）同伴关系的作用。

①有利于个体社会价值的获得、社会能力的培养以及健康人格的发展。

②同伴可以满足个体归属与爱的需要和尊重的需要。

③同伴交往为个体提供学习他人反应的机会。

④同伴是为个体提供情感支持的来源。

（2）促进同伴关系良好发展的策略。

①开设相关课程，进行交往技能训练。通过引导学生了解、分析人际冲突的内在因素，使学生掌握非报复性冲突化解的原理与方法，培养其对冲突事件进行自我反省态度，提高学生解决纷争的能力，帮助学生建立良好的同伴关系。

②丰富课堂教学交往活动。交往能力主要是在教学中形成发展起来的，教师应该注意为学生创造更多的交往机会，采用合作学习的方式增强课堂交往，以促进同伴关系的发展。

③组织丰富多彩的交往实践活动。让学生在真实情境中体验、学习各种交往技能，树立正确的交往观念，提高解决人际冲突的能力，最终在实践中学会交往。

④培养学生的亲社会能力。个体做出的亲社会行为越多，其同伴接纳程度越高，就越能发展出良好的同伴关系。因此，教师可以通过培养的亲社会行为来促进同伴关系的发展。

4. 联系实际阐述男女生的心理差异及教学建议

【答案要点】

性别差异是指男女两性的生理差异及在智力、人格和成就等方面的心理差异。

（1）智力的性别差异。

①男女两性在智力发展的总体上是平衡的，男性智力分布的离散程度比女性大。

②男女两性在智力结构上表现出不平衡性。

③男女智力差异发展变化具有年龄倾向。

④智力差异取决于遗传、环境和教育等许多因素的影响，特别是环境和教育的影响。

（2）人格和行为上的性别差异。

①性格特征。小学阶段男女学生的性格特征并无显著的性别差异，但到了中学阶段，学生逐渐形成了对现实的稳固的态度和习惯了的行为方式，并表现出性别差异。

②学习兴趣。一般来说，小学男生对数学、体育和美术的兴趣超过女生；女生对语文、英语和音乐的兴趣超过男生。中学男生对数学、物理、化学等理科的兴趣超过女生，女生对语文、外语、政治、历史等文科的兴趣超过男生。

③学习动机。小学阶段，女生在成就性动机、认知性动机上都显著高于男生；男生在附属性动机上显著高于女生。中学阶段，男生成就性动机显著高于女生，女生的成功性因素、认知性动机中的获取知识因素显著高于男生；威信性动机和班级威信因素女生略高于男生，他人尊重、社会影响

因素男生略高于女生，附属性动机和执行教师要求、挣大钱因素男生显著高于女生。

④学习归因。一般来说女生比男生更容易把失败的原因归结为自己内部的因素，如努力程度不够、自己的学习能力较低等。男生则更多地归结为外部环境的因素，如学习内容太困难、学习任务重、教师教学方法有问题等。

（3）依据性别差异的教育。

①改变不同性别学生的性格局限，培养积极兴趣，提高多种能力。男女生的性格，各有所长，各有所短，要教育他们以人之长，补己之短，发扬优点，弥补缺点。

②改变传统观念，对男女学生一视同仁，彻底改变男尊女卑的思想。对女生的进步要注意表扬，增强其自信心和自尊心，对女生应热心指导，帮助她们与男生并驾齐驱。

5. 试述亲社会行为的发展阶段和影响因素

【答案要点】

（1）亲社会行为的发展阶段。

艾森伯格及其同事利用两难故事情境，探讨了儿童亲社会行为的发展。他提出儿童亲社会行为的发展要经历五种水平。

①享乐主义、自我关注取向。主要是学前儿童及小学低年级学生，特征是关心自己，在对自己有利的情况下可能帮助他人。

②他人需求取向。处于这一阶段的主要是小学生及一些正要步入青春期的少年，他们助人的决定是以他人的需求为基础的，不去助人时不会产生同情或内疚。

③赞许和人际关系取向。处于这一阶段的小学生及一些中学生，关心别人是否认为自己的利他行为是好的或值得称赞的，有好的或适宜的表现是重要的。

④自我投射的、移情的取向。处于这一阶段的主要是小学高年级的学生及中学生，他们出于同情而关心他人，设身处地为他人着想。

⑤内化的法律、规范和价值观取向。处于这一阶段的少数中学生，他们是否助人的决定以内化的价值、规范和责任为基础，违反个人内化的原因将会损伤自尊。

（2）影响亲社会行为的因素。

①移情。移情是指体验他人的情绪情感的能力。

②文化。对于利他行为的认可和鼓励存在着明显的文化差异。

③榜样。成人是影响儿童亲社会行为形成的主要榜样。

四、材料分析题

1. （1）小明、小东、小刚分别属于哪种解题风格？

（2）结合学生认知风格的差异，谈一谈在教学中教师如何进行教育？

【答案要点】

（1）小明和小东在回答问题时很快就做出反应，面对问题时急于求成，属于冲动型；小刚则在做出回答前倾向于进行深思熟虑的思考，属于慎思型。

（2）认知风格又叫认知类型，是人在信息加工的过程中所偏好的相对稳定的态度和方式。认知类型差异就是人们在感知、理解、记忆、思维等过程中采用的与众不同的方式。依据不同的划分方式可分为分析型和综合型、场依存型和分析—综合型；场依存型和场独立型；视觉型、听觉型、动觉型和混合型；艺术型、思维型和中间型；整体型、序列型；冲动型和慎思型。

针对认知风格的差异，教学应注意的方面有：

①教师必须帮助学生识别自己的认知类型。教师对学生认知方式的识别不仅仅在于调整自己的

教学方法，还应帮助学生分析和认识自己的认知方式。

②教师要明确适应认知类型的两类教学策略，即匹配策略与失配策略。前者指与学习者认知风格一致的教学策略，后者指采取对学习者缺乏的认知风格进行弥补的教学策略。

③教师要调整自己的教学风格，提供多模式教学。学生认知方式的多样性要求教师必须改变自己单一的教学风格，采用各种教学方法，组织多样化的教学活动来满足和弥补不同学习者不同层次的需要。

④教师要针对学生在智力上的个别差异进行因材施教，采用按能力分组。对智力不同水平的学生设置不一样的教育目标，选择不同的教育方式。

2. （1）请用教育心理学的理论分析李老师的做法

（2）试述教学与认知发展的关系，以及认知发展理论对教学的启示

【答案要点】

（1）李老师的做法符合维果斯基的理论。维果斯基在搭建支架的基础上发展出了支架式教学。教学支架就是教学者给学生提供适当的指导和支持。这种指导和支持处于学生的最近发展区内，而且要随着儿童认知发展的变化进行调整。由于最近发展区是一个动态的区域，需要教师通过与学生的相互作用不断地获得学生发展的反馈，这种在最近发展区内的相互作用实质是教师与学生共同协作的认知活动，使学生和教师的认知结构得到精细加工和重新建构。老师给小明提供的指导就属于一种教学支架，将小明潜在的发展水平变成了实际的发展水平。

（2）教学与认知发展的关系。

①维果茨基认为，在进行教学时，必须注意到儿童有两种发展水平：一种是儿童现有的发展水平，另一种是即将达到的发展水平，维果茨基把这两种水平之间的差异称为"最近发展区"，即独立解决问题的真实发展水平和在成人指导下或与其他其它儿童合作情况下解决问题的潜在发展水平之间的差距。

②维果茨基主张教学应当走在儿童现有发展水平的前面，一方面，教学决定着儿童发展的内容、水平和速度等；另一方面教学也创造着最近发展区。教学需要注重学生的最近发展区，把儿童潜在的发展水平变成实际的发展水平，同时不断创造新的最近发展区。

③学习存在着最佳期。维果茨基认为，儿童在学习任何内容时都有一个最佳年龄。教师在开始教学时要处于儿童的最佳期内，教学最佳期是由最近发展区决定的，随着最近发展区的动态发展而不断变化，并且教学最佳期也是因人而异的，因此教师要把握教学的适当时机。

④认知发展的"内化"学说。内化是指将外部实践活动转化为内部心理活动的过程。学生是认识的主体，教师在教学中起主导作用，学生的学习主要是掌握人类的经验并内化于自身的认知结构之中的过程。教育必须重视内化，促进学生从外部语言向内部语言转化，促进个性发展。

认知发展理论对教育的启示：①教育目标应该是提高学生的认知能力；②教学内容应适应学生的认知发展水平；③教学在学生"最近发展区"开展最有效；④教学应充分发挥学生主动性和能动性。

第三章 学习及其理论

一、名词解释

1. 内隐学习
2. 先行组织者
3. 泛化
4. 观察学习
5. 探究性学习
6. 效果律
7. 程序教学
8. 普雷马克原理
9. 发现学习
10. 支架式教学
11. 有意义学习
12. 操作性条件作用
13. 《教育过程》
14. 学习
15. 经典性条件作用
16. 逃避条件作用
17. 回避条件作用
18. 强化
19. 惩罚
20. 替代强化
21. 认知结构

二、简答题

1. 举例说明负强化和惩罚的区别
2. 简述学生学习的特点
3. 简述奥苏伯尔的认知同化理论
4. 简述罗杰斯的学习观和教学观
5. 简述加涅的学习结果分类
6. 简述加涅信息加工理论关于学习过程的八阶段
7. 举例说明如何进行概念学习

8. 试比较发现学习和接受学习的异同

三、论述题

1. 试述加涅的学习水平分类
2. 试分析建构主义学习理论的基本观点及其教育意义
3. 论述布鲁纳的认知—发现说
4. 试论加涅提出的九大教学事件
5. 试述社会建构主义学习理论及其应用
6. 试述奥苏伯尔的有意义学习理论并分析其在教学中的作用

四、材料分析题

1. 材料：某校一学生在观看动画片《喜羊羊与灰太狼》中的片段时，觉得红太狼使用平底锅的行为特别酷，于是，结合所学知识自制了平底锅，并在与同学发生冲突时，使用该平底锅与其打架，结果将同学砸伤。

结合材料，试分析该学生的做法体现了哪种行为主义理论，并谈谈该理论在中小学教育教学中的应用

参考答案

一、名词解释

1. 内隐学习

【答案要点】

内隐学习是指机体在与环境接触的过程中不知不觉地获得了一些经验并因之改变其事后某些行为的学习，是一种产生抽象知识、平行于外显学习方式的无意识加工。

2. 先行组织者

【答案要点】

先行组织者是指先于学习任务本身呈现的一种引导性材料，它要比学习任务本身具有更高的抽象、概括和综合水平，并且能清晰地与认知结构中原有的观念和新的学习任务关联。

3. 泛化

【答案要点】

泛化是指条件作用形成后，机体对与条件刺激相似的刺激作出条件反应，如"一朝被蛇咬，十年怕井绳。"

4. 观察学习

【答案要点】

观察学习是一种间接学习的形式，人类的大多数行为是通过观察而习得的，人们通过观察他人的行为及其后果，可获得榜样行为的符号表征和经验教训，并可引导观察者今后的行为。

5. 探究性学习

【答案要点】

探究性学习指学习者通过发现问题和解决问题而建构知识的过程。按其思路，应该把学习活动

设置到有意义的问题情境中，教师或学生针对所要探究的领域提出感兴趣的问题，学习者通过不断解决问题和发现新问题，来学习与所探究的问题有关的知识，形成解决问题的技能，并形成自主学习的能力。

6. 效果律

【答案要点】

效果律是指在一个情境中，一个动作如果被跟随着一个满意的变化，那么在类似的情境中这个动作重复的可能性将增加；如果被跟随的是一个不满意的变化，那么这个行为重复的可能性将减少。个体当前行为的后果对决定其未来的行为起着关键作用。

7. 程序教学

【答案要点】

程序教学指通过教学机器呈现程序化教材而进行自学的一种方法。它把一门课程学习的总目标分为几个单元，再把每个单元分成许多小步子。学生在学完每一步骤的课程后，就会马上知道自己的学习结果，即能得到及时强化，然后按顺序进入下一步的学习。

8. 普雷马克原理

【答案要点】

普雷马克原理即用高频的活动作为低频活动的强化物，或者说用学生喜欢的活动去强化学生不喜欢的活动。例如："你吃完这些青菜，才可以吃鸡腿"。这一原则有时也叫做祖母的法则：首先做我要你做的事情，然后才可以做你想做的事情。

9. 发现学习

【答案要点】

发现学习是指学生在学习情境中，经过自己探索寻找，从而获得问题答案的一种学习方式，布鲁纳所说的发现不只限于寻求人类尚未知晓的事物的行为，也包括用自己的头脑亲自获取知识的一切形式。

10. 支架式教学

【答案要点】

支架式教学指教师或其他助学者和学习者共同完成某种活动，为学习者参与该活动提供外部支持，帮助他们完成独自无法完成的任务，随着活动的进行，逐渐减少外部支持，使共同活动让位于学生的独立活动。

11. 有意义学习

【答案要点】

有意义学习就是符号所代表的新知识与学习者认知结构中已有的适当观念建立非任意的和实质性的联系。有意义学习的类型包括表征学习、概念学习和命题学习。

12. 操作性条件作用

【答案要点】

操作性条件作用是由机体自身发出的，最初是自发的行为，这些行为由于受到强化而成为在特定情境中随意的或有目的的操作，机体主动地对环境产生这些操作以达到对环境的适应。

13.《教育过程》

【答案要点】

《教育过程》是布鲁纳的代表作，该书体现了美国 20 世纪 60 年代课程改革运动的核心思想——

布鲁纳的结构课程论。该书提出了"学科的基本结构",即将各学科的基本概念、原理和方法当作教学的中心,认为学习的准备主要取决于教材和呈现教材内容的方式,所有学科的基本概念都可以以某种有效的方式教给任何年龄阶段的儿童,并在课程编制上采用"螺旋形课程"。

14. 学习

【答案要点】

学习是个体在特定情境下由于练习或反复经验而产生的行为或行为潜能的比较持久的变化,具有以下几个特点:学习是由反复经验引起的;学习导致行为或行为潜能的变化且这种变化是相对持久的;行为的变化并不等同于学习的存在;学习所带来的行为变化往往要通过行为表现出来,但学习与表现不能等同;学习是一个广义概念,它不仅是人类普遍具有的,也是动物所具有的。

15. 经典性条件作用

【答案要点】

经典性条件作用是指一个新刺激替代另一个刺激与一个自发的生理或情绪反应建立联系。即一个原是中性的刺激与一个原来就能引起某种反应的刺激相结合,而使动物学会对那个中性刺激做出反应。

16. 逃避条件作用

【答案要点】

逃避条件作用是指当厌恶刺激或不愉快情境出现时,机体做出某种反应,从而逃避了厌恶刺激或不愉快情境,则该反应在以后的类似情境中发生的概率便增加。

17. 回避条件作用

【答案要点】

回避条件作用是指当预示厌恶刺激或不愉快情境即将出现的刺激信号出现时,机体自觉地做出某种反应,从而避免了厌恶刺激或不愉快情境的出现,则该反应在以后的类似情境中发生的概率也会增加。

18. 强化

【答案要点】

凡是能增强反应概率的刺激和事件都叫强化,可分为正强化和负强化。正强化是指通过呈现愉快刺激增强反应概率;负强化是指通过消除厌恶刺激来增强反应概率。

19. 惩罚

【答案要点】

惩罚是指当有机体做出某种反应以后,呈现一个厌恶刺激或不愉快刺激,降低该反应发生的概率。可分为正惩罚和负惩罚。

20. 替代强化

【答案要点】

在班杜拉提出的自我效能感理论中,班杜拉指出影响人的行为的强化有三种,其中替代性强化是指观察者因看到榜样受强化而受到的强化。

21. 认知结构

【答案要点】

认知结构就是编码系统,是"一组相互关联的、非具体性的类别",它是人用以感知外界的分类模式,是新信息借以加工的依据,也是人的推理活动的参照框架。

二、简答题

1. 举例说明负强化和惩罚的区别

【答案要点】

（1）负强化也称消极强化，指当厌恶刺激或不愉快情境出现时，若有机体做出某种反应，从而避免了厌恶刺激或不愉快情境，则该反应在以后的类似情境中发生的概率便增加了。

（2）惩罚指当有机体做出某种反应以后，若及时使之承受一个厌恶刺激，那么以后在类似情境或刺激下，该行为的发生概率就会降低甚至受到抑制。

（3）惩罚和负强化有所不同，负强化是通过厌恶刺激的排除来增加反应在将来发生的概率，而惩罚则是通过厌恶刺激的呈现来降低反应在将来发生的概率。比如批评、处分、判刑是一种惩罚，而撤销处分、减刑则是一种负强化。两者的主要区别有：

①目的不同，惩罚的目的是阻止不良行为的发生，负强化则是激励良好的行为。

②实施的方式不同，惩罚是当个体表现不良时使用，负强化是在受惩罚的个体表现好时使用。

③后果不同，惩罚的结果是不愉快的，而负强化的结果是愉快的。

2. 简述学生学习的特点

【答案要点】

（1）接受学习是学习的主要形式。学生的学习是在教师的指导下有目的、有计划、有组织、有系统进行的，是在较短时间内接受前人所积累的文化科学知识，并以此促进自己发展和完善的过程。

（2）学习过程是主动构建的过程。学生的学习必须通过一系列的主动构建活动来接受信息，形成经验结构或心理结构，这意味着学习是主动构建意义的自主活动，而不是被动地接受刺激。

（3）学习内容的间接性。在经验传递系统中，学生主要是接受前人的经验，而不是亲自去发现经验，因此，所获得的经验具有间接性。

（4）学习的连续性。学生的学习是一个连续的过程，这表现在前后学习相互关联。当前的学习与过去的学习有关，同时也将影响以后的学习。

（5）学习目标的全面性。学生的学习不但要掌握知识经验和技能，还要发展智能，以及形成行为习惯、培养道德品质、促进人格发展。

（6）学习过程的互动性。学生的学习是相互作用的过程。师与生、生与生之间的互动质量对学习质量有十分明显的影响。

3. 简述奥苏伯尔的认知同化理论

【答案要点】

奥苏伯尔的认知同化理论认为，有意义学习是通过新信息与学生认知结构中已有的有关观念相互作用而发生的，这种相互作用导致了新旧知识有意义的同化。根据新旧观念的概括水平及其联系方式的不同，奥苏伯尔提出了三种认知同化过程。

（1）影响认知同化的因素。

①固着观念。指认知结构中对新知识起固定作用的适当观念。如学生在学习了"力"的概念之后就可以更好地理解"浮力"的特征和规律。

②可辨别性。指新材料与原有观念之间区别的程度。

③清晰稳定性。认知结构中的固着观念是否清晰、稳定也影响学生能否对新旧观念作出区分。

（2）同化模式。

①下位学习。又称类属学习，是指学习者认知结构中原有的观念在包摄和概括的水平上高于新知识，在新旧知识之间构成一种类属关系。可以分为派生类属学习和相关类属学习。

②上位学习。又称总括学习，是指学习者在已形成若干观念的基础上学习包摄程度更高的知识。如学生熟悉了胡萝卜、菠菜这些概念之后再学习蔬菜这一概念。

③组合学习。又称并列学习，指新概念或新命题与认知结构中的观念既不产生下位关系又不产生上位关系时，它们之间可能存在组合关系。

4. 简述罗杰斯的学习观和教学观

【答案要点】

（1）自由学习观。

①知情统一的教学目标。教育应该要培养"躯体、心智、情感、精神、心力融汇一体"的人，即既用情感的方式也用认知的方式行事的情知合一的人，他称这种情知融为一体的人为"全人"或"功能完善者"。

②有意义学习。有意义学习是一种与个人各部分经验都融合在一起，使个人的行为、态度、个性以及在未来选择行动方针时发生重大变化的学习。它不仅仅是增长知识，更是要引起整个人的变化，对个人的生存和发展有价值。

③自由学习。罗杰斯所倡导的学习原则的核心就是让学生自由学习。自由学习就是教师要信任学生、信任学生的学习潜能，为学生提供各种学习的资源和一种促进学习的气氛，让学生自己决定如何学习，使其在交往中形成适应自己风格的、促进学习的最佳方法。

（2）学生中心的教学观。

①对传统教学方式的批判。罗杰斯对传统教育的师生关系进行了猛烈的批判，认为教师的任务是为学生提供各种学习资源和促进学习的气氛，让学生自己决定如何学习。

②促进学习的心理气氛因素：真诚一致；无条件积极关注；同理心。

③学生中心的教学观。"以学生为中心"教学模式的基本特征包括：教学过程无固定结构；教学无固定的内容；教师不做任何指导。这种模式又称为"非指导性教学"。

5. 简述加涅的学习结果分类

【答案要点】

加涅认为学习结果就是各种习得的能力或性情倾向，可以分为五种类型：

（1）言语信息的学习：指有关事物的名称、时间、地点、定义以及特征等方面的事实性信息，帮助学生解决"是什么"的问题。

（2）智力技能的学习：也叫智慧技能或心智技能，指个体习得运用符号或概念与环境交互作用的能力，主要解决"怎么做"的问题。智慧技能定向于学习者的外部环境。

（3）认知策略的学习：指个体调控自己注意、学习、记忆和思维等内部心理过程的技能。认知策略支配着在对付环境时自身的行为，即内在的东西。

（4）态度的学习：态度是影响个体行为选择的内部状态。态度的学习就是通过学习获得一种相对稳定的影响个人行为选择的内部状态的过程。

（5）动作技能的学习：指个体通过身体动作的质量不断改善而形成的整体动作模式，又称为运动技能。

6. 简述加涅信息加工理论关于学习过程的八阶段

【答案要点】

加涅将学习过程分解成八个阶段：

（1）动机阶段：学习者被告知学习目标，形成对学习结果的期望，激起学习兴趣。

（2）领会阶段：依据其动机和预期对信息进行选择，只注意那些与学习目标有关的刺激。

（3）习得阶段：对信息进行编码和储存。

（4）保持阶段：将已编码的信息存入长时记忆。

（5）回忆阶段：根据线索对信息进行检索和回忆。

（6）概括阶段：利用所学知识对知识进行概括，将知识迁移到新的情境中。

（7）操作阶段：利用所学知识，对各种形式的作业进行反应。

（8）反馈阶段：通过操作活动的结果认识到学习是否达到了预定目标，从而在内心得到强化，使学习活动告一段落。

7. 举例说明如何进行概念学习

【答案要点】

概念学习指掌握概念的一般意义，实质上是掌握同类事物共同的关键特征和本质属性。如"鸟"有"前肢为翼"和"无齿有喙"这样两个共同的关键特征，其他如体型大小、羽毛的颜色、是否能飞等均属无关特征。如果掌握了这两个关键特征，就是掌握了这个概念的一般意义，这就是概念学习，"鸟"就成了代表概念的名词。

概念学习应以符号学习为前提。符号学习的主要内容是词汇学习，即学习单个语言符号的意义。进行概念学习时，往往需要分步，一般是先达到符号学习水平，再提高至概念学习水平。

8. 试比较发现学习和接受学习的异同

【答案要点】

（1）不同点。

①教师的角色不同。发现学习中教师主要是引导者的身份；接受学习中教师是讲授者的身份。

②学习的方式不同。发现学习中学习者是通过自己的探索来获取问题的答案，强调的是直接经验的获得；接受学习中学习者通过教师的讲授来获取知识，属于间接经验的获取。

③学习内容的呈现方式不同。发现学习主要是让学生自己去发现学习内容；接受学习的学习内容则主要是以定论的形式传授给学生。

④学习的过程不同。发现学习强调归纳过程，让学生由特殊发现一般；接受学习则强调演绎的过程，让学生的理解从一般到特殊。

（2）相同点。

①都重视学生学习的主动性；②都强调新知识的学习对已有知识的依赖性；③都强调认知结构对学习新知识的重要性，以及认知结构的可变性。

三、论述题

1. 试述加涅的学习水平分类

【答案要点】

加涅根据学习的繁简水平不同，将学习分为八类：

（1）信号学习：个体学习对某种信号做出某种反应，其过程是刺激—强化—反应。

（2）刺激—反应学习：在一定情境下，个体做出反应，然后得到强化，其过程是情境—反应—强化。

（3）连锁学习：一系列刺激—反应的联合。

（4）言语联想学习：由言语单位所联结的一系列刺激—反应的联合。

（5）辨别学习：个体学会识别多种刺激的异同，并对它们做出不同的反应。

（6）概念学习：个体对刺激进行分类时，学会对一类刺激做出同样的反应。

（7）规则的学习：规则指两个或两个以上概念的联合，规则学习则是个体了解两个或两个以上概念之间的关系。

（8）解决问题的学习：个体使用所学规则解决问题。

2. 试分析建构主义学习理论的基本观点及其教育意义

【答案要点】

（1）知识观。建构主义者质疑知识的客观性和确定性，强调知识的动态性。具体体现在以下几方面：

①知识的动态性。知识不是对现实的准确表征，只是一种解释、假设，不是问题的最终答案。

②知识的情境性。知识并不能精确地概括世界的法则，不能拿来便用，而是需要针对具体情境进行再创造。

③知识学习的主动建构性。知识不可能以实体的形式存在于具体个体之外，学习者对于命题的理解只能由个体基于自己的经验背景而建构起来，取决于特定情境下的学习历程。

（2）学生观。建构主义认为，学生并不是被动接受教师传授的知识，而总是以自己的经验背景或自己的经验来建构对事物的理解。具体表现在以下几方面：

①建构主义者完全否定心灵白板说，强调学生经验世界的丰富性和差异性。

②学生并不是空着脑袋走进教室的，当问题呈现时，他们基于相关的经验，依靠推理和判断能力，形成对问题的某种解释。

③教学不能无视学生的先前经验，要把儿童现有的知识经验作为新知识的生长点，引导儿童从原有的知识经验中"生长"出新的知识经验。

④教学要增进学生之间的合作，使他看到那些与他不同的观点，促进学习的进行。

（3）学习观。建构主义认为，学习是学习者主动地赋予信息以意义，建构自己的知识经验的过程，具有三个重要特征：

①主动建构性。面对新信息、新概念、新现象或新问题，学习者需要主动激活头脑中的先前知识经验，通过高层次思维活动，对各种信息和观念进行加工转换，对新旧知识进行综合和概括，解释有关现象，形成新的假设和推论。

②社会互动性。学习是通过对某种社会文化的参与，内化相关知识和技能，掌握有关工具的过程，这一过程常常需要通过一个学习共同体的合作互动来完成。

③情境性。建构主义者提出，知识存在于具体的、情境性的、可感知的活动中，它不是一套独立于情境的知识符号，不可能脱离活动情境而抽象地存在，它只有通过实际情境中的应用活动才能真正被人理解。

（4）教学观。

①教学不再是传递客观而确定的现成知识，而是激活学生原有的相关知识经验，促进知识经验的"生长"；促进学生的知识建构活动，以实现知识经验的重新组织、转换和改造，以此来培养学生的求知欲和探究能力。

②教学要为学生创设理想的学习情境，激发学生的推理、分析、鉴别等高级的思维活动，同时给学生提供丰富的信息资源、处理信息的工具以及适当的帮助和支持，促进他们自身建构意义以及解决问题的活动。

（5）教育意义。

建构主义学习理论，拓展了学习研究的领域；深化了关于知识、学习的本质性认识；推动了认知科学、教育信息技术的发展；提供了多种具有启示意义的教学模式与学习方式，促进了教学改革与学习革命；建构主义学习理论正在改变学习的五大主题：即对记忆和知识结构的新认识，发现专家和新手在问题解决和推理等方面存在明显差异，对儿童入学前就具有的知识和技能的新认识，对元认知和自我调节能力的新认识，对文化体验与社区的新认识。

3. 论述布鲁纳的认知—发现说

【答案要点】

（1）认知学习观。

①认知表征系统：布鲁纳把智慧生长看作形成表征系统的过程，他认为人类的智慧生长经历了三种表征系统阶段：动作表征、映象表征、符号表征。

②学习的实质：学习的实质是主动形成认知结构。

③学习的过程：包括获得、转化和评价三个过程。

（2）结构教学观。

①教学的目的在于理解学科的基本结构。

②发现学习的准备性：布鲁纳认为任何一门学科最基本的观念是既简单又强有力的，他提出任何学科的基础都可以用某种适当的形式教给任何年龄的任何人，主张向儿童提供具有挑战性但又合适的机会使其发展步步向前，引导儿童智慧发展。

③培养直觉思维：布鲁纳认为直觉思维、预感的训练是正式的学术学科和日常生活中创造性思维的重要特征。

④激发内在动机：布鲁纳强调学习是一个主动的过程，主张教师要使学生主动地参加到学习中去，并且体验到有能力掌控他的外部世界，以此来激发学生的内在学习动机。

⑤学科基本结构的教学原则：动机原则、结构原则、程序原则、强化原则。

（3）发现学习。

①概念：发现学习是指学生在学习情境中，经过自己探索寻找，从而获得问题答案的一种学习方式，布鲁纳所说的发现不只限于寻求人类尚未知晓的事物的行为，也包括用自己的头脑亲自获取知识的一切形式。

②教学阶段：提出问题、做出假设、验证假设、形成结论。

4. 试论加涅提出的九大教学事件

【答案要点】

"九大教学事件"是美国教育心理学家罗伯特·加涅基于"为学习设计教学"为核心提出的一种教学方法。在研究教学过程时，将认知学习理论应用于其中，把学习条件分为内部条件和外部条件。加涅认为，教学活动是一种旨在影响学习者内部心理过程的外部刺激，因此教学程序应当与学习者的内部心理过程相吻合。据此把学习者内部的心理活动分解为如下九个阶段：

（1）唤起注意。是教学导入部分，通过使用刺激变化，在视听觉上产生共鸣，吸引学习者，让他们进入学习状态，以激发学习兴趣，引入探究的问题，接着让学生讨论并诱导学生的思考。

（2）告知学习目标。教学开始告知目标的策略，其功能是激发学习者对新知识、新技能的期望，产生学习的内部动机。在此使教学目标具体化，可以使用思维导图等教学方法让该过程更加清晰。

（3）刺激回忆先前知识。学习时，先前习得的知识如果成为学习事件的一部分，会提高学习新知识的效率，对先前习得性能的回忆，可以通过要求再认性的或者更好一些的再现性的问题引发，需要它们在新学习发生之前回忆出来。

（4）呈现刺激材料。当学习者做好准备时，教师可以向学生呈现教材，呈现方式取决于材料的内容，刺激学生明确学习内容。

（5）根据学习者特征提供学习指导。加涅主张"有指导的发现学习"，在学生学习接受新知识的过程中，教师给予必要、适当的学习方法指导。

（6）引出作业诱导反应。这项教学事件的目的是促使学习者做出反应活动，以此验证期望的学习过程是否发生，学习的结果是否达成。在学习指导的讲解过程中，可以进行诱导性提问，作为对学习者学习程度的检验；在讲解结束后，可以让学习者对所学知识点进行针对性解释、回答问题、讨论、举例或填写应用卡片检验学习成果。

（7）提供反馈。在学习者做出反应、表现出行为后，应及时让学习者知道学习结果，在许多情况下，这种反馈是自我提供的，但需要外部提供。

（8）评定学生作业成绩。对学生的作业做出评价，激活提取学生行为表现，并给予强化。评价应与学习内容紧密相关，并具有挑战性，判断学生是否已实现教学预期目标。

（9）促进知识保持与迁移。教师为迁移而提出的问题，应该在把握学生的先决能力是否具备的同时还要使这些能力提高到工作记忆中来。当促进学生能力的横向迁移时，教师应该为学习者提供应用技能的多种实例和情境。为增进记忆的策略很多，如建立知识关系网、间时复习、多样新任务、应用新情景。

加涅"九大教学事件"在教学中的应用，可以使学生在外部教学事件的影响下，起到锻炼并形成积极的自主学习思维和模式的作用。在教学中，还应根据教学情境的不同尝试和运用多种教学模式和教学方法，形成自己的教学风格，提高课堂教学效率，改变以往的教学方法，推进素质教育的改革和发展。

5. 试述社会建构主义学习理论及其应用

【答案要点】

（1）社会建构主义学习理论的内容。

社会建构主义关注学习和知识建构背后的社会文化机制，其基本观点是：学习是一个文化参与过程，学习者通过借助一定的文化支持参与某个学习共同体的实践活动来内化有关知识，掌握有关的工具。知识的建构不仅仅需要个体与物理环境的相互作用，还需要通过学习共同体的合作互动来完成。

（2）社会建构主义学习理论的应用。

①情境性教学。让学习者在一定情境的活动中完成学习的一种教学模式。具有四个基本特征：真实的任务、情境化的过程、真实的互动合作和情境化的评价方式。

②分布式认知。是指分布在个体内、个体间，以及媒介、环境、文化、社会和时间等之中而进行的认知。强调认知现象在认知主体和环境间分布的本质。以分布式认知为基础，人们提出了分布式学习的概念，分布式学习是一种教学模式，它允许指导者、学习者和学习内容分布于不同的非中心的位置，使教与学可以独立于时空而发生。强调学习是在学习共同体的个体之间分布完成的。

③认知学徒制。是指知识经验较少的学习者在专家的指导下参与某种真实的活动，从而获得与该活动有关的知识技能的教学模式。

④抛锚式教学。是指将学习活动与某种有意义的大情境挂钩，让学生在真实的问题情境中进行学习的情境性教学模式。

⑤支架式教学。指教师或其他助学者和学习者共同完成某种活动，为学习者参与该活动提供外部支持，帮助他们完成独自无法完成的任务，随着活动的进行，逐渐减少外部支持，使共同活动让位于学生的独立活动。

⑥合作学习。是指学习共同体在学习中进行沟通交流，共同完成一定的学习任务。重视教学中教师与学生以及学生与学生之间的社会性相互作用。

⑦交互式学习。是一种将传统的"以教师为中心"的教学模式转变为"以学生为主体、教师为主导"的师生之间良性互动的教学模式。"交互"是指学生之间、师生之间相互对话、相互交流，学生、教师、媒体和教材等诸多教学要素之间互动交流和传递。通过这种交互式交流来充分调动学生的学

习主动性、积极性，在情境和对话中构建知识体系，不断激发学生探究式学习方法，进而提升学生综合能力和素质，实现教学双赢的目标。

6. 试述奥苏伯尔的有意义学习理论并分析其在教学中的作用

【答案要点】

（1）有意义学习理论。

①有意义学习的实质和条件。

有意义学习的实质。有意义学习就是符号所代表的新知识与学习者认知结构中已有的适当观念建立非任意的和实质性的联系。有意义学习的类型包括表征学习、概念学习和命题学习。

非任意的联系是指新知识与认知结构中有关观念存在某种合理的或逻辑上的联系。

实质性的联系是指新的符号或观念与学习者认知结构中已有的表象、已经有意义的符号、概念或命题的联系，是一种非字面的联系。

②有意义学习的条件。

有意义学习的材料必须具有逻辑意义，这种逻辑意义指的是材料本身在人的学习能力范围内而且与有关观念能够建立非任意的和实质性的联系。

学习者必须具有有意义学习的心向，也就是积极主动地把新知识与认知结构中原有的适当知识加以联系的倾向。

学习者认知结构中必须具有适当的知识，以便与新知识进行联系。

学习者必须积极主动地使这种具有潜在意义的新知识与他认知结构中有关的原有知识发生相互作用，导致原有知识得到改造，新知识获得实际意义，即心理意义。

（2）在教学中的作用。

①在安排学习内容时，要注意渐进性。在低年级的教学中，要先传授给学生一些具体的材料，以便学生掌握；在高年级的教学中，要尽可能先传授学科中具有最大包摄性、概括性和最有说服力的概念与原理，以便学生能对学习内容加以组织与综合。在高年级教学中，为了使学生有效地进行有意义的学习，教学过程中应该遵循逐渐分化和整合协调的教学原则。

②讲解式教学。讲解式教学在实际教学进程中可以分为两个阶段。

第一阶段，提供先行组织者。教师有必要在讲授新的学习内容之前向学习者提供"先行组织者"。提供先行组织者的方式可以灵活多样，比如上新课之前先作口头的介绍，概括前后学习内容的异同或联系，也可以详细讲解一个作为先行组织者的一般性的原理或概念，再转入新知识的学习中。合理地使用先行组织者不仅可以促进知识的学习，也有利于知识的保持。

第二阶段，呈现学习材料。教师呈现教材的方式，可以以讲解为主，讨论电影、电视为辅，无论采取何种形式，教师必须随时引导学生注意，而在讲解时用语要清楚准确，不至使学生难懂、误解或产生歧义。教师在讲解教材时，宜遵循两个原则，分别是逐渐分化和整合协调。

四、材料分析题

1. 结合材料，试分析该学生的做法体现了哪种行为主义理论，并谈谈该理论在中小学教育教学中的应用

【答案要点】

材料中该学生的做法体现了班杜拉的观察学习理论。

（1）观察学习理论。

观察学习是一种间接学习的形式，人类的大多数行为是通过观察而习得的，人们通过观察他人的行为及其后果，可获得榜样行为的符号表征和经验教训，并可引导观察者今后的行为。其基本过程如下：

①注意过程。注意过程影响观察者对榜样行为的探索和知觉过程，决定观察者的观察内容。影响注意过程的因素有：榜样行为的特性、榜样的特征和观察者的特征。

②保持过程。保持过程使观察者将示范行为以某种形式储存在头脑中以便今后可以指导操作。示范信息的保持主要依赖两种符号系统——表象系统和言语系统。影响保持过程的因素有：注意过程的效果、榜样呈现的方式和次数以及观察者自身记忆能力、动机等。

③复制过程。观察者以内部表征为指导，将榜样行为再现出来。影响复制过程的因素有：观察的有效性、从属反应的有效性、反馈的及时性和准确性以及自我效能感。

④动机过程。动机过程决定个体复现榜样行为的具体内容，换言之，决定哪一种经由观察习得的行为得以表现。动机过程存在着三种强化：一是直接强化，指在模仿行为之后直接给出的强化，为学习者提供信息和诱因；二是替代性强化，指观察者因看到榜样受强化而受到的强化；三是自我强化，指观察者依照自己的标准对行为作出判断后而进行的强化。

（2）观察学习理论的教育应用。

班杜拉的学习理论揭示了人类一种极为普遍的学习形式。不论是在行为习惯和道德品质的形成方面还是在语言知识及人际交往技能的学习方面，都有很重要的参考价值。对于中小学学校教育而言，突出表现在以下三个方面：

①教授新行为、技能、态度和情感。教师需要将所期望的行为、技能、态度和情感以明确外显的方式示范出来，并对学生的模仿予以强化。同时，教师也要注意发挥自身的榜样作用，用自身对世界的好奇心、对本学科的热爱以及对学习的热情等感染学生。

②监控学生习得行为的表现。教师需要在创造榜样的同时，对良好的行为给予及时的表扬和鼓励，对错误的行为则给予批评和教育。

③对学生道德行为的养成具有现实指导意义。在该理论的基础上创建的认知行为矫正法在心理咨询和心理治疗中也得到广泛应用。

第四章 学习动机

一、名词解释

1. 学习动机
2. 成就动机
3. 自我效能感
4. 附属内驱力
5. 耶克斯—多德森定律
6. 习得性无助
7. 学习兴趣
8. 期望—价值理论
9. 自我提高内驱力
10. 认知内驱力

二、简答题

1. 简述动机在学习活动中的作用
2. 简述学习动机和学习效果的关系
3. 简述自我效能感的内涵与基本功能
4. 简述阿特金森的成就动机理论
5. 简要介绍几种主要的动机理论
6. 影响学习动机的因素
7. 学习动机的分类

三、论述题

1. 论述学习动机的培养与激发

四、材料分析题

1. **材料**：一次考试成绩下发后，学生们开始纷纷议论各自的成绩。小郭说："考得很糟糕，我不是学这个的料，我从来都不擅长写老师所要求的这些。我根本学不好。"小杨说："我也没考好，不过我早有预料，因为我这段时间学得太不用功了。不过我可不想这样的事情下次再发生。"小蓉说："我运气不好，居然只得了B，老师肯定没有认真看我写得东西。"

用韦纳的归因理论分析材料中同学们的行为表现，并谈谈教师应当如何教育学生进行正确归因？

2. **材料**：王老师是一份非常认真负责的青年教师。他认为学生要想成材，必须按照老师的要求去做,只有这样学生才能养成良好的学习习惯。在对待家庭作业的问题上,他要求学生必须按时完成作业,不能拖拉,否则就会采取相应措施惩罚学生。比如,在一次检查作业时,他发现小刚没有完成作业,于是,他命令小刚中午不能吃饭,必须先补作业。由于作业较多,小刚中午没有吃上饭,只能在饥饿状态下继续下午的学习。王老师认为这种做法非常有效,因为实施这些方法后,学生不完成作业的现象大大减少了。

王老师的做法是否正确?请运用需要层次理论对王老师的做法进行分析

参考答案

一、名词解释

1. 学习动机

【答案要点】

学习动机是动机在学习活动中的表现,是引起和维持个体进行学习活动,并使活动朝向一定的学习目标,以满足某种学习需要的一种内部心理状态。它的主要内容包括知识价值观、学习兴趣、学习效能感和成败归因。

2. 成就动机

【答案要点】

成就动机是指一种努力克服障碍、施展才能、力求又快又好地解决某一问题的愿望或趋势。它在人的成就需要的基础上产生的,是激励个体从事自己认为重要或有价值的工作,并力求获得成功的一种内在驱动力。

3. 自我效能感

【答案要点】

自我效能感由班杜拉提出,是指个体对自己能否成功进行某一成就行为的主观判断。它影响着个体对行为的选择,付出多大努力以及坚持多久。

4. 附属内驱力

【答案要点】

奥苏伯尔根据对学业成就的影响,将学习动机划分为划分认知内驱力、附属内驱力和自我提高内驱力。附属内驱力是个体为了保持长者们的赞许或认可而表现出来的把工作做好的一种需要。

5. 耶克斯—多德森定律

【答案要点】

耶克斯—多德森定律讨论了学习动机与学习效果的关系,提出学习效率随学习动机强度的增加而提高,直至达到最佳水平,之后则随学习动机强度的进一步增加而下降,而动机强度的最佳点因人而异。

6. 习得性无助

【答案要点】

由美国心理学家塞利格曼提出。将失败归因于内部、稳定、不可控的因素时最消极,会产生习得性无助感,使人动机水平降低,并产生认知障碍、情绪失调。习得性无助的个体经历了某种学习后，在情感、认知和行为上表现出消极的特殊的心理状态。习得性无助的学生形成了自我无能的策略，最终导致他们努力避免失败。

7. 学习兴趣

【答案要点】

学习兴趣是个体的一种带有积极色彩的认识倾向，它是以认识和探索某种事物的需要为基础，推动个体去认识事物、探求真理的一种内部动力，是学生学习中最活跃的动力因素。

8. 期望—价值理论

【答案要点】

阿特金森在前人的基础上提出了期望—价值理论，他认为人们在追求成就时存在两种倾向：一种是力求成功的倾向；另一种是避免失败的倾向。一个人的成就行为体现了这两种倾向的冲突。根据两类倾向在个体的动机系统中所占的强度，可以将个体分为力求成功者和避免失败者。力求成功者倾向于选择难度适中的任务，通过完成具有挑战性的任务提高其自尊心和获得心理上的满足；而避免失败者倾向于选择最易或最难的任务，即便失败也能找到借口以减少失败感。

9. 自我提高内驱力

【答案要点】

自我提高内驱力是个体因自己的胜任能力或工作能力而赢得相应地位的需要。它不直接指向学习任务本身，而是将成就看作赢得地位与自尊心的根源，是一种外部动机。

10. 认知内驱力

【答案要点】

认知内驱力是个体了解、理解和掌握知识，以及系统地阐述问题并解决问题的需要。是一种最重要和最稳定的动机。它指向学习任务本身，满足这种动机的奖励是由学习本身提供的，因而是一种内部动机。

二、简答题

1. 简述动机在学习活动中的作用

【答案要点】

（1）引发作用。当学生对某些知识或技能产生迫切的学习需要时，就会引发学习内驱力，唤起内部的激动状态，产生焦急、渴求等心理体验，并最终激起一定的学习行为。

（2）定向作用。学习动机以学习需要和学习期待为出发点，使学生的学习行为在初始状态时就指向一定的学习目标，并推动学生为达到这一目标而努力学习。

（3）维持作用。学习动机的维持作用表现为学生在某项学习上的坚持时间、出现频次以及投入状态。

（4）调节作用。学习动机调节学习行为的强度、时间和方向。如果行为活动未达到既定目标，动机还将驱使学生转换行为活动方向以达到既定目标。

2. 简述学习动机和学习效果的关系

【答案要点】

（1）动机具有加强学习的作用，高动机水平的学生其成就水平也高；反之，高成就水平也能导致高的动机水平。但是学习效率与学习动机强度并不完全成正比。过于强烈的学习动机往往使学生处于一种紧张的情绪状态中，注意和知觉范围变得狭窄，由此限制了学生正常的智力活动，降低了学习效率。

（2）耶克斯—多德森定律。

①学习效率随学习动机强度的增加而提高，直至达到最佳水平，之后则随学习动机强度的进一步增加而下降。

②学习动机强度与学习效果之间的这种关系因学习者的个性、课题性质、课题材料难易程度等因素而异，动机强度的最佳水平会随学习活动的难易程度而有所变化。一般来说，从事比较容易的学习活动，动机强度的最佳水平点会高一些，而从事比较困难的学习活动，动机强度的最佳水平会低一些。

③动机强度的最佳点因人而异，进行同样难度的学习活动对有的学生来说动机强度的最佳水平点高一些更为有利，但对于另一些学生来说则相反。

3. 简述自我效能感的内涵与基本功能

【答案要点】

自我效能感由班杜拉提出，是指个体对自己能否成功进行某一成就行为的主观判断。它影响着个体对行为的选择，付出多大努力以及坚持多久。

自我效能感的功能：

（1）影响对活动的选择和坚持。人倾向于选择并做完自认为能胜任的工作，而回避自认为不能胜任的任务。

（2）影响在困难面前的态度。自我效能感高者有信心克服困难，更加努力，低者则信心不足，甚至放弃努力。

（3）影响新行为的获得和习得行为的表现。自我效能感高者表现自如，低者则畏手畏脚。

（4）影响活动时的情绪。自我效能感高者能够承受压力，情绪饱满，轻松；低者则感到紧张、焦虑。

4. 简述阿特金森的成就动机理论

【答案要点】

（1）含义。成就动机是指一种努力克服障碍、施展才能、力求又快又好地解决某一问题的愿望或趋势。它是在人的成就需要的基础上产生的，是激励个体从事自己认为重要或有价值的工作，并力求获得成功的一种内在驱动力。

（2）理论内容。阿特金森在此基础上提出了期望—价值理论，也叫成就动机理论，认为人们在追求成就时存在两种倾向：一种是力求成功的动机，另一种是避免失败的动机。根据这两类动机在个体的动机系统中所占的强度，可以将个体分为力求成功者和避免失败者。力求成功者的目的是获取成功，因而倾向于选择难度适中的任务，通过完成具有挑战性的任务提高其自尊心和获得心理上的满足；而避免失败者倾向于选择最易或最难的任务，即便失败也能找到借口以减少失败感。

（3）教学应用。在实际教学过程中应注意的是，虽然成就动机对学习具有重要影响，但也不能片面地只讲个人的成就和个人的自我提高。教师必须引导学生认识学习的社会价值，把追求个人成就和追求社会进步结合起来，并使个人成就服从于整个社会进步的需要。

5. 简要介绍几种主要的动机理论

【答案要点】

（1）强化理论。以桑代克、斯金纳为代表的行为主义心理学家不仅用强化来解释操作性行为的习得，也用强化来解释行为的动机，认为人之所以具有某种行为倾向，是因为这种行为受到了强化。

（2）需要层次理论。人本主义心理学家马斯洛认为，个体的任何行为动机都是在需要发生的基础上被激发起来的。他把动机看作需要，认为动机是由多种不同性质的需要组成，各种需要之间又有先后顺序和高低层次之分，提出了动机的需要层次理论。他认为人有七种需要：生理需要、安全需要、归属与爱的需要、尊重的需要、求知与理论的需要、审美的需要、自我实现的需要。

（3）期望—价值理论。阿特金森在前人的基础上提出了期望—价值理论，他认为人们在追求成就时存在两种倾向：一种是力求成功的倾向；另一种是避免失败的倾向。一个人的成就行为体现了这两种倾向的冲突。

（4）成败归因理论。韦纳对行为结果的归因进行了系统探讨，发现人们倾向于将活动成败的原因归结为六个因素：即能力高低、努力程度、任务难易、运气好坏、身心状态、外界环境等。这六个因素可归为三个维度，即内部归因和外部归因、稳定性归因和非稳定性归因、可控制归因和不可控归因。

（5）自我效能感理论。班杜拉指出，人的行为受行为结果的影响，但行为的出现不是由于随后的强化，而是由于人认识了强化与行为之间的依赖关系后建立了对下一步强化的期望。他将期望分为两种：结果期望和效能期望。

（6）自我价值理论。该理论认为，接纳自我是人的最优先追求，而接纳自我的前提是自我价值，自我价值则通常建基于在竞争中取得成功的能力。一旦自我价值受到威胁，人将竭力予以维护和防御，以建立正面的自我形象，从而接纳自我。自我价值理论将学生组合出四种类型，分别对应建立自我价值的4种动机倾向。

6. 影响学习动机的因素

【答案要点】

（1）内部因素。

①需要与目标结构。每个学生认知需要的强度不同，反映在学习动机上也有强度差异。学生的学习目标可分为两类，即掌握目标和成绩目标。掌握目标定向者倾向于把学习的成败归因于内部原因，成绩目标定向者倾向于把学习的成败归因于运气、能力和任务难度等外部原因。

②成熟与年龄特点。年幼儿童的动机主要是生理性动机，随着年龄的增长，社会性动机及其作用也日益增长。年幼儿童对生理安全过分关注，而中学生对社会影响比较关注。

③性格特征与个别差异。学生的兴趣爱好、好奇心、意志品质都影响着学习动机的形成。

④志向水平与价值观。学生的人生观、世界观、价值观所直接反映的理想情况或志向水平影响其学习动机和目标结构的形成。

⑤焦虑程度。焦虑程度会影响学习动机和学业成绩。大量研究表明，中等程度的焦虑对学习是有益的，焦虑程度过低或过高都会对学习产生不良影响。

（2）外部因素。

①家庭环境与社会舆论。社会要求通过家庭对学生的动机起影响作用；在学生动机形成过程中，家庭文化背景、精神面貌也起着极其重要的作用。

②教师的榜样作用。教师是学生学习动机的榜样；教师的期望也会对学生的动机和行为产生不同的影响；教师还是沟通社会、学校的要求与学生的成长，形成正确动机的纽带，要善于把各种外部因素与学生的内部因素结合起来。

7. 学习动机的分类

【答案要点】

（1）按学习动机的动力源划分。①内动机，是指对学习本身的兴趣所引起的动机；②外部动机，是指由外部诱因引起的动机。

（2）奥苏伯尔根据对学业成就的影响划分。

①认知内驱力，是个体了解、理解和掌握知识，以及系统地阐述问题并解决问题的需要。

②附属内驱力，是个体为了保持长者们的赞许或认可而表现出来的把工作做好的一种需要。

③自我提高内驱力，是个体因自己的胜任能力或工作能力而赢得相应地位的需要。

（3）个人动机与情境动机。①个人动机，是与个体自身的需求、信念与价值观以及性格特征密切相关的动机；②情境动机，是与情境因素密切相关的动机。

（4）根据学习动机起作用的时间长短划分。

①近景的直接性的学习动机，是与学习活动直接相连的动机，来源于对学习内容和学习结果的兴趣，其作用效果比较明显，但稳定性差，容易受到环境或一些偶然因素的影响。

②远景的间接性的学习动机，是与学习的社会意义和个人前途相连的动机，其作用较为稳定而持久。如为振兴中华而读书。

（5）按学习动机作用的大小划分。①主导性动机，是在一定时期或某个特定活动上起支配作用，发挥主导作用的动机；②辅助性动机，是在某一具体学习活动中表现出来的动机。

三、论述题

1. 论述学习动机的培养与激发

【答案要点】

（1）创设问题情境，实施启发式教学。

想要实施启发式教学，关键在于创设问题情境。所谓问题情境，指的是一种适度的疑难情境。在学习过程中，仅仅让学生简单地重复已经学过或者过难的东西，学生都不会感兴趣。只有在学习那些"似懂非懂""似会非会"的东西时，学生才感兴趣而迫切希望掌握它。

（2）根据作业难度，恰当控制动机水平。

教师在教学时，要根据学习任务的不同难度，恰当控制学生学习的动机水平。在学习较简单的课题时，应尽量使学生集中注意力；在学习较复杂的课题时，则应尽量创造轻松自由的课堂气氛。在学生遇到困难或出现问题，要尽量心平气和地耐心引导，以免学生过度紧张和焦虑。

（3）充分利用反馈信息，给予恰当的评定。

心理学研究表明，来自学习结果的种种反馈信息，对学习效果有明显影响。一方面学习者可以根据反馈信息调整学习活动，改进学习策略，另一方面学习者为了取得更好的成绩或避免再犯错误而增加了学习动机，从而保持了学习的主动性和积极性。

（4）妥善进行奖惩，维护内部学习动机。

在对学生进行评价时，奖励和惩罚对于学习动机的激发具有不同的作用。一般而言，表扬与奖励比批评与指责能更有效地激发学生的学习动机，因为前者能使学生获得成就感，增强自信心。但过多使用表扬和奖励，或者使用不当，也会产生消极作用。

（5）合理设置课堂环境，妥善处理竞争和合作。

学生的学习主要是在课堂上进行的，课堂的合作与竞争环境无疑是影响学习动机的一个重要的外部因素。在教学活动中，合作与竞争都是必要的，应该强调竞争与合作的相互补充和合理运用。极端的竞争会对学生的学习行为和集体团结产生消极影响。适量与适度的竞争与合作的恰当结合，会有效激励学生的学习动机。

（6）适当进行归因训练，促使学生继续努力。

在学生完成某一学习任务后，教师应指导学生进行成败归因。一方面，要引导学生找出成功或失败的真正原因，即进行正确归因；另一方面，教师也应根据每个学生过去一贯的成绩的优劣差异，从有利于今后学习的角度进行积极归因。

（7）培养自我效能感，增强学生成功的自信心。

自我效能感影响学生的自我评价和自信心，进而影响学习成绩。尤其是学业不良的学生，由于对自己的学习能力持怀疑态度，表现出很低的自我效能感。因此，教师在教学中要通过一定的方法改变和提高他们的自我效能感。提高自我效能感具体措施如下：

①选择难易适中的任务，让学生不断地获得成功体验，进而提高自我效能感。

②通过获得替代性经验和强化来提高他们的自我效能感。当一个人看到与自己水平接近的学生学习成功时，就会增强他的自我效能感，激发其学习动机。

③引导学生坦然面对失败，从失败中找出可以改进的因素，进而提高自己的学习技能，增强获得成功的自信。

（8）维护学生自我价值，警惕自我妨碍策略。

自我价值理论指出，学生有保护和表现自我价值的需要，这是个人追求成功的内在动力。教师要理解和尊重学生的这种需要，引导他们把自我价值的实现方式与正向、积极的学习行为相联系，避免学生不断从环境中体验到对自我价值的威胁感，从而采取各种自我妨碍的逃避政策。

（9）维护内在需要，促进外部动机内化。

兴趣、好奇心、探索欲，是人类学习的最早动力。源于内部需要的学习动机具有更多的坚持性和抗干扰性。然而，不是每个孩子都对教育中涉及的所有内容充满好奇和兴趣。因此，教师要帮助学生将外部调控的学习动机不断内化，形成相对自主调控的学习动机。

四、材料分析题

1. 用韦纳的归因理论分析材料中同学们的行为表现，并谈谈教师应当如何教育学生进行正确归因？

【答案要点】

根据归因理论，韦纳对行为结果的归因进行了系统探讨，发现人们倾向于将活动成败的原因归结为六个因素：即能力高低、努力程度、任务难易、运气好坏、身心状态、外界环境等。这六个因素可归为三个维度，即内部归因和外部归因、稳定性归因和非稳定性归因、可控制归因和不可控归因。上述材料中，小郭将考试失败归因于自身能力不足，小杨将其归因于努力不足，而小蓉归因于运气。

（1）归因对学习动机的影响。

①当个体将成功归因于能力和努力等内部因素时，会产生骄傲、自豪感，增强自信心和动机水平。

②将成功归因于任务容易、运气好、别人帮助等外部原因时，则满意感较少。当个体将失败归因于能力弱、不努力等内部原因时，会产生愧疚感；将失败归因于任务太难、运气不好或教师评分不公正等外部原因时，则较少产生愧疚感。

③归因于努力相比于归因于能力，无论成败都会引发更强烈的情绪体验。努力而成功体验到愉快；不努力而失败体验到羞愧；努力而失败也应受到鼓励。

（2）教师引导学生正确归因的方法。

①教师要引导学生积极归因。学生的自我归因倾向有积极与消极之分。将成败归因于自己责任的学生是较为积极的。将成败归因于自己能力不足或其他外在因素的是较为消极的。长期消极归因不利于学生个性成长。教师要引导学生多进行积极归因。

②教师的积极反馈。师生交互过程中，学生对自己成败的归因也受到教师对他的成绩表现所作反馈的影响。对某些缺乏信心、个性较依赖的学生来说，教师要在反馈中给予他鼓励和支持。

2. 王老师的做法是否正确？请运用需要层次理论对王老师的做法进行分析

【答案要点】

王老师的做法不正确，难以取得良好的教育成效。

根据马斯洛的需要层次理论，人有7种基本需要，分别为：

（1）生理需要：维持生存和延续种族的需要。

（2）安全需要：受保护与免遭威胁、获得安全感的需要。

（3）归属与爱的需要：被人接纳、爱护、关注、鼓励、支持的需要。

（4）尊重的需要：希望被人认可、关爱、赞许等维护个人自尊心的需要。

（5）求知与理解的需要：个体对不理解的东西寻求理解的需要，学习动机来源于这种需要。

（6）审美的需要：欣赏、享受美好事物的需要。

（7）自我实现的需要：在精神上臻于真、善、美合一的至高人生境界的需要，即个人理想全部实现的需要。

马斯洛认为各种需要之间不但有高低之分，而且有先后顺序，低一层次需要获得满足或部分满足之后，高一层次需要才会产生。他将七种需要分为两类：缺失需要和成长需要。缺失需要，是我们生存所必需的，对生理和心理的健康是很重要的，必须得到一定程度的满足，一旦得到了满足，由它们产生的动机就会消失。成长需要，不是生存所必需，但对于适应社会有很重要的积极意义，很少能得到完全满足。二者相互制约、相互影响。一方面，缺失需要是成长需要的基础，缺失需要若未能得到满足，成长需要就不会产生。另一方面，成长需要对缺失需要起引导作用，尤其是自我实现的需要对其他各层需要都有潜在影响力。

材料中，王老师责罚未完成作业的学生，没有做到关爱学生，忽视了学生归属与爱的需要。王老师不让小刚吃饭使其忍受饥饿，使得小刚的生理需要没有得到满足。在学校中，学习属于一种认知的需要，学生归属与爱的需要和生理需要这两种低级需要得不到满足，因而也难以追求认知的需要这种高级需要，所以在得不到教师关爱、忍受饥饿的情况下，学生很难继续有效地学习。虽然材料中，学生不完成作业的现象大大减少，但是学生并不是真正地热爱学习，学生完成作业只不过是为了逃避惩罚而已。因此，王老师的做法并不能真正促使学生积极主动地学习。

家长和教师应注重为学生创设良好的成长环境，学生只有在各种缺失性需要都获得满足后才会不断成长，达到自我实现的理想境界。在现实的学校生活中，学生最主要的缺失性需要往往是爱和自尊，只有民主、公正、理解、爱护、尊重学生的教师才有可能使学生产生学习的热情、克服困难的意志和创造的欲望。

第五章 知识的学习

一、名词解释

1. 知识
2. 陈述性知识
3. 结构不良领域知识
4. 知识表征
5. 产生式
6. 知识理解
7. 记忆
8. 瞬时记忆
9. 艾宾浩斯遗忘曲线
10. 知识应用
11. 知识迁移
12. 正迁移
13. 特殊迁移
14. 三维迁移模型
15. 错误概念
16. 程序性知识
17. 遗忘
18. 形式训练说

二、简答题

1. 简述陈述性知识获得的机制
2. 简述程序性知识的教学策略
3. 简述陈述性知识和程序性知识的学习过程
4. 简述冯忠良关于知识理解的三阶段论
5. 简述任意三种关于遗忘原因的理论
6. 简述影响迁移的因素
7. 简述变式练习及其在技能形成过程中的作用

三、论述题

1. 试论述影响知识理解的因素
2. 论述三种学习迁移的理论

3. 如何在教学中促进知识迁移？

四、材料分析题

1. 材料：小明上课时认真听讲，课后也按时完成作业。但每次作业一做完，小明就去做其他的事情了，比如看动画片、打篮球等。没有花时间复习功课，每次都是到期末考试的前两天才开始复习，所以考试成绩都不是特别理想，他十分烦恼。

试用艾宾浩斯遗忘规律分析小明考试成绩不理想的原因，并用遗忘规律给出有效的复习对策

一、名词解释

1. 知识

【答案要点】

知识是人对事物属性与联系的能动反映，是通过人与客观事物的相互作用形成的。人在与外界相互作用的实践活动中，获得来自客体的各种信息，用一定方式对这些信息进行加工和组织，形成对事物的理解，从而形成知识。

2. 陈述性知识

【答案要点】

从信息加工的角度，可以将知识分为陈述性知识和程序性知识。陈述性知识是关于"是什么"的知识，是对事实、定义、规则和原理等的描述。陈述性知识容易被人意识到，并且人能够明确地用词汇或者其他符号将其系统地表述出来。

3. 结构不良领域知识

【答案要点】

从知识应用的复杂多变程度，可以将知识分为结构良好领域知识和结构不良领域知识。结构不良领域知识指生活中比较复杂的知识，不是简单回答就能理解解决的知识。

4. 知识表征

【答案要点】

知识表征是指知识在头脑中的表现形式和组织结构。知识是通过个体与信息，甚至是整个情境相互作用而获得的，个体一旦获得知识就会在头脑中用某种形式和方式来代表其意义，把它储存起来。陈述性知识的表征方式有概念、命题和命题网络、表象等，程序性知识主要以产生式为表征。

5. 产生式

【答案要点】

产生式是程序性知识的表征方式，现代认知心理学运用产生式理论来解释程序性知识获得的心理机制。产生式由条件和行动两部分组成，基本原则是"如果条件为X，那么实施行动Y"，即当一个产生式的条件得到满足，则执行该产生式规定的某个行动。

6. 知识理解

【答案要点】

知识理解主要指学生运用已有的经验、知识去认识事物的种种联系、关系，直至认识其本质、

规律的一种逐步深入的思维活动。它是学生掌握知识过程的中心环节。

7. 记忆

【答案要点】

记忆是个体通过对知识的识记、保持、再现等方式，在头脑中积累和保存个体经验的心理过程。从信息加工阶段的观点来看，记忆相应的是指人脑对外界输入的信息进行编码、存储和提取的过程。

8. 瞬时记忆

【答案要点】

根据记忆的结构，可以将记忆分为瞬时记忆、短时记忆和长时记忆。瞬时记忆也叫感觉记忆，指感觉刺激停止之后所保持的瞬间映象。它不做任何形式的加工，且保持的时间很短。

9. 艾宾浩斯遗忘曲线

【答案要点】

艾宾浩斯通过实验发现了遗忘的规律，并提出遗忘曲线：遗忘在学习之后立即开始，而且遗忘的进程是最初很快，以后逐渐缓慢，过了相当时间后，几乎不再遗忘。

10. 知识应用

【答案要点】

知识应用是指运用所获得的知识去解决同类或类似课题的过程。其形式可分为课堂应用和实际应用，包括审题、联想、课题类化、检验四个环节。

11. 知识迁移

【答案要点】

知识迁移即学习迁移，是指已获得的知识、技能、态度或理解对新知识、新技能或态度的形成的影响。

12. 正迁移

【答案要点】

正迁移是指一种学习对另一种学习的积极影响。例如，平面几何的学习促进立体几何的学习。正迁移表现在个体对于新学习或解决某一问题具有积极的心理准备状态，从事某一活动所需的时间或练习次数减少，学习效率提高。

13. 特殊迁移

【答案要点】

按迁移的方式和范围，可以将迁移分为特殊迁移和非特殊迁移。特殊迁移指某一领域或课题的学习直接对学习另一领域或课题所产生的影响。

14. 三维迁移模型

【答案要点】

三维迁移模型由奥斯古德提出，是一种知识迁移的理论，又称迁移逆向曲面模型。这一模型表明了迁移与两个学习情境的刺激或学习材料的相似程度和反应的相似程度的关系。

15. 错误概念

【答案要点】

错误概念或称为另类概念，指学习者持有的与当前科学理论对事物的理解相违背的概念。从性质上看，错误概念不单是由理解偏差或遗忘造成的错误，它们常常与学习者的日常直觉经验联系在一起，植根于一个与科学理论不相容的概念体系。

16. 程序性知识

【答案要点】

程序性知识是关于"怎么做"的知识，如怎样进行推理、决策或者解决某类问题等。程序性知识是与一定的问题相联系的，在一定的问题情境面前，它会被激活，而后被执行，程序性知识一旦被掌握，反而无法用语言描述出来。

17. 遗忘

【答案要点】

遗忘是信息储存的动态变化，这种变化有三种情形：保持量的减少、保持量的增加和记忆内容的变化。保持在头脑中的图形不是原封不动和模糊化的，而是进一步被加工并发生变化，故事逐渐被缩短和省略，变得更有连贯性、合理化、符合习惯与价值观。

18. 形式训练说

【答案要点】

形式训练说是关于知识迁移的理论，其主张迁移要经过一个"形式训练"的过程才能产生，认为迁移是无条件自动发生的。通过一定的训练，心智的各种官能可以得到发展，从而转移到其他学习上去。

二、简答题

1. 简述陈述性知识获得的机制

【答案要点】

陈述性知识是关于"是什么"的知识，是对事实、定义、规则和原理等的描述。容易被人意识到，并且人能够明确地用词汇或者其他符号将其系统地表述出来。陈述性知识获得的心理机制是同化，同化是指学习者接纳、吸收和合并知识并将其转化为自身认知结构的一部分的过程。

（1）最早把"同化"一词运用于心理学的是赫尔巴特，他用同化的概念来解释知识的学习，认为学习过程是新观念进入原有观念团内，使原有观念得到丰富和发展，从而吸收新观念的统觉过程，即新旧观念的同化过程。

（2）皮亚杰发展了赫尔巴特的同化思想，认为儿童已掌握的知识经验是学习新知识的基础和关键，通过同化和顺应两种方式把新旧知识联系起来。

（3）奥苏伯尔进一步继承和发展了皮亚杰的认知同化论思想。他认为，同化是一个使知识从一般到个别、由上位到下位逐渐分化和横向联系的相互作用的过程。它不仅是知识的量变过程，也是知识的质变过程。

2. 简述程序性知识的教学策略

【答案要点】

（1）课题选择与设计策略。在教学过程中，教师根据程序性知识的不同特点，为学生选择和设计学习课题来促进程序性知识的理解和获得，是教师指导作用的一个重要方面。

（2）示范与讲解策略。示范的有效性首先取决于示范者的身份，其次示范的准确性是影响操作技能学习的直接决定因素。此外，在教学过程中通过讲解，可以突出动作要领，提高学生对动作的认识水平。

（3）变式练习与比较策略。在教学中，教师精心设计的变式练习，对于避免大量的重复练习，消除题海战术，减轻学生的学业负担，提高学生对实际问题的解决能力有重要的意义。比较是指在呈现例证或感性材料时，与正例相匹配呈现一些学生容易混淆的典型反例，以促进分化的顺利实现，并提高其准确性。

（4）练习与反馈策略。采用何种练习方式直接影响着程序性知识的学习。从练习时间安排来看，练习的方式有集中练习和分散练习；从是否把动作步骤加以分解进行练习来看，有整体练习和部分练习。此外，给学习者提供适当的反馈信息也是提高练习效果的有效方法，通过反馈，学生能辨别动作的正误，知晓自己动作是否达到要求。

（5）条件化策略。要使所学知识在需要时能迅速、顺利、准确地提取和执行，就必须使所学的知识在头脑中建立一个"触发条件"，使之随时处于良好的备用状态。教师应注意经常提醒和帮助学生进行这种将知识"条件化"的工作，即明确程序性知识的条件项。

（6）分解性策略。在程序性知识的教学中，教师还应注意将完成某类程序操作的完整过程分解为几个阶段，总结每个阶段上的最佳运算方式和可能的运算方式，同时对学生进行训练，使之掌握这些运算方式，再将它们连贯起来。

3. 简述陈述性知识和程序性知识的学习过程

【答案要点】

（1）陈述性知识的学习要经历理解符号代表的意义，建立符号与事物之间的等值关系，对事实进行归类，掌握同类事物的关键特征，理解概念、事实之间的关系等一系列步骤。需要的是理解和记忆。

（2）程序性知识的学习在此基础上还包括两个相互联系的地方：①模式识别，即将输入的刺激信息与长时记忆中有关的信息进行匹配，从而辨认出该刺激属于什么范畴的过程。②动作序列，指顺利执行、完成一项活动的一系列操作序列。

（3）陈述性知识和程序性知识在实际的学习与问题解决活动中是相互联系的。在实际活动中，陈述性知识常常可以为执行某个实际操作程序提供必要的信息。在学习中，陈述性知识常常是学习程序性知识的基础。反过来，程序性知识的掌握也会促进陈述性知识的深化。

4. 简述冯忠良关于知识理解的三阶段论

【答案要点】

结合我国教学的实际，冯忠良提出了知识掌握的领会、巩固、应用三阶段理论。

冯忠良认为，要掌握知识，首先应领会知识，然后应在头脑中将领会的知识加以巩固，从而在实践中去应用这类知识，以便得到进一步的检验和充实。领会、巩固、应用是知识掌握中的三个基本环节。知识的领会是通过对教材的直观和概括来实现的，知识的巩固是通过教材的识记与保持来实现的，而知识的应用则是通过具体化的过程来完成。

5. 简述任意三种关于遗忘原因的理论

【答案要点】

（1）记忆痕迹衰退说。完形心理学家提出人们在学习时神经活动引起大脑产生某种变化，并留下各种记忆痕迹，这些记忆痕迹会随着时间的推移而逐渐衰退，只有通过不断的练习，这种学习所留下的记忆痕迹才能继续保持。

（2）材料间的干扰说。这一理论认为，遗忘的发生是由于人们在一种学习之后又去从事其他的学习任务，人们在某时期所学习的材料或获得的信息之间会发生相互影响。正是这种影响造成了遗忘的发生。

（3）知识同化说。也称遗忘同化学说。奥苏伯尔认为遗忘是知识的组织和认知结构简化的过程。在有意义学习中，新旧知识之间通过相互作用建立起非人为的、实质性的联系，新知识同化到原有的认知结构中，人们长时记忆中储存的是经过转换了的较为一般性的观念结构，遗忘的是一些被较为高级的观念所替代的低一级的观念，从而减轻了记忆的负担。

6. 简述影响迁移的因素

【答案要点】

（1）相似性。

①学习材料的相似性：包含结构特性的相似和表面特性的相似。前者即本质特征的相似，后者即非本质特征的相似。

②学习目标与学习过程的相似性：由于加工过程往往受到活动目标的制约，因此，目标要求是否相似将在一定程度上决定了加工过程是否相似，进而决定了能否产生迁移。

（2）原有认知结构。

①原有经验水平。原有经验的概括水平越高，迁移的可能性越大，效果越好；概括水平越低，迁移的范围越小，效果也越差。

②原有经验的组织性。组织合理的经验结构不仅表现在其抽象、概括性方面，还表现在经验的丰富性方面。

③原有经验的可利用性。要产生迁移，原有的经验结构须能够被有效地激活、提取。

（3）学习定势。

定势通常指先于一定的活动而又指向该活动的一种动力准备状态，也称为心向。定势对迁移的影响表现为两种：促进和阻碍。

7. 简述变式练习及其在技能形成过程中的作用

【答案要点】

变式练习是学习以产生式表征的程序性知识的必要条件，它是指在其他教学条件不变的情况下，变化概念和规则的例证。其作用主要为：

（1）促进产生式知识的自动化。为使头脑中的产生式知识进一步熟练并达到自动化的程度，学习者应对其进一步进行深加工和协调，并加强变式练习，才能变成心智技能。

（2）促进动作技能的获得。动作技能是在大量练习的基础上获得的。研究表明，动作技能越复杂，练习量越多，遗忘发生的越少；动作技能越简单，练习量越少，遗忘也越明显。

三、论述题

1. 试论述影响知识理解的因素

【答案要点】

（1）客观因素。

①学习材料的内容。学习材料的意义性、学习材料内容的具体程度、学习材料的相对复杂性和难度都会影响学生对知识的理解。

②学习材料的形式。采用直观的方式如实物、模型和言语等可以为抽象的内容提供具体感性信息的支持，影响学生对知识的理解；当所教的内容较为复杂时，多媒体和虚拟现实技术等计算机技术则会起到很好的教学辅助作用。

③教师言语的提示和指导。教师在不同教学阶段的言语提示对学生的学习有直接的影响。在教学中，教师言语的作用不应仅仅局限于对某一具体知识的描述和解释，重要的是用言语引导学生进行主动建构。

（2）主观因素。

①原有的知识经验背景。学生对新信息的理解会受到原有知识经验背景的制约，这种知识背景

有着丰富而广泛的含义，它包括来源不同的、以不同的表征方式存在的知识经验，是一个动态的、整合的认知结构。

②学生的能力水平。学生的认知发展水平和学生的语言能力直接影响知识的理解。

③主动理解的意识与方法。学生要有主动理解的意识倾向和主动理解的策略与方法。

2. 论述三种学习迁移的理论

【答案要点】

（1）形式训练说。

这是一种早期的学习迁移理论，源于古希腊罗马。它主张迁移要经过一个"形式训练"的过程才能产生。这种理论以官能心理学为理论基础，认为通过一定的训练，心智的各种官能可以得到发展，从而转移到其他学习上去。

该理论认为，在学校教育中，传递知识不如训练官能重要，知识的价值在于其作为训练官能的材料。20世纪初以后，形式训练说不断遭到来自心理学实验结果的驳斥，许多研究表明，形式训练说所主张的官能可以因训练而得以普遍促进的假设，缺乏足够的实验依据和现实依据。

（2）相同元素说。

桑代克于20世纪初提出相同元素说，认为只有在原先的学习情境与新的学习情境有相同要素时，原先的学习才有可能迁移到新的学习中去。并且，迁移的程度取决于这两种情境相同要素的多少。也就是说，相同要素越多，迁移的程度越高；相同要素越少，迁移的程度越低。伍德沃斯后来把相同元素说改为共同要素说，也就是说在两种活动中有共同的成分才能发生迁移。代表性实验有桑代克和伍德沃斯的面积估计实验。

（3）概括化理论。

该理论由贾德提出，他以实验研究了原理和概括性的迁移。这一理论认为，在经验中学到的原理原则是迁移发生的主要原因。学习者在A学习中获得的一般原理可以部分地或全部地运用到B活动的学习中。根据迁移的概括化理论，对原理了解、概括得越好，对新情境中学习的迁移就越好。代表性实验有贾德的水下打靶实验。

3. 如何在教学中促进知识迁移？

【答案要点】

（1）整合学科内容。教师要注意把各个独立的教学内容整合起来，鼓励学生把在某一门学科中学到的知识运用到其他学科中去。

（2）加强知识联系。教师要重视简单的知识技能与复杂的知识技能、新旧知识技能之间的联系。教师要促使学生把已学过的内容迁移到新的学习内容中去。

（3）强调概括总结。教师在教学中要注意启发学生对所学内容进行概括总结。一方面，在教学中，教师要引导学生自己对原理进行概括，培养和提高其概括总结的能力，充分利用原理的迁移；另一方面，在讲解原理时，教师要在最大范围内列举各种变式，使学生正确把握其内涵和外延。

（4）重视学习策略。教师应有意识地教会学生学会如何学习，帮他们掌握概括化的认知策略和元认知策略，从而促进学习的迁移。

（5）培养迁移意识。教师可以通过反馈和归因控制等方式使学生形成关于学习和学校的积极态度。教师要注意对学生的反馈，当学生用其他学科的知识来解决某一学科的问题时应给予鼓励。

四、材料分析题

1. 试用艾宾浩斯遗忘规律分析小明考试成绩不理想的原因，并用遗忘规律给出有效的复习对策

【答案要点】

记忆保持的最大变化是遗忘，遗忘和保持是矛盾的两面。对于遗忘的进程，德国心理学家艾宾浩斯最早进行了系统的研究。后来的学者将他的实验结果绘制成曲线图，即艾宾浩斯遗忘曲线。

艾宾浩斯遗忘曲线说明：遗忘在学习之后立即开始，而且遗忘的进程是最初很快，以后逐渐缓慢；过了相当的时间后，几乎不再遗忘。这一研究表明，遗忘的发展是不均衡的，其规律是先快后慢，呈负加速型。小明虽然上课认真听课，但课后没有及时复习，所以知识迅速、大量遗忘，等到考前又突击复习，然而此时知识的保持量已经远不如刚学习的时候，虽然是"复习"，但相当于重新学习，一时间要记忆大量的知识点，记忆和认知负荷都超载，复习效率也不高，最后导致成绩不佳。

复习是巩固所学知识的最基本方法，为了促进知识的保持，避免知识的遗忘，必须注意合理地组织复习。进行复习的策略有：

（1）复习时机要得当。由于遗忘的发展开始很快，所以必须在遗忘还没有发生以前及时进行复习，这样才能节省学习时间。为此，在教学上必须遵守"及时复习"的原则。由于遗忘存在着先快后慢的趋势，因此在教学上还必须遵守"间隔复习"的原则。此外，教学上也应该遵守"循环复习"的原则，对于所学的重要的、基本的材料应经常复习，做到"温故而知新"。

（2）复习的方法要合理。合理分配复习时间，可以尝试分散复习和集中复习两种复习形式；阅读与尝试背诵相结合；综合使用整体复习与部分复习。

（3）复习次数要适宜。一般来说，复习次数越多，识记和保持的效果越好；反之，则遗忘发生越快。据此，心理学家肯定了"过度学习"的必要性。所谓过度学习，指在学习达到刚好成诵以后的附加学习。但是过度学习并不意味着复习次数越多越好。研究表明：学习的熟练程度达到150%时，记忆效果最好；超过150%时，效果并不递增，很可能引起厌倦、疲劳等而成为无效劳动。

第六章 技能的形成

一、名词解释
1. 技能
2. 动作技能
3. 心智技能
4. 高原现象

二、简答题
1. 简述技能的作用
2. 简述动作技能和心智技能的联系
3. 简述心智技能的培养方法
4. 简述冯忠良关于动作技能形成的四阶段模型

三、论述题
1. 分别论述加里培林和冯忠良关于心智技能形成的理论
2. 论述动作技能的训练要求

四、材料分析题
1. 材料：在自行车的学习过程中，首先需要他人的指导，然后需要通过自行练习掌握窍门、协调动作，最后逐渐变得熟练，甚至可以一边与他人交谈一边躲避障碍物，达到自动化的程度。

该材料体现了动作技能形成阶段中的哪种理论模型？请结合材料进行详细说明

参考答案

一、名词解释

1. 技能

【答案要点】

技能是通过练习形成的合乎规则或程序的身体或认知活动方式，包括身体方面的技能和认知方面的技能。

2. 动作技能

【答案要点】

动作技能是指由一系列的外部动作以合理的程序组成的操作活动方式,如书写、体操、骑自行车等技能。一般认为,动作技能包括三种成分:第一,动作或动作组;第二,体能;第三,认知能力。

3. 心智技能

【答案要点】

心智技能是指一种借助于内部语言在人脑中进行的认知活动方式,如默读、心算、写作和分析等技能。

4. 高原现象

【答案要点】

动作技能练习的过程中,会出现高原现象,即练习到一定阶段时,进步会暂时停顿的现象。它表现为练习曲线保持在一定的水平而不再上升,甚至有所下降。但是在高原期后,练习曲线又会上升,即表示练习成绩又可以有所进步。

二、简答题

1. 简述技能的作用

【答案要点】

(1)技能的掌握是进行学习活动,提高学习效率的必要条件,是学校教学的重要目标之一。

(2)技能的形成有助于对有关知识的掌握。虽然技能的形成要以对有关知识的掌握为前提,但技能的形成过程却又能促进对这些知识的理解和掌握。

(3)技能的形成也有利于智力、能力的发展。学生掌握了某种技能,就能够熟练地按照合理的动作方式去完成相应的活动任务,而这种活动效率的提高就是他们的智力、能力发展的具体体现。

2. 简述动作技能和心智技能的联系

【答案要点】

动作技能是指由一系列的外部动作以合理的程序组成的操作活动方式,如书写、体操、骑自行车等技能;心智技能是指一种借助于内部语言在人脑中进行的认知活动方式,如默读、心算、写作和分析等技能。

(1)区别:动作技能具有物质性、外显性和扩展性等特点,而心智技能则具有观念性、内隐性和简缩性等特点。前者主要表现为外显的肌肉骨骼的操作活动,后者主要表现为内隐的思维操作活动。

(2)联系:动作技能是心智技能形成的最初依据和外部体现的标志,心智技能是动作技能的调节者和必要的组成部分。两者相辅相成、互相制约、互相促进。

3. 简述心智技能的培养方法

【答案要点】

(1)遵循智力活动按阶段形成的理论。心智技能按阶段形成的理论,充分体现了心智技能形成的一般规律。因此,在培养学生形成心智技能时应遵循这一理论,积极创造条件,帮助他们从外部的物质活动向内部的智力活动转化。

(2)根据心智技能的种类选择方法。心智技能与动作技能一样也有简单和复杂之分,要根据其不同的复杂程度而采取不同的途径。

(3)积极创造应用心智技能的机会。学生的实践活动是心智技能形成和发展的基础。要想促进学生心智技能的形成和发展，使之达到熟练掌握和灵活运用的水平，教师必须积极创设问题情境，让他们的心智技能在解决问题的练习中得到锻炼。

（4）注重思维训练。学生心智技能的核心心理成分是思维。为此，教师在教学过程中要重视学生的思维训练，培养他们思维的独立性与批判性、敏捷性与灵活性、流畅性与逻辑性以及敏感性等良好品质，养成认真思考的习惯。

4. 简述冯忠良关于动作技能形成的四阶段模型

【答案要点】

（1）操作的定向。操作的定向就是了解操作活动的结构与要求，在头脑中建立起操作活动的定向映像的过程。定向映像的形成包括两个方面：一是涉及操作活动本身的各类信息，如操作的力量、轨迹、方向；二是有关操作技能学习的各种内外刺激信息，如可被利用的反馈信息、容易引起分心的刺激等。

（2）操作的模仿。实际再现出特定的动作或行为模式，即个体将其在操作定向阶段头脑中形成的定向映像以外显的实际动作表现出来，也就是将头脑中的各种认识与实际的肌肉动作联系起来。

（3）操作的整合。学习者通过融合前一阶段习惯的动作，使各个动作成分变得协调，动作结构趋于合理，动作的初步概括化得到实现，个人对动作的有效控制也在增强。该阶段，学习者的动作变得具有稳定性、精确性和灵活性。

（4）操作的熟练。操作的熟练指形成的动作方式对各种变化的条件具有高度的适应性，动作的执行达到高度的完善化和自动化。

三、论述题

1. 分别论述加里培林和冯忠良关于心智技能形成的理论

【答案要点】

（1）加里培林的五阶段模式。

苏联著名心理学家加里培林等人根据维果茨基的活动论的观点提出，学生心智技能的形成"是外部物质活动转化到……知觉、表象和概念水平的结果"。这种转化过程需要经历五个阶段。

①活动定向阶段。活动定向是让学生在头脑中形成对活动程序和活动结果的映像。教师需要根据学生的基础水平，将活动分解成学生能够理解，并且能够做到的操作程序，建立起学生对原型活动的定向预期。

②物质活动或物质化活动阶段。物质活动是指运用实物的教学活动，物质化活动则是指利用实物的模拟品进行的教学活动。这两者都是基本的直观形式，后者是前者的一种变形。

③有声的言语活动阶段。有声的言语活动指不直接依赖实物或模拟品，而是借助出声的外部言语活动来完成各个操作步骤。这是活动从外部形式向内部形式转化的开始。通过这种出声的言语活动，学生可抽象并简化各步动作，并促使活动定型化与自动化。教师需要指导学生运用言语确切地表达各步实际动作，也要对言语动作进行展开、概括和简化的不断改造。

④无声的外部言语活动阶段。无声的外部言语活动是指以词的声音表象、动觉表象为中介，进行智力活动。这种不出声的外部言语活动貌似是知识言语减去了声音，实际是动作向智力转向的开始。这种言语不出声的变化要求学生对言语机制进行很大的改造，需要学生重新学习，教师同样需要指导学生对无声的外部言语动作进行展开、概括和简化。

⑤内部言语活动阶段。内部言语活动是指凭借简化了的内部言语，似乎不需要多少意识参与就能自动化进行的智力活动。这一阶段是外部动作转化为内在智力的最后阶段。其特点之一是简缩，这是由于它是指向学习者自己的，不必考虑到外部言语作为交际手段的机能。其特点之二是自动化，

这是由于它的进行基本上是学习者自己觉察不到的。

（2）冯忠良的三阶段模型。

①原型定向。这是指了解心智活动的实践模式或原型活动的结构，如动作构成要素、动作执行次序和执行要求等。

②原型操作。这是指依据心智技能的实践模式，以外显的物质与物质化操作方式，执行在头脑中建立的活动程序和计划。

③原型内化。这是指心智活动的实践模式从外部语言开始转向内部言语，最终向头脑内部转化，达到活动方式的定型化、简缩化和自动化。

2. 论述动作技能的训练要求

【答案要点】

（1）指导与示范。在动作技能形成的认知阶段，教师需要帮助学生理解动作技能，明确学习任务，形成作业期望，并获得一定的完成任务的学习策略。该部分主要有四个要点。

①掌握相关的知识。教师需要帮助学习者树立必要的先前的知识。如果学习者先前的技能习惯与新技能相矛盾，教师更需要提供合适的任务，使学习者认识到技能之间的区别，避免干扰。

②明确练习目的和要求。每一种运动技能都有其特定的目的和要求。只有学生明确了所学技能的目的和要求，他们才能自觉地组织自己的行动来掌握这种技能。

③形成正确的动作映像。人们的各种运动动作是在动作映像的定向调节支配下做出来的。在学生进行技能的学习之前或学习的过程中，教师要先进行充分而准确的示范：动作示范与言语解释相结合；整体示范与分解示范相结合；示范动作要重复，动作速度要放慢；指导学生观察，并纠正学生的错误理解。在示范过程中，教师要防止学生的认知负荷超载。

④获得一定的学习策略。动作技能的学习也包含学习策略或者窍门问题。完成动作任务所涉及的策略面也很广。有的是学习者自我生成的策略，有的是由指导者提供的策略。

（2）练习。动作技能只有通过一定的练习才能形成。练习是指以形成某种技能为目的的学习活动，是以掌握一定的动作方式为目标而进行的反复操作过程。

①练习曲线。指在连续多次的练习过程中所发生的动作效率变化的图解。通过练习曲线，可以发现学生的动作技能形成过程中普遍存在四种情况：练习成绩逐步提高；练习中的高原现象；练习成绩的起伏现象；学生的个别差异。

②练习方式。动作技能的形成包括实际的身体练习和心理练习。身体练习与心理练习结合起来，效果更佳。心理练习的效果取决于三个因素：第一，学习者对练习任务是否熟悉；第二，练习时间长短；第三，任务的性质。

③练习时间。集中练习和分散练习相结合。集中练习是指学生在学习一种技能时，在一段较长的时间内对某种技能进行反复的练习；分散练习是指学生把练习的时间分散开来，安排在几个时间段内来进行练习，每次练习的时间较短。

（3）反馈。在技能的练习中，让学生及时地了解自己的练习效果，有利于提高练习效率，但对教师而言，注意反馈的内容、频率和方式是至关重要的。

（4）积极的接纳态度。技能学习的过程中，如果学习者没有积极的态度，就难以进行主动学习，即使"被迫"学会了新的技能，如果没有积极接纳，也会因为疏于使用而荒废。

四、材料分析题

1. 该材料体现了动作技能形成阶段中的哪种理论模型？请结合材料进行详细说明

【答案要点】

材料中体现的是菲茨和波斯纳的三阶段模型。他们将动作技能的形成分为三个阶段，分别是：

（1）认知阶段。学习有关知识，了解完成这种技能动作的基本要求，在头脑中形成这种技能的最一般、最粗略的表象。练习者要将组成某种动作技能的活动方式反映到头脑中，形成动作映像，并对自己的任务水平进行估计，明确自己能够做得如何。

（2）联系阶段。对各个独立的步骤进行合并或"组块"，以形成更大的单元。学习者的注意力从开始的认知转向动作，从个别动作转向组合和协调，以形成连贯的动作。

（3）自动化阶段。学生所学习的动作技能的各个动作在时间和空间上已经联合成为一个有机的整体并且巩固下来，各个动作已经达到自动化，只要有一个启动信号就能迅速准确地按照动作的程序以连锁反应的方式来实现。

以材料中的自行车学习为例，在学习初期，学习者需要他人的指导：如何扶把、如何蹬车、如何保持平衡等。通过指导者的预先讲解，学习者大概了解了自行车的学习要领。这是一个认知过程。

接下来，学习者按照指导，先练习在自行车滑行时一只脚踩在脚蹬上保持平衡；熟练后，再练习坐在车座上双脚踏脚蹬，同时双手还要扶好车把，掌握方向。这时两个动作常相互干扰，使我们乱了阵脚，有时只能注意踏脚蹬，忘了转方向而撞向障碍物；有时专注于摆正方向，忘了踏脚蹬。随着练习的进行，蹬车和握把两个动作会逐渐协调。这就是联系阶段。

最后，通过不断练习，骑车的动作更加熟练，甚至有时可以单手握把，或者一边说话一边骑车。这表明，学习者的自行车学习已经达到自动化阶段。

第七章 学习策略及其教学

一、名词解释
1. 学习策略
2. 认知策略
3. 元认知策略
4. 记忆术
5. 近因效应
6. 首因效应
7. 元认知
8. 努力管理策略
9. 过度学习
10. 前摄抑制
11. 倒摄抑制
12. 精细加工策略
13. 资源管理策略

二、简答题
1. 简述复述策略并举例
2. 简述编码与组织策略及其教学
3. 简述学习策略促进的原则
4. 影响学习策略教学训练的因素有哪些?
5. 简述掌握学习策略的意义
6. 简述注意策略及其教学要求
7. 列举学习策略的教学训练模式

三、论述题
1. 试论述精细加工策略及其教学要求
2. 论述元认知策略及其教学要求

四、材料分析题
1. 材料：小明学习一直很努力，成绩也较为优异，从初中升入高中之后，想通过继续努力学习保持自己的成绩。但总是感觉没有掌握到学习的方向，虽然自觉无奈，却也没有找到更好的学习办法。

试从资源管理策略角度分析怎样帮助小明进行学习

参考答案

一、名词解释

1. 学习策略

【答案要点】

学习策略是指学习者为了提高学习的效果和效率，有目的、有意识地制定的有关学习过程的复杂的方案，具有主动性、有效性、过程性和程序性四个特征。

2. 认知策略

【答案要点】

认知策略是加工信息的一些方法和技术，能使信息有效地从记忆中提取出来。认知策略可以分为注意策略、精细加工策略、复述策略、编码与组织策略。

3. 元认知策略

【答案要点】

元认知策略是对信息加工流程进行控制的策略，分为计划策略、监察策略和调节策略。计划策略包括设置目标、浏览等；监察策略包括自我检查、集中注意力等；调节策略包括调整阅读速度、重新阅读等。

4. 记忆术

【答案要点】

记忆术指通过给识记材料安排一定的联系以帮助记忆并提高记忆效果的方法，是一种有用的精细加工策略方法。比较流行的有位置记忆法、首字联词法、谐音联想法、琴栓—单词法、关键词法、视觉想象法。

5. 近因效应

【答案要点】

近因效应是指最新出现的刺激物促使印象形成的心理效果。最新呈现的项目由于受到的干扰较少，比较容易被记住。

6. 首因效应

【答案要点】

由于对首先呈现的项目倾注了更多的注意，人们倾向于记住开始的事情，由此形成了首因效应。例如，人们记开始的几个词一般要比记中间词的效果好得多。

7. 元认知

【答案要点】

元认知就是对认知的认知，具体地说，是关于个人自己认知过程的知识和调节这些过程的能力，是对思维和学习活动的认知和控制。

8. 努力管理策略

【答案要点】

努力管理策略是资源管理策略的一种，指通过掌握一些方法来排除学习干扰，使自己的精力有效地集中在学习任务上。主要包括归因于努力、调整心境、意志控制和自我强化等策略。

9. 过度学习

【答案要点】

过度学习指达到一次完全正确再现后仍继续学习。学习程度在150%左右时，效果最好。过度学习的次数越多，保持的成绩越好，保持的时间也越长。

10. 前摄抑制

【答案要点】

前后所学的信息之间的消极影响称为抑制，前摄抑制属于抑制的一种，其含义是指先前所学的信息干扰了后面信息的学习。

11. 倒摄抑制

【答案要点】

前后所学的信息之间的消极影响称为抑制，倒摄抑制属于抑制的一种，其含义是指后面所学的信息干扰了先前所学的信息在记忆中的保存。

12. 精细加工策略

【答案要点】

精细加工策略是通过把所学的新信息和已有的知识联系起来以增加新信息意义的策略，即通过对学习材料的精细加工，将新旧知识联系起来，帮助学习者增进对新知识的理解，并把信息储存到长时记忆中的学习策略。

13. 资源管理策略

【答案要点】

资源管理策略是辅助学生管理可用环境和资源的策略，包括时间管理策略、努力管理策略、学业求助策略、学习环境管理策略。

二、简答题

1. 简述复述策略并举例

【答案要点】

复述策略指在工作记忆中为了保持信息，运用内部语言在大脑中重现学习材料或刺激，以便将注意力维持在学习材料之上的学习策略。复述策略主要包括以下几种：

（1）利用记忆规律：干扰；抑制和促进；首因效应和近因效应。

（2）合理复习：及时复习；集中复习和分散复习；部分学习和整体学习；自问自答或尝试背诵；过度学习。

（3）自动化：随着学习的熟练程度加深，所需的注意力越来越少，这种过程就叫做自动化。

（4）亲自参与：在学习过程中，个体亲自参与任务的效果要比只看说明书或教师示范要学得多。

（5）情境相似性和情绪生理状态相似性：在相似的情境中有助于回忆。

（6）心理倾向、态度和兴趣：感兴趣的事情、持积极态度的事情，我们记得会牢固一些，反之记得就差一些。

2. 简述编码与组织策略及其教学

【答案要点】

组织策略指整合所学新知识之间、新旧知识之间的内在联系，形成新的知识结构的策略。编码与组织策略的使用是为了发现学习材料的共同特征或性质，从而达到减轻记忆负担的目的。编码与组织策略主要包括以下几种：

（1）列提纲：以简要的词语写下主要和次要的观点，以金字塔的形式呈现材料的要点，使每个具体的细节都包含在高一水平的类别中。

（2）做图解：如系统结构图、概念关系图、理论模型等。

（3）做表格：对于复杂的信息，采用各种形式的表格，如一览表和矩阵表，有利于形成信息的视觉化，能促进对信息的记忆和理解。

编码与组织策略的教学应：①教给学生组织材料的步骤；②培养学生的概括能力，教给学生概括的方法；③给学生提供更多的运用组织策略的练习或机会；④注意理论与实践相结合。

3. 简述学习策略促进的原则

【答案要点】

（1）特定性原则。学习策略一定要适于学习目标和学生的类型。同时，策略教学还要考虑学习策略的层次，必须给学生大量的策略，不仅要有一般的策略，而且还要有非常具体的策略。

（2）生成性原则。有效学习策略的最重要的原则之一就是要利用学习策略对学习的材料进行重新加工，产生某种新的东西。这就要求学生进行高度的心理加工。

（3）有效的监控。教学生何时、何地与为何使用策略非常重要。根据有效监控的原则，学生应当知道何时、如何应用他们的学习策略，以及当这些策略正在运作时能将它说出来。

（4）效能性原则。教师需要给学生提供一些机会使他们感觉到策略的效力。策略训练课程必须包括动机训练。教师要促进学生使用学习策略，进而学习就会有所收获。

4. 影响学习策略教学训练的因素有哪些？

【答案要点】

（1）学生因素。

①年龄特征。学习策略的发展具有一定的阶段性，学习者的认知发展也具有相应的年龄特征，因此学习策略的教学必须充分考虑策略发展的阶段性和认知发展的阶段性特征。

②原有的知识背景。学生原有的知识背景中有策略性知识和非策略性知识，这两种知识对学习策略的掌握和运用都有非常重要的影响。

③学习动机。动机的强度对掌握和应用学习策略的影响主要体现在学生掌握策略的意识性和对学习材料的兴趣以及对材料的敏感程度上。

④学习归因方式。研究表明，当学习者将学习的成败归于自身能够控制的、相当不稳定的因素时，这些学习者的策略水平相对较高。因此教师要引导学生恰当归因。

⑤自我效能感。它是指学习者对策略应用效能的信任和自信程度。在学习策略教学中，教师应该让学生体验到应用策略所带来的成功感。

（2）教师因素。

①运用学习策略的水平。这是对教师自身策略知识和能力的要求。

②策略教学经验。教师的策略教学经验能够有效地促进学生对学习策略的获得和运用。

③策略教学方法。教师的策略教学方法影响学习策略的掌握程度。

5. 简述掌握学习策略的意义

【答案要点】

（1）掌握学习策略是学会学习的必然要求。学习策略有助于提高学习质量和学习效率。因此现代教学应该将学习策略作为教学的重要内容，达到"教是为了不教"的目的。

（2）掌握学习策略是主体性教学的要求。教师的主体性应体现在其积极引导学生主动掌握有效的学习策略之中；学生的主体性主要表现在发展的主体性和学习过程的主体性两方面，这两个方面都涉及学生对学习策略的掌握。

（3）学习策略的掌握能有效提高学习的质量。在众多影响学习质量的因素中，学习策略是最重要的因素之一。学习活动和认知活动都涉及相应的效率问题，而学习策略能够提高学习效率，从而提高学习效果。

6.简述注意策略及其教学要求

【答案要点】

注意策略就是保证学习者将注意力指向和集中于学习材料的策略。由于注意的指向性具有选择性的特点，所以选择性注意策略是注意的重要策略。选择性注意策略是指学习者在学习情境中激活与维持学习心理状态，将注意集中于有关学习信息或重要信息上，对学习材料保持高度的觉醒或警觉状态的学习策略。注意策略的教学要求如下：

（1）教师应有意识地培养学生区别重要信息与次要信息的能力。

（2）教给学生专注于重要信息的策略。

（3）以问题为导向，引导学生对重要信息加以注意。

（4）巧妙运用刺激物的特点，吸引选择性注意。

7.列举学习策略的教学训练模式

【答案要点】

（1）课程式教学训练模式。即学习策略教学的课程化，它通过开设专门的学习策略课程，讲授教与学策略的有关常识，包括教与学的模式、方法、手段等。

（2）学科渗透式教学训练模式。它是指将学习策略的训练与特定学科的学习内容相结合，在具体学科知识的学习过程中传授学科学习的方法与技巧。学科渗透式教学训练模式可以贯穿整个教学活动，它要求教师在教学前就应该具有教与学的策略观，以教学策略为指导，进行备课、讲课、评课等。

（3）交叉学习式教学训练模式。该模式是为了克服前面两种模式的不足而设立的。它先是独立地教授学习策略，再将它与具体的学科内容结合起来，根据具体学习情境的差异，要求并帮助学生把所学的策略运用于具体的学习活动中。

三、论述题

1.试论述精细加工策略及其教学要求

【答案要点】

精细加工策略是通过把所学的新信息和已有的知识联系起来以增加新信息意义的策略，即通过对学习材料的精细加工，将新旧知识联系起来，帮助学习者增进对新知识的理解，并把信息储存到长时记忆中的学习策略。精细加工策略主要包括以下几种：

（1）记忆术。

①位置记忆法：通过联系自己熟悉的某些地点顺序来记忆一些名称或者客体顺序的方法。

②首字联词法：利用每个词的第一个字形成一个缩写。

③谐音联想法：利用视觉表象和语义联想记住一系列材料。

④琴栓—单词法：适用于无序的单词记忆，要求使用者对乐器或音律有一定的了解。类似于位置记忆法，把无序的单词与琴栓对应起来形成逻辑联系，以琴栓为线索提取记忆。

⑤关键词法：将新词或概念与相似的声音线索词，通过视觉表象联系起来。

⑥视觉想象：通过形成心理想象来帮助人们联想记忆。

（2）灵活处理信息。

①意义识记：善于找出学习事物之间的关系，这样即使某部分信息被遗忘了，学习者也可以顺着关系将其推导出来。

②主动应用：学习者不仅要记住某个信息，还要知道如何以及在何时何地可以使用这些信息。

③利用背景知识：在新学信息和已学信息之间建立联系。

精细加工策略的教学应：①给学生适当的时间，让学生思考；②充分运用学生原有的知识；③向学生介绍一些精细加工的实例，让学生掌握精细加工的方法；④及时反馈评价。

2. 论述元认知策略及其教学要求

【答案要点】

元认知策略是对信息加工流程进行控制的策略，可分为计划策略、监察策略和调节策略。

（1）计划策略。根据认知活动的特定目标，在一项认知活动之前计划各种活动，预计结果、选择策略，想出各种问题解决的方法，并预估其有效性。计划过程涉及设置学习目标、浏览阅读材料、产生待回答的问题以及分析如何完成学习任务。

（2）监察策略。在认知活动的实际过程中，根据认知目标及时评价、反馈自己认知活动的结果与不足，正确估计自己达到认知目标的程度、水平，根据有效性标准评价各种认知行动、策略的效果。监察过程涉及阅读时对注意加以跟踪、对材料进行自我提问、和考试时监察自己的速度和时间。使学习者警觉并找出自己在注意和理解方面可能出现的问题并加以修改。包括以下两种策略：

①领会监控。领会监控是一种具体的监察策略，一般在阅读中使用。熟练的读者在头脑中有一个领会的目标，为了该目标而浏览课文。随着这一策略的执行，达到目标后他会体验到一种满意感，如果没有达到目标，会产生挫折感，并开始采取补救措施。

②集中注意力。当教师要求学生将他们有限的注意力全部集中在他所说的每一件事上时，学生只得放弃对其他刺激的积极注意，变换优先度，将其他刺激全部清出去。

（3）调节策略。核查认知活动结果并采取相应的补救措施，核查认知策略的效果，并及时修正、调整认知策略。

元认知策略的教学要求如下：

（1）教给学生元认知知识。

（2）丰富学生的元认知体验。

（3）经常给学生提供反馈的机会。

（4）指导学生调节和监控自己的学习过程。

四、材料分析题

1. 试从资源管理策略角度分析怎样帮助小明进行学习

【答案要点】

资源管理策略是辅助学生管理可用环境和资源的策略，包括时间管理策略、努力管理策略、学业求助策略、学习环境管理策略。小明可以利用以下策略来帮助自己有效安排好学习计划，从而提高学习效率。

（1）时间管理策略。时间管理策略是通过一定的方法合理安排时间、有效利用学习资源的策略。

①时间排序：排序的依据一般为事情的重要程度和紧急程度，按照这两个维度可以把事情分为四种类型，分别是既重要又紧急、重要但不紧急、不重要但紧急、不重要不紧急。高效地管理时间需要把精力放在前两类事情上。

②有效时间管理的使用：确立有规律的学习时段；确立切合实际的目标；使用固定的学习区域；分清任务的轻重缓急；学会对分心的事物说"不"；自我奖励学习上的成功。

（2）努力管理策略。努力管理策略指通过掌握一些方法来排除学习干扰，使自己的精力有效地集中在学习任务上。

①归因于努力。根据韦纳的归因理论，学习者如果将成功归因于能力或者努力等内部因素时，会感到满意、自信，从而增强学习动机；如果学习者将失败归因于缺乏能力或努力，则会产生羞愧和内疚。总的来说，不论学习成功或失败，归因于努力能够使学习者产生强烈的情绪体验，从而维持和促进学习者继续努力，积极地争取成功。

②调整心境。调整心境是为了排除学习过程中消极情绪对学习的干扰，使学习者保持愉悦、活跃、轻松的积极情绪状态。积极的情绪状态能够提高学生的学习效率，消极的情绪状态会抑制学生的学习效率。对于学习过程中的紧张、焦虑等消极情绪体验，采用自我提示言语或转移法来进行调控是比较好的方法。

③意志控制。意志控制主要对努力起维持作用，即把既定的努力付出在学习任务上，使其不受其他因素的干扰。因此，意志控制对学习具有较强的维持功能。

④自我强化。自我强化指的是学生在达到自己制定的学习标准时进行自我奖赏，是一种自我管理、自我监督的过程。

（3）学业求助策略。学业求助策略指当学生在学习上遇到困难时向他人请求帮助的行为，是一种重要的社会支持管理策略。学业求助的类型包括执行性求助和工具性求助。

①执行性求助：请求他人"替"自己解决困难的行为，目的在于想要尽快得到答案或者完成任务，自己不做任何尝试就放弃了获得成就的努力，选择了依赖而非独立掌握。

②工具性求助：借助他人的力量但由自己解决困难或者实现目标的行为，目的在于独立学习，借助他人力量来解决问题或实现自己的目标。

（4）学习环境管理策略。学习环境管理策略主要指善于选择安静、干扰较小的地点学习、充分利用学习情境的相似性。

第八章 问题解决能力与创造性的培养

一、名词解释
1. 流体智力
2. 晶体智力
3. 问题解决
4. 酝酿效应
5. 思维定势
6. 刻板效应
7. 功能固着
8. 发散思维
9. 聚合思维

二、简答题
1. 简述斯滕伯格的三元智力理论
2. 简述影响问题解决的因素
3. 简述创造性与智力的关系
4. 简述创造性的心理结构
5. 简述影响创造性发展的因素
6. 有效问题解决者的特征有哪些

三、论述题
1. 试论述加德纳的多元智力理论及其教育启示
2. 论述问题解决的心理过程
3. 如何提高学生解决问题的能力

四、材料分析题

1. 材料：著名物理学家法拉第，没有受过正规的大学教育，因而在电磁学研究中较少受超距作用传统观念的束缚，有时甚至故意与超距作用思想相悖。对此爱因斯坦有一段富有启发意义的话：人们不禁会去深思，倘若法拉第受过正规的大学教育，他能发现电磁感应定律吗？他没有背上传统思想的包袱，常常把"场"作为一个实在的独立元素引进来可以帮助他整理经验事实。

在人类历史上，许多大发明创造常常由某种知识甚少的"外行"做出来，因为知识甚少者往往没有知识丰富者那样多的条条框框，容易摆脱习惯思维或思维定势的束缚，而产生创造性的成果。

试分析什么是创造性？创造性的培养措施有哪些？

参考答案

一、名词解释

1. 流体智力

【答案要点】

流体智力是指基本与文化无关的、非言语的心智能力，如空间关系认知、反应速度、记忆及计算能力等。流体智力在青少年之前一直增长，30岁左右达到顶峰，然后随着年龄增长逐渐衰退。

2. 晶体智力

【答案要点】

晶体智力是指应用从社会文化中习得的解决问题的方法的能力，是在实践中形成的能力。晶体智力在人的整个一生中都在增长。

3. 问题解决

【答案要点】

问题解决是指个体在面临问题情境而没有现成方法可以利用时，将已知情境转化为目标情境的认知过程。当常规或自动化的反应不适用于当前的情境时，问题解决者需要超越对过去所学规则的简单应用，对所学规则进行一定的组合，产生一个解答，达到问题解决的目的。它涉及到认知、情感和行为活动成分。

4. 酝酿效应

【答案要点】

酝酿效应指在反复探索一个问题的解决而毫无结果时，如果把问题暂时搁置几个小时、几天或几周，然后再回过头来解决，这时常常就可以很快找到解决方法。

5. 思维定势

【答案要点】

思维定势即定势，指人在解决一些相似的问题之后会出现一种易以惯用的方式解决问题的倾向。在问题情境不变的条件下，定势能使人应用已掌握的方法迅速地解决问题；在问题情境发生变化的情况下，定势会妨碍人采用新的解决方法。

6. 刻板效应

【答案要点】

刻板效应即刻板印象，是指人们对某一类人或对某个社会群体所形成的一种概括而固定的印象。刻板印象在一定程度上反映了某一类人、某个社会群体成员心理和行为特点，具有一定的合理性和真实性。

7. 功能固着

【答案要点】

功能固着是指一个人看到某个制品有一种惯常的用途后，就很难看出它的其他新用途。而且最初看到的功能越重要，就越难看出其他的功能。

8. 发散思维

【答案要点】

发散思维又称扩散思维、求异思维、辐射思维，是指依据思维任务，利用已知信息沿着不同方向、不同角度、不同范围进行思考而获得大量的、独特的新信息的思维。

9. 聚合思维

【答案要点】

聚合思维又称收敛思维、求同思维、集中思维等，是指依据思维活动任务，从已知信息中产生逻辑结论，从现成资料中寻求正确答案的一种有方向、有范围、有条理的思维。

二、简答题

1. 简述斯滕伯格的三元智力理论

【答案要点】

斯滕伯格提出了三元智力理论，强调智力是一套相互关联的加工过程。三元智力理论认为，智力包括三个相互关联的方面：分析能力、创造能力和实践能力。这三个方面分别对应着不同的三个理论，分别是：

（1）成分亚理论：解释的是影响智力水平的基本信息加工过程或成分。

（2）经验亚理论：将智力与经验关联起来，解释与信息加工成分相关的不同水平的先前经验。

（3）情境亚理论：将智力与个体日常生活情境联系起来，解释个体与周围环境相互作用的基本方式。

斯滕伯格三元智力理论的启示在于：

（1）教师需要关注每一种学习行为对发展智力的三个方面的作用，使所有学生都能得到智力的全面发展。教师不仅要强调智力的学术性方面，也要强调其实践性方面，还要考虑学生的文化背景的影响。

（2）教师需要帮助学生认识、利用并发挥自己的智力优势。让学生意识到自己擅长智力的哪些方面，从而充分利用它们，也要让学生意识到自己不擅长智力的哪些方面，从而改进它们。

2. 简述影响问题解决的因素

【答案要点】

（1）问题情境：个体面临的刺激模式与其已有的知识结构所形成的差异。

（2）原型启发：通过从待解决的问题具有相似性的其他事物上发现问题解决的途径和方法，如鲁班由丝茅草得到启发发明锯子。

（3）人际关系：良好的人际关系有助于其解决面临的各类问题，如"一个好汉三个帮"。

（4）知识经验：任何问题解决都离不开一定的知识、策略和技能，知识经验不足常常是不能有效解决问题的重要原因。

（5）定势与功能固着：定势是指人在解决一些相似的问题之后会出现一种易以惯用的方式解决问题的倾向。功能固着是指一个人看到某个制品有一种惯常的用途后，就很难看出它的其他新用途。

（6）酝酿效应：在反复探索一个问题的解决而毫无结果时，如果把问题暂时搁置几个小时、几天或几周，然后再回过头来解决，这时常常就可以很快找到解决方法。

（7）情绪状态：情绪状态影响问题解决的效果。就情绪强度而言，在一定限度内，情绪强度与问题解决的效率成正比，但情绪过高或过低都会降低问题解决的效率，相对平和的心态有利于问题解决。同时，情绪的性质也影响到问题解决，一般来说，积极的情绪有利于问题解决，消极的情绪不利于问题解决。

3. 简述创造性与智力的关系

【答案要点】

创造性与智力存在一定的关系，但并不呈线性正相关。其关系主要表现为：

（1）高创造力者，智商一定很高。
（2）低创造力者，智商可高可低。
（3）高智商者，创造力可高可低。
（4）低智商者，创造力一定低。

因此，在学校教育中，智力开发并不等同于创造力的培养。在智力开发的同时，也要重视对学生创造力的培养。

4. 简述创造性的心理结构

【答案要点】

创造性是由多种心理因素构成的复合体，其心理结构具有多维性。张大均等人认为创造性是由多种心理品质有机结合构成的心理结构系统，主要包括创造性认知品质、创造性人格品质和创造性适应品质三个子系统。

（1）创造性认知品质是指创造性心理结构中与认知加工有关的部分，它是创造性心理活动的核心。创造性认知品质主要包括创造性想象、创造性思维、创造性认知策略三个方面。

（2）创造性人格品质是有创造性的人所具有的个性特点。创造性人格品质包括创造性动力特征、创造性情意特征、创造性人格特质等。

（3）创造性适应品质是指个体在其创造性认知品质和创造性人格品质的基础上，在自己特定年龄阶段所规定的社会生活背景中，通过与社会生活环境的相互作用，所表现出来的对外在社会环境进行创造性的操作应对，对内在创造过程进行调适所表现出来的创造性行为倾向，具体表现为创造行为习惯、创造策略和创造技法的掌握运用等。

5. 简述影响创造性发展的因素

【答案要点】

（1）生理基础。个体的神经系统，尤其是大脑所固有的结构和功能是创造性产生的物质基础。

（2）知识经验。丰富的知识是创造的必要条件，但只有那些具备了条件化、结构化、自动化和策略化表征的知识，才是高质量的知识，才能促进创造性的发挥。

（3）社会文化和教育观念。社会文化和教育对个体创造力有巨大影响，保守封闭、排斥新观念的社会文化和教育不利于个体创造力发展。

（4）个人心态、人格特征和认知习惯。个人消极的心态、人格特征和认知习惯对个体创造性发展起阻碍作用。

6. 有效问题解决者的特征有哪些

【答案要点】

（1）在擅长的领域表现突出。专家在解决自己擅长领域的问题时比较出色。

（2）以较大的单元加工信息。专家能更有效地组织信息，因为他们能够将信息转换成为更大的、可以利用的单元，善于将当前有意义的信息加工为自己熟悉的图式。

（3）能迅速处理有意义的信息。专家能更有效地搜索和表征问题，因为他们以前解决过大量类似的问题，积累起来的经验能使专家轻而易举地确认相关信息并选择恰当策略。

（4）能在短时记忆和长时记忆中保持大量信息。专家在解决问题时观念和行动都是高度自动化的。这种自动化使得专家能够以更有效的方式利用自己的短时记忆。

（5）能以深层方式表征问题。专家通常将自己的注意力放在问题的基本结构上，而不是问题的表面特征上。

（6）愿意花费时间分析问题。专家会花费更多的时间来确认和表征问题，一旦问题得到了理解，在选择策略时耗时会少一些。

（7）能很好地监视自己的操作。专家在问题解决的各个阶段能始终保持反思，给自己提出恰当的疑问，较好地监督自己的问题解决过程。

三、论述题

1. 试论述加德纳的多元智力理论及其教育启示

【答案要点】

多元智力理论认为，不存在单纯的某种智力和达到目标的唯一方法，每个人都会用自己的方式来发掘各自的大脑资源，这种为达到目的所发挥的各种个人才智才是真正的智力，造就了人与人之间的不同。人的智力可以分为八种：

（1）逻辑数学智力：运算和推理等科学或数学的一般能力，以及处理较长推理、识别秩序、发现模型和建立因果模型的能力。

（2）语言智力：运用语言达到各种目的的能力以及对声音、韵律、语意、语序和灵活操纵语言的敏感能力，包括听、说、读和写的能力。

（3）音乐智力：感受、辨别、记忆、理解、评价、改变和表达音乐的能力。

（4）空间智力：准确感受视觉—空间世界的能力。包括感受、辨别、记忆、再造、转换以及修改物体的空间关系，并借此表达思想和情感的能力。

（5）身体运动智力：控制自己身体运动和技术性地处理目标的能力。

（6）人际关系智力：与人相处和交往的能力，表现为觉察他人情绪、情感、气质、意图和需求的能力并据此做出适当反应的能力。

（7）内省智力：认识、洞察和反省自身的能力，并在正确的自我意识和自我评价的基础上形成自尊、自律和自制的能力。

（8）自然智力：认识物质世界的相似和相异性及动物、植物和自然环境其他事物的能力。

对教育工作的启示：

（1）加德纳认为用学校的标准化考试来区分儿童智力高低和考察学校教育的效果，是片面的，这种做法过分强调语言智力和逻辑数学智力，否认了学生的其他潜能。

（2）他提出了"以个人为中心的教育"。强调每个学生都具备这八种智能，但所擅长的智能各不相同，教育要以学生的智能为基础，同时要培养学生的特长智能。

（3）多元智能理论还指导教师从多种智能途径增进学生对学科内容的理解。

2. 论述问题解决的心理过程

【答案要点】

问题解决是指个体在面临问题情境而没有现成方法可以利用时，将已知情境转化为目标情境的认知过程。当常规或自动化的反应不适用于当前的情境时，问题解决者需要超越对过去所学规则的简单应用，对所学规则进行一定的组合，产生一个解答，达到问题解决的目的。它涉及到认知、情感和行为活动成分。

（1）一般问题的解决过程包括以下阶段：

①理解和表征问题阶段。

识别有效信息：确定问题到底是什么，找出相关信息并忽略无关的细节。

理解信息含义：除了能够识别问题的相关信息外，学生还必须准确地表征问题，这要求学生有某一领域特定的知识。成功地表征问题有两个任务，第一个是语言理解，需要理解问题中每一个句子的含义。

整体表征：第二个任务是将问题的所有句子综合在一起，达成对整个问题的准确理解。

问题归类：将要解决的问题归入某一类中，一个特定的图式就会被激活，这个图式将引导对有关信息的注意，并预期正确答案应该会是什么样的。

②寻求解答阶段。

算法式。将达到目标的各种可能的方法都列出来，具体化，逐一加以尝试。

启发式。根据目标的指引，试图不断地将问题状态转换成与目标状态相近的状态，只试探那些对成功趋向目标状态有价值的操作，也就是使用一般的策略试图解决问题。具体有手段—目的分析法、逆向反推法、爬山法、类比思维法。

③执行计划或尝试某种解答阶段。当表征某个问题并选好某种解决方案后，下一步就是执行计划、尝试解答。

④评价阶段。当选定并执行某个解决方案之后，学习者还需要对结果进行评价。评价结果的方法之一，就是寻找能够证实或证伪这种解答的证据，对解答进行核查。

（2）结构不良问题是指问题的给定状态、目标状态以及用于转换状态的方法中的一项或几项缺乏明确的界定，如全球水资源短缺。结构不良问题的解决过程如下：

①厘清问题及其情境限制。问题解决者首先需要确定问题是否真的存在，然后厘清问题的实质。需要分析问题的背景信息，弄明白问题的目标到底是什么，障碍是什么，权衡各种可能的理解角度，建立有利于问题解决的问题表征。

②澄清、明确各种可能的角度。问题解决者需要从多个角度、立场综合考虑问题中的多种可能性，权衡各方面的利害关系。

③提出可能的解决方法。从问题的条件和原因出发，设计问题的解决方案。

④评价各种方法的有效性。结构不良的问题通常没有唯一的标准答案，问题解决者需要评价各种可选方案的有效性，选择自己最能接纳的解决方案。

⑤对问题表征和解法的反思监控。问题解决者需要监控对解决过程的规划，看看自己对问题解决过程的规划是否合理、周全；需要监察自己的理解状况。该环节贯穿于问题解决的整个过程。

⑥实施、监察解决方案。实际实施解决方案，在实施过程中监察问题解决的进度和效果。

⑦调整解决方案。针对问题解决结果的反馈信息，问题解决者需要调整解决方案，或者改变理解问题的方式和思路。

3. 如何提高学生解决问题的能力

【答案要点】

在实际教学中，学生问题解决的能力可以结合各门学科的内容来进行训练和提高。教师要把重点放在课题的知识上，放在特定学科的问题解决的逻辑推理和策略上，放在有效解决问题的一般原理和原则上。

（1）鼓励质疑。教师要尽量从自己提出问题过渡到学生质疑，从而培养学生主动质疑的内在动机，鼓励学生主动提问，形成一种自由探究的气氛。

（2）设置难度适当的问题。教师给学生的问题要可解，但要有一定的难度。

（3）帮助学生正确表征问题。学生运用所学知识解释问题，或者画草图、列表、写方程式等，这对回忆相关信息都有很好的作用。

（4）帮助学生养成分析问题的习惯。教师要帮助学生发展系统考虑问题的方式和系统分析的习惯，教师既不能让学生盲目尝试错误练习，也不能过分热心，先把答案告诉学生。

（5）辅导学生从记忆中提取信息。教师需要帮助学生从记忆中迅速提取与解决问题有关的信息，并能很快找出可利用的信息，明确问题解决情境与欲达到的目的，迅速做出判断。

（6）训练学生陈述自己的假设及其步骤。教师要培养学生由跟从别人的言语指导转变到自行指导思考，然后再要求他们自己用言语把指导步骤表达出来。

（7）提供结构不良问题，培养实际解决问题的能力。通过对这些问题的解决，能让学生将解决问题的能力迁移到实际领域中去。

四、材料分析题

1. 试分析什么是创造性？创造性的培养措施有哪些？

【答案要点】

创造性是个体利用一定内外条件，产生新颖、独特、有社会和个人价值产品的心理特性。这种心理品质是综合的、多维的，它包括与创造活动密切联系的认知品质、人格品质和适应性品质。创造性的培养措施有：

（1）营造鼓励创造的环境。这是促进学生创造性发展的必要条件。首先，应倡导民主式的教育和管理。其次，应改革考试制度，为学生创造宽松的学习环境。再次，应增加自主选择课程的机会和有针对性的课程设计。最后，应为学生提供创造性人物的榜样。

（2）培养创造性的教师队伍。首先，要转变教师的教育教学观念，使教师形成理解并鼓励学生创造；其次，要教给教师必要的创造技法和思维策略；再次，为教师提供明晰的、具有实用价值的有关创造性的知识及相应的教学策略和技能；最后，教师应不断学习关于创造性的心理学知识，用心理学的理论指导自己的实践。

（3）培育创造意识，激发创造动机。只有当个人具有自觉的创造意识、强烈的创造动机，才易产生新思想、新方法、新观点。需要做到：树立学生创新的自信心；激发创造热情；磨砺创造意志；培养创造勇气。

（4）发展和培养创造性思维。创造性思维是创造性的核心。创造性思维的培养应注意以下几个方面：加大思维的"前进跨度"，培养思维的跳跃能力；加大思维的"联想跨度"，养成学生敢于把习惯上认为毫不相干的、表面上看来微不足道的问题联系起来或进行移植；加大"转换跨度"，引导学生敢于否定原来的设想，善于打破固有的思路；给学生大胆探索与推测的体会。

（5）开设创造课程，教给创造技法。教学是培养学生创造性的重要途径。因此，开设创造性课程已成为国内外开发创造性的有效途径。在创造性课程的教学中，注重教给学生基本的创造技巧与方法是培养创造性的有效措施。促进创造性发展的主要创造技法有：头脑风暴法；系统探求法；联想类比法；组合创新法；对立思考法；转换思考法。

（6）塑造创造性人格。创造性人格是创造性的重要组成部分，培养学生的创造性人格是培养创造性的重要内容。主要方法有：保护好奇心；解除对错误的恐惧心理；鼓励独创性与多样性。此外，自信与乐观、忍耐与有恒心、合作、严谨等也是创造性人格培养的重要方面。

第九章 社会规范学习与品德发展

一、名词解释
1. 社会规范学习
2. 社会规范内化
3. 品德
4. 品德发展
5. 道德认知
6. 道德两难法
7. 道德情感
8. 品德不良
9. 态度
10. 角色扮演
11. 移情
12. 道德行为
13. 对偶故事法

二、简答题
1. 简述品德发展的实质
2. 简述影响品德形成的因素
3. 试分析品德与道德的联系与区别
4. 简述学生的道德认识与道德行为的关系
5. 简述态度与品德的联系与区别
6. 简述皮亚杰的道德认知发展理论
7. 简述品德的心理结构
8. 简述道德认知的培养方法
9. 简述道德情感的形成与培养
10. 简述道德行为的形成与培养
11. 简述品德不良的含义及类型

三、论述题
1. 论述社会规范学习的心理过程
2. 论述态度形成与改变的条件及方法

3. 如何促进品德不良的矫正

四、材料分析题

1. 材料：初三学生孙某刚上初一的时候好动，小毛病多，但还能管得住自己，比较聪明，知道学习。到了初三年级，各种不良行为显露出来，不爱学习，上课不专心听讲，常做小动作，扰乱课堂秩序，影响老师讲课；课堂作业、家庭作业拖拉，经常不按时完成，即使完成作业，质量也很差，错误较多；成绩差，各门功课测试都不及格，平时说话总带脏字，不注意文明礼貌。处事情绪化，易冲动。遇事不冷静，有逆反心理，虚荣心较强。最严重的问题是打架斗殴，屡教不改，缺乏自我批评的意识。

试用相关的教育心理学理论对上述材料进行分析

一、名词解释

1. 社会规范学习

【答案要点】

社会规范学习是指个体接受社会规范，内化社会价值，将外在的行为要求内化为自己的行为需要，从而建构主体内部的社会行为调节机制的过程，即社会规范的内化过程。其目的在于使个体适应社会生活。

2. 社会规范内化

【答案要点】

社会规范的内化是社会规范接受的高级水平，是品德形成的最高阶段，指主体随着对规范认识的概括化与系统化，以及对规范体验的逐步累积与深化，最终形成一种价值信念作为个体规范行为的驱动力。

3. 品德

【答案要点】

品德即道德品质，是指个人依据一定的道德行为准则行动时形成和表现出来的某些稳固的特征。包括道德认知、道德情感和道德行为三个基本心理成分。

4. 品德发展

【答案要点】

品德发展是指个体在整个生命历程中品德的发生、发展和变化，即伴随个体成长过程中品德心理结构、品德各个成分及其功能的发展变化。

5. 道德认知

【答案要点】

道德认知是对道德行为准则及其执行意义的认识，是社会的道德要求转化为个人内在品质的首要环节，是道德品质形成的基础和前提。

6. 道德两难法

【答案要点】

道德两难法又称道德两难故事法，是由科尔伯格提出的研究儿童道德认知发展的一种研究方法。科尔伯格通过虚构一个在道德价值上具有矛盾冲突的故事，采用问答的方式讨论故事中人物行为的道德性质，从而判断儿童依据的原则和道德发展水平。最典型的故事是"海因茨偷药"。

7. 道德情感

【答案要点】

道德情感是人们根据社会的道德准则去处理相互关系和评价自己或他人的言谈举止时所体验到的情感。它是品德心理结构的动力机制，也是一种自我监督和自我检查的力量。从内容上看，它包括公正感、责任感、义务感、自尊感、羞耻感、集体主义情感和爱国主义情感等；从形式上看，它包括直觉的道德感、形象性的道德感和伦理性的道德感。

8. 品德不良

【答案要点】

品德不良是指个体具有的不符合社会道德要求的道德品质与道德行为，表现为个体经常违反道德准则或犯有较严重的道德过错，有的甚至处在犯罪的边缘或已有轻微的犯罪行为。

9. 态度

【答案要点】

态度是习得的、影响个人对特定对象作出行为选择的、有组织的内部准备状态或反应的倾向性。可以从以下三个方面来理解：态度是一种内部状态；态度是一种行为选择状态；态度是学习的结果。

10. 角色扮演

【答案要点】

角色扮演指人按照自己的角色来行事，也指模仿别人的角色来行事。在角色扮演的过程中，个体有了较多的情感投入，因而对于态度改变有很大作用。

11. 移情

【答案要点】

移情是由真实或臆想的他人情绪、情感状态引起的并与之一致的情绪、情感体验，是一种替代性的情绪、情感反应，是一种无意识的、有时十分强烈的对他人情绪状态的体验。

12. 道德行为

【答案要点】

道德行为是道德认知和道德情感的集中体现，是个体面对一定的道德情境时，充分调动自己的道德认知并产生强烈的道德情感，经过内心冲突及外部情况的影响而做出来的。它是衡量道德品质的客观标志。

13. 对偶故事法

【答案要点】

对偶故事法是皮亚杰的道德研究方法，即先给儿童讲包含道德价值内容的对偶故事，然后在观察和实验过程中向儿童提出一些事先设计好了的问题，分析儿童的回答，尤其是错误回答，从中找出规律性的东西，揭示儿童道德认识发展的阶段及其影响因素。

二、简答题

1. 简述品德发展的实质

【答案要点】

（1）品德发展是个体的品德心理结构的形成和不断完善，是品德各构成因素的不断协调发展。品德主要由三个子系统构成：①品德的深层结构和表层结构的关系系统；②品德的心理过程和行为活动的关系系统；③品德的心理活动和外部活动的关系及其组织形式系统。

（2）随着个体年龄增长，品德发展表现出阶段性特点，即不同年龄阶段个体表现出不同的品德特点。代表性的理论有皮亚杰和科尔伯格的道德认知发展理论。

（3）品德发展是个体对社会规范的学习和内化过程。品德结构及其对行为的价值取向的选择，是规范行为产生的内因。品德结构是一种对社会规范遵从的经验结构，是通过个体对社会规范的认知、情感和行为的学习，经历由简单到复杂、由片面到全面、由表及里，完成知、情、行的整合而构建起来的。

（4）品德发展过程就是个体不断社会化的过程。个体社会化是个体适应社会的前提。品德作为个体社会行为的内在调节机制，是合乎社会规范要求的稳定的心理特征，是德行产生的内因。品德的发展是个体从生物人向社会人转化的核心内容和主要手段，个体品德发展过程就是不断社会化的过程。

2. 简述影响品德形成的因素

【答案要点】

（1）外部因素。

①家庭环境。包括家庭结构和主要社会关系、家长职业类型和文化程度、家长自身品德观念、家长对子女的教养态度和期望、家长作风和家庭氛围。它对学生品德的形成和发展起着奠基的作用。

②学校集体。包括班集体、同辈、学校德育、校园文化、学校中的其他因素如教师领导方式、集体舆论、校风班风等的影响。

③社会环境。一方面，社会风气对儿童品德的形成和发展具有重要影响；另一方面，电视、书刊和网络等构成的大众传媒对儿童的成长产生了深刻的影响。

（2）内部因素。

①道德认识。人的行为总是受认识的支配，人的道德行为也受到道德认识的制约。作为独特的个体，学生在同化外界信息时呈现出不同的特点，受其不同认知特性的制约，每个人的道德认识会呈现出不同的水平与程度。

②个性品质。个性对品德发展的作用，主要体现为个性倾向性和个性心理特征对品德发展的影响。其中，个性倾向性在思维发展上起动力作用。

③适应能力。在社会化过程中，个体通过角色的不断变化来掌握相应的社会规范和行为模式，然后形成稳定的道德品质。包括自我教育能力、社会生活和工作能力两个方面。

④自身的智力水平。智力水平与品德之间的关系十分复杂。一般而言，低智商的犯罪者较多，但一个智力较高的人，并不见得就有积极的道德取向，并且一旦他们形成了不良的品德，高智力反而会促进其恶性发作。

3. 试分析品德与道德的联系与区别

【答案要点】

（1）联系。

品德的内容来自道德；品德是在道德活动中形成和发展起来的；品德受到道德的影响，但也可以反作用于道德。

（2）区别。

①道德依赖与整个社会存在，不以个体的存亡为转移；品德依赖于个体存在，是一种个体现象。

②道德的内容反映整个社会生活的要求；品德只是道德规范的部分体现，是社会道德要求的局

部反映。

③道德是一定社会生活的产物，道德发展受社会发展的支配；品德是社会道德在个体头脑中的反映，品德的形成和发展不仅受到社会的影响，还要服从个体心理活动的规律。

④道德是哲学、伦理学与社会学研究的对象；品德是教育学与心理学的研究对象。

4. 简述学生的道德认识与道德行为的关系

【答案要点】

（1）道德认识指人们根据一定的道德规范对社会现象的是非、善恶、美丑的认识、评价和判断。道德认识在品德形成中具有重要作用。只有具备深刻的道德认识，才能有效地在道德行为中体现出来。

（2）道德行为是个人在一定道德认识、道德情感和道德意志的指引和激励下，表现出对他人或对社会所履行的具有道德意义的一系列具体行动。道德行为是道德认识的具体表现和外部标志。任何道德品质最终都要以道德行为及效果来确证和表现，也只有见诸道德行为的品德才具有社会价值。

5. 简述态度与品德的联系与区别

【答案要点】

（1）联系。

从实质上看，二者都是一种后天习得的影响个人行为选择的内部的，比较稳定的心理特征。从结构上看，都是由认知、情感和行为三个方面构成。

（2）区别。

第一，所涉及的范围不同。态度涉及的范围较大，只有涉及道德规范的那部分稳定的态度才能称为品德。

第二，价值的内化程度不同。价值内化的各级水平实际上也就是态度变化的水平，但只有价值观念经过组织且已成为个人性格的一部分时的稳定态度才能称为品德。也就是说，品德在价值的内化程度上，比态度要深。

6. 简述皮亚杰的道德认知发展理论

【答案要点】

皮亚杰认为，道德是由种种规则体系构成的，道德的实质包括两方面的内容：一是对社会规则的理解和认识；二是对人类关系中平等、互惠的关心。他认为儿童道德认知发展要经历三个阶段：

（1）前道德阶段。皮亚杰认为，5岁幼儿以自我为中心来考虑问题，对引起事情的结果只有朦胧的了解，其行为直接受行为结果支配。该阶段儿童既不是道德的，也不是非道德的。

（2）他律道德阶段。5—8岁的儿童处于他律道德阶段，这一阶段的道德认知一般是服从外部规则，接受权威指定的规范，他们只根据行为后果来判断对错。

（3）自律道德阶段。9—11岁的儿童处于自律的道德阶段，此时的儿童不再无条件服从权威，儿童已经能从主观动机出发，用平等或不平等、公平或不公平等新的标准来进行道德判断，但此时儿童的判断还是不成熟的，他们需要等到十一二岁后才能独立判断。

7. 简述品德的心理结构

【答案要点】

品德包括道德认知、道德情感和道德行为三种基本心理成分。

（1）道德认知是对道德行为准则及其执行意义的认识，是社会的道德要求转化为个人内在品质的首要环节，是道德品质形成的基础和前提。

（2）道德情感是人们根据社会的道德准则去处理相互关系和评价自己或他人的言谈举止时所体验到的情感。它是品德心理结构的动力机制，也是一种自我监督和自我检查的力量。从内容上看，它包括公正感、责任感、义务感、自尊感、羞耻感、友谊感、荣誉感、集体主义情感和爱国主义情感等；从形式上看，它包括直觉的道德感、形象性的道德感和伦理性的道德感。

（3）道德行为是道德认知和道德情感的集中体现，是个体面对一定的道德情境时，充分调动自己的道德认知并产生强烈的道德情感，经过内心冲突及外部情况的影响而做出来的。它是衡量道德品质的客观标志。

8. 简述道德认知的培养方法

【答案要点】

（1）言语说服：教师经常要通过言语讲解和说服来使学生理解和接受一定的道德观念和道德准则。该方法有两种常用的技巧：

①单面论据与双面论据。对于受教育程度高的人来说，提供正反两方面的论据更易于使他们信服，对于受教育程度低的人来说，只提供正面论据更好一些。

②以理服人和以情动人。以理服人即用严密、条理的论证来说明；以情动人即在说明中带有强烈的情绪色彩，以情绪、情感的感染来打动学生。

（2）小组道德讨论：让学生在小组中就某个有关道德的典型事件进行讨论，以提高他们的道德判断水平。在讨论过程中，教师要起到启发和引导作用。

（3）道德概念分析：这种方法集中分析作为道德思维组成部分的一些最一般的概念或观念，一个道德概念可能是一种具体活动的名称，如说谎或遵守诺言，也可以是一种比较一般的概念，如友谊、义务或良心。使用这种方法时，首先要给概念提供一个具体的情境，其次对讨论过程中各种引人误解的陈述进行讨论，最后用进一步的讨论使学生对概念的理解更加精确。

9. 简述道德情感的形成与培养

【答案要点】

道德情感的形成：

（1）精神分析学派对道德情感的研究。

精神分析学派的道德发展理论主要关注个体内在的道德情感的作用。其创始人弗洛伊德认为，儿童道德的发展与儿童早期跟父母感情联结有密切关系。儿童通过自居作用、自我惩罚、内疚等将父母的批评和社会的批评内化为良心或超我，帮助儿童在父母不在眼前时也能按照道德规范来行动，抵制外界的诱惑。

（2）人本主义情感取向的道德教育理论。

人本主义的道德教育思想是情感取向的道德教育理论之一。它主要来自人本主义的心理学和哲学思想。人本主义道德教育的主要观点可以归纳为五个方面：①承认人性是建设性的；②重视情感在道德教育中的作用；③实施道德教育的三个最基本条件：真诚、接受和信任、移情性理解；④视道德教育为一种过程，教师应是这一过程的"促进者"；⑤以"学生"为中心的非指导性教学模式。

培养方法：

（1）移情能力的培养。移情是由真实或臆想的他人情绪、情感状态引起的并与之一致的情绪、情感体验，是一种替代性的情绪、情感反应，是一种无意识的、有时十分强烈的对他人情绪状态的体验。通过移情训练，青少年更可能设身处地去感受别人的心理反应，更可能做出帮助他人的行为。发展移情能力可以通过表情识别、情境理解、情绪追忆三个方面来着手。

（2）羞愧感。羞愧感是当认识到未能成功地以自己信以为好的方式行动或思考时，产生的痛苦的情绪。儿童羞愧感的产生意味着儿童个性正在发生变化,当它成为个性中一种稳定的东西时,就会改变个性的结构。

10. 简述道德行为的形成与培养

【答案要点】

道德行为的形成:

(1)斯金纳的品德理论。

斯金纳坚持从强化理论来阐述道德行为。他认为,儿童品德形成是操作行为受强化而建立条件反射的过程。凡是受到正强化的行为就是善或好的行为,凡是受到负强化或惩罚的行为就是恶或坏的行为。

斯金纳特别重视外部环境对道德行为的强化作用。他认为,道德教育塑造道德行为就是通过环境的控制和改变来实现的,并且强调道德行为的形成是行为操作而不是主观能力,是行为效果而不是行为动机。

(2)班杜拉的道德行为形成理论。

班杜拉认为,观察学习是儿童学习的主要形式,品德学习也是通过观察学习完成。不同的是成人及同辈榜样是导致儿童大部分道德行为获得和改变的主要原因。儿童通过观察学习不仅可以缩短学习过程而且可以迅速掌握大量的整合行为模式,还可以避免由于直接尝试错误和失败可能带来的挫折或损失。

儿童道德行为的习得受到观察者内部和外部因素的影响。外部因素主要指榜样的示范性特征及后果。内部因素主要指观察者的动机或认知水平。在儿童的道德行为形成过程中,观察者本人、环境和行为三者是相互作用的。班杜拉强调观察学习的重要性,具有重要现实意义。

培养方法:

(1)群体约定。经过集体成员讨论制定的公约、规则会有助于学生形成积极的态度。由于各个成员参与了规则的讨论和制定,每个人都对规则负有责任,这会增加规则的约束力。同时,群体中意见高度一致,行为取向一致,这会形成一种无形的约束力。

(2)道德自律。品德培养应该使学生达到道德自律的水平,即能够按照自己内在的价值标准来评判自己的行为,从而规范自己做自己认为应该做的事,避免自己做那些不应该做的事情。自律行为大致包括自我观察、自我评价、自我强化三个环节。

11. 简述品德不良的含义及类型

【答案要点】

(1)含义。

品德不良是指个体具有的不符合社会道德要求的道德品质与道德行为,表现为个体经常违反道德准则或犯有较严重的道德过错,有的甚至处在犯罪的边缘或已有轻微的犯罪行为。

(2)类型。

①作弊行为。考试作弊是学习领域最普遍的品德不良表现之一。该现象长期存在,一直受到社会广泛关注。

②诚信及文明礼仪缺失。诚信及文明礼仪缺失是青少年在社会生活领域中品德不良的主要表现。

③责任意识淡薄。责任在整个道德规范体系中居于最高层次。一个人能否形成一定的责任意识,能否勇于承担一定的社会责任,关键是青少年阶段。其主要表现有:重个人意识,对集体、社会责任意识淡薄;自私、冷漠、懦弱、缺乏正义感;行为上表现出怕负责任或逃避社会责任。

三、论述题

1. 论述社会规范学习的心理过程

【答案要点】

社会规范学习是指个体接受社会规范,内化社会价值,将外在的行为要求内化为自己的行为需要,从而建构主体内部的社会行为调节机制的过程,即社会规范的内化过程。其目的在于使个体适应社会生活。

心理过程:

(1)社会规范的依从。

即表面上接受规范,按照规范的要求来行动,但对规范的必要性或根据缺乏认识,甚至有抵触情绪。依从具有一定的盲目性和被动性,个体对规范所要求的行为缺乏足够的了解,只是迫于权威或环境的压力才遵从了规范。因此,依从水平上的规范是最不稳定的,一旦外部监控和压力消失了,相应的规范行为就可能会动摇和改变。依从是规范内化的初级阶段,也是进一步内化的基础。类型有从众和服从,具有盲目性、被动性、工具性和情境性。

(2)社会规范的认同。

认同比依从深入了一层,简单地说,它是对自己所认可、仰慕的榜样的遵从、模仿。认同具有自觉性和主动性,虽然学习者对规范必要性的认识还有不足,但他已有明确的行为意图,团体的规范对学习者具有一定的吸引力和感染力。相应地,认同水平的规范已经具有一定的稳定性,是规范内化的深入阶段。类型有偶像认同和价值认同。具有自觉性、主动性、稳定性。

(3)社会规范的内化。

社会规范的内化是社会规范接受的高级水平,是品德形成的最高阶段,指主体随着对规范认识的概括化与系统化,以及对规范体验的逐步累积与深化,最终形成一种价值信念作为个体规范行为的驱动力。具有高度自觉性、高度主动性和坚定性。

2. 论述态度形成与改变的条件及方法

【答案要点】

(1)态度的含义。

态度是习得的、影响个人对特定对象作出行为选择的、有组织的内部准备状态或反应的倾向性。可以从以下三个方面来理解:态度是一种内部状态;态度是一种行为选择状态;态度是学习的结果。

(2)态度形成与改变的条件。

主观条件:

①对态度对象的认识。在进行态度教学前,学生的认知结构中首先要有关于新态度对象的观念或认识,以及还要有一套关于行为与其相应情境的关系的观念。

②认知失调。处于认知失调的个体会努力改变自己的观念来求得新的平衡。

③有形成或改变态度的意向。意向是一种习惯性倾向,有着持久的影响,对于态度教学来说非常重要。

④对教育者的信任度。要做到这一点,教育者就必须先提高自身的综合素质,增强行为的表率性、情感的真挚性、教育方法的科学性和艺术性。

客观条件:

①所传递信息的可信度。态度形成和改变的基础就是对信息的认知和理解,信息的真实性和价值性决定主体对所传递信息的信任度。

②榜样人物的选择。在观察他人态度形成与改变时,学生获得关于榜样行为、行为情境及行为

结果的知识，导致替代强化，影响自身的态度形成与改变。

③外部强化。分为直接强化和间接强化，直接强化即奖励或惩罚；间接强化指特定的环境氛围、群体舆论、群体成员的评价等潜移默化的方式影响人的态度形成与改变。

（3）态度形成与改变的方法。

①提供榜样法。榜样对态度的影响是巨大的，在学校中，教师应该根据学生心中有关榜样的特点来选择、设计、示范榜样行为，以及运用有关的奖惩，引导学生学习某种合乎要求的态度。

②说服性沟通法。教师通过言语说服向学生提供对其原来态度的支持性或非支持性的证据，是学生获得与教师要求的态度有关的事实和信息，或深化已有态度、或形成新的态度、或改变原有态度。有效的说服技巧包括选择证据、情理服人、逐渐缩小态度差距。

③角色扮演。角色扮演指人按照自己的角色来行事，也指模仿别人的角色来行事。在角色扮演的过程中，个体有了较多的情感投入，因而对于态度改变有很大作用。

3. 如何促进品德不良的矫正

【答案要点】

（1）品德不良的含义。

品德不良是指个体具有的不符合社会道德要求的道德品质与道德行为，表现为个体经常违反道德准则或犯有较严重的道德过错，有的甚至处在犯罪的边缘或已有轻微的犯罪行为。

（2）通过借鉴西方现代三大学习理论的精髓思想，矫正学生品行不良的方法主要有以下几种。

①运用行为主义学习理论培养个体的良好行为方式。在教育中适当运用渐进强化的原理，可以有效地塑造学生的良好行为方式或矫正学生的偏差行为方式。

②直接从自我观察学习入手培养人的自律行为。自律是个人根据自己的价值标准评判自己的行为，从而规范自己去做自己认为应该做的事情，或避免自己认为不应该做的事。

③提高道德认识法。"美德即知识"的命题启示人们，在很多时候丰富人的道德认识的确可以使人少犯错误，尤其是一些低级错误。这样，妥善采取常用的说理法、故事启发法、小组讨论法或价值澄清法等方法以提高人们的道德认知水平，往往是防治品行不端的有效之举。

④改过迁善法。指要求犯错者纠正自己的不良品德，以使自己朝着善的方法发展的方法。该方法由两部分组成：一是消除一个或几个错误的地方；二是通过一定的练习，使自己的行为朝着与原来不良行为相反的或不相容的方向发展。

⑤防范协约法。指以书面形式在教育者与被教育者之间建立和实施的一种监督关系的矫正不良行为的方法。

对学生的不良行为要及早矫正，在矫正时要以正面教育和疏导为主，工作要有诚心、细心和耐心。在着手工作时，要注意以下几点：培养深厚的师生感情，消除疑惧心理和对立情绪；培养正确的道德观念，提高明辨是非的能力；保护和利用学生的自尊心，培养集体荣誉感；锻炼同不良诱因作斗争的意志力，巩固新的行为习惯；针对学生的个别差异，采取灵活多样的教育措施。

四、材料分析题

1. 试用相关的教育心理学理论对上述材料进行分析

【答案要点】

材料中的学生孙某的表现属于品德不良行为。

（1）品德不良的含义及类型。

品德不良是指个体具有的不符合社会道德要求的道德品质与道德行为，表现为个体经常违反道德准则或犯有较严重的道德过错，有的甚至处在犯罪的边缘或已有轻微的犯罪行为。包括作弊行为、诚信及文明礼仪缺失和责任意识淡薄三种类型。

（2）品德不良的成因分析。

客观原因：

①家庭方面。主要有五种：家庭成员的溺爱、迁就；家庭对孩子要求过高、过严，又缺乏正确的教育方法；家庭成员教育的不一致性；家长缺乏表率作用；家庭结构的剧变。

②学校方面。某些教育工作者存在某些错误观念或方法上的偏颇，如：片面追求升学率，忽视学生的品德教育；不了解学生真实的内心世界，不能自发地进行教育；教育方法不当，使得学生厌烦；对矫正品行不良学生缺乏信心、恒心和毅力。此外，学校教育和家庭教育不一致，相互脱节，也会削弱了教育的力量。

③社会方面。影响个体的品德行为的有：长期封建社会遗留下来的某些腐朽思想；现实生活中的某些不正之风；思想不健康甚至低级趣味的文艺作品；朋友、邻居、社区，以及影响个体的各种社会活动。

主观原因：

①不正确的道德认识。儿童和青少年处于品德形成的过程中，他们的道德认识还不明确、不稳定，一些学生不理解或不能正确理解有关的道德要求和道德准则，缺乏独立的道德评价能力，常常不能明辨是非、分清善恶。

②异常的情感表现。品行不良的学生由于长期处于错误观念的支配下，常常造成情感上的异常状态，往往对真正关心他们的老师家长怀有戒心，或处于对立情绪中。

③明显的意志薄弱。有些品行不良的学生并非在道德认识方面无知，而是因为意志薄弱导致正确的认知不能战胜不合理的欲望。"明知故犯"的学生常是意志薄弱者。

④不良习惯的支配。偶然的不良行为经过多次重复就会变成不良习惯，不良习惯又支配不良行为，如此恶性循环必然导致学生的品行不良。

⑤某些性格缺陷。学生某些性格上的缺陷会直接导致品德不良。比如执拗、任性、骄傲、自私等消极性格特点，很容易让个体表现出无视他人和集体的利益，为私利我行我素，甚至做出破坏集体纪律和违反社会公德的行为。

⑥某些需要未得到满足。当学生的需要没有通过正常途径得到满足，他们就可能会通过一些不正当的方法去满足自己的需要，从而沾染上不良行为。

（3）品德不良的矫正。

①运用行为主义学习理论培养个体的良好行为方式。在教育中适当运用渐进强化的原理，可以有效地塑造学生的良好行为方式或矫正学生的偏差行为方式。

②直接从自我观察学习入手培养人的自律行为。自律是个人根据自己的价值标准评判自己的行为，从而规范自己去做自己认为应该做的事情，或避免自己认为不应该做的事。

③提高道德认识法。"美德即知识"的命题启示人们，在很多时候丰富人的道德认识的确可以使人少犯错误，尤其是一些低级错误。这样，妥善采取常用的说理法、故事启发法、小组讨论法或价值澄清法等方法以提高人们的道德认知水平，往往是防治品行不端的有效之举。

④改过迁善法。指要求犯错者纠正自己的不良品德，以使自己朝着善的方向发展的方法。该方法由两部分组成：一是消除一个或几个错误的地方；二是通过一定的练习，使自己的行为朝着与原来不良行为相反的或不相容的方向发展。

⑤防范协约法。指以书面形式在教育者与被教育者之间建立和实施的一种监督关系的矫正不良行为的方法。

第十章 心理健康及其教育

一、名词解释

1. 心理健康
2. 学习压力
3. 学校心理素质教育
4. 心理辅导

二、简答题

1. 简述心理健康的标准
2. 简述中小学常见的心理健康问题
3. 简述心理健康与心理素质的关系

三、论述题

1. 论述青少年心理健康教育的目标与内容

四、材料分析题

1. 材料：李某，初一学生，小学时学习刻苦努力，成绩一直很好，进入初中后，学习依然刻苦努力，但心理压力十分沉重，几乎把所有的时间和精力全部用在了学习上。刚开始他的文化学习取得了较好的成绩，与此同时，也给自己带来了超负荷的心理压力，他怕看到老师和家长期待的目光，一遇到考试就十分紧张，常伴有口干、恶心、呕吐、吃不好、睡不好的现象，有时考试时甚至手指哆嗦、腹泻等。考试就像一块巨石压在他的心上，成绩也每况愈下。

（1）材料中的李某存在哪方面的心理健康问题？
（2）谈谈中小学心理健康教育的途径与方法有哪些？

参考答案

一、名词解释

1. 心理健康

【答案要点】

心理健康是个体一种良好而持续的心理状态，表现为个人具有生命的活力、积极的内心体验、良好的社会适应，并能有效地发挥个人的身心潜能和积极的社会功能。

2. 学习压力

【答案要点】

学习压力是指学生在就学过程中所承受的来自环境的各种紧张刺激，以及学生在生理、心理和社会行为上可测定、可评估的异常反应。学习压力状态包括三个层面的因素：来自环境的紧张刺激、个体的内部紧张状态和个体的反应。

3. 学校心理素质教育

【答案要点】

学校心理素质教育是指以培养学生健全心理素质为目标的教育活动，是一项具有全面性和全体性、活动性和互动性、主体性和发展性等特征相协调的素质教育形式。学校心理素质教育的根本目标是培养学生健全的心理素质，基本途径主要包括心理素质专题训练、心理辅导和学科渗透三种。

4. 心理辅导

【答案要点】

心理辅导是一种心理上的助人活动，是指在一种新型的、建设性的人际关系中，辅导教师运用其专业知识和技能，给学生以合乎需要的心理上的协助与服务以便在学习、工作与人际关系各个方面做出良好适应。

二、简答题

1. 简述心理健康的标准

【答案要点】

（1）充分自我实现的人就是心理健康的人。

（2）适应良好的人是心理健康的人。

（3）适应与发展和谐统一的人是心理健康的人。这是比较公认的现代心理健康标准——综合标准。可以细化为以下几点：①对现实的有效知觉；②自知、自尊和自我接纳；③自我调控能力；④与人建立亲密关系的能力；⑤人格结构的稳定与协调；⑥生活热情与工作高效率。

在理解和把握心理健康标准时，应主要考虑以下几点：

第一，判断一个人心理健康状况应兼顾个体内部协调与对外良好适应两个方面；第二，心理健康具有相对性；第三，心理健康既是一种适应状态，也是一种发展状态；第四，心理健康作为一种整体的心理状态，反映出一个人健康的人生态度与生存方式。总之，心理健康的人在生活中多持有一种积极的、开放的、现实的、发展的、辩证的、通达的人生态度。

2. 简述中小学常见的心理健康问题

【答案要点】

（1）学习问题。包括厌恶学习、逃学、学习效率低、阅读障碍、计算技能障碍、考试焦虑、学校恐惧症、注意缺陷及多动障碍等。

（2）人际关系问题。包括亲子关系、师生关系、友伴关系等方面的问题，如社交恐惧、人际冲突等。

（3）学校生活适应。包括生活自理困难、对学校集体生活不适应、对高学段学习生活不适应等。

（4）自我概念问题。包括缺乏自知、自信，自我膨胀，沉溺于自我分析，理想自我与现实自我差距过大，自贬的思维方式等。

（5）青春期性心理问题。包括青春期发育引起的各种情绪困扰，异性交往中的问题，性困惑、性恐慌、性梦幻、性身份识别障碍等。

3. 简述心理健康与心理素质的关系

【答案要点】

（1）从根本上说，心理素质和心理健康都是人的心理现象，但二者处在人的心理现象两个不同的层面。心理素质是一种稳定的心理品质，而心理健康则是一种积极、良好的心理状态。

（2）从心理素质的功能来看，心理素质的高低与心理健康的水平有直接关系。一般情况下，心理素质健全且水平高的人，较少产生心理问题，其心理处于健康状态；相反，心理素质不健全或水平低的人，容易产生心理问题，其心理极有可能处于不健康状态。

（3）从心理测量和评定的角度看，心理素质的测量常常包含许多心理健康的指标；而心理健康的测量标准也包含许多心理素质的成分。

（4）从心理素质的内容要素与功能作用的统一性意义来看，心理健康只是心理素质的表现层面，即功能性层面。大多数研究者都把心理健康看作心理素质的一个重要方面。

（5）从总体上看，心理素质与心理健康的关系是"本"和"标"的关系。心理素质包含从稳定的内源性心理品质到外显的行为习惯的多层面的自组织系统，而心理健康作为外显的表现和心理状态是心理素质的一种功能性反映，同时也可通过人的心理健康状况去了解人的心理素质。

三、论述题

1. 论述青少年心理健康教育的目标与内容

【答案要点】

（1）青少年心理健康教育的目标。

①总目标。培养学生健全的心理素质，使学生心理素质的各成分都得到健康的发展，使其形成正常的智能、完善的人格和良好的适应能力，为促进学生整体素质的发展奠定良好的心理基础。

②基本目标。促进和维护学生心理健康；开发智力，促进能力发展；提高德性修养，培养良好品德；培养主体意识，形成完善人格；养成良好行为习惯，提高社会适应能力。

（2）青少年心理健康教育的内容。

心理健康教育的主要内容包括：普及心理健康基本知识，树立心理健康意识，了解心理调节方法，认识心理异常现象，以及初步掌握心理保健常识，其重点是学会学习、人际交往、升学择业以及生活和社会适应等方面的常识。具体阶段及内容如下：

①小学低年级：帮助学生适应新的环境、新的集体、新的学习生活与感受学习知识的喜悦；乐与老师、同学交往，在谦让、友善的环境中体验友情。

②小学中、高年级：帮助学生在学习生活中品尝解决困难的快乐，调整学习心态，提高学习兴趣与自信心，正确对待自己的学习成绩，克服厌学心理，体验学习成功的喜悦，培养面临毕业升学的进取态度；培养集体意识，在班级活动中，善于与更多的同学交往，健全开朗、合群、乐学、自立的健康人格，培养自主自动参与活动的能力。

③初中：帮助学生适应中学的学习环境和学习要求，培养正确的学习观念，发展其学习能力，改善学习方法；把握升学选择的方向；了解自己，学会克服青春期的烦恼，逐步学会调节和控制自己的情绪，抑制自己的冲动行为；加强自我认识，客观地评价自己，积极与同学、教师和家长进行有效的沟通；逐步适应生活和社会的各种变化，培养对挫折的耐受能力。

④高中：帮助学生适应高中学习环境，发展创造性思维，充分开发学习的潜能，在克服困难取得成绩的学习生活中获得情感体验；在了解自己的能力、特长、兴趣和社会就业条件的基础上，确立自己的职业志向，进行职业的选择和准备；正确认识自己人际关系的状况，正确对待和异性伙伴的交往，建立对他人的积极情感反应和体验；提高承受挫折和应对挫折的能力，形成良好的意志

品质。

四、材料分析题

1. （1）材料中的李某存在哪方面的心理健康问题？
   （2）谈谈中小学心理健康教育的途径与方法有哪些？

【答案要点】

（1）材料中的李某存在过度的考试焦虑和学习压力的表现，因此属于学习方面的心理健康问题。

（2）青少年心理健康教育的途径：

①专题训练。心理素质专题训练过程一般由"判断鉴别—训练策略—反思体验"三个彼此衔接的环节构成。

②心理辅导。心理辅导是一种心理上的助人活动，是指在一种新型的、建设性的人际关系中，辅导教师运用其专业知识和技能，给学生以合乎需要的心理上的协助与服务以便在学习、工作与人际关系各个方面做出良好适应。

③学科渗透。教师在进行常规的学科教学时，自觉地、有意识地运用心理学的理论、方法和技术，让学生在掌握知识、形成能力的同时，完成各种心理品质，特别是诸如情感、意志、个性品质等方面。在学科教学、各项教育活动、班主任工作中，都应注重对学生心理健康的教育，这是心理健康教育的主要途径。

青少年心理健康教育的方法：

①认知法。通过调动学生的感知、记忆、想象、思维等心理过程来达到教学目标。它可以派生出阅读，听、讲故事，观看幻灯、图片、录像、电影，欣赏音乐、美术、舞蹈等艺术品，案例分析、判断和评价等形式。

②游戏法。竞赛性游戏能够调动学生参与活动的积极性，培养学生的竞争意识和团结合作精神；非竞赛性游戏可以缓解学生的紧张和焦虑程度，再现原有的生活体验，使学生获得新的体会与认识。

③测验法。通过智力、性格、态度、兴趣和适应性等各种问卷测验，帮助学生自我反省、自我分析，了解自己某方面心理素质的发展现状，形成正确的自我认识和自我评价。

④交流法。通过学生间的交流活动，各自介绍自己的心理优势或个体经验，促进其对训练策略的认同、领悟和掌握。

⑤讨论法。通过师生、生生间广泛、深入的思想交流，引导学生积极思考，步步深入，提高认识，转变思维方式和看问题的角度，掌握科学的行动步骤。讨论法可分为全班讨论、辩论、小组讨论、脑力激荡、配对交谈、行动方案研讨等多种形式。

⑥角色扮演法。教师提供一定的主体情境并讲明表演要求，让学生扮演某种人物角色，演绎某种行为方式、方法与态度，达到深化学生的认识、感受和评价"剧中人"的内心活动和情感的目的。

⑦行为改变法。通过奖惩等强化手段帮助学生建立某种良好的行为或矫正不良行为。此法有代币法、契约法、自我控制法等多种形式。

⑧实践操作法。让学生亲自动手，完成某种操作任务。常用于验证某种心理效应，达到加深学生的体验和增强认同感的目的。